Politische Institutionen und Sozialpolitik
in der Schweiz

Europäische Hochschulschriften
Publications Universitaires Européennes
European University Studies

Reihe XXXI
Politikwissenschaft

Série XXXI Series XXXI
Sciences politiques
Political Science

Bd./Vol. 363

PETER LANG
Frankfurt am Main · Berlin · Bern · New York · Paris · Wien

Herbert Obinger

Politische Institutionen und Sozialpolitik in der Schweiz

Der Einfluß von Nebenregierungen auf Struktur und Entwicklungsdynamik des schweizerischen Sozialstaates

PETER LANG
Europäischer Verlag der Wissenschaften

Die Deutsche Bibliothek - CIP-Einheitsaufnahme

Obinger, Herbert:

Politische Institutionen und Sozialpolitik in der Schweiz : der Einfluß von Nebenregierungen auf Struktur und Entwicklungsdynamik des schweizerischen Sozialstaates / Herbert Obinger. - Frankfurt am Main ; Berlin ; Bern ; New York ; Paris ; Wien : Lang, 1998
(Europäische Hochschulschriften : Reihe 31, Politikwissenschaft ; Bd. 363)
Zugl.: Wien, Univ., Diss., 1998
ISBN 3-631-33664-0

ISSN 4721-3654
ISBN 3-631-33664-0

Vorwort

In der Wahrnehmung vieler nichtschweizerischer Beobachter ist der schweizerische Sozialstaat entweder nicht existent oder wird mit einem liberalen „Anhängsel“ innerhalb einer Wohlstandsgesellschaft in Verbindung gebracht. Diese auch in Österreich und Deutschland weit verbreitete Vorstellung eines schlanken schweizerischen Sozialstaats ist meines Erachtens ein Nachwirken der mit beträchtlicher Verspätung erfolgten Expansion bundesstaatlicher Sozialpolitik in der Schweiz. In Wirklichkeit verfügt die Schweiz heute über ein gleichermaßen dichtes wie modernes System sozialer Sicherheit, welches in vergleichender Perspektive keine Vergleiche zu scheuen braucht.
Die Ursachen für diese Verspätung des schweizerischen Sozialstaats sowie für die Ausdifferenzierung seines strukturellen Profils bilden die forschungsleitenden Fragen dieser Arbeit, deren Fokus das Wechselspiel zwischen politischen Institutionen und Staatstätigkeit bildet. Die Arbeit versucht herauszuarbeiten, auf welche Art und Weise das einmalige politische Institutionengefüge der Schweiz Niederschlag in der Entwicklungsdynamik und strukturellen Ausgestaltung des schweizerischen Sozialstaats gefunden hat. Politische Institutionen wie der Föderalismus und die direkte Demokratie werden dabei als Vetospieler interpretiert, die den politischen Entscheidungsträgern erhebliche Handlungsrestriktionen auferlegen. Das Zusammenwirken starker Nebenregierungen mit einer bürgerlich dominierten Politikarena wird als entscheidende Ursache für den verzögerten und in liberalen Bahnen verlaufenden Take-off des schweizerischen Wohlfahrtsstaates angesehen.

Die Arbeit über ein nicht eng vertrautes politisches System erfordert vielfache Unterstützung. Für Daten, wertvolle Anregungen, Literaturtips und Kritik bezüglich einiger Teile dieser Arbeit geht mein Dank an Klaus Armingeon, Hans Hirter, Markus Freitag (Universität Bern), Hans-Urs Wili (Bundeskanzlei Bern), Manfred G. Schmidt und Uwe Wagschal (Zentrum für Sozialpolitik, Bremen), Sigrid Leitner sowie Wolfgang C. Müller und Bernhard Kittel (Universität Wien). Besonderer Dank geht an Emmerich Tálos, der angesichts unzureichender Studienbedingungen durch enormes persönliches Engagement eine außergewöhnliche Betreuung leisten konnte und mir auch die Mitarbeit an einem Forschungsprojekt ermöglichte, aus dem diese Arbeit letztendlich hervorgegangen ist. Verbliebene Defizite fallen selbstverständlich in den Verantwortungsbereich des Verfassers.

Wien und Bremen, März 1998

Inhaltsverzeichnis

„Wenn zum Schutze der Tiere Vorschriften zulässig sind, so sei es Pflicht des Staates, das Vermögen an Arbeitskräften vor frühzeitiger Abnutzung zu bewahren. Die Probleme, die sich zwischen Arbeit und Kapital aufgetan haben, seien in der Schweiz dank ihrer republikanischen Institutionen in einem reformatorischen Geiste lösbar. Die Schweiz mag auch hierin der Welt ein glänzendes Beispiel geben".

(Eingabe des Arbeiterbundes an den Bundesrat im Zuge der Beratungen rund um das Fabrikgesetz von 1877, zusammengefaßt von Rutishauser 1935: 114)

„Die Entwicklung vom Rechts- zum Wohlfahrtsstaat ist in der Schweiz auf manchen Gebieten langsamer fortgeschritten als in anderen Staaten; das ist zu einem guten Teil auf die staatsrechtliche und auf die wirtschaftliche Struktur unseres Landes zurückzuführen. Das trifft zu vor allem auf dem Gebiete der Sozialpolitik".

(Die öffentlichen Aufgaben der Gegenwart und Zukunft. Ein Handbuch für die Nationalratswahlen 1925. Herausgegeben vom Zentralvorstand der freisinnig-demokratischen Partei der Schweiz. Bern 1925: 194).

1 Einleitung

Als Kind des Nationalstaates und der industriellen Revolution (Flora 1986b: 27) ist der Wohlfahrtsstaat ein zentraler Eckpfeiler der Moderne, der gerade in der zweiten Hälfte des 20. Jahrhunderts der Gestaltung von Lebenschancen unübersehbar seinen Stempel aufgedrückt hat (Tálos 1998). Bei aller Unterschiedlichkeit hinsichtlich des Tempos und der strukturellen Ausdifferenzierung sozialstaatlicher Sicherung erfolgte im sogenannten goldenen Zeitalter des Wohlfahrtsstaates nach 1945 eine an stetig steigenden Sozialleistungsquoten und der kontinuierlichen Verdichtung des Adressatenkreises abzulesende Expansion des Sozialstaates. Dennoch ist ungeachtet dieser allgemeinen Expansionsphase der Wohlfahrtsstaat ein Lieblings- oder Stiefkind der jeweilig Regierenden geblieben, so daß im internationalen Vergleich sowohl die konkrete Ausgestaltung sozialstaatlicher Sicherungssysteme als auch die finanzielle Dotierung der Sozialstaaten durch eine beträchtliche Heterogenität geprägt ist. Während in Ländern wie Schweden der Sozialstaat mehr als ein Drittel des gesamtwirtschaftlichen Güter und Dienstleistungsvolumens „absorbiert", leisten sich die USA als gemessen am Bruttosozialprodukt pro Kopf reichstes Land der Welt nicht nur ein löchriges Sozialnetz, sondern als unmittelbare Konsequenz daraus auch ein „skandalös hohes Maß an Armut und Normzerfall" (Schmidt 1998a: 15).

Ein Land, in dem sich die staatliche Sozialpolitik nicht nur relativ spät ausgebildet hat, sondern auch finanziell lange Zeit am kürzen Zügel geführt wurde (Schmidt 1988a), ist die Schweiz. Was sind die Ursachen für diese Nachzüglerrolle der Eidgenossenschaft im Bereich der staatlichen Sozialpolitik?
Die eingangs angeführten Zitate ordnen den schweizerischen politischen Institutionen sowohl öffnende als auch beschränkende Handlungsschancen auf dem Gebiet der Sozialpolitik zu. Dabei ist zu berücksichtigen, daß diese Zitate in chronologischer Hierarchie zueinander stehen. Während die Arbeiterschaft am Ende des 19. Jahrhunderts mit Hilfe der republikanischen politischen Institutionen hoffte, auf reformatorischem Weg die staatliche Sozialpolitik beschleunigen zu können, machte knapp ein halbes Jahrhundert später die damals führende politische Partei der Schweiz eben diese Institutionen für die verzögerte Ausdifferenzierung der staatlichen Sozialpolitik verantwortlich. Die von Teilen der Arbeiterschaft gehegten Hoffnungen, die direkte Demokratie für einen sozialpolitischen Reformschub zu instrumentalisieren, erwiesen sich als trügerisch, zumal es gerade das Referendum war, welches das Haupthindernis für den take-off der (bundes)staatlichen Sozialpolitik darstellte.
Diese Arbeit versucht, den Ursachen für die Verspätung des schweizerischen Wohlfahrtsstaates sowie für die Ausdifferenzierung seines in struktureller Hinsicht spezifischen Sozialstaatsprofils auf die Spur zu kommen. Ein Fokus wird dabei auf politische Institutionen und ihre Wechselwirkung mit Staatstätigkeit auf dem Gebiet der sozialen Sicherung gelegt. Die Arbeit versucht gestützt auf ein politisch-institutionelles Theoriefundament zu zeigen, daß politische Institutionen im Sinne von Nebenregierungen einen wichtigen Schlüssel zur Erklärung der im internationalen Vergleich devianten Entwicklungsdynamik und Struktur des schweizerischen Sozialstaates liefern. Nebenregierungen werden als verfassungsmäßige vorgegebene Vetospieler interpretiert, deren Zustimmung für Politikänderungen erforderlich ist. Gleichzeitig fungieren Nebenregierungen als institutionelle Vetopunkte (veto points), die organisierten Interessengruppen eine effiziente Artikulation ihrer Interessen erlauben. Dadurch sehen sich Regierung und Parlament mit einer beträchtlichen Vetomacht konfrontiert, wodurch ein hohes Maß an Semisouveränität mit policystabilisierenden Wirkungen im politischen System der Schweiz verankert wird. Die im internationalen Vergleich hochgradige Ausprägung von Nebenregierungen hat - so meine These - in Zusammenspiel mit der bürgerlichen Regierungsdominanz und der schiefen Verteilung gesellschaftlicher Machtressourcen zugunsten unternehmerischer Interessen nicht nur entscheidend zur Überbremsung staatlicher Sozialpolitik, sondern auch zur Ausgestaltung eines liberalen Sozialstaatsregimes beigetragen.
Der dieser Arbeit zugrundeliegende Forschungsansatz greift zwar auch auf sozioökonomische Variablen zurück, behandelt sie aber als Hintergrundvariablen, zumal im Vergleich zu Ländern auf ähnlichem Entwicklungsniveau sozioökonomische Prozesse konstant gehalten werden können. Zudem wirft ein auf rein

sozio-ökonomischen Stellgrößen basierendes Erklärungsmodell funktionalistischer Provinienz für die Schweiz mehr Fragen auf als es beantwortet.

1.1 Problemstellung und Forschungsansatz

Mit der Verabschiedung des eidgenössischen Fabrikgesetzes (1877) übernahm die Schweiz eine internationale Pionierrolle auf dem Gebiet der Arbeiterschutzgesetzgebung. Trotz dieser vergleichsweisen frühen Intervention des Staates in die industriellen Arbeitsbeziehungen erlebte der schweizerische Sozialstaat seinen take-off im wesentlichen nach dem Zweiten Weltkrieg. Vor 1945 bestanden auf Bundesebene (abgesehen von der Militärversicherung) mit der vom Bund subventionierten, von dezentralen Kassen abgewickelten Arbeitslosenversicherung und der Kranken- und Unfallversicherung lediglich zwei liberale Rahmen- und Subventionsgesetze, deren Deckungs- und staatlicher Penetrationsgrad nicht zuletzt wegen einer weitgehend fehlenden Versicherungspflicht gering war. Den von den Bundesprogrammen nicht abgedeckten Risiken wie Alter und Tod wurde auf kantonaler Ebene zum Teil mit Versicherungssystemen, zum überwiegenden Teil jedoch mit Fürsorgeprogrammen gegengesteuert.

Die Expansion des schweizerischen Wohlfahrtsstaates auf Bundesebene erfolgte erst nach 1945 mit der Einrichtung der Alters- und Hinterlassenenversicherung (1948)[1], der Einrichtung von bundesrechtlichen Familienzulagen für landwirtschaftliche Arbeitnehmer (1953), der Schaffung einer Invalidenversicherung (1960) sowie Ergänzungsleistungen zur Alters-, Hinterlassenen- und Invalidenversicherung (1966), einer obligatorischen Arbeitslosenversicherung (1977/1984) sowie einer eigenständigen, von der Krankenversicherung abgekoppelten Unfallversicherung (1984). Parallel zu diesem Ausbau der Sozialversicherung verlief eine kontinuierliche Ausweitung des versicherten Personenkreises und eine stärkere staatliche Penetration bei gleichzeitiger Wahrung der überwiegend dezentralen Trägersysteme. Diese Ausweitung des Systems sozialer Sicherheit nach 1945 fand schließlich in stetig steigenden Sozialleistungsquoten ihren Niederschlag, wenngleich bis heute die Schweiz mit ihrem sozialstaatlichen Ausgabenniveau nicht an den (west)europäischen Durchschnitt anschließen konnte (OECD 1996d).

Im internationalen Vergleich weicht der schweizerische Sozialstaat in mehreren Dimensionen vom Profil und den Einrichtungen der sozialen Sicherheit in anderen europäischen Industrieländern ab. Diese Dimensionen betreffen v.a. das sozialpolitische Ausgabenniveau, den Einführungszeitpunkt der Kerninstitutionen der Sozialversicherung sowie (im kontinentaleuropäischen Vergleich) die strukturelle Ausgestaltung und die damit verbundene typologische Verortung des schweizerischen Sozialstaates.

---

[1] Inkraftreten des Gesetzes.

Hinsichtlich der Ausgaben für soziale Sicherheit nimmt die Schweiz im europäischen Vergleich eine Nachzüglerrolle ein. Die Schweiz erhöhte zwar zwischen 1950 und 1989 ihre Ausgaben für soziale Sicherheit nach ILO-Definition (Sozialausgaben für Leistungen bei Krankheit, Alter, Familienzulagen etc. und Sozialhilfe) von 6.3 auf 14.4% des Bruttoinlandsprodukts, dennoch blieb sie mit diesem Ausgabenniveau - trotz eines wohlfahrtsstaatlichen catch-up in den letzten beiden Jahrzehnten - deutlich unter dem Ausgabendurchschnitt der westeuropäischen Industriestaaten. In bezug auf das sozialpolitische Ausgabenniveau ist die Schweiz vielmehr der Gruppe der OECD-Überseeländer zuzuordnen (vgl. Abbildung 1).

Abbildung 1. Ausgaben für soziale Sicherheit in Prozent des Bruttoinlandsprodukts in 21 Industriestaaten 1950-1989.

Land	**1950**	**1960**	**1970**	**1980**	**1989**	**Rang 1989**
Australien	7,2	7,7	8.0	11,9	7,8	21
Belgien	15,3	15,3	18,1	25,9	26,4	5
BRD	20,3	15,4	17,1	24	22,7	8
Dänemark	9,0	11,1	16,4	26,9	28,4	3
Finnland	8,8	8,8	12,5	18,0	21,4	9
Frankreich	15,9	13,2	15,3	26,7	27,1	4
Griechenland	-	-	10,8	12,2	17,9[a]	15
UK	11,2	10,8	13,7	17,3	17,3	16
Irland	8,1	9,3	11,6	20,1	18,9	12
Italien	10,7	11,7	15,0	21,5	23,4	7
Japan	4,1	4,9	5,3	10,8	11,8	19
Kanada	7,8	9,2	11,8	13,7	18,0	13
Neuseeland	14,1	13,1	11,0	16,5	20,1	11
Niederlande	8,5	11,1	18,9	28,3	28,5	2
Norwegen	7,3	9,4	15,5	20,2	21,2	10
Österreich	13,6	15,4	18,5	22,5	24,8	6
Portugal	5,2	5,3	5,6	9,7	10,6	20
Schweden	10,4	10,9	18,6	31,9	35,9	1
Schweiz	*6,5*	*7,5*	*10,1*	*13,7*	*14,4*	*17*
Spanien	-	-	-	16,0	17,9	15
USA	5,1	6,8	9,5	12,6	12,2	18
MITTEL	9,9	10,4	13,2	19,1	20,0	
MITTEL (Europa)	10,8	11,1	14,5	20,9	22,0	
MITTEL (Übersee)	7,7	8,3	9,1	13,1	14,0	

Anmerkungen: a=1988. Quelle: ILO: The cost of social security (verschiedene Jahrgänge). Mittelwerte: eigene Berechnungen.

Korreliert man die Ausgaben für soziale Sicherheit in Prozent des BIP mit dem verfügbaren pro Kopf Einkommen, so zeigt sich für das Jahr 1993, daß die Schweiz als - gemessen am Pro-Kopf Einkommen - eines der reichsten OECD-Länder nur ein vergleichsweise unterdurchschnittlich dotiertes soziales Sicherungssystem aufweist. Die Schweiz befindet sich hier in Gesellschaft mit den außereuropäischen OECD-Ländern, die trotz eines überdurchschnittlichen Pro-Kopf-Einkommens ihren Sozialstaat nur unterdurchschnittlich dotieren. Dem Scatter-Diagramm (Abbildung 2) zwischen dem sozialstaatlichen Ausgabenniveau und dem durchschnittlichen Pro-Kopf Einkommen ist zu entnehmen, daß gerade der oberste Einkommensbereich durch eine beträchtliche Streuung der Ausgaben für Sozialpolitik charakterisiert ist. Die Schweiz gehört innerhalb der Gruppe der ökonomisch hochentwickelten Industriestaaten zusammen mit Japan, Australien und den USA zu den ausgesprochenen sozialstaatlichen Nachzüglern. Auch im Vergleich mit den Ländern der Europäischen Union dotiert die Schweiz abgesehen vom Gesundheitssystem zentrale Sicherungsprogramme gleich (Alters- und Hinterlassenenversicherung) oder geringer als der europäische Durchschnitt (OECD 1996d; Gilliand/Rossini 1997: 156). Beim Vergleich von sozialpolitischen Ausgabenniveaus gilt es allerdings zu berücksichtigen, daß es sich um Bruttogrößen handelt. Neueste Forschungen deuten darauf hin, daß die unter Berücksichtigung der nationalen Steuer- und Abgabenbelastung sowie von privaten Sozialleistungen berechneten Nettosozialleistungsquoten weniger streuen als die Bruttoquoten. Während sich etwa die Nettoquote von Schweden gegenüber der Bruttoquote verringert, wird das Ausgabenniveau des traditionellen Nachzüglers USA durch die Bruttoquote leicht unterschätzt (OECD 1996e: 34). Für die Schweiz liegt noch keine Berechnung der Nettosozialleistungsquote vor (Eberhard-Ingold 1996).
Die ausgeprägte Auffächerung der Ausgaben für Sozialpolitik in den reichen OECD-Ländern und die Nachzüglerrolle der Schweiz widerspricht simplen funktionalistischen Modernisierungstheorien und den daraus abgeleiteten Konvergenzhypothesen, wonach die Sozialstaaten ökonomisch gleich entwickelter Staaten ein weitgehend ähnliches Ausgaben- und Leistungsprofil aufweisen sollten. Beispielsweise beträgt bei einem volkswirtschaftlichen Entwicklungsniveau von 16500 Dollar pro Kopf im Jahr 1993 die Spannweite bezüglich der Sozialausgaben zwischen Schweden und Australien nicht weniger als 20 Prozentpunkte! Zudem geben die reichsten OECD Demokratien entgegen den funktionalistischen Konvergenzprognosen nicht mehr, sondern weniger für ihre sozialen Sicherungssysteme aus. Ein Blick auf nachstehende bivariate OLS-Regression (Abbildung 3) zwischen dem sozialpolitischen Ausgabenniveau und dem Pro-Kopf-Einkommen entlarvt folglich auch das ökonomische Entwicklungsniveau einer Volkswirtschaft als keineswegs überzeugende Variable. Erst die Ausklammerung der drei reichsten Industrieländer - den USA, Schweiz und Japan - aus der Regression liefert einen signifikanten positiven Koeffizienten zwischen dem ökonomischen Entwicklungsniveau und der Sozialleistungsquote.

Abbildung 2. Sozialausgaben in Prozent des BIP und ökonomisches Entwicklungsniveau (gemessen am BIP pro Kopf) in 21 Industrieländern im Jahr 1993.

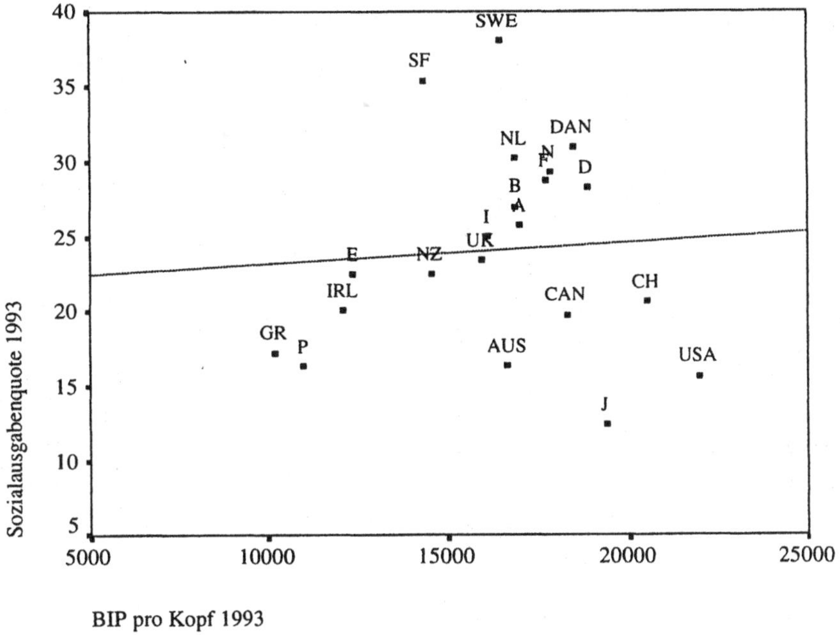

Anmerkungen: Sozialausgaben nach OECD-Definition 1993. Australien, Belgien, Japan, Neuseeland und Schweiz: 1992. Quelle: OECD (1996d: 19); BIP pro Kopf in Geary-Khamis Dollars 1990. Quelle: Maddison (1995: 194-199).

Abbildung 3. Bivariate OLS-Regression zwischen den Ausgaben für soziale Sicherheit in Prozent des BIP (OECD-Definition) und dem BIP pro Kopf in 21 (bzw. 18) OECD-Demokratien im Jahr 1993.

	Konstante	*BIP pro Kopf*	R^2
mit Schweiz n = 21	21,83* (2,59)	0,062 (0,17)	0,004
ohne Schweiz, USA und Japan n = 18	7,1 (0,86)	0,497* (2,29)	0,25

Anmerkungen: Standardisierter Regressionskoeffizient, 5%-Signifikanzniveau (t-Statistik in Klammer). Datenbasis entspricht dem Scatter-Diagramm von Abbildung 2.

Auch im Hinblick auf den Einführungszeitpunkt der ersten Sozialversicherungsgesetze nimmt die Schweiz eine Nachzüglerrolle ein. Im internationalen Vergleich zwischen 23 Ländern nimmt die Schweiz bezüglich des Einführungsdatums zentraler Sozialgesetze den 21. Rang ein (Abbildung 4).

Abbildung 4. Einführungszeitpunkt zentraler Sozialgesetze in 23 OECD-Ländern.

Land	Unfall	Krankheit	Alter	Arbeits-losigkeit	Familien-unterstützung	Rang
Australien	1902	1948	1908	1944	1941	15
Belgien	1903	1894	1900	1920	1930	3
BRD	1884	1883	1889	1927	1954	1
Dänemark	1898	1892	1891	1907	1952	2
Finnland	1895	1963	1937	1917	1948	17
Frankreich	1898	1928	1910	1905	1932	6
Griechenland	1914	1922	1934	1945	1958	18
Großbritannien	1897	1911	1908	1911	1945	5
Irland	1897	1911	1911	1911	1944	7
Island	1925	1936	1909	1936	1946	16
Italien	1898	1943	1919	1919	1937	13
Japan	1911	1927	1941	1947	1971	19
Kanada	1930	1977	1927	1940	-	23
Luxembourg	1902	1901	1911	1921	1947	8
Neuseeland	1908	1938	1898	1930	1926	11
Niederlande	1901	1931	1919	1916	1939	12
Norwegen	1895	1909	1936	1906	1946	10
Österreich	1887	1888	1906	1920	1948	4
Portugal	1913	1935	1935	1975	1942	20
Schweden	1901	1891	1913	1934	1947	9
Schweiz	*1918*	*1911*	*1946*	*1982*	*1952*	*21*
Spanien	1900	1942	1919	1919	1938	14
USA	1930	1965	1935	1935	1935	22
MITTEL	1905	1924	1917	1929	1944	12

Anmerkungen: Der Rang bezieht sich auf den durchschnittlichen Einführungszeitpunkt der angeführten Sozialprogramme. Quelle: Schmidt (1998a: 180).

Die Verspätung bei der Einführung der Sozialversicherung fand ihren Niederschlag in einer vergleichsweise verzögerten Ausdehnung des versicherten Personenkreises, so daß die Schweiz im Hinblick auf die Reichweite des Deckungsgrades der Sozialversicherungen bis in die 70er Jahre hinter dem europäischen Durchschnitt zurückblieb (Flora/Alber/Kohl 1977: 738). Der geringe Ausdehnungsgrad ist einerseits auf die verspätete Einführung der Sozialversicherung, andererseits auf die weitgehend fehlende Versicherungspflicht zurückzuführen, wobei die Ursache dafür in politisch-institutionellen und nicht in sozio-ökonomischen Bedingungen zu suchen ist. Dieses jahrzehntelange konstante Nachhinken auf dem Gebiet der sozialen Sicherheit wirft vor dem Hintergrund der von der vergleichenden

Wohlfahrtsstaatsforschung identifizierten Entwicklungsphasen des Sozialstaates weitere Fragen auf. Jens Alber gelangte bei seiner Analyse über die Entstehung und Expansion der europäischen Sozialversicherungen zum Ergebnis, daß die liberalen Demokratien mit vergleichsweise fortgeschrittener Industrialisierung im Vergleich zu den autoritär-regierten Ländern die Sozialversicherung mit einem time-lag einführten und erst allmählich zu den Pioniermonarchien Deutschland und Österreich aufschlossen, die im Rahmen einer Sozialpolitik „von oben" zum Zweck politischer Legitimationsbeschaffung relativ früh mit der Einrichtung von sozialen Sicherungssystemen begannen (Alber 1982). Tatsächlich ist die Ausdehnung des schweizerischen Sozialstaates zumindest bis in das Jahr 1900 auf den Demokratisierungsprozeß, den Druck der Gewerkschaften und die fortgeschrittene Industrialisierung zurückzuführen (Berg-Schlosser/Quenter 1996: 113), wodurch die Verspätung der Schweiz in der wohlfahrtsstaatlichen Konstituierungsphase mit dem bestehenden Theorieangebot erklärt werden kann. Unzureichend erklärt bleibt jedoch, warum die Schweiz bei dem zu Beginn dieses Jahrhunderts einsetzenden Aufholprozeß der demokratisch verfaßten Länder ins Hintertreffen geriet und auch im Golden Age des Wohlfahrtsstaates lange Zeit nicht Anschluß an die meisten anderen europäischen Länder finden konnte. Zwar entspricht die an der Entwicklung der Sozialleistungsquote seit 1960 gemessene sozialpolitische Expansion dem internationalen Trend (Abbildung 5), nach wie vor liegt das sozialpolitische Ausgabenniveau im unteren Drittel, wenngleich sich die Schweiz von den traditionellen Sozialstaatsnachzüglern wie den USA, Kanada und Japan etwas absetzen konnte. Bezüglich der strukturellen Ausgestaltung der Sozialversicherung besteht bei beitragsdominanter Finanzierung ein Nebeneinander von Volksversicherungen, Arbeitnehmerversicherungen und liberalen Rahmengesetzen unter staatlicher und privater Trägerschaft sowie eine Aufgabenteilung zwischen Bund und Kantonen bei der Regulierung und Vollziehung sozialer Sicherungsprogramme im Sinne eines kooperativen Föderalismus, so daß die schweizerischen Sozialversicherungen in struktureller Hinsicht nur geringe Kongruenz mit ausländischen Sicherungssystemen aufweisen (Maurer 1980; Tschudi 1989). Der schweizerische Sozialstaat weist eine Reihe von Eigentümlichkeiten auf, die bei einer Zuordnung der Schweiz zur deutschsprachigen Länderfamilie dem Family of Nations-Konzept widersprechen. Dieses Konzept der Länderfamilien postuliert, daß benachbarte Länder mit kongruenter sozio-kultureller Tradition, gemeinsamer Sprache und ähnlichen politischen und ökonomischen Basisstrukturen ähnliche Politikprofile aufweisen sollten (Castles 1993: xiii). Angesichts der stark ausgebauten Sozialstaaten in Deutschland und Österreich und ihrer Verortung im konservativen Sozialstaatsmodell (Esping-Andersen 1990) scheint dieser Erklärungsansatz zumindest für die Sozialpolitik zu kurz zu greifen.

Abbildung 5. Sozialausgaben 1960/1993 in 18 OECD-Ländern.

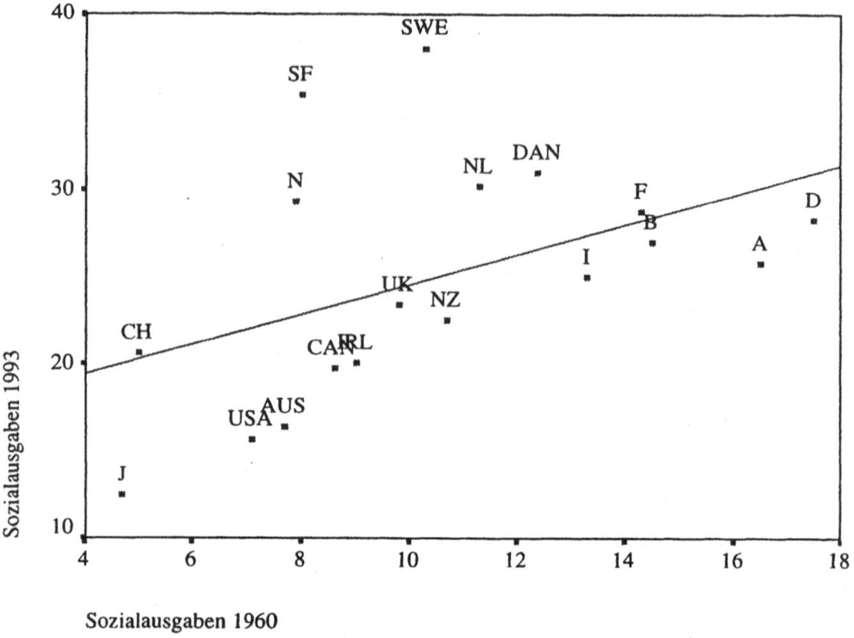

Anmerkungen: Abszisse: Sozialausgaben nach OECD 1960; Ordinate: Sozialausgaben nach OECD 1993 (Australien, Neuseeland, Belgien, Japan und Schweiz: 1992). Länder über der Regressionslinie (die skandinavischen Länder und die Niederlande) haben den Sozialstaat überproportional stark ausgeweitet, während Länder unterhalb der Regressionslinie (einerseits die traditionellen Sozialstaatsnachzügler und andererseits die Sozialstaatspioniere Deutschland und Österreich, die bereits 1960 ein beträchtliches Sozialausgabenniveau erreicht hatten) den Sozialstaat seit 1960 nur unterdurchschnittlich ausgebaut haben. Quelle: 1960: Schmidt (1998a: 198); 1993: OECD (1996d: 19).

Die strukturelle Ausrichtung und die quantitative Schlankheit des schweizerischen Sozialstaates führten hingegen zu dessen Verortung im liberalen Wohlfahrtsstaatstypus. Über diese Verortung des schweizerischen Sozialstaates im liberalen Wohlfahrtsstaatstypus besteht zwar zumindest bis in die 70er Jahre Konsens, die weitreichenden Reformen im sozialen Sicherheitssystem in den letzten beiden Dekaden stellen diese Zuordnung jedoch zusehends in Frage. Seit 1980 kam es in der Schweiz zu einem grundlegenden Umbau des Systems sozialer Sicherheit (Obinger 1998a), der Reformen in beinahe allen Kernbereichen der Sozialversicherung mit sich brachte. Auch die Sozialausgaben - gemessen an den Sozialtransfers in Prozent des BIP - sind in dieser Phase kräftig angewachsen, sodaß die Schweiz im Be-

reich der staatlichen Sozialtranfers Deutschland in den neunziger Jahren ein- und sogar überholt hat (vgl. Armingeon/Freitag 1997: 85).
Die hier kurz skizzierte Problemstellung legt einen erheblichen Erklärungsbedarf offen: Basierend auf einem Forschungsansatz, der sich einer nachprüfbaren empiriebasierten und theoriegeleiteten Beschreibung und Analyse verpflichtet fühlt, versucht diese Arbeit zwei Lücken zu schließen. Zum einen sollen Ergebnisse, Methoden und Ansätze der vergleichenden Wohlfahrtsstaatsforschung für eine politikwissenschaftliche Analyse des schweizerischen Sozialstaates nutzbar gemacht werden, zum anderen sollen neue Erklärungsansätze für seine divergente Entwicklungsdynamik aufgezeigt sowie die typologische Zuordnung des schweizerischen Sozialstaates hinterfragt bzw. analysiert werden. Die Arbeit verfolgt somit zwei Zielsetzungen. Gestützt auf ein politisch-institutionalistisches Theoriegerüst sollen Ursachen für die verspätete Einführung und Expansion staatlicher Sozialpolitik sowie für die vergleichsweise eigentümliche strukturelle Konzeption der sozialen Sicherungssysteme identifiziert werden. Dieser Teil der Arbeit versucht Gründe aufzuspüren, warum sich in der Schweiz als einzigem kontinentaleuropäischen Land ein liberales Sozialstaatsregime ausgebildet hat, welches sich sowohl im Hinblick auf die Dotierung als auch bezüglich der strukturellen Ausgestaltung des Systems sozialer Sicherung vom kontinentaleuropäischen Sozialstaatsmodell abgehoben hat. Die Arbeit versucht entlang zentraler Ergebnisse der neueren vergleichenden Staatstätigkeitsforschung, Institutionen als wichtige Bestimmungsfaktoren für die divergente Entwicklung des schweizerischen Sozialstaats einzubringen. Anders ausgedrückt: Da die Schweiz eine ähnliche, wenn nicht überlegene, ökonomische Performanz wie die meisten westeuropäischen Länder aufweist, müssen die Ursachen von Politikvariationen in der Sozialstaatlichkeit vor allem in politisch-institutionellen Besonderheiten des schweizerischen politischen Systems gesucht werden. Neuere Arbeiten der vergleichenden Staatstätigkeitsforschung haben verstärkt auf die Vetomacht von Nebenregierungen hingewiesen, die den Handlungsspielraum der Regierung begrenzen und so bedeutende Schranken gegenüber der Mehrheitsherrschaft konstituieren. Als solche Indikatoren von Semisouveränität (Katzenstein 1987) werden die direkte Demokratie, der Föderalismus, der Bikameralismus, das Proportionalwahlrecht, die Zentralbankautonomie, eine Mitgliedschaft bei supranationalen Organisationen sowie starke Schranken gegen Verfassungsänderungen angeführt (Huber/Ragin/Stephens 1993; Schmidt 1993, 1996a, 1998a; Armingeon 1996a; Colomer 1996). Die schweizerische Nachzüglerrolle bei der Einführung der Sozialversicherung und der Dotierung sozialer Sicherungsprogramme sowie die strukturelle Ausprägung des Wohlfahrtsstaates muß vor allem in diesen institutionellen Stellgrößen gesucht werden, die als intervenierende Variable die traditionellen Machtverteilungsansätze und die Farbenlehre der Regierungszusammensetzung überlagern und in vergleichender Perspektive gleichermaßen zu einer Pfadabweichung der schweizerischen Sozialpolitik wie auch zu hoher nationaler Pfadabhängigkeit geführt haben. Dieser Fokus auf politisch-

institutionelle Stellgrößen macht die übrigen theoretischen Ansätze zur Determination von Sozialstaatlichkeit keinesweg überflüssig, da aus politisch-institutioneller Perspektive länderspezifische institutionelle Arrangements lediglich einen Handlungsrahmen abstecken, der je nach Ausgestaltung Konfliktprozesse (politics) kanalisiert, aktiviert oder bremst und so vor dem Hintergrund sozioökonomischer Prozesse einen mehr oder weniger großen Gestaltungsspielraum für die relevanten Akteure eröffnet.
Aggregierte sozialpolitische Ausgabenniveaus, die für die Unterscheidung zwischen sozialpolitischen Vorreitern und Nachzüglern breite Anwendung finden, bilden als Indikator für staatliche „welfare efforts" nur eine Dimension von Sozialstaatlichkeit ab. Dadurch werden sowohl Verteilungsfragen wie auch die strukturellen Gestaltungsprinzipien der Wohlfahrtsstaatsarchitektur ausgeblendet (Esping-Andersen 1990). Die zweite Fragestellung dieser Arbeit thematisiert daher die typologische Verortung des schweizerischen Sozialstaates. Vom sozialstaatlichen Ausgabenniveau und der Struktur der sozialen Sicherungsprogramme her betrachtet wurde die Schweiz bis anfangs der 70er Jahre in der Gruppe der liberalen bzw. residualen Sozialstaaten angesiedelt. Die momentan rezipierten Typologien wurden entlang Querschnittsvergleichen über hochaggregierte Daten gewonnen und vernachlässigen folglich systeminterne Variationen und die Dynamik der Sicherungsprogramme im Zeitverlauf. Insofern sind diese Typenzuordnungen sehr statisch, da sie politische Programmkorrekturen und die damit verbundene Wandelbarkeit von Sozialstaaten nicht oder nur unzureichend erfassen. Die bis in die 70er Jahre empirisch breit abgesicherte Zuordnung zum liberalen bzw. residualen Sozialstaatstypus (Schmidt 1988a: 165) wird unkritisch auch für die neunziger Jahre angenommen (Castles 1998: 122). Diese typologische Verortung ist jedoch vor dem Hintergrund tiefgreifender Reformmaßnahmen in den letzten beiden Jahrzehnten in dieser Form nicht mehr haltbar. Vielmehr muß von einem Trend in Richtung eines dominant liberal-konservativen, mit sozialdemokratischen Gestaltungsprinzipien angereicherten Mischtypus ausgegangen werden.

1.2 Forschungsstand

Die wissenschaftliche Beschäftigung mit Sozialpolitik ist in der Schweiz unterentwickelt (Füglistaler-Wasmer/Pedernagna-Fehr 1996: 31), dies gilt besonders für die politikwissenschaftlich ausgerichtete vergleichende Wohlfahrtsstaatsforschung. Die schweizerischen politikwissenschaftlichen Arbeiten konzentrieren sich unter Ausblendung der vergleichenden Perspektive im wesentlichen auf überblicksmäßige Gesamtdarstellungen des schweizerischen Sozialstaates (Möckli 1988; Gilliand 1993; Fragniére et al. 1993) oder beschäftigen sich mit der Rekonstruktion der Genese des Sozialstaates (Linder 1984). Ein Konnex zur vergleichenden Wohlfahrtsstaatsforschung mit ihren Ansätzen und Forschungsergebnissen (Typologien) ist schwach ausgeprägt bis nicht vorhanden, wodurch die Lite-

ratur durch einen Mangel an theoriebasierten Erklärungen hinsichtlich der strukturellen Ausprägung und Entwicklungsdynamik der Sozialpolitik charakterisiert ist. Umgekehrt wissen führende Vertreter der vergleichenden Sozialpolitikforschung mit dem schweizerischen Sozialstaat recht wenig anzufangen. Von wenigen Ausnahmen abgesehen nehmen grundlegende Werke der vergleichenden Wohlfahrtsstaatsforschung nur in wenigen Sätzen Bezug auf die Schweiz mit der Konsequenz, daß grundlegende Einschätzungen ohne empirische Belege wechselseitig reproduziert werden.
Mehr Aufmerksamkeit von politologischer wie soziologischer Seite wird sowohl von außen als auch aus Binnensicht einzelnen Sozialpolitikbereichen gewidmet. Dies betrifft beispielsweise die Arbeitsmarktpolitik (Schmidt 1985, 1995; Blank 1996), die Alterssicherung (Kohl 1988, 1995; Casmir 1989), die Krankenversicherung (Erni 1980; Immergut 1992a; Bernadi-Schenkluhn 1992) und in jüngster Zeit die Sozialhilfe (Höpflinger/Wyss 1993, 1994; Fragniére/Sommer/Wagner 1994). Die überwiegende Mehrzahl der Publikationen zum schweizerischen Sozialstaat stammt jedoch von Praktikern (Saxer 1951, 1967; Tschudi 1985, 1986, 1989, 1996; Binswanger 1986), Juristen (Schweingruber 1977; Maurer 1980, 1993; Stöckli/Zehnder 1990; Coullery 1993; Wolffers 1993) und Ökonomen (Wagner 1985; Füglistaler/Pedernagna 1993, 1996). Diese Arbeiten liefern zwar wertvolle und fundierte Informationen zur schweizerischen Sozialpolitik, bieten jedoch in der Regel kaum theoriegeleitete sozialwissenschaftliche Erklärungen bezüglich der Entwicklungsdynamik und strukturellen Ausprägung staatlicher Sozialpolitik an.
Bisherige Analysen zur schweizerischen Sozialstaatsentwicklung brachten die Nachzüglerrolle der Schweiz mit einer bürgerlichen Regierungsdominanz in Verbindung, welche die Sozialpolitik am kurzen Zügel führt (Schmidt 1982, 1988a: 181), oder verwiesen auf ein von einer protestantischen Arbeitsethik und liberalen Ordnungsvorstellungen geprägtes sozio-kulturelles Klima, welches vorstaatliche Lösungen, Eigenverantwortung und Subsidiariät gegenüber unmittelbarer staatlicher Intervention präferiert (Hettlage 1993). Die Frage, inwieweit verfassungsmäßig vorgegebene Institutionen die Nachzüglerrolle mitbeeinflußt haben, ist stark unterbelichtet. Ausnahmen sind die Arbeiten von Neidhart (1970), Bois (1980), Gilliand (1993) und Schneider (1986) sowie die (älteren) Dissertationen von Bratschi (1969), Sigg (1978) und Puttner (1983), die sich zwar mit dem Einfluß des Föderalismus und der direkten Demokratie auf die Sozialstaatsentwicklung und die Sozialgesetzgebung befassen und die Effekte von Institutionen auf die Sozialpolitik somit ansatzweise thematisieren, allerdings fehlt auch hier - mit Ausnahme der Arbeit von Neidhart - oftmals die Anbindung an sozial- und speziell politikwissenschaftliche Theorien. Standard bezüglich der sozialpolitischen Entscheidungsprozesse sowie den akteursorienterten Handlungsoptionen seit den Anfängen staatlicher Sozialpolitik ist nach wie vor die gleichermaßen umfangreiche wie exzellente Dissertation von Jürg Sommer (1978).

Die Datenlage zur schweizerischen Sozialpolitik ist besonders für die Zeit vor 1950 unzureichend. Die statistischen Jahrbücher der Schweiz enthalten vor 1945 nur bruchstückhaft Informationen über die Einrichtungen der sozialen Sicherheit, eine offizielle Statistik über die Sozialhilfe fehlt bis heute. Auch eines der wichtigsten Datenhandbücher der vergleichenden Sozialstaatsforschung (Flora 1987) liefert für den Zeitraum vor 1950 keine Daten. Ökonomisches Datenmaterial seit 1870 findet sich in Maddison (1995). Wichtige Informationen zur Entwicklung der Sozialversicherung nach 1945 enthält der vom Bundesamt für Sozialversicherung herausgegebene Zahlenspiegel der sozialen Sicherheit. Eine Längsschnittstatistik über die Entwicklung von (nominellen) Ausgaben, des Leistungsspektrums sowie der Bezieherzahlen findet sich bei Rossini (1992) und Gilliand/Rossini (1997). Vergleichende Daten bezüglich von sozialstaatlichen Ausgabenniveaus für die Nachkriegszeit liefern die einschlägigen OECD und ILO-Publikationen, die statistischen Jahrbücher der Schweiz sowie die Publikationen der einschlägigen Bundesämter und Versicherungsanstalten. Der Länderbericht Schweiz im Zuge des HIWED-Projekts (Flora 1986a) ist abgesehen von der Bestandsaufnahme der sozialen Sicherungsssteme bislang noch nicht realisiert worden. Neue Dynamik erhielt die Sozialstaatsforschung durch das nationale Forschungsprogramm Nr. 29. Allerdings steht hier praxisrelevante Forschung im Mittelpunkt (vgl. Sommer/Schütz 1996). Grundlegende Daten zum politischen System der Schweiz finden sich in Armingeon/Freitag (1997), im mehrbändigen Handbuch Politisches System der Schweiz sowie in den statistischen Jahrbüchern der Schweiz. Abstimmungsresultate sind schließlich auch über Internet erhältlich (http: //www. admin.ch/ch/d/pore/va/index.html).

1.3 Methodische Vorgangsweise und Analyseebenen

Die Arbeit stützt sich in methodischer Hinsicht auf einen Mix an methodischen Verfahrensweisen. Die im theoretischen Teil erarbeitete Hypothese wird entsprechend dem empirisch-analytischen Forschungsansatz sowohl mittels makroquantitativer Methoden, d.h. mittels Regressions- und Korrelationsanalysen, als auch mittels makroqualitativer Verfahrensweisen auf Falsifikation getestet. Mit der Qualitative Comparative Analysis wird dazu eine im deutschsprachigen Raum kaum angewandte Methode verwendet. Da diese Verfahrensweisen neben ihren eigentümlichen Stärken auch Schwächen aufweisen, wurde zusätzlich eine qualitative, dem historischen Institutionalismus verpflichtete Analysetechnik gewählt, die es gerade für einen abweichenden Fall durch das Einbringen eines historischen Blickwinkels erlaubt, länderspezifische Eigentümlichkeiten und Besonderheiten vielschichtig herauszuarbeiten. Aggregatdatenanalysen bergen nämlich die Gefahr in sich, daß der politische Entscheidungsprozeß als black-box beiseite geschoben wird, und so von einer unmittelbaren Kausalbeziehung zwischen der unabhängigen Variablen (z.B. der parteipolitischen Färbung der Regierung) und der Sozialleistungsquote als abhängige Variable ausgegangen wird. Gerade hier setzt aber die Wirkung von Nebenregierungen als intervenierende Variable ein. Zwar können auch institutionelle Indizes in Aggregatdatenmodelle integriert werden, auf welche Art und Weise und zu welchen Zeitpunkt Nebenregierungen die Handlungsressourcen und Strategien der Akteure beeinträchtigen und welche Policyeffekte davon ausgehen, kann mit diesem Untersuchungsdesign allerdings nicht eruiert werden. Die Arbeit versucht neben einer Aggregatdatenanalyse daher auch, die Interaktionen zwischen Institutionen und den handelnden Entscheidungsträgern und die damit verbundenen Effekte auf Sozialstaatlichkeit in historischer Perspektive zu rekonstruieren. Dabei kann nicht falsifizierend vorgegangen werden, sondern es werden hier Argumente und empirische Fakten gesammelt, die die zentralen Thesen unterstützen.

Die Untersuchung ist als Fallstudie konzipiert, die in vergleichender Perspektive einen „deviant case" der demokratischen und ökonomisch hoch entwickelten OECD-Wohlfahrtsstaaten systematisch analysieren will. Als Referenzländer für die Aggregatdatenanalyse wurden je nach Datenlage 18 bis 21 demokratisch verfaßte OECD-Länder herangezogen. Vorliegende Policy-Analyse stützt sich in vergleichender Perspektive dabei auf ein „most similar cases design", welches ein Konstanthalten von ökonomischen Variablen erlaubt. Dies bedeutet jedoch keinesfalls, daß die wirtschaftliche Entwicklung für die Entwicklungsdynamik der schweizerischen Sozialpolitik unbedeutend ist, in vergleichender Perspektive mit Ländern auf gleichem Entwicklungsniveau besitzen ökonomische Variablen jedoch nur limitierte Erklärungskraft, so daß ökonomische Faktoren zur Erklärung eines divergenten Falles weitgehend ausgeklammert werden können. Vor dem Hintergrund ähnlicher politischer, ökonomischer und kultureller Basisstrukturen sind Variationen staatlicher Sozialpolitik vielmehr auf spezifische politisch-institutionelle Faktoren sowie parteipolitische und gesellschaftliche Kräfteverhältnisse zurückzuführen. Dabei gilt es in einer Fallstudie die schweizerischen Besonderheiten in dieser Hinsicht aufzuspüren und für die Theoriebildung nutzbar zu machen, zumal ein abweichender Fall in der Politikwissenschaft als nicht ausreichend betrachtet wird, um eine Hypothese bzw. Theorie zu falsifizieren (Nohlen 1992: 128). Allerdings kann die systematische Analyse eines abweichenden Falles Impulse für die Verfeinerung von Theorien und künftigen Forschungsdesigns liefern, indem für ein Land mit hochgradigem Pluralismus an Nebenregierungen die „Do Institutions Matter"-Hypothese auf ihre Policywirksamkeit überprüft wird.

Bezüglich der Zeitebene ist die Arbeit als Längsschnittsanalyse ausgerichtet, die die jüngsten mit 1. Januar 1997 in Kraft getretenen Reformen der Renten- und Arbeitslosenversicherung einschließt. Diese Wahl der Zeitebene bedingt auch die Wahl des Datensatzes, der sich primär aus sekundären Aggregatdaten zusammensetzt, lediglich bei Verweisen auf eidgenössische Abstimmungen wird auf sekundäre Individualdaten zurückgegriffen. Die Konzeption der Arbeit als eine unter vergleichendem Blickwinkel angelegte Fallstudie beinhaltet zwar eine Quer-

schnittsdimension, dennoch wird auf einen systematischen Längs- und Querschnittsvergleich verzichtet, zumal ein solches Untersuchungsdesign den Rahmen der Arbeit bei weitem sprengen würde.
Der politisch-institutionalistische Ansatz mit seiner Synthese von institutionellen und handlungstheoretischen Elementen legt schließlich die Analyseebene einer kombinierten Akteurs- und Systemperspektive fest. Die Arbeit ist zwar überwiegend auf der Makroebene und damit systemperspektivisch ausgerichtet, wechselt aber zuweilen den Blickwinkel, wenn institutionell vermittelte „Impacts" auf einzelne Akteure untersucht werden.

1.4 Begriffsexplikation

Im folgenden werden die Begriffe Wohlfahrtsstaat und Sozialstaat trotz Versuchen der begrifflichen Differenzierung synonym verwendet. Der Begriff „Sozialstaat" als Alternativkonzept zum Wohlfahrtsstaat impliziert nach Alber (1992: 543) nicht „nur eine sozialpolitische Verpflichtung des Staates, sondern auch eine Kampfansage gegen das 'Ausufern' des umfassenderen, als freiheitsgefährdend gedeuteten Wohlfahrtsstaates, der gesellschaftliche Freiräume zugunsten einer umfassenden Betreuung der Bürger von der Wiege bis zur Bahre einschränkt. Der Wohlfahrtsstaat erscheint dann als eine krebsartige wuchernde Entartung des in positiverem Licht gesehenen, maßvolleren 'Sozialstaates'". Entgegengesetzt argumentiert Schmidt (1988a: 15), der den Sozialstaat als umfassenderen Begriff im Sinn einer gesamtgesellschaftlichen Steuerung sieht während der Begriff Wohlfahrtsstaat gemäß der angelsächsischen Tradition des welfare state mit seiner bedürftigkeitsorientierten administrativen Wohlfahrtspflege auf traditionelle Sicherungsprogramme abzielt. Ritter (1991: 14) nimmt eine vermittelnde Position ein. Zwar betrachtet er wie Schmidt den Sozialstaat als den weiteren Begriff, sieht aber eine doppelte Abgrenzung des Sozialstaates gegenüber dem Wohlfahrtsstaat: Der Begriff Sozialstaat „vermeidet sowohl die Anklänge an die bürgerliche Freiheiten beschränkende paternalistische Wohlfahrt absolutistischer Staaten wie auch die Mißverständnisse, die sich aus der in den Vereinigten Staaten inzwischen üblichen Unterscheidung zwischen 'Welfare', der oft als unerwünschte Notwendigkeit verstandenen Sozialhilfe für Bedürftige, und der meist positiv beurteilten 'Social Security' (soziale Sicherheit), der auch auf eigenen Beitragsleistungen beruhenden Sozialversicherung, ergeben".
Im folgenden wird von einem engen Sozialstaatsbegriff ausgegangen, dessen Reichweite mit dem Begriff der sozialen Sicherheit übereinstimmt. Der hier im Mittelpunkt stehende enge Sozialstaatsbegriff reduziert die Analyse damit im wesentlichen auf die Sozialversicherungen und die Sozialhilfe.

1.5 Gliederung

Die Arbeit setzt sich aus fünf Teilen zusammen. Im anschließenden ersten Teil werden die theoretischen Grundlagen vorgestellt sowie die darauf aufbauenden Hypothesen mit Hilfe makro-quantitativer und makro-qualitativer Analysetechniken empirisch getestet. Der zweite Teil der Arbeit skizziert in chronologischer Abfolge die Genese des schweizerischen Sozialstaates. Dieser stark deskriptive Abschnitt soll zu einem besseren Verständnis der teilweise sehr ins Detail gehenden Hauptteile beitragen. Die beiden daran anknüpfenden Hauptteile analysieren den Einfluß des Föderalismus und der direkten Demokratie auf die Entwicklungsdynamik und die strukturelle Architektur des schweizerischen Sozialstaates. Der sechste Teil befaßt sich mit der aktuellen strukturellen Konzeption des schweizerischen Sozialstaats. Hier wird untersucht, ob angesichts der in den letzten 25 Jahren erfolgten Reformen im System sozialer Sicherheit die Verortung der Schweiz im liberalen Sozialstaatsregime noch haltbar ist. Die abschließende Zusammenfassung rekapituliert die zentralen Ergebnisse der Arbeit und diskutiert Schlußfolgerungen für die Theoriebildung.

2 Theorien, Hypothesen und vergleichende empirische Überprüfung

2.1 Theoretische Ansätze der Staatstätigkeitsforschung

Die vergleichende Policy-Analyse und mit ihr die vergleichende Wohlfahrtsstaatsforschung hat sich in den letzten beiden Jahrzehnten nicht nur zu einer anerkannten politikwissenschaftlichen Teildisziplin entwickelt, sondern auch gleichzeitig in theoretischer Hinsicht sowie im Hinblick auf den Output erheblich ausdifferenziert. Zudem ist der Sozialstaat Objekt interdisziplinärer Forschung, wobei sich besonders makrosoziologische und politologische Arbeiten wechselseitig angereichert haben.

Die vergleichende Wohlfahrtsstaatsforschung bedient sich aus dem Theoriefundus der vergleichenden Staatstätigkeitsforschung, so daß mit dem sozio-ökonomischen Funktionalismus, der Parteiendifferenztheorie, dem Machtressourcenansatz, dem politisch-institutionellen Ansatz und dem internationalen Verflechtungsansatz fünf große Theorieschulen unterschieden werden können (Schmidt 1993, 1998a). Dabei gilt es zu bedenken, daß die analytische Trennschärfe dieser zentralen Theorien der Staatstätigkeitsforschung bei näherer Betrachtung etwas verschwimmt: Die Parteienherrschaftstheorie und der Machtressourcenansatz weisen insofern Berührungspunkte auf, als sie konflikttheoretisch konzipiert sind und auf politische und ökonomische Kräfteverhältnisse rekurrieren, während der sozio-ökonomische Ansatz funktional ausgerichtet ist und damit wohlfahrtsstaatliche Interventionen auf primär sozio-ökonomische Funktionserfordernisse zurückführt. Dabei kann die Parteiendifferenztheorie als Unterfall der Theorie der gesellschaftlichen Machtressourcen interpretiert werden, zumal das parteipolitische Kräfteverhältnis in der Regel die Verteilung der gesellschaftlichen Machtressourcen widerspiegelt. Der politisch-institutionalistische Ansatz greift hingegen auf alle Erklärungsansätze zurück. Indem er diese in ein spezifisches institutionelles Arrangement einbettet, eignet sich dieser Ansatz besonders gut zur Erklärung nationaler Politikvariationen in ökonomisch hochentwickelten Ländern. Eine neuere Forschungsrichtung in Gestalt der internationalen Verflechtungstheorie betont die zunehmende Bedeutung supranationaler Organisationen und internationaler ökonomischer Verflechtungen für den nationalstaatlichen Handlungsspielraum. Diese „Internationale Hypothese" (Schmidt 1998a) thematisiert die zunehmende Abhängigkeit der Nationalstaaten von internationalen Organisationen und globalen ökonomischen Prozessen. So wird für die Sozialpolitik argumentiert, daß die Internationale Arbeitsorganisation (ILO) die Ausbreitung der Sozialversicherung vorangetrieben hat (Usui 1994) und zu einem Anstieg der Sozialleistungsquoten mit beigetragen hat (Senti 1997). Für die Entwicklungsdynamik des schweizerischen Sozialstaates ist diese Theorie-

schule insofern von Bedeutung, als die Schweiz - wie die Sozialstaatsnachzügler USA, Kanada und Japan - bei der Ratifikation von ILO-Übereinkommen auf dem Gebiet der sozialen Sicherung eine äußerst passive Haltung eingenommen hat (Senti 1997). Durch Druck von außen wurde die schweizerische Sozialpolitik somit nicht entscheidend katalysiert. Besonders fruchtbar für die Erklärung der schweizerischen Sozialpolitik sind jedoch die vier zentralen Schulen der Staatstätigkeitsforschung, die in Abbildung 6 zusammengefaßt wurden.
Der älteste Theorieansatz der vier Denkschulen ist funktionalistisch ausgerichtet und ordnet politischen Prozessen sowie institutionellen Variablen eine gegenüber sozio-ökonomischen Bestimmungsfaktoren untergeordnete Wirkung auf das Politikfeld Sozialpolitik zu. Die industrielle Revolution öffnete durch die Erosion traditioneller familiärer, berufsgenossenschaftlicher und unternehmerisch-patronaler Sicherungssysteme ein soziales Funktionsvakuum, welches durch wohlfahrtsstaatliche Intervention aufgefüllt werden mußte, wobei die folgende Expansion des Wohlfahrtsstaates dominierend auf sozio-ökonomische Faktoren wie demographische Alterungsprozesse und Wirtschaftswachstum zurückgeführt wird (Cutright 1965; Wilensky 1975). Unter weitgehender Ausklammerung einer Analyse des politischen Willenbildungs- und Entscheidungsprozesses werden Variationen von Staatstätigkeit v.a. auf sozioökonomische Niveauunterschiede zurückgeführt.

Abbildung 6. Ansätze der Staatstätigkeitsforschung.

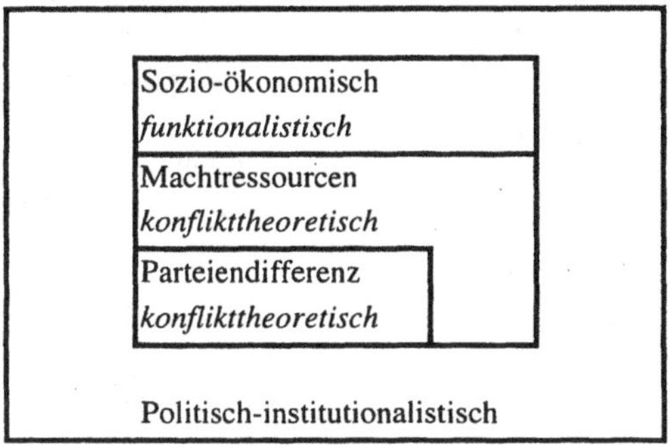

Quelle: K. Armingeon (Diskussionspapier).

Reiche Länder sowie Staaten mit einem hohen Anteil an Senioren leisten sich einen umfangreicheren Sozialstaat als Länder auf geringerem sozio-ökonomischen Entwicklungsniveau. Die Schwäche dieses Ansatzes ist jedoch offenkundig: Wie in der Einleitung bereits angedeutet wurde, kann diese Theorie die beträchtliche Bandbreite der Sozialstaatlichkeit innerhalb der Länder auf ähnlichem sozioökonomischen Entwicklungsniveau nicht erklären. Zudem sind es gerade die reichsten Staaten wie die USA, Kanada oder die Schweiz, die ihr System sozialer Sicherheit nur unterdurchschnittlich dotieren. Auch ältere makro-soziologische Arbeiten (Flora/Alber/Kohl 1977; Flora 1986a; Flora/Heidenheimer 1990) begreifen den Sozialstaat als Produkt eines Modernisierungsprozesses, bleiben dabei aber nicht bei einer rein funktionalistischen Sichtweise stehen, wenngleich genuin politische Stellgrößen etwas unterbelichtet bleiben.

Demgegenüber begreifen Vertreter der konflikttheoretisch ausgerichteten Parteienherrschaftstheorie (Hibbs 1977, Tufte 1978; Schmidt 1982, 1996a; Castles 1982) Staatstätigkeit primär als Resultat politischer Entscheidungen, insbesonders wird die parteipolitische Zusammensetzung der Regierung als entscheidende erklärende Variable für die konkrete Ausgestaltung der Sozial- und Wirtschaftspolitik angesehen. Anders als bei den Funktionalisten wird der politische Entscheidungsprozeß damit in der Theoriebildung endogen erfaßt. Parteien transformieren die Präferenzen ihrer Klientel in politische Optionen, welche bei einer Regierungsbeteiligung - so zumindest die ursprüngliche Version dieses Ansatzes- auch realisiert werden können. Parteien werden so als ideologische Agents ihrer als Prinzipal fungierenden Wählerschaft interpretiert. Ursprünglich wurden Linksparteien als Träger sozialpolitischer Expansionsstrategien, Rechtsparteien als Brems- und Blockadefaktoren identifiziert (Castles 1982). Diese klassische Links-Rechts-Dichotomie der ersten Generation der Parteiendifferenztheoretiker wurde zwischenzeitlich zugunsten einer differenzierten Unterteilung aufgegeben, die nun der sozialpolitischen Tradition christdemokratischer Parteien verstärkt Rechnung trägt, die im Unterschied von sekularen konservativen Parteien als Sozialstaatsparteien eingeschätzt werden, wenngleich sich die sozialpolitischen Ordnungsvorstellungen zum Teil erheblich von jenen der politischen Linken abheben (Castles 1994; van Kersbergen 1995; Schmidt 1996a).

Die dritte Theorieschule in Gestalt der ebenfalls konflikttheoretisch ausgerichteten Power-Ressourcen-Theorie (Stephens 1979; Korpi 1980; Esping-Andersen 1990) hebt in ihrer kritischen Variante die über die klassenbezogene Verteilung von Machtressourcen vermittelten gesellschaftlichen Kräfteverhältnisse als Schlüsselgröße für die strukturelle Ausgestaltung und Verteilungswirkungen von Wohlfahrtsstaaten hervor, während politische Institutionen lediglich als intervenierende Variable aufgefaßt werden. Dieser Ansatz legt aus einem polit-ökonomischen Blickwinkel heraus sein Hauptaugenmerk auf die Artikulations- und Organisationsfähigkeit von Interessen, wobei die kritische Richtung einen klassenbezogenen Interessenkonflikt identifiziert, der entlang der gesellschaftlichen Macht- und Kräfteverteilung ausgetragen und entschieden wird. Klassenübergreifende Koalitionen zwischen industriellen und agrarischen Lohnarbeitern wirken sich dabei günstig für die Einrichtung eines universalistisch-egalitären Sozialstaats aus (Baldwin 1990). Durch die Betonung der Verfügungsgewalt über Machtressourcen weist dieser Ansatz einen Neo-Gramscianischen Einschlag auf (Kemeny 1995). Die neoliberale Variante des Machtressourcenansatzes beschäftigt sich in Anlehnung an die Neue Politische Ökonomie mit dem Einfluß organisierter Interessen-

gruppen auf die Verteilungswirkungen wohlfahrtsstaatlicher Politik und leitet daraus stark normativ geprägte Argumente gegen den Wohlfahrtsstaat ab (Weede 1990). Aufgrund einer höheren Organisations- und Artikulationsfähigkeit organisierter Interessengruppen formieren sich Verteilungskoalitionen, die ein „rent-seeking" anstreben und einen überproportionalen Einfluß auf die Staatstätigkeit ausüben, wodurch der Wohlfahrtsstaat zu einer Art Selbstbedienungsladen verkommt und seine Umverteilungsziele nach unten unterlaufen werden. Gemäß Mancur Olson (1968) sind single issue-Gruppen mit kurzfristiger und konzentrierter Interessenorientierung im Vergleich zu breit gefächerten sowie langfristig orientierten Anliegen leichter zu organisieren und damit besser in der Lage, ihre Interessen zu artikulieren und durchzusetzen. Übertragen auf den Sozialstaat bedeutet dies, daß gut organisierte Interessen sich einen leichteren Zugang zu Sozialleistungen verschaffen können und diese im Konfliktfall auch leichter verteidigen können.
Der kritische Ansatz der Machtressourcentheorie mit seiner Fokusierung auf Linksparteien hat - wenn man die Entstehungsbedingungen sozialstaatlicher Regime untersuchen will - einen Pferdefuß: „Yet the relevance of these 'left power' approaches to explaining early welfare-state formation is limited by the virtual absence of sustained leftist governments before the Great Depression" (Hicks/Misra/Ng 1995: 329). Esping-Andersens Studie (Esping-Andersen 1990) sagt folglich auch wenig über die Ausdifferenzierung der einzelnen Sozialstaatsregime aus, die folglich wie ein deus ex machina als gegeben eingeführt werden (vgl. Borchert 1998: 152ff.).
Sowohl der sozio-ökonomische Funktionalismus, die Parteiendifferenztheorie als auch die Machtressourcentheorie sind nachfrageseitig orientiert. Der Sozialstaat wird als Reaktion auf „demands" begriffen, die ihren Auslöser in sozio-ökonomischen Veränderungsprozessen (Funktionalismus, Modernisierungsschule) oder in den damit in Zusammenhang stehenden Präferenzen von Wählern finden und in Abhängigkeit der partei- und gesellschaftlichen Kräfteverhältnisse (Parteiendifferenztheorie, Machtressourcenansatz) in konkrete sozialstaatliche Programme übersetzt werden. Politisch-institutionelle Theorien als vierte Schule der vergleichenden Staatstätigkeitsforschung sind demgegenüber nachfrage- und angebotsorientiert. Es geht neben der Bündelung von Variablen der anderen Theorieschulen zur Erklärung der unterschiedlichen Sozialstaatsprofile und Ausgabenniveaus auch darum, ob politische Entscheidungsträger überhaupt auf sozialpolitische „demands" reagieren können. Das Hauptaugenmerk dieses Ansatzes richtet sich auf die Policyeffekte von politischen Institutionen, da institutionelle Handlungsschranken einen Keil zwischen das Wollen und das Können der entscheidungsrelevanten Akteure treiben können.
Durch die Wiederentdeckung politischer Institutionen (Krasner 1984; Skocpol 1985; March/Olsen 1989, 1996; Steinmo/Thelen/Longstreth 1992; Weaver/Rockman 1993; Rothstein 1996) wurde in der vergleichenden Staatstätigkeits-

forschung den policyrelevanten Auswirkungen institutioneller Arrangements verstärkte Aufmerksamkeit gewidmet. Im Gegensatz zur klassischen Institutionen- und Regierungslehre erschöpft sich dieser neue Institutionalismus nicht in einer bloßen Beschreibung politischer Institutionen, sondern in den Mittelpunkt des Interesses rücken die Effekte von Institutionen auf den Politikoutput, d.h. es geht um die politikfeldspezifischen Wirkungen politischer Institutionen. Gleichzeitig haben neuere Entwicklungen der Parteiendifferenzhypothese aufgezeigt, daß der Handlungsspielraum politischer Akteure keine unabhängige Größe ist, sondern in Abhängigkeit von institutionellen Parametern variiert. Parteien bzw. Regierungen agieren nicht in einem luftleeren Raum, sondern finden in verschiedenen Ländern unterschiedliche und von institutionellen Gegebenheiten vorstrukturierte Handlungs- und Gestaltungsmöglichkeiten vor. Dies widerspricht der fundamentalen Grundannahme der ursprünglichen Parteiendifferenzthese, wonach Regierungsparteien ihre von den Präferenzen ihrer Basis abgeleiteten strategischen Optionen unmittelbar in die Praxis umsetzen können. Die zentrale (und mittlerweile ohnedies beantwortete) Frage lautet nicht mehr „Do parties matter?“ sondern „When do parties matter?“ (Schmidt 1996a). Es gilt nun vielmehr institutionelle Bedingungen und Faktoren aufzuzeigen, die den Transmissionsmechanismus zwischen den ideologischen Ordnungsvorstellungen von Parteien und ihrer realen Durchsetzung stören oder blockieren. Diese kritische Modifizierung der Parteiendifferenzhypothese hat durch die Einbeziehung institutioneller Handlungsbarrieren zu einer zunehmenden Annäherung und Verwischung zwischen der Parteienherrschaftstheorie und dem politisch-institutionellen Ansatz geführt. Andererseits liegt die Stärke des politisch-institutionellen Ansatzes ja gerade darin, Staatstätigkeit mittels einer Zusammenschau der Theorien zur (partei)politischen und gesellschaftlichen Machtverteilung sowie funktionalistischer Modernisierungstheorien zu erklären. Ergebnisse von Staatstätigkeit sind aus diesem Blickwinkel Produkte der innerhalb eines spezifischen Institutionengefüges ablaufenden politischen Entscheidungsprozesse. Institutionelle Arrangements eröffnen in diesem Zusammenhang je nach Ausgestaltung Handlungsspielräume für die Mehrheitsherrschaft oder Blockadechancen für Vetokoalitionen. Ihre Wirkung auf einzelne Politikfelder ist länderspezifisch variabel, so daß sich dieser Ansatz in vergleichender Perspektive hervorragend zur Erklärung nationaler Politikvariationen in Ländern auf ähnlichem sozioökonomischen Entwicklungsniveau eignet. Institutionen determinieren Konflikt- oder Konsensbildungsprozesse (politics) und beeinflussen über diese Strukturierung politischer Interaktionen den Output von Staatstätigkeit: „There is no direct link between a given set of political institutions and a particular policy result. Institutions do not allow one to predict policy outcomes. But by establishing the rules of the game, they do enable one to predict the ways in which these policy conflicts will be played out“ (Immergut 1992b: 63). Institutionen determinieren dabei nicht monokausal den Output von Staatstätigkeit in einzelnen Politikfeldern, sondern pressen die (sozial)politikrelevanten erklärenden Variablen (Parteiendifferenzhypothese,

Machtverteilung) in ein spezifisches Korsett, welches eine Strukturierung und Gewichtung dieser Faktoren vornimmt und von sozio-ökonomischen Bedingungen verengt oder erweitert wird. Institutionen bilden somit wichtige Handlungsressourcen oder Restriktionen für politisches Handeln, den politischen Prozeß können sie jedoch selten vollständig determinieren (Naßmacher 1991: 208). Ähnlich argumentieren Mayntz/Scharpf (1995: 43), die in ihrem Ansatz des akteurszentrierten Institutionalismus davon ausgehen, daß institutionelle Faktoren einen Handlungskontext konstituieren, der je nach dem stimulierend oder auch restringierend wirkt. Es werden durch einen institutionellen Rahmen Regeln festgelegt, Akteure und Akteurskonstellationen konstituiert sowie Handlungsressourcen, Handlungsorientierungen und -strategien strukturiert (Mayntz/Scharpf 1995: 49; Scharpf 1997). Den Akteuren innerhalb eines politischen Systems steht somit ein „Handlungskorridor zur Verfügung, dessen Wände durch allgemein akzeptierte Verfahrensregeln für Konfliktaustragung und Konsensbildung befestigt sind, dessen untere Grenze durch den vom Vorgänger ererbten Spielraum definiert und deren obere Grenze durch die historisch gewachsene Arbeitsteilung zwischen Staat und Wirtschaft vorgegeben ist" (Schmidt 1992: 204). Als zusätzliche Wände müssen verfassungsmäßig vorgegebene Institutionen diesem plakativen Bild hinzugefügt werden. Institutionen wie der Föderalismus, die direkte Demokratie, ein Zweikammernsystem, das Verhältniswahlrecht oder die Einbindung in supranationale Organisationen stellen erhebliche Schranken für den Aktionsradius einer Regierung dar. Spinnt man das Bild von Manfred G. Schmidt weiter, erscheint es zweckmäßig, das Institutionengefüge eines Landes als diejenige Variable zu begreifen, welche die Breite und Länge des Handlungskorridors festlegt. Nebenregierungen sind aus diesem Blickwinkel verfassungsmäßige Institutionen, die den Handlungsspielraum für politische Akteure einengen. Nebenregierungen schränken die Souveränität der Legislative und Exekutive ein und generieren einen hohen Grad an Semisouveränität in einem politischen System. Institutionen definieren dabei spezifische Spielregeln, die den Handlungsspielraum der Akteure abstecken bzw. kanalisieren und hierdurch eine hohe Pfadabhängigkeit staatlicher Politik determinieren. Nationale und institutionell geprägte Pfadabhängigkeiten finden ihren Niederschlag in stabilen Politikstilen und beständigen Politiknetzwerken, deren Ausprägung von der Stärke des Staates und der Stärke der Zivilgesellschaft determiniert wird (van Waarden 1993). Institutionelle Schranken resultieren über zwei miteinander vernetzte Schienen, nämlich der Stärke des Staates im Sinn des Grades des institutionellen Pluralismus und der Art der Ausformung der Demokratie als Majorz- oder Konkordanzdemokratie. Wie Klaus Armingeon (1996a: 284-287) festhält, handelt es sich bei Nebenregierungen und Konkordanzdemokratien um strukturell unterschiedliche Dimensionen, wenngleich sowohl Nebenregierungen als auch Konkordanzdemokratien Verhandlungslösungen begünstigen. Unterschiede finden sich im Grad der Verrechtlichung: Konkordanzdemokratien sind Reflex und Produkt von internalisierten Lernprozessen zur Konfliktregulierung in segmentierten Gesellschaften, während es sich bei Nebenregierungen nicht um eine Regelungstechnik zur Konfliktlösung und -dämpfung, sondern um verrechtlichte Institutionen handelt. Zudem unterscheiden sich Nebenregierungen wie der Föderalismus oder die direkte Demokratie von Konkordanzsystemen bezüglich ihres Charakters der Interessenvermittlung: Die Nutzer von Nebenregierungen sind typischerweise hochkonzentrierte Interessen, die auf Teilbereiche staatlicher Politik fokusieren und so hoffen, Vorteile zu erzielen, ohne selbst einen Beitrag zu leisten. Demgegenüber haben die Verhandlungsführer in Konkordanzdemokratien „auf keine institutionellen Interessen und Ziele Rücksicht zu nehmen, sondern nur auf eine zunehmend schwieriger zu benennende Klientel, der gegenüber man in größeren Abständen und in einem generellen Verfahren - typischerweise der Wahl - rechenschaftspflichtig ist (Armingeon 1996a: 287).

Konkordanzdemokratien unterscheiden sich in idealtypischer Betrachtung von Mehrheitsdemokratien entlang von zwei Dimensionen (Lijphart 1984). Die erste Dimension umfaßt die Ausgestaltung der Exekutive (Mehrparteienregierung), eine ausgeglichene Machtverteilung zwischen Exekutive und der Legislative, das Verhältniswahlrecht sowie ein Mehrparteiensystem mit mehrdimensionaler Themenfragmentierung und findet in einem korporatistischen System der Interessenvermittlung ein funktionales Äquivalent (Lijphart/Crepaz 1991: 237; Lehmbruch 1993: 51; kritisch: Keman/Pennings 1995; Lane/Ersson 1997), welches in der Version des sozialen Korporatismus von empirischen Studien als sozialstaatsstimulierend eingeschätzt wurde (z.B. Boreham/Hall/Leet 1996).

Die zweite Dimension umfaßt einen hohen Dezentralismus (Föderalismus), einen starken Bikameralismus und hohe Barrieren gegen Verfassungsänderungen. Beide Dimensionen können allerdings quer zueinander liegen, da die Mehrzahl der Realtypen Mischformen darstellen und nur Großbritannien bzw. Neuseeland und die Schweiz dem Idealtypus einer Mehrheits- bzw. Konsensusdemokratie nahekommen. Beispielsweise gehen Konkordanzdemokratien nicht notwendigerweise mit einem föderalen Staatsaufbau einher. In einer Zusammenschau können daher folgende institutionelle Nebenregierungen ausgesondert werden. Neben dem Verhältniswahlrecht müssen der Föderalismus, Referenden, ein starker Bikameralismus sowie starke Schranken gegen Verfassungsänderungen als bedeutende Barrieren gegenüber Regierungsaktivitäten bzw. als Indikatoren einer Nebenregierung ausgesondert werden. Gleichzeitig wurde darauf verwiesen, daß etwa für die Sozial- und Wirtschaftspolitik die Einbindung in supranationale Organisationen und die Autonomie der Zentralbank den Gestaltungsspielraum der Regierung beeinflussen und damit das Ergebnis von Staatstätigkeit wesentlich beeinflussen können (Schmidt 1993, 1995b, 1996a). Institutionelle Effekte auf die Staatstätigkeit variieren demnach nach dem Grad des institutionellen Pluralisms von Land zu Land und divergieren mitunter innerhalb eines Staates in Abhängigkeit des Politikfeldes.

Die von der politisch-institutionell ausgerichteten Staatstätigkeitsforschung identifizierten Nebenregierungen haben ein zentrales Merkmal: Diese verfassungsmäßig vorgegebenen Institutionen erhöhen sowohl in horizontaler als auch in vertikaler Hinsicht die Zahl der policyrelevanten Akteure. Während der Föderalismus die Gliedstaaten in die Willensbildung und den Vollzug von Rechtsnormen einbindet und dies über den Bikameralismus institutionell absichert, resultiert das Verhältniswahlrecht regelmäßig in Mehrparteiensystemen und -regierungen. Die Konkordanzdemokratie und mit ihr der Korporatismus bindet verschiedene Interessengruppen in den Willenbildungs- und Entscheidungsprozeß ein. Eine unabhängige Zentralbank, die Integration des Souveräns in den Entscheidungsprozeß durch die direkte Demokratie und Akteure auf supranationaler Ebene stellen mitunter weitere entscheidungsrelevante Akteure dar. Begreift man diese Institutionen als „veto-points“ (Immergut 1992a) und die Nutzer dieser Vetopunkte als Vetospieler (Tsebelis 1995a), so bedeutet eine hochgradige Ausprägung von Nebenregierungen eine starke (potentielle) Vetomacht gegenüber Entscheidungen der Legislative und/oder Exekutive, wodurch eine hohe Politikstabilität generiert wird. Der Grad des institutionellen Pluralismus indiziert umgekehrt auch das Ausmaß, inwieweit sich die politischen Entscheidungsträger von den „demands“ sozialer Gruppen abkapseln können (Pierson 1995a: 31). Vetospieler sind nach George Tsebelis individuelle oder kollektive Akteure, deren Zustimmung für politische Entscheidungen erforderlich ist (Tsebelis 1995a: 293). Politikstabilität bzw. politische Inflexibilität wächst dabei (1) mit der Zahl der Vetospieler, (2) der Differenz hinsichtlich ihrer politischen Positionierung (d.h. ihrer ideologischen Distanz) und (3) mit der Kohäsion innerhalb der Akteure. Vetospieler werden damit als kompetitive Akteure begriffen, die politische Entscheidungen blockieren und so den politischen Handlungsspielraum der Legislative und/oder Exekutive einengen können.

2.2 Empirische Ausprägungen von Nebenregierungen im internationalen Vergleich

Ausgehend von Lijpharts bahnbrechender Arbeit wurde in der Folge versucht, institutionelle Settings auch für die vergleichende Staatstätigkeitsforschung nutzbar zu machen. In quantitativen Untersuchungen wurden die unterschiedlichen Ausprägungen von Institutionen durch das Bilden von Indizes operationalisiert, um institutionelle Effekte auf Staatstätigkeit empirisch zu untersuchen. Als eine der ersten konstruierten Huber/Ragin/Stephens (1993) und Schmidt (1993) Additivindizes institutioneller Vetospieler, die zunächst nur eine begrenzte Anzahl von Vetospielern berücksichtigten und erst allmählich mit weiteren policyrelevanten institutionellen Barrieren angereichert wurden. Abbildung 7 zeigt die Bildung des Index von Schmidt (1993), wo durch duale Kodierung bzw. durch Bildung der Quersumme ein länderspezifischer Institutionenindex berechnet wird, der in vergleichender Perspektive wichtige Aufschlüsse über die Ausprägung von Barrieren gegen die Mehrheitsherrschaft abbildet.

Abbildung 7. Schranken gegen die Mehrheitsherrschaft.

Land	Wahlrecht	Zentralismus	Verfassungsänderung	Bikameralismus	Referendum	Index
Australien	0	0	1	1	0	2
Belgien	1	1	0	1	0	3
BRD	1	1	1	1	0	4
Dänemark	1	0	0	0	0	1
Finnland	1	0	0	0	0	1
Frankreich	0	0	0	0	0	0
Italien	1	0	0	1	0	2
Japan	0	0	1	0	0	1
Kanada	0	1	1	0	0	2
Niederlande	1	0	0	0	0	1
Norwegen	1	0	1	0	0	2
Österreich	1	1	1	0	0	3
Schweden	1	0	0	0	0	1
Schweiz	*1*	*1*	*1*	*1*	*1*	*5*
Spanien	1	0	1	0	0	2
UK	0	0	0	0	0	0
USA	0	1	1	1	0	3

Anmerkungen: „1" bedeutet starke Schranke gegen die Mehrheitsherrschaft (Proportionalwahlrecht, Zentralisierungsgrad gemessen anhand der auf den Zentralstaat entfallenden Steuereinnahmen, hohe Barrieren gegen eine Verfassungsänderung und häufige Anwendung von Referenden). „0" bedeutet schwache Schranke. Quelle: Schmidt (1993: 387), modifiziert durch Hinzufügen des Referendums auf Basis des Index von Huber/Ragin/Stephens (1993: 728), Streichung der Zentralbankautonomie sowie um Korrekturen bei Italien. Im Gegensatz zu Schmidt wurde die Verfassungsbarriere der Schweiz mit „1" bewertet, da jede Verfassungsänderung einem obligatorischen Referendum unterliegt und eine Volks- und Ständemehrheit erfordert.

Abbildung 8 zeigt drei alternative Indizes von Huber/Ragin/Stephens (1993), Colomer (1996) und Lijphart (1984), die sich sowohl hinsichtlich der erfaßten Vetospieler als auch bezüglich deren Kodierung unterscheiden. Wie der Abbildung 9 zu entnehmen ist, sind diese Indizes untereinander hoch korreliert.

Abbildung 8. Indizes der Schranken gegen die Mehrheitsherrschaft.

Land	**Lijphart**	**Schmidt 95**	**Huber et al**	**Colomer**
Australien	-0,99	3,0	4,0	4,0
Belgien	0,19	3,0	1,0	3,0
BRD	-1,79	5,0	4,0	4,0
Dänemark	0,49	2,0	0,0	2,0
Finnland	0,46	0,0	1,0	3,0
Frankreich	0,36	1,0	2,0	3,0
Griechenland	0,64	1,0	2,0	0,0
Italien	0,01	3,0	1,0	4,0
Japan	-1,11	2,0	2,0	3,0
Kanada	-1,22	3,0	4,0	5,0
Neuseeland	2,16	0,0	0,0	0,0
Niederlande	0,33	1,0	1,0	2,0
Norwegen	-0,08	2,0	1,0	1,0
Österreich	-0,37	2,0	2,0	3,0
Schweden	-0,06	0,0	0,0	1,0
Schweiz	*-1,53*	*5,0*	*6,0*	*6,0*
Spanien	-0,23	2,0	1,0	3,0
UK	1,4	1,0	2,0	1,0
USA	-1,62	5,0	7,0	6,0

Anmerkungen: ***Spalte 2.*** *Lijpharts Föderalismus-Zentralismusindikator für die Nachkriegsperiode bis in die frühen 1990er Jahre. Niedrige Werte reflektieren einen starken Föderalismus, hohe (positive) Werte signalisieren einen hohen Zentralismus. Daten sind standardisierte Mittelwerte der z-transformierten Orginalmeßwerte von Lijphart (1984). Datenquelle: Schmidt (1996a: 20-21).* ***Spalte 3.*** *Institutionen-Index nach Schmidt (1995b: 252) für den Zeitraum von 1960 bis Ende der 80er Jahre. Ungewichteter Additivindex von 6 Schranken auf Basis dualer Kodierung: 1) EU-Mitgliedschaft (=1), 2) Zentralsierungsgrad (1=föderalistisch, 0=sonstiges), 3) Verfassungsänderung (1=hohe Barrieren, 0=sonstiges), 4) Zweikammernsystem (effektiver Bikameralismus=1, sonstiges=0), 5) Zentralbankautonomie (=1), 6) Referendumsdemokratie (stark=1, 0=sonstiges).* ***Spalte 4.*** *Institutionen-Index nach Huber/Ragin/Stephens (1993: 728), erweitert von Schmidt (1996a: 20-21). Additivindex aus fünf Barrieren: 1) Föderalismus (kein=0, schwach=1, stark=2) Regierungssystem (0=parlamentarisch, 1=präsidentiell bzw. Kollegialregierung vom Schweizer Typ), 3) Wahlsystem (0=Verhältniswahl, 1=modifizierte Verhältniswahl, 2=Mehrheitswahlsystem mit Einerwahlkreis), 4) Bikameralismus (0=kein, 1=schwach,*

2=stark), 5) Referendum (0=nie oder selten, 1=häufig). ***Spalte 5.*** *Institutionen-Index nach Colomer (1996: 13) ergänzt von Schmidt (1996a: 20-21). Additivindex aus vier Barrieren (Zahl der effektiven Parteien, Bikameralismus, gewählter Präsident und Dezentralisation), die mit Ausnahme des Präsidenten (duale Kodierung) von 0-2 kodiert wurden (Maximalwert 7).*

Abbildung 9. Korrelation zwischen den Indizes (Spearman´s r).

Huber	.679		
Lijphart	-.782	-.690	
Schmidt	.790	.614	-.740
	Colómer	Huber	Lijphart

Anmerkungen: Eigene Berechnungen. Die negativen Korrelationen mit Lijpharts Index sind auf dessen inverse Kodierung zurückzuführen.

Alle Indizes weisen die Schweiz als Land mit einem überdurchschnittlich stark ausgeprägten institutionellen Pluralismus auf. Basierend auf den Überlegungen von Tsebelis (1995a) ist somit mit einer hohen Politikstabilität und damit einer hohen politischen Inflexibilität zu rechnen. Diese hochgradige Ausprägung von Nebenregierungen hat - so meine Hypothese - die Entwicklungsdynamik des schweizerischen Sozialstaates nachhaltig gebremst, ohne jedoch die Qualität der Policyentscheidungen zu determinieren. Die beinahe idealtypische Konkordanzdemokratie und das (liberal)korporatistische System der Interessenvermittlung, welches organisierte Interessen in den vorparlamentarischen Entscheidungsprozeß formell einbindet, bieten wegen der breiten Machtstreuung und der Ablösung der Mehrheitsregel durch Verhandlungslösungen sowohl für parteipolitische Vetospieler als auch für organisierte Interessenverbände zusätzliche Blockade- und Vetochancen. Der ausgeprägte institutionelle Pluralismus ist dabei ein historisch gewachsenes Produkt einer mehrdimensional segmentierten Gesellschaft zur Integration von Minderheiten in den Entscheidungsprozeß, wo diese, ausgestattet mit zahlreichen Vetoinstrumenten, ihren Interessen wirksamen Ausdruck verleihen können (Lehmbruch 1967, 1993; Deutsch 1976; Linder 1994).

2.3 Funktion von Nebenregierungen und parteipolitische Kräfteverhältnisse in der Schweiz

Die parteipolitischen Kräfteverhältnisse wie auch die politische Institutionenstruktur eines Landes sind im Längsschnitt keine unveränderlichen Größen. Dieser Abschnitt verschafft schlaglichtartig eine Bestandsaufnahme über die Genese des politisch-institutionellen Rahmengefüges und die Ausprägung der politischen Kräfteverhältnisse.

2.3.1 Politische Kräfteverhältnisse

Die schweizerischen Parteien als „Kinder der Volksrechte" (Gruner 1977) begannen sich erst Ende des 19. Jahrhunderts auf eidgenössischer Ebene zu organisieren. Die Konstituierung der Parteien vollzog sich entlang der gesamtgesellschaftlichen Cleavage-Linien Religion sowie Arbeit und Kapital, wobei sich Bauern und Industriearbeiterschaft getrennt organisierten. Eine klassenübergreifende Koalitionsbildung zwischen Arbeitern und Bauern wurde dadurch verhindert, was gemäß der Esping-Andersenschen Machtressourcentheorie infolge der Fragmentierung der Arbeitnehmerinteressen keine günstige Startbedingung für die Ausbildung des Wohlfahrtsstaates darstellte. Parallel und auch quer dazu verliefen gesellschaftliche Spaltungslinien entlang räumlicher - meist kantonaler - Grenzen. Diese horizontale und vertikale Segmentierung führte zur Ausbildung eines fragmentierten Parteiensystems, dessen Zersplitterung durch Parteispaltungen und Wahlrechtsmodifikationen zusätzlich beschleunigt wurde und dessen Fokus nach wie vor primär auf lokaler und kantonaler Ebene liegt. Dieser dezentral gelagerte Schwerpunkt des schweizerischen Parteiensystems ist etwa referendumspolitisch relevant, da Kantonalparteien gegen den eigenen (und zumeist schwachen) zentralen Parteiapparat mit dem Referendum querschießen können.
Der liberale Freisinn als Repräsentant der Ideen und Errungenschaften der Aufklärung, der französischen Revolution sowie der Verfassung von 1848 bildet die prägende politische Kraft in der Schweiz. Nachdem der Freisinn 1874 eine vor dem Hintergrund des schwelenden Kulturkampfes weitgehend nach seinen Ordnungsvorstellungen ausgerichtete Totalrevision der Bundesverfassung durchsetzen konnte, spaltete sich am Ende des letzten Jahrzehnts des 19. Jahrhunderts die freisinnige Großfamilie (Gruner 1977: 73ff.) in drei Gruppen: Die Radikalen als breites Sammelbecken der Mitte formierten sich 1894 zur freisinnig-demokratischen Partei, rechts davon etablierten sich die antizentralistischen, antietatistischen und für den Schutz des Individuums eintretenden Liberal-Konservativen (ab 1913: Liberal-Demokraten), während links die Demokraten für eine Forcierung der Sozialpolitik und den Ausbau der direkten Demokratie eintraten. Sowohl der Links- als auch der Rechtsableger des Freisinns konnte auf nationaler Ebene jedoch nicht dauerhaft Fuß fassen. Der Beginn staatlicher Sozialpolitik in der Schweiz fällt mit der von 1890-1919 andauernden Blütezeit des Freisinns zusammen. Dieser befürwortete in dieser Ära einen handlungsfähigen Zentralstaat und moderate Sozialreformen, während die 1893 formierte Katholische Volkspartei (ab 1912: Schweizerische Konservative Volkspartei bzw. seit 1971: Christlich-demokratische Volkspartei, CVP) die Autonomie der katholischen Kantone bewahren und folglich auch in der Sozialpolitik das Subsidiaritätsprinzip verwirklicht sehen wollte. Die Vermengung von Staat und Kirche sowie der ausgeprägte Antizentralismus der Konservativen stellte sie in einen scharfen ideologischen Gegensatz zum politisch dominanten Freisinn. Auf kantonaler Ebene und zunehmend auch auf Bundesebene

konnten dabei die Katholisch-Konservativen über das Referendum die Reformpolitik des Freisinns zum Teil erfolgreich torpedieren. Erst die nationale Einbindung der Katholisch-Konservativen in den Bundesrat (1891) konnte deren Widerstandspotential einigermaßen kanalisieren (Neidhart 1970).
Die 1888 (erstmals) gegründete Sozialdemokratische Partei agierte als Sammelbecken der Industriearbeiterschaft ab 1904 zusehends in Einklang mit marxistischen Prinzipien. Die dezentrale Streuung der Industrieunternehmen bewirkte eine räumliche und ideologische Zersplitterung der Arbeiterbewegung, wodurch ihre nationale Organisierung mehrere Anläufe benötigte und dadurch hinter jener der Arbeitgeberverbände zurückblieb (Linder 1984: 264-265). Die 1901 erfolgte Fusion mit dem Grütli-Verein führte zwar zu einer Stärkung der Sozialdemokratischen Partei, die fehlende institutionelle Verankerung auf nationaler Ebene reduzierte ihre Rolle auf die einer kleinen Oppositionspartei. Die Abspaltung eines kommunistischen Flügels 1921 trug zusätzlich zur Schwächung der SPS bei. Von den bürgerlichen Parteien stützte sich vorwiegend die katholische Volkspartei - die spätere CVP - auf einen Arbeitnehmer- und einen Arbeitgeberflügel, während der mittelschichtorientierte Freisinn traditionelle Nahebeziehungen zur Industrie unterhält. 1919 betrat mit der Bauern-, Gewerbe- und Bürger Partei (BGB, seit 1971: Schweizerische Volkspartei, SVP) eine zusätzliche konservative Rechtspartei die politische Arena, die vorwiegend in den ländlichen Regionen der Deutschschweiz im Kleingewerbe und im bäuerlichen Mileu ihren Rückhalt fand.
Seit dem Bestehen des Bundesstaates wird die Schweiz von einer bürgerlichen Mehrheit regiert. Das Parlament war bis 1919 vom Freisinn dominiert, wobei das bis 1919 maßgebliche Mehrheitswahlrecht die Kräfterelationen auf Kosten der Sozialdemokratie zusätzlich zugunsten des Freisinns verlagerte (Abbildung 10). Erst die Einführung des Verhältniswahlrechts für die Nationalratswahlen im Jahr 1919 beendete die absolute Mehrheit der freisinnig-demokratischen Partei und führte zumindest für die historischen Parteien zu einer relativen Ausgewogenheit zwischen dem Stimmen- und dem faktischen Sitzanteil. Das Verhältniswahlrecht führte zwar zu einer Zersplitterung der Parteienlandschaft und damit zur Ausbildung neuer Kräfteverhältnisse im Nationalrat, insgesamt blieb jedoch das Kräfteverhältnis zwischen den Bundesratsparteien relativ konstant (Abbildung 11). Die durch die Einführung des Verhältniswahlrechts ausgelösten Verschiebungen im Kräfteverhältnis erhöhten nicht nur die Zahl der parteipolitischen Vetospieler, sondern erforderten auch Änderungen in der Zusammensetzung des Bundesrats. Die Einbindung der neuen Parteien in die Landesregierung erfolgte jedoch schleppend, da eine Vakanz eines Bundesratssitzes normalerweise nur im Todesfall oder bei Rücktritt eines Bundesrats auftritt.

Abbildung 10. Durchschnittliche Stimmenverteilung bei den Nationalratswahlen und Sitzverteilung im Nationalrat 1896-1919.

	% der Stimmen	% der Sitze	Differenz
Partei	*1896-1919*	*1896-1919*	
Katholisch-Konservative	20,8	21,1	+0,3
Demokraten	3,9	3,5	-0,4
Liberal-Konservative	8,6	10,1	+1,5
Freisinn	49,4	59,5	+10,1
Sozialdemokraten	15,3	5,2	-10,1
Andere	2,0	0,6	-1,4

Anmerkungen: Eigene Berechnungen. Datenquelle: Mackie/Rose (1991: chap 21).

Abbildung 11. Sitzanteile (in Prozent) der vier Bundesratsparteien im Nationalrat 1919-1998.

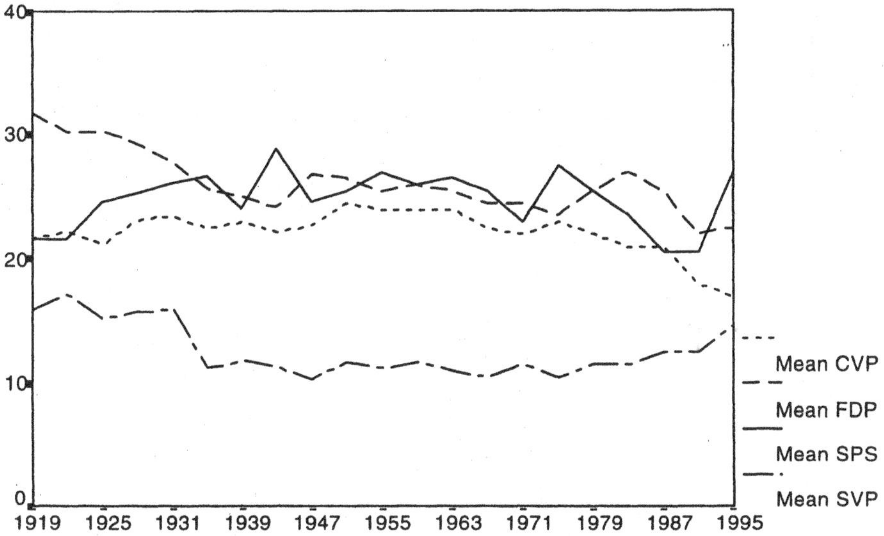

Anmerkungen: Eigene Berechnungen. Quelle: Mackie/Rose (1991: chap 21); Statistisches Jahrbuch der Schweiz (1996: 372).

Nachdem bereits 1891 die Katholisch-Konservativen ihren ersten Bundesrat gestellt hatten, wurde 1929 die BGB (die heutige SVP) in die Regierung eingebunden. Die Wahl eines sozialdemokratischen Bundesratskandidaten scheiterte mehrmals wegen der ablehnenden Haltung der Sozialdemokratie gegenüber der Landesverteidigung an der breiten bürgerlichen Mehrheit im Parlament.

Abbildung 12. Parteipolitische Zusammensetzung des Bundesrates 1848-1998.

	Periode							
Partei	bis 1891	1891-1919	1919-1929	1929-1943	1943-1953	1953-1954	1954-1959	seit 1959
FDP	7	6[a]	5	4	3	4	3	2
CVP	-	1	2	2	2	2	3	2
SVP	-	-	-	1	1	1	1	1
SPS	-	-	-	-	1	-	-	2

Anmerkungen: a= 1917-1919 stellten die Liberal-Demokraten einen Bundesrat. Quelle: Statistisches Jahrbuch der Schweiz (1996: 369).

Zudem war sich die SPS lange Zeit parteiintern nicht klar darüber, ob sie überhaupt den reformistischen Weg, d.h. den Eintritt in die Landesregierung, beschreiten sollte (vgl. Degen 1993: 32-34). Erst die externe militärische Bedrohung der Schweiz durch Nazi-Deutschland und das damit verbundene Bekenntnis der Sozialdemokratie zur militärischen Landesverteidigung bildeten die entscheidende Grundlage für die Integration der Sozialdemokratie in die Bundesregierung. Mit der Wahl des Zürcher Sozialdemokraten Ernst Nobs in den Bundesrat im Jahr 1943 ging die fast hundert Jahre andauernde Bundesratsmehrheit der FDP zu Ende. Seit 1959 konstituiert sich der Bundesrat entlang dem in der proporzorientierten Zauberformel festgeschriebenen Besetzungsschema (Abbildung 12). Der Bundesrat erledigt die Regierungsgeschäfte zwar als Kollegialorgan, trifft jedoch seine Beschlüsse nach dem Mehrheitsprinzip, die dann gemeinsam nach Außen vertreten werden. Die schweizerische Kollegialregierung raubt der Parteiendifferenzhypothese einiges an Schärfe, bei Abwägung der Kräfteverhältnisse enthüllen diese Daten jedoch eine eindeutige Dominanz der bürgerlichen Parteien, die in einer immer noch deutlichen Bundesratsmehrheit ihren Niederschlag findet. Mit der Integration der Sozialdemokratie in den Bundesrat hat dieses Übergewicht in der Nachkriegszeit zwar leicht abgenommen, dennoch prägte in den Jahren 1950-1994 eine bürgerliche Dominanz die parteipolitische Zusammensetzung der Regierung (Abbildung 13). Als einziges Land in der westlichen Welt (abgesehen vom nicht durchgehend demokratisch verfaßten Portugal, dem Kleinststaat Island und dem schwierig zu klassifizierenden Japan) war eine liberale Partei in der Nachkriegszeit die dominierende Kraft in der Regierung. Zusammen mit dem generellen Übergewicht der bürgerlichen Parteien ist nach der Parteiendifferenzhypothese mit einer Dominanz sozialstaatsskeptischer Positionen zu rechnen.

Abbildung 13. Parteipolitische Regierungszusammensetzung und ideologische Distanzen zwischen der größten Linkspartei und der größten bürgerlichen Partei in 21 Industrieländern.

Land	*Links*	*Zentrum*	*Liberal*	*Konservativ*	*Dominante Kraft*	*Ideologische Distanz*
Australien	32,80	0,00	0,00	67,20	Konservativ	26
Belgien	27,56	54,21	17,17	1,06	Zentrum	20
BRD	24,84	53,00	18,48	3,68	Zentrum	29
Dänemark	50,73	5,22	27,44	16,61	Links	37
Finnland	33,58	39,93	13,92	12,57	Zentrum	33
Frankreich	24,53	10,57	16,60	48,30	Konservativ	42
Griechenland	43,28	56,72	0,00	0,00	Zentrum	-
Großbritannien	28,13	0,00	0,00	71,87	Konservativ	30
Irland	9,71	20,27	0,00	70,02	Konservativ	19
Italien	12,42	78,10	7,60	1,88	Zentrum	47
Japan	0,33	0,60	0,00	99,07	Konservativ	52
Kanada	0,00	65,18	0,00	34,82	Zentrum	24
Neu Seeland	27,31	0,00	0,00	72,69	Konservativ	19
Niederlande	18,58	53,49	16,41	11,52	Zentrum	23
Norwegen	73,09	12,43	3,18	11,31	Links	43
Österreich	60,71	36,47	1,54	1,28	Links	17
Portugal	13,95	13,21	60,51	12,33	Liberal	17
Schweden	76,29	10,92	6,58	6,21	Links	47
Schweiz	*23,80*	*30,56*	*32,09*	*13,55*	*Liberal*	*34*
Spanien	63,58	0,00	0,00	36,42	Links	39
USA	0,00	37,78	0,00	62,22	Konservativ	30

Anmerkungen: Ideologische Distanz nach Huber/Inglehart (1995). Wert gibt die ideologische Distanz zwischen der größten Linkspartei und der größten Rechtspartei an (Maximum: 100, Minimum: 0). Quelle: Schmidt (1996a: 160, 164).

Zudem besitzt die kräftemäßige Schieflage in der Proporzdemokratie ein Spiegelbild im liberal-korporativen System der Interessenvermittlung, das durch ein Ungleichgewicht zulasten der traditionell schwachen und weltanschaulich gespaltenen Gewerkschaften charakterisiert ist. Das heißt nicht, daß die bürgerlichen Parteien den Sozialstaat grundsätzlich blockierten - gerade der Ausbau des Wohlfahrtsstaats nach 1945 wurde von einem breiten Konsens getragen -, sondern vielmehr, daß ihre sozialpolitischen Optionen sich von den interventionistischen Optionen der Sozialdemokratie unterschieden. Einschlägige vergleichende Arbeiten (z.B. Huber/Inglehart 1995) zur Messung von ideologischen Distanzen zwischen den Parteien enthüllen ein auch für die Sozialpolitik zutreffendes Bild: Demnach bestehen die größten ideologischen Differenzen zwischen der Sozialdemokratie und der Schweizerischen Volkspartei, aber auch die ideologische Distanz zwischen SPS und FDP ist gerade in der Sozial- und Wirtschaftspolitik beträchtlich. Insgesamt gilt, daß die ideologische Distanz zwischen den bürgerlichen Bundesratsparteien geringer ist als jene zwischen dem bürgerlichen Block und den Sozialdemokraten. Sowohl die Selbsteinschätzung von Parlamentariern (Kerr 1987: 119) als auch Expertenbefragungen (Huber/Inglehart 1995: 107) unterstützen diesen Befund (Abbildung 14). Dabei gilt es zu bedenken, daß es auch in der Schweiz nach 1945 zu einer Abschwächung der ideologischen Gegensätze zwischen den Parteien gekommen ist, so daß für die Konstituierungsphase staatlicher Sozialpolitik von ungleich größeren ideologischen Konfliktlinien ausgegangen werden muß, als es die für die 80er und 90er erhobenen Befunde aus Abbildung 14 andeuten. Traditionelle Links-Rechts Skalen bilden nur eine (allerdings für die Sozialpolitik essentielle) Dimension der ideologischen Fragmentierung innerhalb des Parteiensystems ab. Kerr (1987) verweist für die Schweiz zurecht auf eine religiöse Fragmentierungslinie sowie auf die Werteachse progressiv versus traditionalistisch, wenngleich auch diese Konfliktlinien für die Sozialpolitik im Zeitverlauf an Bedeutung verloren haben.

Abbildung 14. Ideologische Distanzen der vier Bundesratsparteien in den 80er und 90er Jahren.

	Links-Rechts-Skala (0 bis 100)			
	SPS	CVP	FDP	SVP
Kerr (1987)	27	54	56	57
Huber/Inglehart (1995)	26	44	60	62,5

Anmerkung: Links-Rechts-Skala von 0 (extrem links) bis 100 (extrem rechts). Die Daten von Huber/Inglehart wurden umskaliert. Quelle: Kerr (1987: 119); Huber/Inglehart (1995: 107).

Für den Freisinn war zwar die staatliche Sozialpolitik gegenüber der Eigenverantwortung des Individuums nachrangig, gleichzeitig war der liberale Humanismus ein Schwungrad in der schweizerischen Sozialpolitik im allgemeinen und der Sozialversicherung im besonderen: „Der Staat soll dem einzelnen nicht alle Sorgen abnehmen und ihn zur Gleichgültigkeit verleiten; er kann nur unverschuldete Not mildern und den Bürger gegen die Wechselfälle des Lebens schützen helfen. Daß dabei der Grundsatz der Versicherung [...] demjenigen der Fürsorge bei weitem vorzuziehen ist, liegt klar auf der Hand" (FDP 1951: 344). Neben den Arbeiterschutzgesetzen ging auch die Einführung der Kranken- und Unfallversicherung und der AHV zu einem bedeutenden Ausmaß auf die Initiative des (progressiven) Freisinns zurück. Das sozialpolitische Engagement der freisinnig-demokratischen Partei wurde besonders nach dem Ersten Weltkrieg durch das Erstarken der SPS beschleunigt. Der Freisinn war jedoch nicht nur Proponent einer an liberalen Leitideen orientierten Sozialversicherung, der rechte - v.a. von Unternehmern getragene - Parteiflügel stand aus kosten- und finanzpolitischen sowie aus föderalen

Gründen einem Ausbau des Sozialstaates höchst skeptisch gegenüber. Gerade in wirtschaftlichen Krisenzeiten konnte sich dieser Flügel gegenüber dem linken Parteirand in sozialpolitischen Fragen zumeist durchsetzen (Zimmermann 1948: 70-71). Gruner (1977: 88) weist darauf hin, daß die Flügelkämpfe zwischen Links- und Rechtsfreisinn nicht nur auf der Polarität zwischen Industrie und Arbeiterschaft basieren. Konfliktlinien innerhalb des Freisinns verliefen ebenso innerhalb der Generationen und zwischen dem deutsch- und westschweizerischen Freisinn, wobei letzterer zumeist antizentralistische Politikoptionen favorisierte.
Im Gegensatz zum Freisinn stützte sich die Katholische Volkspartei mit der christlichen Soziallehre auf ein sozial- und wirtschaftspolitisch klar abgestecktes Konzept von Ordnungsvorstellungen. Eckpfeiler ihrer Doktrin bildete die Förderung der Familienpolitik (Waeger 1944), Absicherung der männlichen Versorgerehe durch betriebliche Sozialprogramme und die Subsidiarität bundesstaatlicher Sozialpolitik gegenüber lokalen oder privaten Lösungen, denn der „totale Wirtschafts- und Sozialstaat ist keine Lösung der sozialen Frage, sondern nur eine totale Verbürokratisierung dieser Frage" (Jahrbuch der christlich-konservativen Volkspartei 1955-1959: 126). Lange Zeit präferierte die Partei daher das Fürsorge- gegenüber dem Versicherungsprinzip, wodurch die Partei - und insbesondere westschweizerische Gruppen - der AHV zunächst sehr skeptisch gegenüberstanden. Die Sozialpolitik der katholischen Volkspartei strebt zudem einen Interessenausgleich korporativer Prägung an: „Sie [die Partei, HO] kann und darf nie zum Verfechter einseitiger Gruppeninteressen werden, sondern muß in allen wirtschaftlichen und sozialen Auseinandersetzungen eine Überbrückung der Interessengegensätze anstreben, das Verständnis der einzelnen Wirtschaftsgruppen für die Nöte der andern wecken und Lösungen suchen, die bei aller Berücksichtigung schutzwürdiger Sonderinteressen die Wahrung des Gesamtwohles als oberste Richtschnur im Auge behalten" (Jahrbuch der christlich-konservativen Volkspartei 1947-1951: 30). Ein zentrales Anliegen bildete die Familienpolitik im Sinne einer „Stärkung der moralischen und wirtschaftlichen Grundlagen der Familie", die das „Zentrum aller gesunden Sozialpolitik und Sozialreform ist" (Jahrbuch der christlich-konservativen Volkspartei 1955-1959: 126-130).
Die SVP verfolgt durchaus ähnliche Sozialstaatsoptionen und betont dabei gleichsam die Solidarität und Subsidiarität. Letztere bedeutet, daß „Eigenverantwortung und persönlicher Einsatz vor dem Anspruch gegenüber dem Staat stehen. Kann die Familie eine Fürsorgeaufgabe nicht lösen [...], haben private Organisationen [...] sowie Gemeinden und Kantone einzuspringen. Die Leistungen des Bundes haben nur das wirklich Notwendige zu decken und sind so niedrig als möglich zu halten." (SVP 1990: 9-10). Sozialpolitisch verfolgt die Partei am stärksten neokonservative Ordnungsvorstellungen.
Will man einen gemeinsamen Nenner innerhalb der bürgerlichen Parteien herausdestillieren, so kreisen die bürgerlichen Politikoptionen in bezug auf die Sozialpolitik um das Begriffsquintett Eigenverantwortung, Anreizkompatibilität, soziale

Treffsicherheit, Marktkonformität und Subsidiarität. Die bürgerlichen Parteien, mit Ausnahme vielleicht des progressiven Freisinns, fanden in der Entstehungsphase staatlicher Sozialpolitik im bestehenden dezentralen Netz der betrieblichen Sicherungssysteme folglich ideologische Anknüpfungspunkte und waren folglich wichtige Verteidiger dezentraler Lösungsmuster mit deren Betonung der Vertragsfreiheit, Eigeninitiative und genossenschaftlicher Selbsthilfe. Insgesamt verlaufen die ideologischen Ordnungsvorstellungen der bürgerlichen Regierungsparteien hinsichtlich der Sozialpolitik weitgehend parallel.
Die ideologischen sozialpolitischen Leitvorstellungen der Sozialdemokratie heben sich demgegenüber deutlich ab. Für die Sozialdemokratie bildete die Sozialpolitik einen zentralen Angelpunkt ihres Selbstverständnisses, zumal sie im Gegensatz zu den Schwesterparteien in den deutschsprachigen Nachbarländern nicht mit der Forderung nach Demokratisierung die (männlichen) Arbeiter mobilisieren konnte. Wenngleich die Partei und der ihr nahestehende SGB hinsichtlich der organisatorischen Trägerschaft der Sozialversicherungen ursprünglich keineswegs nur staatliche Lösungen anstrebten (De Nicolo 1962; Degen 1993: 27), waren und sind ihre sozialpolitischen Politikoptionen im Vergleich zu den bürgerlichen Parteien durch einen ungleich stärkeren Grad an staatlichen Interventionslösungen charakterisiert. Insbesonders verfolgt(e) die SPS eine deutliche Abgrenzung zu residualen Sozialstaatsvorstellungen, wie sie von großen Teilen der bürgerlichen Parteien vertreten wurden.
Die schweizerische Proporzdemokratie und das politische Institutionengefüge zwingt die Bundesratsparteien zu Verhandlungslösungen, sodaß die klassische Parteiendifferenztheorie verwässert wird. Politische Extrempositionen werden so ausgefiltert, ideologische Distanzen werden zur Mitte hin fusioniert, wodurch zentristische Lösungen der politischen Mitte an Gewicht gewinnen: „[...] to whatever extent party competition is polarized along ideological lines, it is kept within narrow bounds by the combined action of federalist, populist and corporatist impulses“ (Kerr 1987: 114). Die Parteiendifferenzhypothese wird aber insofern nicht gegenstandslos, als - wie später gezeigt wird - die sozialpolitischen Optionen der einzelnen Parteien entlang ihres Kräftepotentials über Verhandlungslösungen in der strukturellen Ausgestaltung des schweizerischen Sozialstaates ihren Niederschlag gefunden haben. Ergebnis des Bargainings der Regierungsparteien ist ein von der politischen Mitte geprägter sozialstaatlicher Mischtypus, dessen Strukturen analog dem gesellschaftlichen Kräfteverhältnis stark dem liberalen und „konservativen“ Sozialstaatstypus ähneln, der aber auch Züge sozialdemokratischer Politikoptionen widerspiegelt.

2.3.2 Nebenregierungen als Konfliktregulatoren

Die im internationalen Vergleich hochgradige Ausprägung von Nebenregierungen ist in der Schweiz Ausfluß einer entlang der Dimensionen Religion und Sprache segmentierten Gesellschaft, wobei diese Segmentierung weitgehend deckungsgleich mit den Kantonsgrenzen der 1848 gegründeten Föderation verlief. Diese territorial abgegrenzte gesellschaftliche Segmentierung bildete im Vergleich zu den übrigen segmentierten europäischen Kleinstaaten eine Besonderheit.

In einer Längsschnittbetrachtung unterlag das politische System der Schweiz einer grundlegenden Transformation, ohne daß dabei von einem Systembruch gesprochen werden kann. Ausgehend von einer Konkurrenzdemokratie mit den Radikalen und den Katholisch-Konservativen als zentralen und ideologisch weit auseinanderstehenden Akteuren, erfolgte mit der schrittweisen Einbindung von Minderheiten in den politischen Entscheidungsprozeß der schrittweise Übergang zur Konkordanzdemokratie. Dieser Prozeß wurde als paradigmatischer Prozeß der Integration beschrieben (Deutsch 1976; Lehmbruch 1993; Linder 1994) und mündete in einem Konfliktregulierungsmuster des gütlichen Einvernehmens, dessen Wurzeln auf die in Westmitteleuropa nach den europäischen Religionskriegen etablierte konfessionelle Friedensformel des „amicabilis compositio" zurückgehen (Lehmbruch 1993, 1996). Konfession - so Lehmbruch - bildete die älteste Konfliktlinie in Westmitteleuropa, die erst viel später durch industrialisierungsbedingte sozio-ökonomische Interessenkonflikte überlagert wurde. Der Föderalismus und die Demokratie mit ihrem Prinzip „one man-one vote" boten den Kantonen das Experimentierfeld für die Anwendung neuer Techniken der Konfliktregulierung. Dazu gehörten die Instrumente Proporz und Parität. Durch institutionelle Adaptierungen dieser Konfliktregulierungstechniken wurden zunächst die religiösen Konfliktlinien gedämpft und verarbeitet. Durch Lernprozesse und Internalisierung sickerten die verhandlungsorientierten Konfliktregulierungsmuster auch auf Bundesebene durch und wurden schließlich auch auf die Regulierung und Verarbeitung sozioökonomischer Konflikte übertragen. Die Herausbildung der Konkordanzdemokratie auf Bundesebene setzte in den 60er Jahren des 19. Jahrhunderts ein (Lehmbruch 1993: 48-51). Mit der revidierten Bundesverfassung von 1874 wurde das fakultative Referendum eingeführt, wodurch nun der katholischen Minderheit ein effektives Vetoinstrument zur Verfügung stand, um Legislativentscheide des freisinnig dominierten Bundesparlaments potentiell sanktionieren zu können (Linder 1994: 21). 1891 folgte die Einrichtung der Verfassungsinitiative, die ebenfalls ein Artikulationsinstrument für politische Minderheiten - zunächst hauptsächlich für die Sozialdemokratie - bildete. Das Referendum und die Verfassungsinitiative als zentrale Einrichtungen der direkten Demokratie sowie der Föderalismus fungierten dabei als institutionelle Anknüpfungspunkte zur wirksamen Interessenartikulation der Minderheiten. Um das Vetopotential zu kanalisieren und berechenbarer zu machen, wurden beginnend mit dem Jahr 1891 die parteipolitischen Vetospieler in die Exekutive integriert. Einen weiteren bedeutsamen Schritt zur Einbindung von politischen Minderheiten bildete die nach den Auseinandersetzungen rund um den Oltener Generalstreik (1918) erfolgte Einführung des Verhältniswahlrechts, wovon primär die durch das Mehrheitswahlrecht stark benach-

teiligte SPS profitierte. Erst nach der institutionellen Lösung der religiösen Konfliktlinie intensivierten sich die Versuche zur Lösung der sozio-ökonomischen Konfliktlinien. Der Durchbruch zugunsten einer konsensualen Regulierung der kollektiven Arbeitsbeziehungen gelang mit dem 1937 abgeschlossenen Friedensabkommen in der schweizerischen Metall-und Maschinenindustrie, welches gleichzeitig die Grundlage der schweizerischen Sozialpartnerschaft bildet (Armingeon 1994). Die formelle Integration der wirtschaftlichen Interessenorganisationen in den politischen Entscheidungsprozeß erfolgte über das in den Sozial- und Wirtschaftsartikeln festgeschriebene Vernehmlassungsfahren und ihre Einbindung in außerparlamentarische Kommissionen (Lehmbruch 1993: 53; Armingeon 1997). Die externe Bedrohung der Schweiz im Zweiten Weltkrieg bildete schließlich den Anstoß für die Integration der Sozialdemokraten in den Bundesrat (1943), die mit der 1959 institutionalisierten und seither unverändert gebliebenen Zauberformel ihren Abschluß fand.
Die Reform des politischen Institutionengefüges veränderte die Art der Austragung der politischen Konflikt- und Entscheidungsprozesse. Am Ende dieses Integrationsprozesses steht eine beinahe idealtypische Verhandlungsdemokratie, die in einem liberal-korporativen System der Interessenvermittlung fortgeschrieben wird. Die Konkordanzdemokratie und die föderalistische Staatsstruktur finden in einer ausdifferenzierten vertikalen wie horizontalen Machtfragmentierung ihren Niederschlag. Diese institutionell vermittelte Machtstreuung zum Zweck der Koordinierung unterschiedlicher Interessen erforderte die Substitution der Mehrheitsregel durch Verhandlungs- und Proporzlösungen. Der Umbau des institutionellen Rahmengefüges hatte damit weitreichende Auswirkungen auf die politics-Ebene: Die bundesstaatliche Staatsstruktur vor allem aber die direkte Demokratie haben prägenden Einfluß auf den politischen Entscheidungsprozeß, indem die konkordanzdemokratischen Konfliktregelungsmuster Konsens und Kompromiß aktiviert und vor dem Hintergrund der nachparlamentarischen Referendumsdrohung sämtliche politikfeldrelevanten und referendumsfähige Akteure und Interessen systemintegriert werden. Ergebnis dieses institutionellen Korsetts sind hochkomplexe Verhandlungsprozesse mit dem Ziel einer Konsens- oder Kompromißbildung, um die Wahrscheinlichkeit einer Referendumsinitiierung zu reduzieren (Neidhardt 1970; Hertig 1984).
Während der Föderalismus und mit Einschränkungen auch die direkte Demokratie als zentrale Elemente des politischen Institutionengefüges erfolgreich zur Integration einer hoch segmentierten Gesellschaft beigetragen haben, werden die Effekte des institutionellen Pluralismus auf die Staatstätigkeit mit einem gänzlich anderen Befund versehen: Helvetische Langsamkeit, Immobilismus und Innovationsfeindlichkeit sind einige Umschreibungen von schweizerischen Politikwissenschaftlern für das Wesen und die Qualität von Staatstätigkeit in der Schweiz, wobei diese Binnen- und Selbstbeschreibung nicht selten mit dem Bild auswärtiger Beobachter in Kontrast steht. Tatsächlich ist der Weg politischer Entscheidungen wegen der

hochgradigen vertikalen und horizontalen Machtteilung und den fragmentierten Entscheidungsstrukturen mit zahlreichen Vetopunkten gespickt, die es Vetospielern ermöglichen, sich in den Entscheidungsprozeß einzuklinken (Abbildung 15).

Abbildung 15. Vetopunkte im politischen Willensbildungsprozeß der Schweiz.

Phase	**Vorparlamentarisch**		**Parlament**	**Nachparlamentarisch**
Vetopunkt	Volksinitiative	Vernehmlassungsverfahren außerparlamentarische Kommissionen Direktorenkonferenzen	Bikameralismus	Fakultatives/ obligatorisches Referendum
Akteure	Parteien Volk (Kantone) Interessengruppen	Interessengruppen Kantone, Parteien, Experten	Experten Parteien Kantone	Volk (Kantone) Interessengruppen

Anmerkung: Eigene Zusammenstellung.

Die Existenz von institutionellen Vetopunkten reduziert die Wahrscheinlichkeit einer von oben nach unten verlaufenden linearen Phasenheuristik (Sabatier 1993) und erhöht die Wahrscheinlichkeit von Politikzyklen und Rückkoppelungen. Der Weg politischer Entscheidungen ist dann vielmehr als „mehrfach kurzgeschlossener zirkulärer Prozeß zu verstehen" (Czada 1998: 50). Im Extremfall besteht sogar die Möglichkeit einer institutionell bedingten Handlungssperre, die - nach dem Vetospielertheorem von Tsebelis (1995a) - eine hohe Politikstabilität generiert. Diese institutionell vorgezeichnete Trägheit des Entscheidungsprozesses muß nicht notwendigerweise mit geringer Innovationsfähigkeit einhergehen: Das oft strapazierte Bild, daß Konkordanzdemokratien im ersten Gang und mit angezogener Innovationsbremse unterwegs sind, ist fragwürdig. Theoretisch gibt es keinen plausiblen Grund, warum Mehrheitsentscheide innovationsfreundlicher (im Sinn der Chance zur Durchsetzung neuartiger und kreativer Lösungen) als Verhandlungslösungen sein sollen. Demgegenüber spricht einiges dafür, daß das Entscheidungstempo in Mehrheitsdemokratien aufgrund geringerer Blockademöglichkeiten im Entscheidungs- und Implementationsprozeß höher ist. Vielmehr zeigt die neueste Entwicklung der schweizerischen Sozialpolitik, daß trotz langwieriger Entscheidungsprozesse und trotz direkter Demokratie innovative Politik möglich ist, die durchaus europäischen Pioniercharakter aufweist. Politikstabilität im Sinne eines Immobilismus als Folge langwieriger Entscheidungsprozesse und Innovationsfähigkeit im Sinne der Chance zur Durchsetzung kreativer und neuer Problemlösungen sind verschiedene Seiten einer Medaille.

2.4 Nebenregierungen und Sozialstaat im internationalen Vergleich: Hypothese und empirische Überprüfung

Im Zuge der Wiederentdeckung politischer Institutionen wurde in neueren qualitativen und quantitativen Arbeiten der vergleichenden Wohlfahrtsstaatsforschung die Bedeutung institutioneller Barrieren auf sozial- und wirtschaftspolitische Gestaltungsspielräume und Ausgabenniveaus verstärkt thematisiert und empirisch untersucht.

Qualitative Arbeiten von Weir/Orloff/Skocpol (1988), Weir (1992), Banting (1987, 1995), Skocpol (1995) und Pierson (1995c) konnten zeigen, daß die Verzögerung des Sozialstaats in den Vereinigten Staaten und Kanada vor 1945 maßgeblich auf mächtige Effekte von politischen Institutionen, namentlich auf den Föderalismus und der damit einhergehenden Machtdezentralisierung zurückgeführt werden kann. Föderale Machtteilung begrenzt die administrativen und fiskalischen Ressourcen des Zentralstaats. Sowohl starke Bürokratien (Heclo 1974) als auch ausreichende finanzielle Ressourcen bilden notwendige Voraussetzungen von Wohlfahrtsstaatlichkeit. Ein schwacher zentralstaatlicher Administrativapparat, wie er für die USA und die Schweiz typisch ist, erschwert die Planung und Implementation etatistischer Politiken. Diese „angebotsseitige" Sichtweise ist typisch für den politikwissenschaftlichen, staatstheoretisch fundierten Neo-Institutionalismus. Im Hinblick auf die finanziellen Ressourcen können neue Staatsaufgaben nur dann wahrgenommen werden, wenn diese auch finanziert werden können (Kirchgässner/Pommerehne 1994: 149). Eine finanzpolitische Kompetenzverteilung zwischen mehreren Gebietskörperschaften kann auf zwei Wegen die Ausdehnung des Sozialstaats bremsen. Eine fiskalpolitische Dezentralisierung erhöht auf horizontaler Ebene die Gefahr fiskalischer Konkurrenzierung: „Local governments find it difficult to pursue redistributive policies for fear that high taxes will lead business and wealthy individuals to move out while attracting low-income groups who would benefit from generous social programs" (Pierson 1995a: 35). In vertikaler Hinsicht erfordert die Ausdehnung von Staatstätigkeit eine akkordierte Politik: Entscheidungen der höheren Ebene bedürfen der (hochgradigen) Zustimmung der nachgeordneten Ebenen (Scharpf 1985: 334). Da sich mit der dezentralen Streuung von Macht und Kompetenzen auch die Zahl der Akteure erhöht und als Folge daraus auch die Heterogenität der Interessenlagen zunimmt, steigt wegen der vertikalen und horizontalen Entscheidungsverschränkung die Wahrscheinlichkeit von Entscheidungs- und Handlungssperren. Eine fiskalpolitische Kompetenzfragmentierung kann daher in eine budgetpolitische Unbeweglichkeit münden, die die Ausdehnung von Staatstätigkeit erschwert oder gar unmöglich macht. Wie die Theorie der Politikverflechtung (Scharpf 1976; Schmidt 1994) eindrucksvoll dargelegt hat, können durch kompetenzrechtliche Verschränkungen und Überlappungen und dem dadurch begründeten Erfordernis einer akkordierten Verbundpolitik suboptimale Politikeffekte ausgelöst werden. Ebenso kann diese Ent-

scheidungsverflechtung in einem Innovationsstau, politischer Inflexibilität oder mitunter in einer völligen Lähmung des Gestaltungspotentials der Akteure ihren Niederschlag finden.
Politikverflechtung in föderal verfaßten Staaten beschränkt sich dabei nicht nur auf die Verteilung finanzieller Ressourcen, sondern auch auf die Planung, die Gesetzgebung und den Vollzug von Politiken. Im Hinblick auf die Sozialstaatlichkeit spielt neben der finanzpolitischen Kompetenzverteilung auch die Kompetenzverflechtung in der Sozialpolitik eine zentrale Rolle. In vielen föderalen Ländern wie den USA, Kanada und der Schweiz waren ursprünglich wichtige sozialpolitische Kompetenzen auf die Gliedstaaten und die Kommunen beschränkt, die mit ihren sozialpolitischen Maßnahmen die Weichen für die weitere sozialstaatliche Entwicklung stellten. Erst im Rahmen der Ausdehnung des „big-government" (vgl. Castles 1998) begann sich der Zentralstaat in die sozialpolitische Regulierung einzuklinken. Im Rahmen dieser Intervention mußte der Zentralstaat auf die bestehenden dezentralen Regulierungsmuster Rücksicht nehmen, wodurch eine hohe sozialpolitische Pfadabhängigkeit begründet wurde. Das nationale Politikerbe spielt im Neo-Institutionalismus eine zentrale Rolle. Politiker „are rooted in time": Der Ausgangspunkt jeder neuen Regierung ist das vom Vorgängerkabinett hinterlassene Politikerbe (Rose/Davies 1994: 12). Policy-Traditionen stehen „wie Gebirge in Landschaften" und „stecken weitgehend den Rahmen dessen ab, was nach ihnen politisch machbar ist oder erscheint" (Windhoff-Hertiér 1994: 79). Gerade soziale Sicherungssysteme weisen eine hohe strukturelle Eigendynamik auf (Rose/Davies 1994: chap. 9), die - wie die Beispiele Deutschland und Österreich zeigen - auch mehrere politische Systembrüche unbeschadet überdauern kann.
Vergangene Politik beeinflußt aktuelle Staatstätigkeit. Dieses Policy-Feedback konstituiert über „Lock-in"-Effekte Interessen, die die Beibehaltung tradierter Politikmuster forcieren. „Lock-in effects are likely to be important when public policies encourage individuals to make significant investments that are not easily reversed, or when individuals face strong incentives to coordinate their activities with other social actors and adopt prevailing or anticipated standards" (Pierson 1995a: 45). Dieser Effekt ist umso stärker, je größer die set-up-Kosten dieser Investitionen sind. Bestehen institutionelle Vetopunkte, die es den Programmträgern erlauben, diese autonomen Programme gegenüber Interventionsversuchen zu verteidigen, erhöht sich die Wahrscheinlichkeit, daß ein eingeschlagener Politikpfad fortgeschrieben wird. Entscheidungsträger der übergeordneten Ebene müssen diese bestehenden Strukturen für ihre Handlungen und Strategien berücksichtigen: „Important political actors may become aware of problems as a result of their experiences with past initiatives. The setting of a new agenda and the design of alternative responses may build on (perceived) past successes or may reflect lessons learned from past mistakes" (Pierson 1995a: 42). Umgelegt auf die Sozialpolitik heißt dies, daß die auf dezentraler Ebene erfolgte Wahl für ein bestimmtes Modell sozialer Sicherung mit seinen spezifischen Organisations-, Finanzierungs- und Lei-

stungsprinzipien eine hohe strukturelle Eigendynamik aufweist, wodurch die Weichen der weiteren Sozialstaatsentwicklung gestellt werden. In der Schweiz wurde beispielsweise dem industrialisierungsbedingten sozialen Problemdruck auf lokaler Ebene durch die Bildung von Arbeiterhilfsvereinen und wechselseitigen Unterstützungskassen begegnet. Diese selbstverwalteten Systeme wurden mit Hilfe der direkten Demokratie gegenüber Interventionsversuchen des Bundes verteidigt. Referendumsniederlagen induzierten bei den Bundespolitikern Lerneffekte, mit der Konsequenz, daß die historisch gewachsenen Strukturen auf dem Gebiet der sozialen Sicherung stärker berücksichtigt und in Bundeslösungen eingebunden wurden.

Im Gegensatz zu den qualitativen Arbeiten mit politisch-institutionellem Theoriefundament fokusieren die einschlägigen quantiativen Arbeiten auf die sozialstaatliche Entwicklung in der Nachkriegszeit seit den 50er und 60er Jahren. Im Mittelpunkt dieser makro-quantitativen Untersuchungen steht naturgemäß die Frage nach der Determination der Sozialleistungsquote und damit eine ausgabenzentrierte Sozialstaatsanalyse. Die Arbeiten von Hicks/Swanck (1992: 666), Huber/ Ragin/Stephens (1993: 735) und Schmidt (1997: 159) konnten einen signifikanten negativen Zusammenhang zwischen dem Grad des institutionellen Pluralismus und dem wohlfahrtsstaatlichen Ausgabenniveau konstatieren. Armingeon (1996a) konstatiert einen dämpfenden Effekt von Nebenregierungen auf wohlfahrtsstaatliche Ausgabenniveaus, der mit neoliberalen Politikoptionen vergleichbar ist. Konkordanzdemokratien üben hingegen tendenziell positive Effekte auf das wohlfahrtsstaatliche Ausgabenniveau aus, sodaß institutionelle Barrieren im Sinn einer Nebenregierung und Konkordanzdemokratien entgegengesetzte Effekte aufweisen (Armingeon 1996a: 298). Nach Schmidt (1995b: 238-239) sind Konkordanzdemokratien sozialpolitisch tendenziell stärker engagiert als Konkurrenzdemokratien, während starke institutionelle Barrieren die Sozialleistungsquote nach unten drükken (Schmidt 1996a, 1997). Berücksichtigt man die ambivalente Stoßrichtung von Nebenregierungen und Konkordanzdemokratien auf das sozialstaatliche Ausgabenniveau, ergibt sich folgendes Bild (Abbildung 16): In südöstlicher Richtung finden sich wegen fehlender Nebenregierungen und hohem Konsensgrad günstige Bedingungen für wohlfahrtsstaatliche Entwicklung, umgekehrt verhält es sich in nordwestlicher Richtung. Noch plausibler würde diese Vermutung, wenn zusätzlich zur Konsensus/Mehrheitsdimension der Korporatismusgrad berücksichtigt würde, was abweichende Fälle wie Österreich weit nach unten positionieren würde. Im rechten oberen sowie im linken unteren Quadranten besteht eine ambivalente Situation. In nordöstlicher Richtung besteht aus theoretischer Perspektive aufgrund des Fehlens von Nebenregierungen und starker Mehrheitsherrschaft ein hohes Steuerungspotential. Die Nutzung dieses Handlungsspielraums hängt von der parteipolitischen Zusammensetzung der Regierung und der gesellschaftlichen Machtverteilung ab. Ein Machtwechsel oder eine Änderung der Regierungspolitik kann hier tiefgehende Politikveränderungen bewirken wie beispielsweise die konservative/neoliberale Transformation des Sozialstaates in Großbritannien[2] und in jüngster Zeit auch in Neuseeland zeigt.

Abbildung 16. Konsensus- und Mehrheitsdimension und Nebenregierungen (ohne Referendum) in 21 OECD-Ländern.

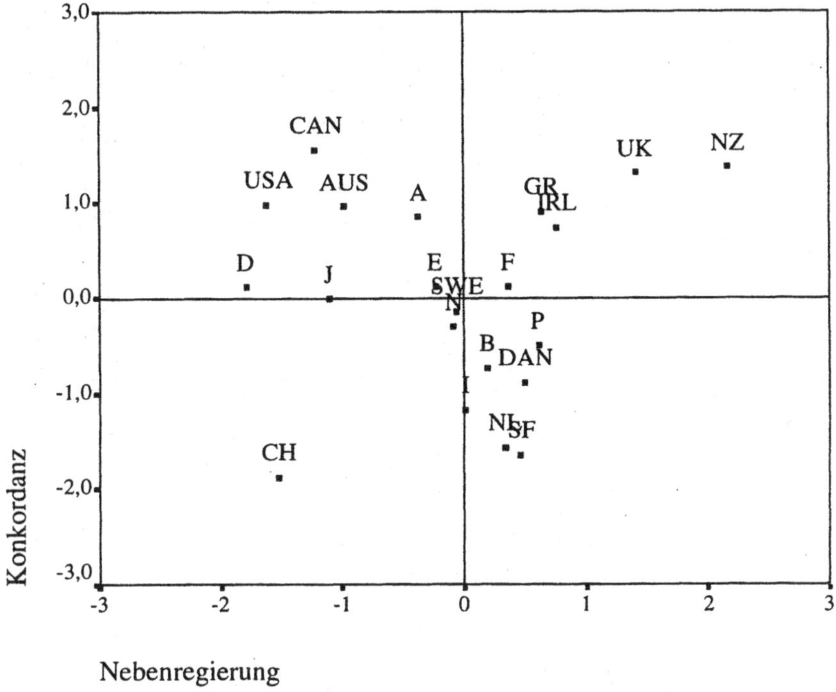

Anmerkungen: Nebenregierung: Lijpharts Föderalismusindikator gemäß Abbildung 8 (Spalte 2). Kleine Werte indizieren eine starke föderale Machtteilung. Konsensdimension: Lijpharts Mehrheits-Konsensusindikator (z-transformiert). Dieser Indikator reflektiert die Konzentration und Dominanz der Exekutive, die Struktur und Dimensionalität des Parteiensystems sowie die wahlrechtsbedingte Abweichung von Stimmen- und Sitzverteilung. Kleine Werte indizieren hohen Konsensgrad. Datenbasis: Schmidt (1995b: 244).

---

[2] Pierson (1995a) hat überzeugend nachgewiesen, daß zwischen dem sozialpolitischen Reformanspruch der Regierung Thatcher und der tatsächlich realisierten Politik der Zurückdrängung des Sozialstaates erhebliche Diskrepanzen bestehen. Dieser Befund unterstützt Hypothesen, wonach das Steuerungspotential von Mehrheitsdemokratien oft überschätzt wird (z.B. Abromeit 1992a; Armingeon 1996a: 299).

Im linken unteren Quadranten, in dem sich in extremer Position die Schweiz befindet (die Berücksichtigung der Referendumsdemokratie würde die Schweiz noch weiter nach links positionieren), herrscht ein institutionelles Patt zwischen ausgeprägter Konsensusdemokratie und starken Nebenregierungen. Gleichzeitig ist der Gestaltungsspielraum für einzelne Parteien stark limitiert, parteipolitische Effekte und Gestaltungskapazitäten sind hauptsächlich über eine Aggregatbetrachtung der Kräfteverhältnisse, beispielsweise entlang eines Links-Rechts-Schemas, faßbar. Gewissermaßen schlagen aus institutioneller Perspektive in der Schweiz zwei Herzen in einer Brust. Die zentrale Hypothese dieser Arbeit besteht darin, daß die dämpfenden Effekte der Nebenregierungen auf die Sozialpolitik die potentiell positiven Effekte der Konkordanzdemokratie überwiegen. Es kann somit nicht davon ausgegangen werden, daß sich die tendenziell divergierenden institutionellen Effekte neutralisieren, sondern es muß von einem Übergewicht der sozialstaatsdämpfenden Effekte von Nebenregierungen ausgegangen werden. Dieses Übergewicht wird insofern generiert, als die schweizerische Konkordanzdemokratie und der liberale Korporatismus durch eine vergleichsweise starke Schieflage im Kräfteverhältnis zulasten der Sozialdemokratie und der Arbeitnehmerverbände charakterisiert sind, wodurch sozialstaatsskeptische Positionen breit besetzt sind, während extreme sozialstaatliche Expansionsoptionen innerhalb eines ausdifferenzierten Systems von Nebenregierungen ausgefiltert und absorbiert werden. Bei der Erklärung des schweizerischen Sonderwegs in der Sozialpolitik muß deshalb auf partei- und interessenspolitische Kräfteverhältnisse *und* politische Institutionen zurückgegriffen werden.

Nachstehende multivariate Regression (Abbildung 17) bestätigt für 20 OECD-Länder diese Ergebnisse. Dabei wurde in vier Spezifikationen die durchschnittliche Sozialtransferquote der Jahre 1990-1994 mit der Ausprägung von Nebenregierungen, dem Konkordanzgrad sowie der Stärke von Rechtsparteien korreliert. Bei der abhängigen Variable wurde ein Durchschnittswert gewählt, um konjunkturelle Effekte auf die Sozialtransferquote zu reduzieren. Mit Ausnahme der Nebenregierungen handelt es sich bei den unabhängigen Variablen um Durchschnittswerte zwischen 1950-1994. Es wird hier argumentiert, daß das gegenwärtige sozialstaatliche Ausgabenniveau vergangene, in spezifische institutionelle Arrangements eingebettete, Kräftekonstellationen widerspiegelt. Aktuelle sozialpolitische Ausgabenniveaus sind geronnene Entscheidungen der Vergangenheit und reflektieren vergangene Politikoptionen, zumal aufgrund einer hohen Strukturkonstanz sozialer Sicherungssysteme und institutionell vermittelter Handlungsblockaden kurzfristig kaum grundlegende Politikänderungen durchzusetzen sind. Die errechneten - und mit Ausnahme von Spezifikation (3) - durchwegs signifikanten Koeffizienten weisen das theoretisch erwartete Vorzeichen auf: Eine starke Ausprägung von Nebenregierungen in einem politischen System und ein hoher Sitzanteil von Rechtsparteien in der Regierung üben dämpfende Effekte auf das sozialpolitische Ausgabenniveau aus, umgekehrt dotieren Konkordanzdemokratien ihren Sozialstaat höher als Mehrheitsdemokratien.

Abbildung 17. Durchschnittliche Sozialleistungsquote 1990-1994 in Abhängigkeit von Nebenregierungen, Konkordanzgrad und der Stärke von Rechtsparteien.

	Koeffizienten (t-Statistik in Klammer)			
Unabhängige Variable	(1)	(2)	(3)	(4)
Konstante	20.525**	18.012**	19.373**	22.954**
	(12.77)	(15.50)	(10.60)	(15.06)
Rechtsparteien	-0.057*	---	-0.072*	-0.086**
	(-2.10)		(-2.28)	(-3.06)
Nebenregierung	-0.954*	-1.099**	---	-0.869*
	(-2.75)	(-2.96)		(-2.16)
Konkordanz	2.212*	3.077**	1.882	---
	(2.40)	(3.42)	(1.75)	
R^2	0.63	0.53	0.46	0.51
R^2adj.	0.56	0.48	0.39	0.45
N	20	20	20	20

Anmerkungen: Nebenregierungen gemäß dem von Manfred G. Schmidt (1996a: 172) erweiterten Additivindex von Huber/Ragin/Stephens (1993: 728) bestehend aus Föderalismus, Regierungssystem (parlamentarisch vs. präsidentiell bzw. Kollegialregierung), Wahlrecht (Verhältnis- vs. Majorzwahlrecht), Bikameralismus und Referendum. Konkordanzdemokratien (3er Index) gemäß Schmidt (1995b: 233): „0" bedeutet Mehrheitsdemokratie, „1" bedeutet Mischform, „2" bedeutet Konkordanzdemokratie. Rechtsparteien gemäß Schmidt (1996a: 160). Hierbei handelt es sich um prozentuelle Sitzanteile von liberalen und konservativen Parteien (ohne christdemokratische Parteien) in der Regierung (Durchschnittswerte für die Periode 1950-94). Die Daten für Spanien, Portugal und Griechenland reflektieren die demokratische Periode. Abhängige Variable: Durchschnittliche Sozialtransfers nach OECD in Prozent des BIP 1990-1994. USA, Irland, Australien und Japan: 1990-1993; Norwegen: 1990-1991; Portugal: 1990. Quelle: OECD (1996a: 71).

Die Vorgangsweise in Abbildung 17 entspricht zwar stehender Praxis, ist jedoch aufgrund des Skalenniveaus der Variablen methodisch strikt genommen unzulässsig. Abbildung 18 zeigt daher die bivariaten Korrelationskoeffizienten. Die Vorzeichen und die Signifikanzniveaus entsprechen jenen von Abbildung 17, lediglich das Signifikanzniveau bei den Nebenregierungen fällt etwas ab, befindet sich aber noch innerhalb der Toleranzgrenze. Diese Ergebnisse unterstützen eindeutig die Bedeutung von Parteien und Institutionen zur Erklärung unterschiedlicher sozialpolitischer Ausgabenniveaus. Obiges Regressionsmodell erlaubt wegen der geringen Fallzahl (N=20) allerdings nur zwei, maximal jedoch drei erklärende Variablen, wodurch der Reichhaltigkeit des bestehenden Theorieangebots (Hicks/Misra 1993) nicht adäquat Rechnung getragen werden kann. Diese zugegebenermaßen starke Reduktion komplexer Zusammenhänge kann mit gepoolten multivariaten Regressionsanalysen korrigiert werden, da durch die simultane Berücksichtigung von Längs- und Querschnittsdaten die Fallzahl (besser: Zahl der Beobachtungen) markant ansteigt, wodurch eine größere Zahl an unabhängigen Variablen berücksichtigt werden kann. Allerdings handelt man sich mit dieser Verfahrensweise neben dem erwähnten Vorteil auch nicht unbeträchtliche Schwierigkeiten ein (vgl. Kittel 1998).

Abbildung 18. Bivariate Korrelationskoeffizienten.

	SOZIALTRANSFERS 1990-94		
	Pearson's r	*Spearman's r*	*Kendall's τ*
RECHTS	-0.6037 (0.005)	---	---
NEBENREGIERUNG	---	-0.4117 (0.071)	-0.3087 (0.076)
KONKORD	---	0.5383 (0.014)	0.4468 (0.015)

Anmerkung: Die Daten entsprechen jenen aus Abbildung 17.

Neuere makro-quantitative Arbeiten zur Determination der Sozialausgaben gelangen gestützt auf gepoolte Regressionstechniken zu weitgehend gleichlautenden Befunden (Hicks/Swank 1992; Huber/Ragin/Stephens 1993; Schmidt 1997). Abbildung 19 zeigt von Manfred G. Schmidt eruierte Schub- und Bremsfaktoren zur Determination sozialstaatlicher Ausgabenniveaus in 18 OECD-Demokratien. Sowohl sozio-ökonomische Faktoren, als auch parteipolitische und institutionelle Stellgrößen finden in den Sozialleistungsquoten ihren Niederschlag. Dieses Resultat gilt dabei sowohl für ein „most-similar-cases-Design" als auch für ein „dissimilar cases-Design" (Schmidt 1997). Sozialausgaben steigen demnach mit dem Alter der Demokratie, mit einer Regierungsbeteiligung sozialdemokratischer, christdemokratischer und - etwas überraschend - liberaler Parteien, ferner mit dem Grad der Offenheit der Volkswirtschaft, dem Niveau der Arbeitslosigkeit sowie mit dem Anteil der Senioren an der Gesamtbevölkerung. Eine Regierungsbeteiligung von sekularen Rechtsparteien, Alleinregierungen sowie starke Nebenregierungen bewirken hingegen einen in quantitativer Hinsicht schlanken Sozialstaat. Die herkömmlichen Regressionsanalysen zeichnen sich zwar durch beträchtliche Erklärungskraft aus und eignen sich hervorragend zum Testen von Hypothesen, sind aber durch zwei Defizite geprägt: Neben dem erwähnten „kleinen n-Dilemma" bei gleichzeitiger hoher Anzahl an unabhängigen Variablen (das allerdings mit gepoolten Regressionsanalysen umschifft werden kann) absorbiert die aggregierte Analyseebene bezüglich der länderspezifischen Wirkungszusammenhänge zwischen abhängiger und den unabhängigen Variablen einiges an sozialer Komplexität. Es wird zwar durch Aggregation eine Kausalbeziehung zwischen der abhängigen Variablen und den erklärenden Variablen offengelegt, aus der linearen Beziehung zwischen der abhängigen und den erklärenden Variablen kann jedoch nur beschränkt ein Rückschluß auf länderspezifische Wirkungszusammenhänge gezogen werden.

Abbildung 19. Brems- und Schubkräfte staatlicher Sozialausgaben 1960-92 in 18 OECD-Demokratien.

Schubkräfte	**Bremskräfte**
Hohe Arbeitslosenquote	Nebenregierungen
Hohe Seniorenquote (65+)	Rechtsparteien in der Regierung
Offenheit der Ökonomie	Alleinregierung
Linksparteien in der Regierung	Gering offene Ökonomie
Mitteparteien in der Regierung	Niedrige Arbeitslosenrate
Liberale Parteien in der Regierung	Geringe Seniorenquote
Alter der Demokratie	

Anmerkung: R^2 (adjusted) = 0,80; N=594. Sämtliche Variablen sind auf dem 1% Niveau signifikant. Quelle: Schmidt (1997: 159).

Ein Blick auf die sozialpolitischen Brems- und Schubkräfte in Abbildung 19 und die Daten in Abbildung 20 läßt beispielsweise erkennen, daß leicht Länder ausgemacht werden können, wo zwei Faktorengruppen in unterschiedliche Richtung wirken. Beispielsweise handelt es sich bei der Schweiz um eine offene Kleinstaatenökonomie, eine alte Demokratie ohne Alleinregierung sowie um ein Land mit einem hohen Anteil älterer Menschen, was nach den aggregierten Resultaten von Manfred G. Schmidt einen hoch dotierten Sozialstaat erwarten läßt. Gleichzeitig findet Sozialpolitik in der Schweiz innerhalb einer von Rechtsparteien sowie von starken Nebenregierungen geprägten Politikarena statt, was wiederum zusammen mit der bis zu Beginn der 90er Jahre praktisch nicht existierenden Arbeitslosigkeit dämpfende Ausgabeneffekte erwarten läßt. Gefragt ist daher eine Analysetechnik, die Makrovergleiche zuläßt und trotzdem länderrelevante Wirkungszusammenhänge erhellt. Eine Qualitative Comparative Analysis erlaubt es - so jedenfalls behaupten ihre führenden Vertreter (Ragin 1987, 1994) -, die Vorteile beider Ansätze zu kombinieren, da sowohl im Ländervergleich verdichtete aggregierte Aussagen als auch Rückschlüsse auf länderrelevante Variablenkonstellationen gezogen werden können. Als relativ neue und in den USA entwickelte Methode ist dieses Verfahren im deutschsprachigen Raum bislang nur vereinzelt angewendet worden (z.B. Berg-Schlosser/Quenter 1996; Kittel 1997). Das Verfahren beruht auf einem auf Basis der Booleschen Algebra operierenden Minimierungsalgorithmus. Dazu müssen sämtliche Variablen dichotomisiert werden, wobei die Variablenauswahl ebenso theoriegeleitet zu erfolgen hat wie bei herkömmlichen quantitativen Verfahrensweisen. Die duale Kodierung des Datensets erfolgt entlang von Schwellenwerten (typischerweise dem Mittelwert oder dem Median) und ordnet unterdurchschnittlichen Variablenausprägungen den Wert 0 bzw. überdurchschnittlichen Ausprägungen den Wert 1 zu. Angelpunkt des QCA-Verfahrens ist damit die Existenz oder das Fehlen einer bestimmten Merkmalsausprägung. Die Dichotomisierung der Rohdaten erfolgt sowohl für die erklärenden Variablen als auch für die abhängige Variable. Der duale Kodierungsvorgang mündet in einer Wahrheitstafel, auf die der Minimierungsalgorithmus angewandt werden kann. Auf Basis der Booleschen Algebra werden mit dem Quine-McCluskey-Minimierungsalgorithmus[3] in einem ersten Schritt logisch überflüssige Variablen ausgesondert und die Information der Wahrheitstafel soweit verdichtet bis keine weitere Vereinfachung mehr durchführbar ist. Dieses Verfahren soll kurz an einem Beispiel demonstriert werden (Drass 1992: 30): Angenommen die beiden Varibalenkonfigurationen ABCD und AbCD erzeugen das gleiche Ergebnis (Großbuchstaben zeigen den Wert 1, d.h. die Existenz eines Merkmals, Kleinbuchstaben eine Null bzw. das Fehlen eines Merkmals an). Die Variable B ist dabei für die Determination des Outcomes offenkundig überflüssig, da das Ergebnis unabhängig der Merkmalsausprägung von B (0 oder 1) auftritt. B kann somit eliminiert werden, so daß die beiden Konstellationen zum Ausdruck ACD fusioniert werden können. ACD wird dabei als *implicant* bezeichnet. Dieses Verfahren wird so lange wiederholt bis keine weitere logische Vereinfachung durchgeführt werden kann. Diese nicht mehr zu vereinfachenden Konfigurationen werden als *prime implicants* bezeichnet. Der zweite Schritt des Quine-McCluskey-Algorithmus wählt aus den ermittelten *prime implicants* eine Teilmenge aus, die hinreichend für die Determination sämtlicher Fälle der Wahrheitstafel ist. Dies ist die Lösung des Minimierungsproblems. Die Lösungskonstellationen werden dabei durch „und/oder"- Beziehungen miteinander verknüpft.

Ein wesentlicher Vorteil dieser Analysetechnik besteht darin, daß mittels QCA das für viele Bereiche der vergleichenden Staatstätigkeitsforschung typische Dilemma einer kleinen Fallzahl bei hoher Variablenanzahl überbrückt werden kann, da das Verfahren auch bei geringer Fallzahl theoretisch die Einbeziehung einer unbegrenzten Anzahl an unabhängigen Variablen ermöglicht. Gegenwärtige Soft- und Hardwarerestriktionen erlauben allerdings kaum mehr als die Berücksichtigung von ca. 10 erklärenden Variablen.

Mit einer QCA-Analysetechnik konnten Hicks/Misra/Ng (1995) für die Konstituierungsphase des Sozialstaates (1880-1920/29) für 15 ökonomisch weit fortge-

---

[3] Der Quine-McCluskey-Minimierungsalgorithmus ermittelt in einem zweistufigen Verfahren die minimalste Lösung. Zunächst werden sämtlich mögliche *prime implicants* ermittelt, anschließend wird davon eine Teilmenge ausgewählt, die hinreichend ist, um sämtliche Konfigurationen der Wahrheitstafel zu determinieren.

schrittene Länder drei Entwicklungspfade einer frühen Etablierung des Sozialstaates unterscheiden. Ihre abhängige Variable bildete dabei der Zeitpunkt der Etablierung zentraler Programme der sozialen Sicherung. Hicks/Misra/Ng (1995: 343-344) unterscheiden einen absolutistischen Entwicklungspfad bismarckscher Prägung in Deutschland, Österreich und mit Abstrichen auch Italien, einen „Lib-Lab-Pfad" in unitaristischen Demokratien mit liberaler Regierung und einer starken Arbeiterbewegung (Dänemark, Schweden, Großbritannien) und einen in den unitaristischen Demokratien Belgiens und der Niederlande eingeschlagenen katholisch-paternalistischen Pfad staatlicher Sozialpolitik. Dabei bestehen zwischen dem Bismarckmodell und dem katholisch-paternalistischen Entwicklungspfad starke Verbindungslinien. Von einer sozialdemokratischen Ländergruppe kann in der Konstituierungsphase allerdings noch keine Rede sein (Hicks/Misra/Ng 1995: 346), vielmehr ist dieses Modell im Lib-Lab-Modell verwurzelt.
Die sozialstaatlichen Nachzügler gruppieren sich in zwei Gruppen, nämlich in die antietatistischen und föderal verfaßten Demokratien USA, Schweiz, Kanada und Australien auf der einen sowie die liberalen unitaristischen Demokratien Frankreichs und Norwegens auf der anderen Seite, wobei eine schwache Arbeiterbewegung beide Gruppen verklammert (Borchert 1998: 155). In Ländern mit hohem institutionellen Pluralismus (hier: Föderalismus) hat sich somit der Wohlfahrtsstaat mit Verspätung konsolidiert. Damit konnten Hicks/Misra/Ng mit ihrer komparatistischen Untersuchung für die Zwischenkriegszeit analoge Befunde qualitativer Länderstudien bestätigen. Wie verlief demgegenüber nun die sozialstaatliche Entwicklung in der Nachkriegszeit und kann auch für diese Expansionsphase des Sozialstaates ein Bremseffekt politischer Institutionen offengelegt werden?
Mit Hilfe des Modells der nachstehenden QCA-Untersuchung soll die zentrale Hypothese der Arbeit, wonach starke Nebenregierungen in Kombination mit einer starken bürgerlichen Regierungsmehrheit den schweizerischen Sozialstaat in Zaum halten, für die Nachkriegszeit überprüft werden. Als abhängige Variable dient im Gegensatz zu Hicks/Misra/Ng nicht der Einführungszeitpunkt zentraler Sicherungsprogramme, sondern die Sozialtransferquote. Das Modell beinhaltet erklärende Variablen aus drei zentralen Schulen der Staatstätigkeitsforschung. Das durchschnittliche Niveau der Sozialtransfers (ST) nach OECD-Definition der Jahre 1960-94 wird für 20 OECD-Länder mit Durchschnittswerten politisch-institutioneller Variabler aus den Jahren 1950-1994 bzw. mit Durchschnittswerten sozio-ökonomischer Variabler aus dem Zeitraum 1960-1994 in Beziehung gesetzt.[4] Durch diese Vorgangsweise wird versucht, kombinierte Längs- und Querschnittsdaten für die QCA-Untersuchung ansatzweise nutzbar zu machen, um damit eine

[4] Bernhard Kittel hat mich auf die Problematik von Durchschnittswerten bei langen Zeitreihen hingewiesen. Tatsächlich scheinen Querschnittsvergleiche über kürzere Zeiträume vielversprechend zu sein (Kittel 1998). Ausgangspunkt dieser Untersuchung war aber die Suche nach einem „overall-Effekt" wie er auch von den gepoolten Regressionsanalysen von Schmidt (1997) und Huber/Ragin/Stephens (1993) angestrebt wurde.

gepoolte Untersuchungsanordnung zu simulieren. Die konkrete Modellspezifikation lautet:

ST60-94= RECHTS + LINKS + ZENTRUM + KATH + NEBENREG + BIP + ALTERSQUOTE

Die Variablen, ihre Operationalisierung sowie die Rohdaten können der Legende von Abbildung 20 entnommen werden.

Abbildung 20. Rohdaten des QCA-Modells.

Land	Rechts	Links	Zentrum	Kath	Nebenreg	BIP	Altersquote	ST 60-94
USA	62,22	0,00	37,78	0,00	7,00	14,19	10,70	9,10
JAP	99,07	0,33	0,60	0,00	2,00	10,45	8,80	7,90
BRD	22,16	24,84	53,00	1,00	4,00	10,19	13,70	14,90
F	64,90	24,53	10,57	1,00	2,00	11,04	13,10	18,50
ITA	9,48	12,42	78,10	1,00	1,00	10,07	12,10	14,90
GB	71,87	28,13	0,00	0,00	2,00	9,85	13,90	10,50
CAN	34,82	0,00	65,18	0,00	4,00	11,70	9,10	10,10
AUS	67,20	32,80	0,00	0,00	4,00	10,25	9,40	7,70
A	2,82	60,71	36,47	1,00	2,00	10,51	14,20	17,70
B	18,23	27,56	54,21	1,00	1,00	10,45	13,80	19,60
DAN	44,05	50,73	5,22	0,00	0,00	10,78	13,20	13,90
SF	26,49	33,58	39,93	0,00	1,00	9,95	10,50	11,70
GR	0,00	43,28	56,72	1,00	2,00	6,06	11,80	10,30
IRL	70,02	9,71	20,27	1,00	0,00	6,78	11,10	11,30
NL	27,93	18,58	53,49	1,00	1,00	10,23	11,00	23,90
N	14,49	73,09	12,43	0,00	1,00	11,27	13,70	13,40
SWE	12,79	76,29	10,92	0,00	0,00	10,78	15,00	15,20
CH	45,64	23,80	30,56	1,00	6,00	13,72	12,60	11,20
P	72,84	13,95	13,21	1,00	0,00	5,75	10,80	7,40
E	36,42	63,58	0,00	1,00	1,00	7,29	10,70	11,50
*MITTEL**	*40,17*	*30,89*	*28,93*			*10,06*	*11,96*	*11,6***

*Anmerkung: * arithmetisches Mittel, ** Median.*
***Rechts:** Kabinettssitzanteile von liberalen und konservativen Parteien. Durchschnittswerte 1950-1994. Quelle: Schmidt (1996a: 160). Die Daten für Spanien, Portugal und Griechenland reflektieren die demokratische Periode.*
***Links:** Kabinettssitzanteile von Linksparteien Durchschnittswerte 1950-1994. Quelle: Schmidt (1996a: 160). Die Daten für Spanien, Portugal und Griechenland reflektieren die demokratische Periode.*
***Zentrum:** Kabinettssitzanteile von Zentrumsparteien. Durchschnittswerte 1950-1994. Quelle: Schmidt (1996a: 160). Die Daten für Spanien, Portugal und Griechenland reflektieren die demokratische Periode.*

Kath: *Diese Variable mißt den Einfluß des Katholizismus bzw. reflektiert die Existenz christdemokratischer (katholischer) Parteien. Die Operationalisierung und Kodierung erfolgt in Anlehnung an Castles (1994: 24) und zu van Kersbergen (1995: 50). „1" bedeutet großer Katholikenanteil in der Bevölkerung und/oder Regierungsbeteiligung einer christdemokratischen (katholischen) Partei im Untersuchungszeitraum. Das orthodoxe Griechenland wurde ebenfalls der katholischen Ländergruppe zugeordnet. Vgl. die Kontroverse zwischen Castles (1994) und Therborn (1994) sowie Castles (1998: 49).*
Nebenreg: *Nebenregierungen gemäß dem von Manfred G. Schmidt (1996a: 172) erweiterten Additivindex von Huber/Ragin/Stephens (1993: 728) bestehend aus Föderalismus, Regierungssystem (parlamentarisch vs. präsidentiell bzw. Kollegialregierung), Wahlrecht (Verhältnis- vs. Majorzwahlrecht), Bikameralismus und Referendum. Daten bedecken die Nachkriegszeit bis in die frühen 90er Jahre.*
BIP: *Durchschnittliches Bruttoinlandsprodukt pro Kopf 1970-1994 zu laufenden Preisen und laufenden Kaufkraftparitäten (in 1000 US Dollars). Die Zahlen für Deutschland sind Schätzungen der OECD für das wiedervereinigte Deutschland. Quelle: OECD (1996b:148-149).*
Altersquote: *Anteil der über 65-jährigen an der Gesamtbevölkerung. Durchschnittswert der Jahre 1960/1970/1980/1993. „1" bedeutet hohe Altersquote, „0" niedrige Altersquote. Quelle: Lane u.a. (1991:13); Schmidt (1996b: 42).*
ST60-94: *Durchschnittliche Sozialtransfers 1960-1994 in Prozent des Bruttoinlandsprodukts. Quelle: OECD (1996a: 71).*

Die Spezifikation enthält Variablen aus drei unterschiedlichen Denkschulen der vergleichenden Staatstätigkeitsforschung, nämlich der Parteienherrschaftstheorie (RECHTS, LINKS und ZENTRUM), der sozioökonomischen (BIP und ALTERSQUOTE) sowie der politisch-institutionellen Theorieschule (NEBENREG). Zusätzlich zu den Variablen aus den drei erwähnten Theoriesträngen wurde mit der Stärke des Katholizismus eine sozio-kulturelle Variable (KATH) in das Modell eingebaut, die jedoch insofern Querverbindungen zur Parteienherrschaftstheorie aufweist, als in die Operationalisierung dieser Variable neben dem Katholikenanteil in der Gesamtbevölkerung auch die Regierungspräsenz katholischer Zentrumsparteien eingeflossen ist. Die Berücksichtigung dieser hinsichtlich ihrer Operationalisierung nicht unproblematischen Variable (Therborn 1994) erfolgte deshalb, da die von der Variable ZENTRUM erfaßten Kabinettssitzanteile von Zentrumsparteien nicht deckungsgleich mit der Regierungsbeteiligung von katholisch geprägten Konfessionsparteien ist.
Angesichts der inkludierten Länder liegt im strengen Sinn kein „most-similar-cases-Design" vor, da nicht alle Länder im Untersuchungszeitraum demokratisch verfaßt waren. Das Beifügen einer Variable, welche die autoritäre Ära der drei südeuropäischen Länder berücksichtigt, erzeugte für die Nachzügler exakt das selbe Ergebnis, so daß diese Variable ausgeklammert wurde. Insgesamt enthält dieses Modell - und hier besteht ein wesentlicher Pluspunkt der QCA - sieben erklärende Variablen.
Die Rohdaten wurden primär entlang dem arithmetischen Mittelwert dichotomisiert. Die dichotomisierten Daten werden in einer Wahrheitstafel zusammengefaßt

(Abbildung 21). Die Wahrheitstafel weist keine widersprüchlichen Outcomes auf, d.h. eine exakt gleiche Variablenkonstellation der unabhängigen Variablen führt in keinem Fall zu einem unterschiedlichen Outcome. Insgesamt generieren sieben Variable $2^7 = 128$ mögliche Konstellationen. Die Wahrheitstafel enthält 9 Konfigurationen mit dem Ergebnis (outcome) 0 und 8 Konfigurationen mit dem Outcome 1. Auf diese Wahrheitstafel wurde nun der Minimierungsalgorithmus angewandt. Die 111 (128 minus 17) logischen Restkonstellationen, d.h. hypothetisch denkbare Konstellationen, die jedoch nicht durch reale Fälle abgebildet sind, wurden als „Don´t Care"-Konstellationen klassifiziert. Das Computerprogramm errechnet dadurch im Sinn der Überschaubarkeit einfachere Lösungen. Dieses Vorgehen wird als optimal beschrieben (Drass 1992: 27-28).

Abbildung 21. Wahrheitstafel der QCA.

Land	Rechts	Links	Zentrum	Kath	Nebenreg	BIP	Altersquote	Outcome
USA	1	0	1	0	1	1	0	0
JAP	1	0	0	0	0	1	0	0
BRD	0	0	1	1	1	1	1	1
F	1	0	0	1	0	1	1	1
ITA/B	0	0	1	1	0	1	1	1
GB	1	0	0	0	0	0	1	0
CAN	0	0	1	0	1	1	0	0
AUS	1	1	0	0	1	1	0	0
A	0	1	1	1	0	1	1	1
DAN	1	1	0	0	0	1	1	1
SF	0	1	1	0	0	0	0	1
GR	0	1	1	1	0	0	0	0
IRL/P	1	0	0	1	0	0	0	0
NL	0	0	1	1	0	1	0	1
SWE/N	0	1	0	0	0	1	1	1
CH	1	0	1	1	1	1	1	0
E	0	1	0	1	0	0	0	0

Anmerkungen: Die Kodierung der erklärenden Variablen erfolgte mit Ausnahme bei der Stärke der Nebenregierung entlang dem arithmetischen Mittelwert. Bei den Nebenregierungen bedeutet „1" einen Indexwert ≥ 4, „0" einen Indexwert von 0 bis 3. Bei der abhängigen Variable wurde der Median als Cut-off Punkt gewählt, um Vorreiter- und Nachzüglerstaaten in zwei gleich große Gruppen zu unterteilen.

Für die Länder mit unterdurchschnittlichen Sozialtransfers (Outcome = 0) wurde folgende Faktorenkombination errechnet, wobei Großbuchstaben eine starke, Kleinbuchstaben hingegen eine schwache oder nicht vorhandene Merkmalsausprägung anzeigen. Das ∪- Zeichen repräsentiert die logische Verknüpfung „oder", das

$\cap$- Zeichen die Verknüpfung „und“. Unterhalb der entsprechenden Verknüpfungen finden sich die zum jeweiligen Funktionsterm zugehörigen Länder.

0 =	RECHTS $\cap$ NEBENREG	$\cup$	KATH $\cap$ bip	$\cup$	links $\cap$ kath
	(CH, USA, AUS)		(P, GR, E, IRL)		(GB, JAP, CAN, USA)

Bei den Nachzüglern befinden sich mit Abstrichen hinsichtlich der Schweiz und Großbritanniens durchwegs Länder, die dem liberalen, dem „radikalen“ (Australien) sowie dem selektiv-paternalistischen Sozialstaatstypus südeuropäischer Prägung (Ferrera 1996) zugerechnet werden. Die Realtypen des liberalen, radikalen (Castles/Mitchell 1993) und rudimentären Sozialstaatsmodells in den südeuropäischen Ländern sind damit durchwegs Nachzügler hinsichtlich ihres Ausgabenniveaus bei staatlichen Sozialtransfers.
Geringe Sozialtransfers finden sich einerseits in Staaten mit einem hohen Kabinettssitzanteil von Rechtsparteien und einem ausgeprägten institutionellen Pluralismus, andererseits in - gemessen am durchschnittlichen Bruttoinlandsprodukt pro Kopf - ärmeren katholischen Ländern sowie in nicht katholischen Ländern mit geringen Kabinettssitzanteilen von Linksparteien. Zur ersten Gruppe zählen Staaten mit starken Rechtsparteien und Nebenregierungen, die für Regierung und Parlament Handlungsblockaden repräsentieren. Zu dieser Ländergruppe gehören die Schweiz, die USA und Australien. Somit liefert auch QCA starke Anhaltspunkte dafür, daß bei der Analyse des schweizerischen Sozialstaates auf Institutionen und parteipolitische Kräfteverhältnisse abgestellt werden muß.
Die zweite Gruppe der Nachzügler setzt sich aus den post-autoritären südeuropäischen Ländern Griechenland, Portugal und Spanien sowie dem ebenfalls katholischen Irland zusammen. Hier handelt es sich durchwegs um Nationen, die zwar durch einen beträchtlichen ökonomischen und sozialstaatlichen Aufholprozeß charakterisiert sind, allerdings bezüglich des durchschnittlichen Pro-Kopf-Einkommens immer noch einen zum Teil beträchtlichen Rückstand zu den reichsten Industrieländern aufweisen. Die unterdurchschnittlichen ökonomischen Ressourcen und die späte Konstituierung des Sozialstaates dürften den Hauptgrund für ihre Nachzüglerrolle in bezug auf das Niveau der staatlichen Transferleistungen ausmachen (Katrougalos 1996: 43). Der Einfluß der katholischen bzw. orthodoxen Kirche in Südeuropa und Irland auf die Entwicklung des Sozialstaats ist hingegen umstritten und unterscheidet sich doch von der vor allem über christdemokratische Parteien vermittelten sozialstaatsexpansiven Wirkung in den reichen europäischen Ländern (van Kersbergen 1995): Während einige qualitative Untersuchungen für Irland und die südeuropäischen Länder einen bremsenden Effekt konstatieren (McLaughlin 1993: 215; Ferrera 1996: 30), hält Katrougalos (1996: 42) einen solchen Effekt für Griechenland eher für marginal. Cousins (1997: 230) spricht für Irland von subtilen Einflüssen, die mitunter zwischen den verschiedenen Bereichen der Sozialpolitik divergieren. Man könnte die unterschiedliche Wirkungsintensität

des Katholizismus in den europäischen Kern- und Peripherieländern dahingehend interpretieren, daß katholische Sozialpolitik eine florierende Ökonomie als zentrales Funktionserfordernis benötigt, wodurch die südeuropäischen Länder und Irland trotz starkem katholischen Einfluß nur durch eine unterdurchschnittliche Transferorientierung charakterisiert sind[5]. QCA liefert keine Anhaltspunkte dafür, daß die Nachzüglerrolle der südeuropäischen Länder entscheidend von ihrer autoritären Vergangenheit determiniert wurde. Eine zusätzliche, die autoritäre Phase reflektierende Variable führt für die Nachzügler zum exakt gleichen Ergebnis. Auch Francis Castles (1995: 305) konnte in einer Zeitreihenanalyse nur für Portugal einen durch die Demokratisierung bedingten starken Transformationseffekt auf das sozialstaatliche Transferniveau feststellen: „It seems to suggest that the convergence of the Southern European countries with the OECD norm cannot have been a function of the removal of the dictatorship as such, but rather, in so far as democratisation affected the process at all, it must be interpreted as unleashing forces pent-up during the regime´s incumbency" (Castles 1995: 306).

Die dritte Ländergruppe der Nachzügler setzt sich aus Kanada, Großbritannien, Japan und den USA zusammen. Geringe Kabinettsitzanteile von Linksparteien in der Regierung sowie eine schwache Präsenz des Katholizismus bzw. entsprechend geprägter Parteien sind hier die Hauptbestimmungsfaktoren für geringe Sozialtransfers. Abgesehen von Großbritannien handelt es bei den übrigen Ländern um die reichsten Industrieländer der Welt, in denen marktförmige Einkommenssicherung und betriebliche Sozialpolitik großgeschrieben werden. Zudem entlastet in Japan ein religiös begründeter Familialismus den Staat mit Transferzahlungen[6] (Esping-Andersen 1997). Die USA werden durch zwei Funktionsterme abgedeckt, wobei es mittels Länderanalyse die relevanten Faktoren bzw. Mischkonstellationen herauszuarbeiten gilt. Das bedeutet, daß auch makro-qualitative Untersuchungdesigns nicht um qualitative Länderstudien herumkommen, wobei die QCA-Analysetechnik wichtige Anhaltspunkte für die Stoßrichtung für einzelne Länderstudien liefern kann.

Insgesamt zeigt sich, daß v.a. politisch-institutionelle Faktoren die Nachzüglerrolle bezüglich des Sozialtransfersniveaus entscheidend determinieren, während von sozio-ökonomischen Variablen lediglich das am Bruttoinlandsprodukt gemessene ökonomische Entwicklungsniveau eines Landes einen relevanten Effekt auf das Niveau der Sozialtransfers ausübt. Transferschwache Sozialstaaten finden sich daher in Ländern mit lang dauernder oder starker Regierungsbeteiligung nicht-konfessioneller Rechtsparteien und/oder starken Nebenregierungen sowie in Län-

---

[5] Cousins (1997: 231) sieht ebenfalls im ökonomischen Entwicklungsniveau und im Einfluß des Katholizismus sozialstaatsprägende Gemeinsamkeiten zwischen Irland und den südeuropäischen Ländern.

[6] Dieses Argument gilt auch für die südeuropäischen Sozialstaaten (Esping-Andersen 1997: 185-187).

dern mit unzureichenden ökonomischen Ressourcen, die eine großzügige Dotierung des Sozialstaats verunmöglichen.
Für die Länder mit hohen Sozialtransferleistungen (Outcome = 1) ermittelte QCA folgende Ergebnisse:

$$1 = \underset{\text{(SWE, SF, N, DÄN)}}{\text{LINKS} \cap \text{nebenreg} \cap \text{kath}} \cup \underset{\text{(BRD, ITA, F, NL, B, A)}}{\text{KATH} \cap \text{BIP} \cap [\text{rechts} \cup \text{nebenreg}]}$$

Zwei Pfade zur transferzentrierten Sozialstaatlichkeit können unterschieden werden. Ausgebaute Sozialtransfers finden sich zum einen in den sozialdemokratisch regierten skandinavischen Ländern sowie in katholisch geprägten Ländern mit hohem Pro-Kopf-Einkommen mit entweder fehlenden bzw. schwach ausgeprägten Nebenregierungen oder schwachen Rechtsparteien. Hierzu gehören die Sozialstaatsregime der reichen kontinentaleuropäischen Industriestaaten Belgien, Deutschland, Frankreich, Italien, Niederlande und Österreich, deren Wohlfahrtsmodell als kontinentaler Sozialversicherungsstaat der politischen Mitte bezeichnet werden kann. Diese Ländergruppe deckt sich weitgehend mit jenen Ländern, die Esping-Andersen (1990) dem konservativen Sozialstaatsregime zurechnet. Diese Länder zeichnen sich einerseits durch starke christdemokratische Regierungsbeteiligungen aus (van Kersbergen 1995), andererseits fehlen mit Ausnahme Frankreichs starke Rechtsparteien sowie - mit Ausnahme Deutschlands - starke Nebenregierungen. Dieses Ergebnis deckt sich mit dem verbreiteten Befund von der starken Transferzentriertheit katholischer Länder mit konservativer Wohlfahrtsstaatsprägung (Esping-Andersen 1990; 1996; Castles 1994). Therborn (1994: 106-107) bestreitet zwar eine nachhaltige Wirkung katholischer Sozialpolitik auf moderne wohlfahrtsstaatliche Institutionen, sieht aber ebenfalls einen positiven Effekt auf das sozialstaatliche Ausgabenniveau. Ebenso weisen van Kersbergen (1995) und Castles (1998: 126) für Länder mit christdemokratischer Regierungsbeteiligung einen ausgabenstimulierenden Effekt in der Sozialpolitik nach.
Neben dem Sozialstaat der politischen Mitte gehören auch die skandinavischen Länder Dänemark, Norwegen, Finnland und Schweden zu den sozialstaatlichen Vorreiternationen. QCA weist damit exakt jene Länder aus, die dem sozialdemokratischen Wohlfahrtsstaatstypus zugerechnet werden (Esping-Andersen 1990). Gemeinsames Merkmal dieser Ländergruppe sind ein schwacher Einfluß des Katholizismus sowie starke Linksregierungen, deren Regierungstätigkeit nicht durch starke Nebenregierungen beschnitten wird, wodurch sozialstaatsexpansive sozialdemokratische Politikoptionen kaum durch institutionelle Vetospieler ausgehebelt werden können.
Im Vergleich zur QCA-Studie von Hicks/Misra/Ng (1995) können folgende Schlußfolgerungen gezogen werden. Politische Institutionen im Sinn von Nebenregierungen und eine schwache politische Linke bilden nicht nur eine zentrale Ursache für die verspätete Konsolidierung des Sozialstaates, sondern sind auch

Schlüsselgrößen für unterdurchschnittliche „welfare efforts“ nach 1945. Interpretiert man die von der QCA ausgesonderten Ländergruppen als Typen so können zwei Trends festgemacht werden. Das Bismarckmodell und der katholisch-paternalistische Entwicklungspfad verzeichneten nach 1945 eine Konvergenz in Richtung eines Wohlfahrtsstaats der politischen Mitte, wo das Erbe absolutistischer Sozialpolitik durch sozialdemokratische und christdemokratische Regierungspolitik abgeschichtet, wenngleich nicht vollkommen überwunden wurde. Aus der „Lib-Lab“-Vorreitergruppe haben sich die sozialdemokratisch regierten Länder Dänemark und Schweden abgespalten, während Großbritannien diesen Weg weiterverfolgte. Die „Lib-Lab“-Nachzügler Frankreich und Norwegen haben sich im Zuge eines sozialstaatlichen Aufholprozesses im Fall Norwegens der sozialdemokratischen Gruppe, im Fall Frankreichs hingegen dem Sozialstaat der politischen Mitte angeschlossen. Dieses Resultat deckt sich weitgehend mit den aus der Auswertung von qualitativen Länderstudien abgeleiteten Befunden von Borchert (1998: 169). Jens Borchert hat daher mit Blick auf Esping-Andersens starrer Typologie zurecht auf die Wandelbarkeit von sozialstaatlichen Arrangements verwiesen, wenngleich seine für die aktuelle wohlfahrtsstaatliche Konsolidierungs- und Zurückdrängungsphase diagnostizierten typologischen Verschiebungen etwas über das Ziel hinausschießen (Borchert 1998: 169).

Für die Schweiz wird sowohl mit makro-quantitativen Analysetechniken als auch mit einer QCA-Analyse die zentrale Hypothese nicht widerlegt, wonach Nebenregierungen zusammen mit starken Rechtsparteien bzw. dem Fehlen einer starken Arbeiterbewegung die Expansion des Sozialstaates hinausgezögert haben. Einschränkend muß an dieser Stelle jedoch festgestellt werden, daß dieser Befund der makro-qualitativen wie makro-quantitativen Analysetechniken unter Ausklammerung der politischen Entscheidungsprozesse ausgestellt wurde. Eine Sozialstaatsanalyse, die dieses Defizit und die „blindness to history“ quantitativ ausgelegter Studien (Castles 1998: 25) zumindest partiell überwinden und neben dem Ausgabenniveau und dem Einführungszeitpunkt sozialer Sicherungssysteme auch der strukturellen Dimension des Sozialstaats Rechnung tragen möchte, muß zu den Wurzeln staatlicher Sozialpolitik zurückkehren. Zur Beantwortung dieser offenen Fragen eignet sich meines Erachtens am besten ein historiographisch-qualitativ ausgerichteter methodischer Zugang, welcher sich dem historischen Institutionalismus (Immergut 1998) verpflichtet fühlt. Abbildung 22 zeigt vermutete institutionell vermittelte Wirkungsweisen von Nebenregierungen auf den politischen Entscheidungsprozeß und die Sozialpolitik, die den Sonderweg des schweizerischen Sozialstaats erhellen können.

Abbildung 22. Vermutete institutionelle Impacts auf die Sozialpolitik.

Polity	Politics	Policy (Sozialpolitik)
Bikameralismus	Verlagerung der Machtverteilung (Schwächung der Sozialdemokratie) Konkordanz- und Verhandlungslösungen	Lange Entscheidungsprozesse, Verstärkung bürgerlicher Sozialstaatsoptionen, Kompromißlösungen
Wahlrecht (Proportionalwahlrecht)	Mehrparteienregierungen	Kompromißlösungen, lange Entscheidungsprozesse
Föderalismus	Politikverflechtung, Mehrebenenverhandlungen	Supoptimale Lösungen, Handlungsblockaden, Hohes Policy-Feedback, Fiskalische Konkurrenzierung
direkte Demokratie	Konkordanz- und Verhandlungslösungen	Blockade, zeitliche Überbremsung (Referendum), Innovation und Beschleunigung (Volksinitiative)

Anmerkung: eigene Zusammenstellung.

In den folgenden Abschnitten soll am Beispiel der Sozialpolitik die Auswirkungen des Föderalismus und der direkten Demokratie auf die Policy-Dimension demonstriert werden. Es wird gezeigt, daß der hohe institutionelle Pluralismus im wechselseitigen Zusammenspiel mit einer bürgerlichen Regierungsdominanz die Nachzüglerrolle des schweizerischen Wohlfahrtsstaates sowie die strukturellen Besonderheiten seiner Sicherungsprogramme entscheidend determiniert hat. Dabei steht eine positive Betrachtungsweise im Mittelpunkt, d.h. es soll die Wirkungsrichtung von Nebenregierungen auf ein konkretes Politikfeld untersucht werden. Die letztlich normative Frage, ob ein System mit schwachen oder starken Nebenregierungen effizienter ist, kann und soll hier nicht beurteilt werden. Vom Standpunkt der Neuen Politischen Ökonomie ist etwa für die Schweiz argumentiert worden, daß die direkte Demokratie und der Föderalismus taugliche Instrumente sind, um politischen Wettbewerb zu stimulieren und das Principal-Agent Problem zwischen Politikern und Bürgern entsprechend den Präferenzen der Bürger zu lösen (Frey/Bohnet 1993: 149, Frey 1996: 184-185). Starke Nebenregierungen werden hier als effizientes Disziplinierungsmittel für nutzenmaximierende, dh. nach rentseeking strebende Politiker und Bürokraten gesehen. Die Autoren gelangen bezüglich der Wirkungen von Nebenregierungen auf den Umfang der Staatstätigkeit zu weitgehend ähnlichen Ergebnissen, wie sie im folgenden Teil präsentiert werden: Die direkte Demokratie und Föderalismus bedingen einen schlanken Staat, dem hinsichtlich seines Gestaltungsspielraums die Hände zum Teil erheblich gebunden sind. Bevor der Einfluß politischer Institutionen auf die Sozialstaatsentwicklung untersucht wird, liefert der nächste Abschnitt einen chronologischen Überblick über die Genese des schweizerischen Sozialstaats. Dieser stark deskriptive Teil soll das Verständnis der später folgenden Abschnitte erleichtern.

3 Historischer Abriß der sozialen Sicherungssysteme in der Schweiz

3.1 Sozialhilfe

Sozialhilfe in der Schweiz im Sinne staatlicher Intervention findet ihren eigentlichen Ursprung im 19. Jahrhundert, als neben den kirchlichen, kommunalen und privaten Trägern der Armenunterstützung zusehends auch die Kantone Fürsorgegesetze verabschiedeten, die in struktureller Hinsicht durchaus auf dem bisherigen Status Quo aufbauten. Dieser war bestimmt durch das von der eidgenössischen Tagsatzung 1491 und 1551 festgelegte Heimatortprinzip sowie durch den (biblischen) Grundsatz „wer nicht arbeiten will, darf auch nicht essen“ (Vobruba 1989) und der damit verbundenen Sanktionierung arbeitsmarktferner Lebensformen. Die Gemeinden wurden regelmäßig von der Tagsatzung aufgefordert, fremde arbeitsfähige Bettler mit „harten Strafen, wie Brandmarkung, Foltern und Verkauf auf die Galeeren abzuschrecken“ (Hausmann 1969: 4). 1533 beschloß etwa die Stadt Luzern eine Galeere zu bauen, um Vagabunden und Bettler außer Sichtweite zu bringen (Möckli 1988: 49). Arbeits- und Besserungsanstalten sowie das Strafrecht dienten bis in das 20. Jahrhundert als Disziplinierungsmittel für „arbeitsscheue und liederliche“ Personen. Das Armenwesen agierte analog dem europaweiten Trend dualistisch, nämlich einerseits unterstützend für jene Personen, die unverschuldet in eine Notlage geraten waren (sogenannte würdige Arme wie beispielsweise alte, kranke und behinderte Menschen), andererseits repressiv gegenüber jenen Menschen, deren materielle Existenz auf einem arbeitsfreien Einkommen basierte. Dabei bestanden zwischen den reformierten und katholischen Gegenden aufgrund unterschiedlicher Deutungsmuster von Armut nicht unbeträchtliche Unterschiede im Umgang mit Armut. Nicht zuletzt aufgrund der mit der vergleichsweise frühen Industrialisierung einhergehenden Massenarmut in der Mitte des 19. Jahrhunderts begannen die Kantone als Träger der Armenfürsorge mit der Ausarbeitung von Fürsorgegesetzen entlang dem Heimatprinzip, nachdem auch die Helvetik keine grundlegende Revision der Armenfürsorge zu Wege brachte (Hausmann 1969). Die Bindung von Unterstützungsleistungen an das Heimatprinzip hatte im Zusammenspiel mit den industrialisierungsbedingten Wanderungsbewegungen jene Armenfuhren zur Folge, mit denen sich Kantone kantonsfremder Bedürftiger zu entledigen versuchten. Diese Schubpraxis führte zu einer ersten Intervention des Bundesgesetzgebers: Der ursprüngliche Art. 48 der Bundesverfassung von 1874 und das darauf gestützte Bundesgesetz vom 22. Juni 1875 über die Kosten der Verpflegung und Beerdigung armer Angehöriger eines Kantons, welche mit oder ohne Niederlassung in einem anderen Kanton krank werden oder sterben, versuchte zwar den Abschub transportunfähiger Kranker zu unterbinden, eine Durchbrechung des Heimatprinzips konnte damit aber nicht erreicht werden. Angesichts der starken Wanderungsströme[7] und der Anbindung der Unterstützungsleistungen an das Heimatprinzip mußte verstärkt die freiwillige Armenpflege einspringen, um die ärgsten Versorgungsdefizite entwurzelter Bedürftiger zu überbrücken (Wild 1914: 8). Armenabschiebungen erfolgten nicht nur interkantonal, sondern waren basierend auf wechselseitigen Schubabkommen auch mit den Nachbarländern der Eidgenossenschaft üblich, wobei auf die kostengünstige Transportabwicklung geachtet wurde: „Selbstverständlich wird der Armentransport tunlichst mit der Eisenbahn III. Klasse bewerkstelligt" (Schmid 1914: 49).

Im Jahr 1914 hatten mit Ausnahme von Appenzell AR und Genf alle Kantone Fürsorgegesetze erlassen, deren Entstehung bis in das Jahr 1803 (Aargau) zurückreicht[8]. Mit Ausnahme der Kantone Bern, Appenzell IR, Tessin und Neuenburg, die innerkantonal das Wohnortprinzip durchgesetzt hatten, war das Armenwesen in den restlichen Kantonen nach dem Heimatortprinzip organisiert, wonach die jeweilige Heimatgemeinde für die Unterstützung ihrer Einwohner aufzukommen hatte. Bezüglich der *Organisation* waren in der überwiegenden Mehrzahl der Kantone die Gemeinden Träger der Fürsorge, lediglich der Kanton Thurgau übertrug sämtliche Belange konfessionellen Kirchenvorsteherschaften. Mit Ausnahme von wenigen städtischen Berufsarmenpflegern waren die Akteure der Armenfürsorge primär Laien, die sich in der Regel aus dem Gemeinderat rekrutierten. Schmid (1914) verweist darauf, daß keine Ausbildungsstätte für Sozialbeamte und Armenpfleger vorhanden war. Seiner Meinung nach eignete sich die Vorbildung des Nationalökonomen am besten zur Verwendung in der Armenpflege (Schmid 1914: 5). Die Armenfürsorge war daher wie andere Bereiche der Verwaltung nach dem Milizprinzip organisiert. Die *Finanzierung* erstreckte sich über eine breite Palette und setzte sich einerseits aus Staatssubventionen (primär Anstaltensubventionierung) bzw. aus Abgaben (Tanzabgaben), Steuern (Alkoholzehntel), Spenden, erblosen Verlassenschaften, Gebühren und Regreßeinnahmen zusammen.

Unterstützungsberechtigt waren in allen Kantonen Personen, die unverschuldet in eine Notlage geraten sind, d.h. Waisen, wegen Alter oder Invalidität arbeitsunfähige Erwachsene und Kranke, wobei eine Hilfeleistung nicht einklagbar war. 12 Kantone mit neueren Fürsorgegesetzen zogen schließlich auch erwerbsfähige Personen in den Berechtigtenkreis ein, nämlich unverschuldete Arbeitslose (z.B. Glarus und Solothurn) und Personen, die wegen Unfall oder Tod des Ernährers in eine materielle Notsituation geworfen wurden. Letzeres ist ein Reflex der bis 1912 fehlenden bundesweiten Sozialversicherung, die aber nach ihrer Einführung auch nur partiell, und im Falle der Unfallversicherung berufsgruppendifferenziert, die Risiken Krankheit und Unfall abdeckte. Die Leistungen wurden entweder in offener oder geschlossener Form (Anstaltenwesen) ausgerichtet, wobei die geschlosse-

[7] Vgl. die Beiträge in Head/Schnegg (1989).

[8] Folgende Ausführungen basieren vor allem auf Schmid (1914) und Wild (1914).

ne Unterstützung zumeist als die billigere und gegen Mißbrauch immunere Form erachtet wurde. Für Kinder gab es schließlich die Möglichkeit einer Familienpflege zumeist in Form einer Unterbringung bei ländlichen Familien. Die Anspruchsberechtigung für Fürsorgeleistungen setzte die Ausschöpfung der Verwandtenunterstützungspflicht sowie der eigenen Arbeitskraft voraus (Subsidiaritätsprinzip). Das primär aus Sachleistungen bestehende *Leistungsspektrum* setzte sich zusammen aus

- Unterkunft, Deckung des Lebensbedarfs, Schul- und Berufsausbildung für Minderjährige
- Deckung des (physischen) Lebensbedarfs für Erwerbsunfähige bzw. Zuweisung einer Arbeit im Sinn einer Beschäftigungstherapie (z.B. Zupfen von Roßhaaren und Seegras, Entkernen von Nüssen etc.)
- ärztliche Behandlung für Kranke
- Beschäftigung für Arbeitslose bzw. Arbeitsbeschaffung

Alle Leistungen wurden unter Vorbehalt des Regresses, d.h. einer potentiellen Rückerstattungspflicht, sowohl in Naturalien als auch pekuniär ausgerichtet. Der Leistungsbezug unterlag wiederum strenger sozialer Kontrolle. Ziel der Hilfeleistung war die Wiedererlangung der Selbsterhaltungsfähigkeit oder bei Kindern eine Erziehung zu Ordnung und Sittlichkeit mit oft religiösem Einschlag.
Mit dem potentiellen Berechtigtenkreis wurde gleichzeitig jener Personenkreis abgesteckt, welcher nicht unterstützt werden sollte: Bettler, Alkoholiker, Prostituierte und Verbrecher waren in der Regel auch von der freiwilligen Armenpflege ausgeschlossen. Die staatlichen Reaktionsmuster auf diese Lebensformen fanden in umfangeichen armenpolizeilichen Vorschriften ihren Niederschlag, die gleichzeitig auch zur Disziplinierung der Leistungsempfänger konzipiert waren. Trinker, „sittlich Verkommene" und „Arbeitsscheue" wurden zum Zweck „strenger Arbeit und bessernder Zucht" in Korrektions- und Arbeitsanstalten eingewiesen, um sie an „ein tätiges und ehrbares Leben zu gewöhnen".[9] Gegenüber den Unterstützten wurden zur Mißbrauchsprävention Wirtshaus-, Spiel- und Alkoholverbote oder - wie im Kanton Niedwalden - ein Tanzverbot verhängt. Dahinter steckte der im Fürsorgegesetz Schaffhausen explizit formulierte Gedanke, daß die Unterstützten schlechter gestellt sein sollten, als ein nicht unterstützter freier Arbeiter. Mißbräuche wurden zumeist mit Haftstrafen oder Freiheitsentzug in Form der administrativen Versorgung in Arbeits- oder Erziehungsanstalten (Wolffers 1993: 113) sanktioniert. Bettler waren nicht selten einer doppelten Repression bestehend aus Bettel- und Beherbergungsverboten ausgeliefert und bei Verstößen dem Strafrecht oder mitunter folterähnlichen Repressionen ausgesetzt: „Beim Bettel betroffene Kinder werden im Rückfall bei Wasser und Brot bis auf zwei Tage eingesperrt

[9] Beschreibung der Zwangsarbeitsanstalt Sedel bei Luzern durch Schmid (1914: 125).

oder mit Rutenstreichen gezüchtigt" (Fürsorgegesetz Schwyz, zit. nach Schmid 1914: 135). In Appenzell AR kam es durch die Verwendung von Halsringen noch in diesem Jahrhundert zur Anwendung frühneuzeitlicher Repressionsmethoden (Schmid 1914: 193). In 15 Kantonen führte schließlich eine dauernde „Armengenössigkeit" zum Entzug des Stimmrechts. Einschlägige Bestimmungen finden sich bis heute in den Kantonsverfassungen der Kantone St. Gallen und Thurgau (Wolffers 1993: 101, FN 49).

Das Heimatprinzip wurde durch mehrere interkantonale Abkommen aus den Jahren 1914, 1916, 1923, 1937 und 1960 modifiziert, wodurch nun der Wohnkanton bei Erfüllung bestimmter Bedingungen seitens der Bedürftigen (z.B. eine bestimmte Niederlassungsdauer im Kanton) auch bei dauernder Unterstützungsabhängigkeit leistungspflichtig wurde und vom Heimatkanton eine Rückerstattung der Kosten verlangen konnte (Carigiet 1995: 38-39). Die Aushöhlung des Heimatprinzips erfolgte dabei keineswegs linear, sondern war auch durch Rückschläge geprägt: Unter dem Eindruck von Wirtschaftskrisen schränkten die Konkordate von 1923 und 1937 die wohnörtliche Unterstützung wieder ein (Wolffers 1993: 50-51). Letzteres Konkordat war unter dem Eindruck der Weltwirtschaftskrise bestrebt, die Wohnkantone von „schlechten Risiken" zu befreien (Thomet 1994: 23). Problematisch blieb ferner der Umstand, daß diese Konkordate nicht von allen Kantonen ratifiziert wurden. Erst dem Abkommen von 1960 traten sämtliche Kantone bei.

Nach 1945 führte eine neue Perzeption von Armut und darauf abgestimmte staatliche Reaktionsmuster zur Modernisierung der Fürsorgegesetze, ablesbar an der Rücknahme armenpolizeilicher Repressionen, der Hinwendung zu neuen Zielgruppen, Professionalisierung, Übergang zu Geldleistungen mit entsprechenden Harmonisierungsbestrebungen, und nicht zuletzt an der neuen Bezeichnung Sozialhilfe. Grundlegende Strukturprinzipien der alten Fürsorgegesetze wie die Individualisierung, das Subsidiaritätsprinzip und die Regreßpflicht blieben von diesen Modifizierungen weitgehend untangiert. Aufrecht blieb weiters die kantonale bzw. gemeindebezogene Trägerschaft der Sozialhilfe sowie schließlich die starke Integration privater und kirchlicher Organisationen in das schweizerische Sozialhilfewesen.

Die moderne Sozialhilfe fällt weiterhin in die Kompetenz der Kantone. Zentrale Rechtsgrundlagen der Sozialhilfe sind neben den kantonalen Sozialhilfegesetzen die 1975 neugefaßten Artikel 45 und 48 der Bundesverfassung. Während Art. 45 die Niederlassungsfreiheit festlegt, räumt der Art. 48 dem Bund die Kompetenz ein, die interkantonale Unterstützungszuständigkeit und Kostenrückerstattung zu normieren. Zu diesem Zweck wurde 1977 das Bundesgesetz über die Unterstützung Bedürftiger (ZUG) beschlossen, welches einen allfälligen Rückgriff auf einen früheren Wohn- oder den Heimatkanton regelt. Zudem begründet der Art. 48 BV das Prinzip der wohnörtlichen Unterstützung, so daß Bedürftige von ihrem Wohnkanton unterstützt werden. Innerkantonal leitet sich daraus jedoch kein Zwang zum

Wohnortsprinzip ab (Wolffers 1993: 56). Das ZUG führt die interkantonale Kostenersatzpflicht[10] sowie die Regelungen zum Unterstützungswohnsitz näher aus und grenzt auch den Begriff der Bedürftigkeit klar ein: Gemäß Art. 2. Abs. 1 ZUG gilt als bedürftig, wer für seinen Lebensunterhalt und den seiner Familienangehörigen mit gleichem Wohnsitz[11] nicht hinreichend oder nicht rechtzeitig aus eigenen Mitteln aufkommen kann.
Weitere wichtige Rechtsgrundlagen der Sozialhilfe bilden die Verordnungen, die die Organisation, den Regreß und die materielle Unterstützung näher umreißen. Bundeskompetenzen im Bereich der Fürsorge finden sich schließlich im Asylbereich und auf dem Gebiet der Unterstützung von sich in einer Notlage befindenden Auslandsschweizern.
Als Träger der Sozialhilfe haben sämtliche Kantone Sozialhilfegesetze erlassen. Die strukturelle Konzeption der Sozialhilfe ist zwar weitgehend identisch, Variationen in der Bezeichnung (Fürsorge versus Sozialhilfe), Unterschiede bei den Sanktionsmaßnahmen und im Leistungsspektrum sind aber auf den unterschiedlichen zeitlichen Entstehungszeitpunkt und die föderale Regulierung zurückzuführen. Coullery (1993) unterscheidet zwischen drei Generationen von Sozialhilfegesetzen. Die erste Generation bilden die sogenannten Armengesetze mit ihrem deutlich erkennbaren repressiven Charakter und den ausschließlich materiellen Unterstützungsleistungen. Von den aktuellen 26 kantonalen Sozialhilfegesetzen ist einzig das Fürsorgegesetz von Schaffhausen vom 2. Oktober 1933 dieser Kategorie zuzurechnen. Die zweite Generation in Form der Fürsorgegesetze aus den fünfziger, sechziger und siebziger Jahren findet sich in den Kantonen Appenzell IR und AR, Bern, Basel-Landschaft und Stadt, Genf, Glarus, Graubünden, Jura, Neuenburg, St.Gallen, Tessin, Thurgau und Waadt. Diese Gesetze weisen nur mehr punktuell repressive Züge auf und kennen trotz ihres Schwerpunkts auf materielle Hilfeleistungen auch immaterielle Hilfe wie persönliche Beratung und Betreuung. Die modernen Sozialhilfegesetze der übrigen Kantone bilden die dritte Generation der Sozialhilfegesetze. Trotz bestehender Kontroll- und Sanktionsvorschriften verzichten diese Gesetze auf repressive Sanktionen der traditionellen Armengesetze und wenden materielle und immaterielle Hilfeleistungen gleichberechtigt an. Der Ausbau sozialer Dienstleistungen zielt dabei auf neue Problemgruppen wie beispielsweise Suchtkranke ab und fördert verstärkt die soziale Reintegration der Sozialhilfeempfänger.
Sozialhilfe gründet auf dem Finalitätsprinzip sowie dem Subsidiaritäts- und dem Individualitätsprinzip. Der Leistungsbezug setzt die Ausschöpfung der eigenen Arbeitskraft, das Ausschöpfen von Leistungen der Sozialversicherung sowie unzureichende familiale Unterstützungsleistungen voraus. Die Leistungen richten sich

[10] Bei der endgültigen Kostenträgerschaft lebt das alte Heimatprinzip weiter (Wolffers 1993: 54-55).
[11] Mit der Revision des ZUG vom Dezember 1990 verfügen Ehegatten über einen eigenen Unterstützungswohnsitz.

nach dem Bedarfsprinzip und sind auf die Bedürfnisse des einzelnen Individuums zugeschnitten. Dabei wird zwischen persönlicher Unterstützung (Beratung) und materieller Unterstützung (Geldleistungen) differenziert. Bezüglich der Organisation und des materiellen Leistungsniveaus besteht ein enormer Pluralismus. Da die Sozialhilfe in die Kompetenz der 26 Kantone und Gemeinden fällt, existieren praktisch 3000 verschiedene Sozialhilfesysteme nebeneinander, wodurch das letzte Netz sozialer Sicherung im Hinblick auf Leistungen, Anspruchsbedingungen, Verfahrensregeln, den Grad sozialer Kontrolle und den Sanktionsvorschriften stark diskretionäre Elemente aufweist (Wolffers 1993; Höpflinger/Wyss 1993; Hotz/Hungentobler/Radeff 1995). Allerdings zählen die Leistungen zu den höchsten in Europa und die dezentrale Steuerung ermöglicht eine elastische Anpassung der Sozialhilfeleistungen an regional unterschiedliche Lebenshaltungskosten (Eardley et al. 1996).

3.2 Sozialversicherung

Jens Alber (1982: 158) unterscheidet in der Entwicklungsgeschichte der europäischen Sozialversicherungen drei klar getrennte Abschnitte, nämlich die Entstehungsphase in der Vorkriegszeit, die durch eine Sozialpolitik „von oben" charakterisiert ist, eine von der politischen Linken maßgeblich beeinflußte Phase der Sozialpolitik „von unten" in der Zwischenkriegszeit (Konstituierungsphase) sowie die entpolitisierte take-off Phase nach 1945, in welcher der Sozialstaat nun auch in den sozialpolitischen Nachzüglerstaaten entgültig seinen Siegeszug angetreten hat. Zwar macht diese Dreiteilung auch für die Schweiz Sinn, bezüglich der von Alber herausgearbeiteten Schubkräfte paßt die Schweiz aber nur in der take-off Phase in den europäischen Trend. Weder kannte die Schweiz als frühe (Männer-) Demokratie eine Sozialpolitik „von oben" als Instrument zur Legitimationsbeschaffung, noch war die Arbeiterschaft in der Zwischenkriegszeit imstande, den Ausbau des Sozialstaates entscheidend zu beschleunigen.

3.2.1 Entstehungs- und Konstituierungsphase

Im europäischen Vergleich zählen die autoritär regierten Länder Deutschland und Österreich mit der Einrichtung von Kranken- und Unfallfallversicherungsgesetzen in den 80er Jahren des 19. Jahrhunderts zu den Pionierländern der Sozialversicherung, während die demokratisch regierten Länder bis zum Ende des Zweiten Weltkriegs benötigten, um zum Ausdehnungsgrad der Sozialversicherung der Pioniernation aufzuschließen (Alber 1982). Berg-Schlosser/Quenter (1996) kommen basierend auf Daten von Alber in einer Qualitative Comparative Analysis zum Ergebnis, daß in der Schweiz bis zum Jahr 1900 der Ausdehnungsgrad der Sozialversicherung vorwiegend von der Industrialisierung, den Gewerkschaften und der Demokratisierung determiniert wurde. Für die Schweiz vermerken die Daten von

Jens Alber für das Jahr 1900 einen Deckungsgrad von 4%, so daß die Schweiz angesichts eines durchschnittlichen Deckungsgrades (Median) von 3,9% in den restlichen europäischen Ländern keineswegs als Nachzügler eingestuft werden kann. Skepsis in mehrfacher Hinsicht ist aber angebracht: Zum einen verfügte die Schweiz bis zum Jahr 1900 bundesweit über keine einzige Sozialversicherung: Die Militärversicherung als erster Sozialversicherungszweig der Schweiz trat erst 1902 in Kraft. Das Haftpflichtgesetz von 1881 kann nicht als Sozialversicherung klassifiziert werden, sondern muß als Vorläufer der Unfallversicherung gesehen werden. Zudem ist mehr als fraglich, ob die kantonalen und lokalen Hilfskassen als Sozialversicherungen bezeichnet werden können. Zum anderen ist eine differenzierte Bewertung des Einflusses der Industrialisierung auf die schweizerische Sozialpolitik notwendig. Die vergleichsweise frühe Industrialisierung bildete nicht nur einen Katalysator für sozialstaatliche Interventionen, sondern hatte gleichzeitig auch retardierende Wirkungen auf die Sozialpolitik. Die Industrialisierung konzentrierte sich in der Schweiz nicht nur in städtischen Ballungszentren, sondern erfaßte auch ländliche Regionen. Dies beließ die ursprünglichen familialen Sicherungssysteme noch längere Zeit intakt, da aufgrund der dezentralen Industrialisierung Wanderungsströme in städtische Ballungszentren gebremst wurden, wodurch die ländliche Großfamilie als zentrales Sicherungsnetz ihre Funktion zumindest noch partiell erfüllen konnte (Puttner 1983: 75). Dennoch besteht in der Literatur Konsens darüber, daß die im europäischen Vergleich in den Kantonen der Nordostschweiz früh erfolgte Industrialisierung einen funktionellen Problemdruck auf die familialen Sicherungssysteme ausgeübt hat, während die gleichsam funktionalistische makrosoziologische Urbanisierungsvariable für die Schweiz nicht als sozialstaatsstimulierend angesehen werden kann.

Trotz der rasanten Ausdehnung der Industrialisierung blieb eine bundesstaatliche Regulierung der industriellen Arbeitsbeziehungen auf Bundesebene lange Zeit aus. Die seit 1848 bestehende parteipolitische Hegemonie des Freisinns mit dessen bis in die 70er Jahre des 19. Jahrhunderts andauernder strikten Ablehnung staatsinterventionistischer Maßnahmen ließ der Erosion der traditionellen Sicherungssysteme freien Lauf. Typisch für seine manchesterlichen Positionen waren etwa die sozial- und wirtschaftspolitischen Optionen des einflußreichen Freisinnigen Nationalrates Alfred Escher, der in der Gründung und Führung von Verkehrs- und Kreditunternehmen, in der Förderung des Freihandels und in der nur mittelbaren Förderung von Betrieben den raschesten Weg zur Beseitigung materieller Not sah. Demgegenüber sollten private Wohlfahrtsinstitutionen nur ergänzend und in gleichermaßen dringenden wie besonderen Fällen einspringen (Rutishauser 1935: 41). Manchesterliche Positionen hielten sich besonders lange bei den Liberal-Konservativen. Im Zuge der Diskussionen rund um die von den Sozialdemokraten forcierte Volksinitiative „Recht auf Arbeit" im Jahr 1893 wurden staatliche Maßnahmen zur Bekämpfung der Arbeitslosigkeit strikt abgelehnt. Statt Verfassungsänderungen sollte die Arbeitslosigkeit durch die Schaffung neuer Industrien, die Suche nach neuen Absatzmärkten und landwirtschaftliche Bodenmeliorationen beseitigt werden. Noch weiter ging der Liberal-Konservative Koechlin-Geigy: „Dem Mangel an Arbeit könne nicht durch deren Fortsetzung mit staatlicher Beteiligung abgeholfen werden. Sei das Mißverhältnis von Angebot und Nachfrage auf dem Arbeitsmarkte dauernd, so hälfen nur Wegzug und Auswanderung des Überschusses der Arbeitnehmer“ (Rimli 1951: 182-184). Angesichts dieser Politik der non-decisions waren es daher die Betroffenen selbst, die mittels wechselseitigen Hilfs- und Unterstützungskassen die industrialisierungsbedingten Sicherungsdefizite abzufedern versuchten. Wesentliche Vorbedingung dieser Selbsthilfe war die mit der frühen Demokratisierung verbundene und 1848 eingerichtete Vereins- und Organisationsfreiheit. Wie die Industrialisierung verlief die Organisierung der Arbeiterbewegung dezentral und führte zu einer zersplitterten und folglich schwachen Arbeiter- und Gewerkschaftsbewegung. Dabei waren es v.a. die Gewerkschaften und Arbeitervereine und weniger die organisierte Sozialdemokratie, die die sozialpolitischen Anliegen der Arbeiter artikulierten. Aufgrund des bis 1919 für die Zusammensetzung des Nationalrats maßgeblichen Mehrheitswahlrechts gelang es letzterer nicht, auf den politischen Entscheidungsprozeß auf Bundesebene entscheidend Einfluß zu nehmen, so daß sich ihr Aktions- und Gestaltungsspielraum zunächst auf die lokale Ebene konzentrierte. Die über das Mehrheitswahlrecht vermittelte Hegemonie des Freisinns bedingte im Gegensatz zu den benachbarten Monarchien nicht in dem Ausmaß die Notwendigkeit einer „Sozialpolitik von oben“ als Mittel der Legitimationsbeschaffung (vgl. Alber 1982), vielmehr diffundierte die Regulierung sozialer Sicherung von unten nach oben. Dennoch war auch der Freisinn mit dem Anwachsen der Sozialdemokratie und der Katholisch-Konservativen gezwungen, sozialpolitische Anliegen und Forderungen stärker zu berücksichtigen. Der Parteienwettbewerb bewirkte eine sozialpolitische „congestion from the left“ (Hicks/Swanck 1992) und machte neben dem innerparteilichen Druck der jungen Radikalen den politisch dominanten Freisinn für sozialpolitische Anliegen noch stärker empfänglich.

Die trotz früher Industrialisierung weitgehend ausgebliebene staatliche Intervention zur Absicherung von Standardrisiken wie Alter, Krankheit und Tod förderte die Bildung von wechselseitigen Hilfs- und Unterstützungskassen durch die betroffene Arbeiterschaft. Diese Kassen hatten ihre Vorläufer in den Sicherungseinrichtungen der Zünfte und anderer Berufsgenossenschaften und reichten in einigen Kantonen bis weit in die frühe Neuzeit zurück. Die Industrialisierung beschleunigte die Einrichtung und Ausdifferenzierung derartiger Unterstützungskassen: Existierten 1865 652 wechselseitige Unterstützungskassen mit insgesamt 96000 Mitgliedern, so gehörten im Jahr 1903 den 2006 Hilfskassen ungefähr eine halbe Million Menschen, vorwiegend Männer, an. Damit gehörten am Beginn des 20. Jahrhunderts rund 15% der Wohnbevölkerung einer Unterstützungskasse an, die vorwiegend auf kommunaler Ebene operierten. Von den 2006 Kassen waren 30 auf eidgenössischer Ebene, 110 kantonal, 343 bezirksmäßig und 930 auf Gemeindeebene organi-

siert. Zudem bestanden 540 Kassen in Fabrikbetrieben und 53 Kassen in Eisenbahn- und Dampfschiffunternehmungen (Krumbiegel 1913: 7-8). Bezüglich der bedeckten Risiken dominierten die Kranken- und Invaliditätskassen, nur 150 oder 7,5% der Kassen versicherten das Risiko Alter und lediglich 77 Kassen (3%) ermöglichten eine soziale Absicherung von Witwen und Waisen. Die gewerkschaftlichen Kassen wurden finanziell von den Mitgliedern getragen. Beitragssätze und Leistungen waren daher von den finanziellen Möglichkeiten der Kassenmitglieder abhängig und unterschieden sich zwischen den Verbänden in zum Teil beträchtlichen Ausmaß (Dommer 1988).
Nicht nur die Arbeiter, sondern auch die Unternehmer gründeten patronale Wohlfahrtsfonds zur partiellen sozialen Absicherung ihrer Beschäftigten. 1903 waren immerhin ein Viertel aller Krankenkassen Firmenkassen und 41% der Fabriksarbeiter in Betriebskassen versichert (Dommer 1988: 1361-1362). Betriebliche Sozialleistungen gewährleisteten nicht nur die Reproduktion der Arbeitskraft, sondern banden die Arbeitnehmer für längere Zeit an den Betrieb, ein Umstand der auch in der modernen betrieblichen Sozialpolitik bis vor kurzem von großer Bedeutung war. Solche betrieblichen Vorsorgeeinrichtungen gewannen - wenngleich ursprünglich vorwiegend auf Großbetriebe konzentriert - auch in der Altersvorsorge nicht zuletzt aufgrund der Blockade staatlicher Maßnahmen zunehmend an Bedeutung.
Seit der zweiten Hälfte des 19. Jahrhunderts begannen auch die Kantone Einfluß auf das Kassenwesen zu nehmen, indem sie regulativ in das bestehende Kassenwesen eingriffen, um dessen Effektivität zu steigern: „Kassen gab es in den einzelnen Gegenden genug, aber meist solche, die infolge ihrer unvollkommenen Beschaffenheit nicht das Vertrauen des Volkes besaßen. Es mußte also Aufgabe der Kantone sein, einen Einfluß auf die Satzung und die Geschäftsgebarung einzelner Einrichtungen zu gewinnen, im Bedarfsfalle neue Kassen zu gründen oder auch, um sie pekuniär sicher zu stellen, einen Beitrag zu gewähren" (Krumbiegel 1913: 3). Die meisten kantonalen Gesetze und die damit verbundenen Subventionen zielten dabei auf die soziale Absicherung der Gemeinde- und Staatsbeamten und erfaßten die ärmeren Bevölkerungsschichten nur in geringem Ausmaß (vgl. Krumbiegel 1913: 4-6, 8). 1881 schuf der Kanton Basel-Stadt das erste Pensionssystem, welches sich jedoch nur auf die Beamten erstreckte. Kantonale Rentenversicherungen mit Volksversicherungscharakter auf freiwilliger Basis wurden 1898 in Neuchatel und 1907 im Kanton Waadt eingerichtet, wobei im Fall der Neuenburger Rentenversicherung die Mißstände und Defizite der kleinen Unterstützungskassen den Auslöser für die sehr zum Mißfallen der alten Kassen erfolgte staatliche Intervention bildete. In den 90er Jahren gründeten schweizerische Städte erste Arbeitslosenkassen, nachdem 1884 der Typographenverband erstmals eine derartige Einrichtung geschaffen hatte. Diesbezüglicher Pionier war die Stadt Bern, die 1893 eine freiwillige Arbeitslosenversicherung gegen Winterarbeitslosigkeit einführte (Reichesberg 1903: 8), die allerdings starke Elemente der Fürsorge und eine hohe

Kontrollintensität aufwies. Die Leistungen wurden für maximal 10 Wochen ausgerichtet, wobei sich die Arbeitslosen zweimal täglich einer Stempelkontrolle zu unterziehen hatten. Krumbiegel (1913: 21) weist zurecht darauf hin, daß mit der Beschränkung von Unterstützungsleistungen auf die Wintermonate ein grundlegendes konzeptionelles Defizit verbunden war, da die Versicherung hauptsächlich auf Bauarbeiter zugeschnitten war, wodurch der Mitgliederbestand sehr gering blieb. Neben den Kantonen und Gemeinden wurde schließlich auch der Bund als Arbeitgeber bei der sozialen Absicherung seiner Beschäftigten aktiv (vgl. BBl 1919 IV: 51-71).

Insgesamt kam es in der Schweiz somit zuerst auf lokaler Ebene zur Filterung der industrialisierungsbedingten sozialen Risiken. Dadurch erfolgte eine enorme Ausdifferenzierung regionaler und berufsgruppenspezifischer Sicherungsnetze mit unterschiedlichen Leistungs- und Zugangsbedingungen sowie heterogenen Finanzierungs-, Träger- und Organisationsstrukturen. Gemeinden, Städte und Kantone konzipierten unterschiedliche Sicherungssysteme und wirkten basierend auf föderalistischer Konkurrenz gewissermaßen als Laboratorien der Demokratie. Unterschiedlichste Absicherungssysteme wurden entworfen, wovon manche nur kurzlebig waren, während andere hingegen sich bewährten und Vorbildwirkung für die Weiterentwicklung der sozialen Sicherung ausübten. Trotz einer beträchtlichen quantitativen Expansion und der konzeptionellen Heterogenität sahen sich die Kassen mit gemeinsamen Problemen konfrontiert. Viele Kassen verzeichneten einen nur kleinen Mitgliederbestand und litten aufgrund geringer oder fehlender öffentlicher Subventionen und Arbeitgeberbeiträge unter chronischem Finanzierungsmangel. So gehörten im Jahr 1900 der Berner Arbeitlosenversicherung lediglich 543 Personen an, wobei sie mit dieser Mitgliederzahl bereits zu den größeren Kassen zählte. Im Jahr 1886 verfügte jede siebente Krankenkasse über weniger als 36 Mitglieder, jede zweite hatte einen Mitgliederbestand von weniger als hundert Mitgliedern (Zacher 1899: 6). Auch der Zusammenschluß mehrerer Kassen zu Hilfskassenverbänden konnte oftmals keinen adäquaten Risikoausgleich sicherstellen: „Die kolossale Dezentralisation der Kassen und das Fehlen eines vollkommen geregelten Zusammenhanges zwischen ihnen zur Herstellung der Freizügigkeit brachte selbst die Existenzfähigkeit der größeren und leistungsfähigeren Kassen ins Schwanken“ (Krumbiegel 1913: 9). Hinzu kam, daß die Beiträge und Leistungen oft nach dem Erfahrungssystem und ohne jegliche versicherungstechnische Grundsätze bemessen wurden (Unger 1901: 46-47). Ein unzureichender Risikopool infolge geringer Mitgliedschaft sowie die geringe finanzielle Dotierung des Staates implizierten zwangslaüfig niedrige Leistungen und führten über Beitrags- und Prämienerhöhungen zur adversen Selektion. Kassenzusammenbrüche und Kassenliquidationen wie jene der Arbeitslosenversicherung in St. Gallen 1897 waren die Folge. Kurz: Angesichts dieser konzeptionellen Defizite konnten gerade in ökonomischen Krisenzeiten viele dieser dezentralen Unterstützungskassen oft keinen ausreichenden sozialen Schutz für ihre Mitglieder gewährleisten. Ein wach-

sendes Proletariat und zunehmende soziale Spannungen waren die Folge (vgl. Balthasar/Gruner 1989).
Mit der Ausbreitung der Industrialisierung, der Zuspitzung der sozialen Verhältnisse und der europäischen Wirtschaftskrise erfolgte nach 1875 ein Umdenken innerhalb des Freisinns, dessen progressiver Flügel sich nun zunehmend aufgeschlossen gegenüber den Anliegen der Arbeiter zeigte. Wirtschaftspolitisch folgte auf eine Phase eines ziemlich zügellosen Liberalismus eine Phase eines ausgeprägten Protektionismus und beginnenden Staatsinterventionismus, gleichzeitig begann sich die Arbeiterbewegung ab den 70er Jahren zu organisieren (Rutishauser 1935; Gruner 1964; Linder 1984). Nach den Kommunen und den Kantonen begann sich nun auch der Bund allmählich in die Regulierung der sozialen Beziehungen - zunächst auf dem Gebiet der sozialen Sicherung nach Unfällen - einzuklinken, um „die schwache Kraft der einzelnen Kantone durch die des Bundes“ zu ersetzen (Bödiker 1895: 77). Mit der Verabschiedung des eidgenössischen Fabrikgesetzes im Jahr 1877 und des Haftpflichtgesetzes von 1881 (1887 revidiert und ausgedehnt) übernahm die Schweiz eine Pionierrolle in der europäischen Arbeiterschutzgesetzgebung. Diese Pionierstellung läßt sich insofern erklären, als diese Maßnahmen den geringsten Bruch mit liberalen Ordnungsvorstellungen darstellen (Alber 1982: 49). Sowohl die Regulierung der Kinderarbeit als auch das Haftpflichtgesetz können als kompatibel mit liberalen Anschauungen angesehen werden[12]. Zudem handelte es sich bei den Haftpflichtgesetzen um keine Versicherung, sondern die Verschuldensfrage bei Arbeitsunfällen mußte auf dem Gerichtsweg geklärt werden, was zur faktischen Ineffektivität dieses Gesetzes beitrug und die Suche nach neuen Lösungen beschleunigte.
Ab ca. 1890 setzte nicht zuletzt aufgrund der Ausdifferenzierung der Sozialversicherung in Deutschland und Österreich auch beim Freisinn ein Kurswechsel in der Sozialpolitik ein, als dessen progressive Repräsentanten sich nun mit dem Sozialversicherungsgedanken anzufreunden begannen. So meinte einer der Pioniere staatlicher Sozialpolitik, der freisinnige Abgeordnete und spätere Bundesrat Ludwig Forrer: „Versicherung heißt die neue Parole. Haftpflicht bedeutet den Streit, Versicherung den Frieden.“ (zit. nach Sommer 1978: 81). Tatsächlich erfolgte im Jahr 1890 mit der Verabschiedung des Kompetenzartikels für die Kranken- und Unfallversicherung (Art. 34bis BV) der Startschuß für den Ausbau der schweizerischen Sozialversicherungen. Die Entwicklungssequenz der schweizerischen Sozialversicherungen entspricht dabei weitgehend dem europäischen Normaltypus (Alber 1982: 49), die Zeitspannen zwischen der Einrichtung der Erstgesetze sind allerdings beträchtlich, insbesonders wenn auf die Einführung einer Pflichtversicherung abgestellt wird.

---

[12] Dennoch liefen liberal-konservative Gruppen gegen die Ausdehnung der Haftpflicht Sturm (Rimli 1951: 186-188).

Vor dem Ersten Weltkrieg gelang nur die bundesweite Regulierung der Kranken- und Unfallversicherung (1911), in der Zwischenkriegszeit wurde lediglich ein Bundesgesetz zur Subventionierung der bestehenden Arbeitslosenkassen (1924) sowie die verfassungsrechtliche Basis der Rentenversicherung geschaffen, ansonsten war vor dem Zweiten Weltkrieg der sozialpolitische Entwicklungsprozeß wegen institutioneller Blockaden und ungünstiger ökonomischer Rahmenbedingungen und damit einhergehender Finanzierungsblockaden weitgehend durch non-decisions und die Stärkung des Fürsorgeprinzips charakterisiert. Den sozialstaatlichen Umschwung brachte die mit dem Zweiten Weltkrieg verbundene externe Bedrohung der Schweiz, ein darauf aufbauendes neues Solidaritätsgefühl sowie die damit in Zusammenhang stehende Einbindung der Sozialdemokratie in den Bundesrat (1943).

Die nach 1945 eingeschlagene marktförmige und liberale, d.h. auf Staatsinterventionen größeren Ausmaßes verzichtende, Wirtschaftspolitik fand ihren Niederschlag in einer im internationalen Vergleich einmaligen Vollbeschäftigungspolitik, die durch prioritären Schutz des einheimischen Arbeitsangebotes und einer prozyklischen Frauenerwerbsquote flankiert wurde (Schmidt 1985, 1995). Wohlfahrtsstaatliche Politik beruhte nach 1945 vor dem Hintergrund des exzeptionellen Wirtschaftswachstums[13] daher auf zwei zentralen Säulen. Der überwiegende Teil der Bevölkerung generierte Einkommen durch die Arbeitsmarktpartizipation eines zumeist männlichen Familienernährers. Zwischen 1960 und 1993 partizipierten im Durchschnitt 99% aller Schweizer Männer im erwerbsfähigen Alter am Arbeitsmarkt, während dieser Anteil in OECD-Europa nur 87,4% betrug. Auch die gesamte Partizipationsrate (Männer und Frauen) lag im selben Zeitraum mit 76,6% beträchtlich über dem Schnitt in OECD-Europa von 67,2%[14]. Diese hohen Erwerbsquoten sind zudem ein wichtiger Schlüssel für die Erklärung der geringen Sozialleistungsquote der Schweiz.

Der dauerhafte ökonomische Aufschwung nach 1950 entkrampfte die für die Zwischenkriegszeit typischen Verteilungskämpfe und lieferte gleichzeitig die finanzielle Basis für den Ausbau der Sozialversicherungen als zweiter Säule wohlfahrtsstaatlicher Politik. Mit dem beständigen Ausbau der Sozialversicherungen geriet die Sozialhilfe in den Hintergrund und spielte bis in die 90er Jahre eine nur marginale Rolle. Korrespondierend zur dominant männlichen Arbeitsmarktpartizipation erfolgte die Ausbildung der Sozialversicherungen entlang dem traditionellen Rollenbild eines männlichen Familienernährers. Dies fand seinen Niederschlag in einer Reihe von expliziten und impliziten geschlechtsspezifischen Diskriminierungsmechanismen sowie Diskriminierungen zwischen verheirateten und ledigen

[13] Zwischen 1890 und 1950 betrug das durchschnittliche Wirtschaftswachstum 2%, in der anschließenden Dekade hingegen 5% (Linder 1984: 287).

[14] Quelle: OECD-Historical Statistics, Datenbank. Die hohe Gesamtpartizipation am Arbeitsmarkt ist dabei primär der hohen Partizipationsrate der Männer geschuldet.

Frauen. Abbildung 23 zeigt für fünf zentrale Sozialversicherungszweige den Dekkungsgrad der Sozialversicherung in Relation zur Wohnbevölkerung.

Abbildung 23. Deckungsgrad der Renten-, Unfall-, Kranken- und Arbeitslosenversicherung seit Einführung der ersten Bundesgesetze in Prozent der Wohnbevölkerung (Fünfjahresabstände).

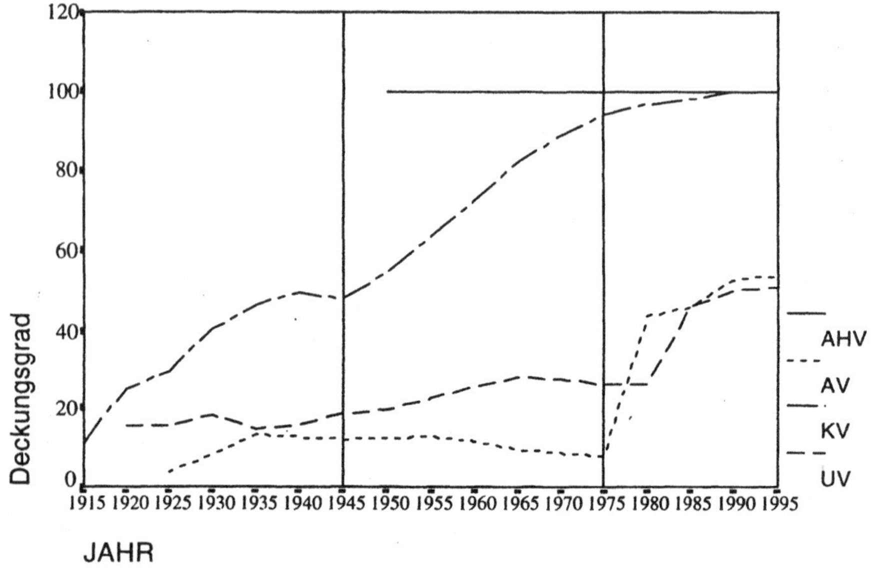

Anmerkungen: Eigene Berechnungen. Der Deckungsgrad der Invalidenversicherung ist seit 1960 mit jenem der AHV identisch. Datenbasis für die Unfallversicherung: 1920-1980 Versichertenbestand der SUVA (SUVA 1994: 93) dividiert durch die Wohnbevölkerung gemäß den statistischen Jahrbüchern der Schweiz (verschiedene Jahrgänge), 1985-1990 Versichertenbestand aller Versicherer (SUVA 1994: 95). Datenbasis für die Krankenversicherung: 1945-1995 (Zahlenspiegel der sozialen Sicherheit 1995: 62), 1920-1930 (statistisches Jahrbuch der Schweiz 1931: 315), 1935 (statistisches Jahrbuch der Schweiz 1940: 256),1940 (statistisches Jahrbuch der Schweiz 1945: 298). Datenbasis für die Arbeitslosenversicherung: 1925-1930 (statistisches Jahrbuch der Schweiz 1931: 302) dividiert durch die Wohnbevölkerung, 1935-70 (BIGA 1973: 122-126), 1975 Expolation, 1980-85 Schätzung gemäß Erwerbstatistik, 1990 und 1995 (Pfitzmann 1996: 254).

Wie dieser Abbildung zu entnehmen ist, können analog dem europäischen Entwicklungspfad staatlicher Sozialpolitik auch für die Schweiz drei zentrale Phasen bezüglich der sozialstaatlichen Entwicklung unterschieden werden. Ausgehend von einer Phase der ansatzweisen Konstituierung der Sozialversicherung bzw. einer ersten staatlichen Durchdringung der bestehenden lokalen Sicherungssysteme bis zum Ersten Weltkrieg, folgt in der Zwischenkriegszeit eine Phase der Konsolidierung, die mit der Weltwirtschaftskrise und dann mit dem Zweiten Weltkrieg in eine Phase der Stagnation übergeht. Nach 1945 erlebte auch der schweizerische Wohlfahrtsstaat einen bislang unvergleichlichen Aufschwung, nachdem der Flikkenteppich der dezentralen Sicherungssysteme bis zum Zweiten Weltkrieg auf bundesstaatlicher Ebene nur um zwei liberale Rahmengesetze angereichert wurde. In Abweichung vom internationalen Trend setzt Mitte der 70er Jahre eine sozialstaaliche Aufholphase ein. In dieser Modernisierungsphase wurde einerseits das bestehende System sozialer Sicherheit zum Teil beträchtlich um- und ausgebaut, gleichzeitig intensivierten sich auch die Bemühungen für eine finanzielle Konsolidierung des Sozialstaats, wodurch selektiv auch Leistungen zurückgenommen und partiell die Zugangsbedingungen zu wohlfahrtsstaatlichen Leistungen verschärft wurden.

3.2.2 Take-off-Phase

Der eigentliche Durchbruch und take-off des schweizerischen Sozialstaates erfolgte nach 1945 mit der Einrichtung[15] der AHV (1948), der Einführung von Familienleistungen für landwirtschaftliche Arbeitnehmer (1953), einer mit der AHV eng verknüpften Invalidenversicherung (1960), der Einführung von Ergänzungsleistungen zur AHV und IV (1966) und einer obligatorischen Arbeitslosenversicherung (1977/1984). Die staatlichen Leistungen garantierten dabei zunächst nur eine Basisversorgung, während darüber hinaus gehende Leistungen nur durch betriebliche oder private Zusatzleistungen erzielt werden konnten. Nach 1945 kam es jedoch zu einem stetigen Ausbau und Verdichtung dieser Leistungssysteme. In diesem goldenen Zeitalter des Sozialstaats kam es abgesehen von der Arbeitslosenversicherung zu einer kontinuierlichen Ausweitung des versicherten Personenkreises. Damit ging - wie der Abbildung 24 zu entnehmen ist - auch eine stetig wachsende finanzielle Dotierung der Leistungssysteme einher: Zwischen 1948 und 1995 hat sich die Sozialleistungsquote annähernd vervierfacht. Die exzeptionelle Arbeitsmarktperformance nach 1945 ließ trotz der Verdichtung des sozialen Netzes allerdings die liberale Grundausrichtung des Sozialstaats weitgehend untangiert. Dies änderte sich schlagartig mit den von den beiden Ölkrisen generierten massiven Rezessionen, die wegen der damit einhergehenden Turbulenzen am Arbeitsmarkt die Dysfunktionalität des residualen Workfare-Modells offenlegten. Diese externe Herausforderung begründete eine Aufholphase bzw. eine Phase der Modernisierung, die neben der Einführung der Versicherungspflicht in der Arbeitslosenversicherung (1976) auch grundlegende strukturelle Umgestaltungen der Sozialversicherung beinhaltete.

[15] Inkrafttreten des Gesetzes.

Abbildung 24. Entwicklung der Soziallastquote (Verhältnis der Sozialversicherungseinnahmen zum BIP) und der Sozialleistungsquote (Verhältnis der Sozialversicherungsleistungen zum BIP) 1948-1994

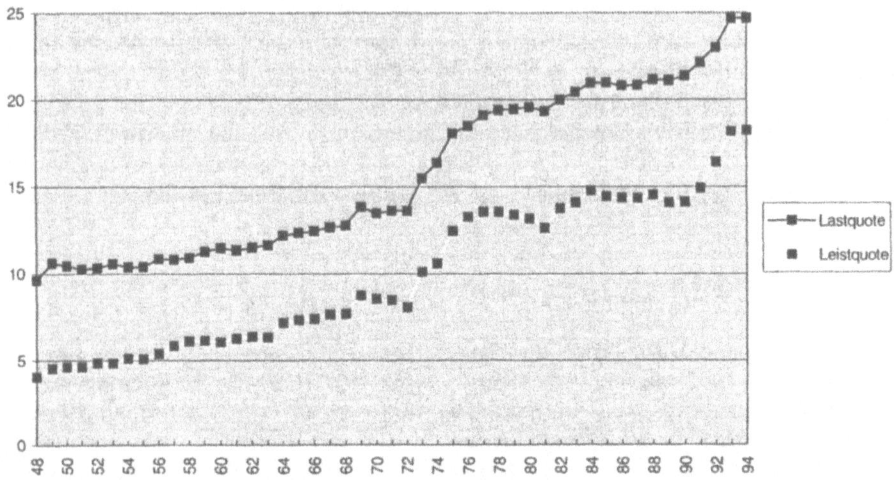

Anmerkung: Die Differenz zwischen beiden Quoten entspricht dem Verwaltungsaufwand und der beruflichen Vorsorge. Datenquelle: BSV (1995a: 6).

Dazu gehörte die gesetzliche Ausgestaltung der beruflichen Vorsorge (1982), die Entflechtung von Kranken- und Unfallversicherung durch ein eigenständiges Unfallversicherungsgesetz (1981), Partialrevisionen der Arbeitslosen-, Renten- und Invalidenversicherung sowie eine Neukonzeption der Krankenversicherung im Jahr 1994. Folgende Seiten geben gestützt auf eine verdichtete Beschreibung einen komprimierten Überblick über die historische Genese zentraler Sozialversicherungszweige anhand der Kriterien Leistungsspektrum, Kreis der Anspruchsberechtigten, Finanzierung und Organisation (vgl. Obinger 1998a).

3.2.2.1 Kranken- und Unfallversicherung

Das 1914/1918 in Kraft getretene Kranken- und Unfallversicherungsgesetz (KUVG) stützte sich in organisatorischer Hinsicht auf die bereits bestehenden Krankenkassen und öffnete der gesamten Bevölkerung auf zumeist freiwilliger Basis den Zugang zu einer Krankenversicherung. Der Bund verzichtete auf ein Obligatorium, räumte jedoch den Kantonen die Möglichkeit ein, für bestimmte Bevölkerungsgruppen eine Versicherungspflicht festzulegen, wovon diese jedoch unterschiedlich Gebrauch machten. Das Gesetz hatte den Charakter eines Provisoriums und sah die Subventionierung der Krankenkassen bei Erbringung von Mindestleistungen vor, blieb jedoch abgesehen von Leistungsverbesserungen in seinen Grundzügen bis Ende 1995 bestehen. So wurden etwa im Zuge der Gesetzesrevision von 1964 die Leistungen bei Tuberkulose und Mutterschaft sowie das Medizinalrecht ausgebaut.

Trotz des überwiegend freiwilligen Charakters konnte in der Nachkriegszeit der *versicherte Personenkreis* beständig ausgeweitet werden. Waren im Jahr 1945 ca. 48% der Bevölkerung krankenversichert (Pflegeversicherung), und stieg der versicherte Personenkreis bis 1980 auf 94% an, so ist heute mit einem Deckungsgrad von über 99% praktisch die gesamte Bevölkerung gegen Krankheit versichert. Parallel mit der Ausweitung des Versichertenkreises reduzierte sich die Zahl der Krankenkassen. Der durch unterschiedliche Risikoverteilungen zwischen den Kassen induzierte Konzentrationsprozeß verringerte die Zahl der registrierten Krankenkassen von 1151 (1945) auf 229 im Jahr 1993.

Die *Finanzierung* der Krankenversicherung erfolgte entlang des Umlageverfahrens durch individuelle, vom Eintrittsalter und Geschlecht abhängige, jedoch einkommensunabhängige Prämienzahlungen und - entsprechend dem Charakter des KUVG als Förderungs- und Subventionsgesetz - durch Kantons- bzw. Bundessubventionen. Eine weitere Finanzierungsquelle bilden Regreßeinnahmen und die Selbstbehalte der Versicherten.

Im Hinblick auf das *Leistungsspektrum* der Krankenversicherung war zwischen statutarischen und Pflichtleistungen zu differenzieren. Statutarische Leistungen gingen über die gesetzlichen Mindestvorschriften hinaus und bezogen diverse vertraglich vereinbarte Zusatzleistungen in den Leistungskatalog einer Kasse ein. In der Praxis dominierten sogenannte gemischte Kassen, die sowohl Krankengeld als auch Krankenpflege versicherten. Bei den ambulanten Sachleistungen sah das Gesetz seit der Revision von 1964 eine zeitlich unbegrenzte ärztliche Behandlung als Pflichtleistung vor, wobei Zahnbehandlungen zum größten Teil von der Versicherung exkludiert waren. Bei stationärer Behandlung war hingegen die Leistungsdauer bis maximal 720 Tage innerhalb eines Zeitraums von 900 Tagen limitiert.

Bei der freiwilligen Krankengeldversicherung mußte als Pflichtleistung spätestens ab dem dritten Tag ein Taggeld in der Höhe von mindestens 2 sfr ausgerichtet werden, wobei in der Praxis weit höhere Vertragssummen Anwendung fanden (Stöckli/Zehnder 1990: 64).

Von der obligatorischen Berufsunfallversicherung waren im ursprünglichen KUVG nur die Arbeitnehmer der Industrie und Arbeitnehmer in gefährlichen Gewerbebetrieben erfaßt. Diese berufsgruppenbezogene Differenzierung wurde durch die im Landwirtschaftsgesetz von 1951 festgelegte Pflichtversicherung für Arbeitnehmer in der Landwirtschaft abgeschwächt, blieb aber bis Inkrafttreten des neuen, eigenständigen UVG (1984) aufrecht, das nun über die Pflichtversicherung alle unselbständig Erwerbstätigen in die Versicherung integriert und den Selbständigen die Möglichkeit einer freiwilligen Versicherung anbietet. Allerdings war die Ausdehnung des versicherten Personenkreises nicht allzu groß, da vor Inkrafttreten des neuen UVG ca. 95% der Arbeitnehmer in irgendeiner Form unfallversichert waren (Wagner 1985: 187). Leistungsmodifikationen in der Unfallversicherung konzentrierten sich im wesentlichen auf den Bereich der Berufskrankheiten. Die Unfallversicherung stand bis zum Inkrafttreten des neuen UVG unter der alleinigen Trägerschaft der schweizerischen Unfallversicherungsanstalt (SUVA).

3.2.2.2 Alters- und Hinterlassenenversicherung (AHV)

Anders als bei der Krankenversicherung konnte auf dem Gebiet der Alters- und Hinterlassenenversorgung vor 1945 keine eidgenössische Regelung erzielt werden. Zwar wurde 1925 ein Verfassungsartikel betreffend die Einrichtung einer Rentenversicherung vom Volk angenommen, die Vorlage einer einfachgesetzlichen Normierung (Lex Schulthess) wurde 1931 trotz breiter parlamentarischer Zustimmung vom Souverän verworfen, womit die Regulierung der Altersversorgung weiterhin in der Kompetenz der Kantone verblieb.

Der Durchbruch zugunsten eines bundesweiten Gesetzes erfolgte erst im Dezember 1946 mit der Verabschiedung des AHV-Gesetzes, welches die Bedeckung der Risiken Alter und Tod zum Inhalt hat. Trotz erneuerter Widerstände seitens der Unternehmerverbände fand die Vorlage beim Volk eine klare Zustimmung, sodaß das Gesetz mit 1.1.1948 in Kraft treten konnte. Wiederum bediente man sich organisatorisch einer dezentralen Steuerung und übertrug die Trägerschaft paritätischen, kantonalen und eidgenössischen Ausgleichskassen. In struktureller Hinsicht wurde die AHV unter dem Eindruck des Beveridge-Plans und rückgreifend auf kantonale Alterssicherungsformen (z.B. Glarus) als Volksversicherung konzipiert, der *versicherte Personenkreis* ist damit praktisch mit der Wohnbevölkerung ident. Die *Finanzierung* erfolgt durch lohnprozentuale Beiträge (anfänglich 4%) ohne Bemessungsgrenze und durch Bundes- und Kantonsbeiträge im Umlageverfahren, wobei die Bundeszuschüsse mittels einer Steuer auf Tabak und gebrannte Wasser zweckgebunden finanziert werden. Das *Leistungsspektrum* der AHV zielte ursprünglich auf eine Basisversorgung ab und umfaßte anfänglich ein System aus Mindest- und Höchstrenten im Ausmaß von 1:3$^{1/8}$. Die fehlende Bemessungsgrenze bei gleichzeitiger Plafondierung der Höchstrenten und die durch die Beiträge der öffentlichen Hand ermöglichte Begünstigung der unteren Einkommenskategorien verankerten einen ausgeprägten Solidaritätsgedanken im staatlichen System der Alters- und Hinterlassenenversicherung.

Die AHV entrichtete einfache Altersrenten, Zusatz-, Kinder- und Ehepaarrenten bzw. Witwen- und Waisenrenten. Zudem werden Hilflosenentschädigungen ausbezahlt. Die Renten für Frauen waren zivilstandsabhängig: Verheiratete Frauen wurden dem Ehemann angekoppelt bzw. bei einer Scheidung von diesem entkoppelt (Wagner 1985: 175).

Aufbauend auf dieser Grundstruktur wurden Niveau und Umfang der Leistungen vor dem Hintergrund günstiger ökonomischer Rahmenbedingungen im Zuge von zehn Gesetzesrevisionen bis 1997 weiter ausgebaut. Neben beträchtlichen Rentenerhöhungen (5. und 6. AHV-Revision) wurde 1963 das Rentenalter für Frauen auf 62 Jahre nach unten korrigiert und die Zusatzrenten für verheiratete Frauen geschaffen. Die 1969 in Kraft getretene 7. AHV-Revision brachte weitere Rentenerhöhungen und die Reduktion des Verhältnisses zwischen Minimum- und Maximumrente auf 1:2. Diese Leistungsverbesserungen erforderten Adaptionen bei der Finanzierung, sodaß erstmals die Beiträge um 1,2 Prozentpunkte angehoben werden mußten. Darüberhinaus wurde auch die Möglichkeit zum Rentenaufschub bei entsprechender finanzieller Kompensierung geschaffen. Basierend auf dem neuen, durch drei Volksinitiativen mitgeprägten, BV-Artikel 34quater, der die Rentenhöhe an die Existenzsicherung knüpft, wurde im Zuge der 8. AHV-Revision der "entscheidende Schritt von der Basisrente zur existenzsichernden Rente" (Tschudi 1989: 89) bei gleichzeitiger Anhebung der Beiträge auf 7,8% vollzogen.
Die ursprüngliche Konzeption der AHV als Basisversicherung mit dem später beigefügten Existenzsicherungspostulat erzwang bald eine strukturelle Neukonzeption der AHV. Unter Rücksichtnahme auf die weit verbreiteten Pensionskassen sprachen sich die politischen Entscheidungsträger seit den 60er Jahren für ein 3 Säulen-Modell bestehend aus staatlicher Grundsicherung, beruflicher Vorsorge und Eigenvorsorge aus, welches 1972 in der Bundesverfassung verankert wurde. Bis zum Wirksamwerden der Ausführungsgesetze, die im wesentlichen in den 80er Jahren verabschiedet wurden, wurde 1965 zur verbesserten sozialen Absicherung von bedürftigen Rentnern das Bundesgesetz über die Ergänzungsleistungen zur AHV/IV beschlossen. Dieses Gesetz garantiert, gestützt auf einen einklagbaren Rechtsanspruch, bedürftigen Rentnern die Aufstockung der Rente auf ein ihren tatsächlichen Lebensbedarf deckendes Mindesteinkommen. Die Durchführung dieser fürsorgeähnlichen und aus Steuermitteln finanzierten Mindestsicherung wurde den Kantonen übertragen, die ausnahmslos Ergänzungsleistungen ausrichten.
Die neunte AHV-Revision (1976/77) hob die Bundesbeiträge wieder stufenweise an, nachdem diese unter dem Eindruck des Konjunkteinbruchs 1974/75 gekürzt wurden, gleichzeitig wurde jedoch die Zusatzpension für Ehefrauen gekürzt und die altersbezogenen Zugangsbedingungen verschärft. Bedeutend war schließlich die neu eingeführte Indexierung und Dynamisierung der Renten, wonach der Bundesrat alle 2 Jahre auf Basis des arithmetischen Mittels aus Lohn- und Preisindex eine Rentenanpassung vorzunehmen hat, wobei bei ungünstiger Entwicklung der Konsumentenpreise eine Anpassung vorgezogen werden kann und umgekehrt. Diese letzte Revision reflektiert bereits deutlich die durch das Ende der exzeptionellen Wachstumserfolge hervorgerufenen veränderten Reaktions- und Steuerungsmodi staatlicher Sozialpolitik: Zwar werden weiterhin Leistungsverbesserungen implementiert, gleichzeitig werden aber mit Verweis auf die Budgetrestriktion der öffentlichen Haushalte auch selektiv Leistungen zurückgenommen. Vor diesem

Hintergrund erhöhte sich auch die Konfliktintensität: Erstmals seit Bestehen der AHV wurde von gewerblichen Kreisen ein Referendum initiiert, dem aber die Zustimmung durch das Volk versagt blieb.
Ein dezentrales Netzwerk bestehend aus 26 kantonalen, 2 Bundes-, 75 Verbands- und einer zentralen Ausgleichskasse bildet gegenwärtig die *Organisation* der AHV. Die Kassen heben die Beiträge ein und entrichten die Leistungen. Die zentrale Ausgleichskasse wickelt den Rechnungsausgleich zwischen den Ausgleichskassen ab und registriert die Versicherten und die Rentenbezieher. Die Aufsicht über die AHV wird vom Bundesrat ausgeübt, der diese Aufgabe jedoch dem eidgenössischen Departement des Inneren übertragen hat, das wiederum die Aufsichtfunktion an das ihm unterstehende Bundesamt für Sozialversicherung delegiert hat.

3.2.2.3 Invalidenversicherung

Eng verbunden mit der AHV ist die Invalidenversicherung. Sie sollte ursprünglich zeitgleich mit der AHV eingeführt werden, wurde jedoch aus finanzpolitischen Gründen von dieser abgekoppelt. Das Gesetz trat 1960 in Kraft und wurde seither dreimal einer Revision unterzogen, wobei sich die 1995 in Kraft getretene Revision hauptsächlich auf die Reorganisation der Versicherung konzentrierte.
Eine Person gilt nach dem Gesetz als invalid, wenn durch ein Geburtsgebrechen, Krankheit oder Unfall eine permante oder länger andauernde Erwerbsunfähigkeit verursacht wird. Wie bei der AHV wird von der Invalidenversicherung die gesamte Wohnbevölkerung erfaßt. Auch das Beitrags- und Leistungsregime ähnelt sehr stark jenem der AHV. Arbeitgeber und Arbeitnehmer entrichten jeweils 0,7% des Lohns an die IV, der Bund übernimmt die Hälfte der Gesamtkosten.
Die Besonderheit dieser Versicherung bedingt von der AHV abweichende Leistungen. Einerseits durchzieht der hoch moderne Aktivierungsgrundsatz die gesamte Versicherung, indem zunächst versucht wird, invalide Personen wieder in den Arbeitsmarkt einzugliedern und erst bei Erfolglosigkeit eine Rente gewährt wird („Eingliederung vor Rente"). Diese Renten sind nach dem Invaliditätsgrad in Viertel-, Halb- und Vollrenten abgestuft. Außerdem leistet die Versicherung eine Reihe von medizinischen wie auch beruflichen Maßnahmen (z.B. Ausbildung, Umschulung), die auf eine möglichst rasche Eingliederung invalider Personen abzielen. Taggelder sollen diese berufliche Wiedereingliederung finanziell unterstützen. Wie die AHV kennt auch die IV die Abgabe von Hilfsmittel und die Ausrichtung von Hilflosenentschädigungen. Die Durchführung der Versicherung obliegt kantonalen IV-Stellen.

3.2.2.4 Arbeitslosenversicherung

Wie in anderen Bereichen der Sozialpolitik wurde zur Implementierung der Arbeitslosenversicherung auf die historisch gewachsene Organisationsstruktur und eine dezentrale Steuerung zurückgegriffen. Außerdem wurde nicht zuletzt aus liberalen Motiven auf einen staatlichen Versicherungszwang verzichtet. Den Ausgangspunkt für bundesstaatliche Interventionen zur sozialen Sicherung bei Arbeitslosigkeit bildete die Zuspitzung der ökonomischen Situation gegen Ende des Ersten Weltkrieges und der damit einhergehende Anstieg erwerbsloser Personen. Der Bund begann angesichts der hohen Arbeitslosigkeit ab 1916 die bestehenden Arbeitslosenkassen zu subventionieren, gleichzeitig wurde die Arbeitslosenfürsorge weiter ausgebaut. Diese Provisoriumslösung von jährlich an die Arbeitslosenkassen ausgeschütteten Subventionen wurde 1924 mit einem Bundesgesetz auf eine dauerhafte Basis gestellt. Während der Bund gestützt auf das Bundesgesetz über die Beitragsleistungen an die Arbeitslosenversicherung vom 17.10.1924 sich in der Zwischenkriegszeit auf die Subventionierung der bestehenden privaten, paritätischen und öffentlichen Arbeitslosenkassen beschränkte, erklärten 16 Kantone den Beitritt zu einer Arbeitslosenkasse für bestimmte Personen für obligatorisch. Dieses Gesetz wurde mittels bundesrätlicher Vollmachtenkompetenz 1942 durch ein Sonderregime abgelöst, dessen Rechtsbestand weitgehend in das neue Arbeitslosenversicherungsgesetz von 1951 übergeführt wurde. Demnach waren weiterhin private, paritätisch-private und öffentliche Kassen für die Abwicklung der Arbeitslosenversicherung zuständig, wobei die privaten Kassen eine personelle wie berufsgruppenspezifische Differenzierung vornehmen konnten. Den Kantonen oblag die Einrichtung von öffentlichen Arbeitslosenkassen und die Festschreibung einer Versicherungspflicht, während sich der Bund im wesentlichen auf die Subventionierung der Kassen beschränkte (Tschudi 1989: 108). Grundsätzlich blieb das tradierte Subventionssystem aufrecht, wenngleich aufgrund der Hochkonjunktur der Bund in den Jahren 1972 und 1973 nur mehr 4.000 Franken (!) an Subventionen ausschüttete (BBl 1975 II: 1590).

3.2.3 Modernisierungs- und Konsolidierungsphase seit 1972/75

Den ersten ökonomischen Einbruch in der Nachkriegszeit erlebte die Schweiz 1974/75 als das BIP um mehr als 7% schrumpfte und zu einem kurzzeitigen Anstieg der Arbeitslosenquote führte, die jedoch mittels massiver Rückführungen ausländischer Arbeitskräfte wieder auf Vollbeschäftigungsniveau abgesenkt werden konnte. Das alte Arbeitslosenversicherungsgesetz aus dem Jahr 1952 mit seiner fehlenden Versicherungspflicht erwies sich in dieser Krisensituation als völlig untauglich und wurde 1976 bzw. 1982 durch ein obligatorisches Arbeitslosenversicherungsgesetz ersetzt. Diese Reform bildete den Startschuß für eine Reihe von Reform- und Umbaumaßnahmen innerhalb des Systems sozialer Sicherheit, da die exzeptionelle Wirtschaftslage einige strukturelle Probleme in einigen Bereichen der sozialen Sicherung überlagert hatte. Gleichzeitig rückten Finanzierungsprobleme, die demographische Entwicklung sowie die ausgeprägte Geschlechterselektivität des schweizerischen Sozialstaats in den Vordergrund und generierten ei-

nen funktionalen Problemdruck, welcher die umfangreichen Reformen der letzten beiden Jahre beschleunigte.
1991 geriet die schweizerische Volkswirtschaft in eine neuerliche Rezession. Seither pendelt das jährliche Wirschaftswachstum um den Nullpunkt und zählt zu den niedrigsten in der OECD. Gleichzeitig erfolgte ein massiver Anstieg der Arbeitslosigkeit, die 1997 mit einer Arbeitslosenquote von 5,2% einen Nachkriegsrekord erreichte. Die gleichzeitige Zuspitzung von sozialen und finanziellen Problemlagen führte in den 90er Jahren zu einem neuerlichen Reformschub.

3.2.3.1 Arbeitslosenversicherung

Aufgrund des fehlenden Obligatoriums und der exzeptionellen ökonomischen Rahmenbedingungen auf dem Arbeitsmarkt, die es dem Bundesrat erlaubten, die Arbeitslosenquoten in Promille anzugeben (vgl. BBl 1975 II: 1562), blieb der *versicherte Personenkreis* in der Nachkriegszeit relativ gering. Im Juni 1974 war nur jeder fünfte Arbeitnehmer gegen Arbeitslosigkeit versichert. Erst die mit der Rezession 1974/75 einhergehenden Turbulenzen am Arbeitsmarkt machten die Versorgungslücken offenkundig und wirkten als Katalysator für eine Neuregulierung der Arbeitslosenversicherung. Mit einer Übergangsregelung, die 1982 vom Bundesgesetz über die obligatorische Arbeitslosenversicherung und Insolvenzgeldentschädigung abgelöst wurde, wurden ab 1976 alle Arbeitnehmer der Versicherungspflicht unterworfen. Somit wurden auch ausländische Arbeitskräfte, denen das alte System nur partiell in Abhängigkeit ihres Beschäftigungsstatus Zugang zur Arbeitslosenversicherung bot (Schmidt 1985: 114), in den Versichertenkreis einbezogen. Die Übergangsregelung dehnte nicht nur den Versichertenkreis aus, sondern substituierte die bislang von den Arbeitern getragene Finanzierung durch eine von Arbeitnehmern und Arbeitgebern zur Hälfte getragene Beitragspflicht von anfänglich 0,8% des Bruttolohns.
Schließlich wurden mittels Bundesbeschluß die Zugangsbedingungen und das Leistungsspektrum des ALVG von 1951 im Hinblick auf eine Lebensstandardsicherung verbessert. Mit der Übergangsregelung wurden nun auch präventive Maßnahmen zur Vermeidung von Arbeitslosigkeit eingeführt. Obwohl nun dem Bund die Kompetenz für die Gestaltung der Arbeitslosenfürsorge zugewiesen wurde, verblieb die soziale Absicherung der ausgesteuerten Arbeitslosen weiterhin bei den Kantonen, von denen 16 eine entsprechende Anschlußleistung kennen.
Der erneute Konjunktureinbruch ab 1991 versetzte den schweizerischen Arbeitsmarkt in beträchtliche Turbulenzen: Der Verlust von mehr als 200.000 Arbeitsplätzen führte zu einem sprunghaften Anstieg der Arbeitslosigkeit. Gleichzeitig verengte sich der Spielraum für die bislang geübte Praxis, Arbeitslosigkeit zu exportieren, zumal mit der Einführung der Versicherungspflicht 1976 nun auch ausländische Arbeitnehmer Ansprüche aus der Arbeitslosenversicherung erworben hatten. Zudem brach mit dem geänderten Erwerbsverhalten der Frauen, die sich

bislang in Rezessionen verstärkt in die stille Reserve zurückgezogen hatten bzw. dorthin zurückgedrängt wurden, eine weitere Säule der national-liberalen Arbeitsmarktpolitik weg. Mit einer doppelten Revision der Arbeitslosenversicherung wurde in den 90er Jahren die Abkehr von einer national-liberalen zugunsten einer sozial-liberalen Arbeitsmarktpolitik (Schmidt 1995) vollzogen: Neben verschärften Sanktionsmaßnahmen und partiell erschwerten Zugangsbedingungen wurde mit der zeitlichen Ausdehnung von Leistungen und der Forcierung aktiver Arbeitsmarktpolitik ein offensiver Kurswechsel eingeschlagen.
Angesichts der wachsenden Arbeitslosigkeit geriet die schweizerische Arbeitslosenversicherung in den 90er Jahren in eine Finanzierungskrise. Bis zum Jahr 1994 haben sich im Ausgleichsfonds 7 Mrd. Franken an Schulden angesammelt. Gleichzeitig enttarnte die massive Rezession das ALVG von 1982 als Schönwettergesetz. Die zunächst auf das Dringlichkeitsrecht gestützten Reformbestrebungen konzentrierten sich daher auf die Sicherstellung der Finanzierung. Neben einer spürbaren Erhöhung der Beitragssätze sowie der Höchstbeitragsgrundlage wurde die Lohnersatzrate sozial abgestuft und die Zumutbarkeitsbestimmungen verschärft. Andererseits wurde die Taggelddegression aufgehoben und die maximale Anspruchsdauer von Taggeldern auf 400 erhöht. Neben diesen kurzfristigen punktuellen Reformversuchen veröffentlichte der Bundesrat im März 1993 seine Botschaft zur zweiten Teilrevision des ALVG. Das Parlament hat diesen Vorschlag der Regierung beträchtlich verändert und stellte das Arbeitslosenversicherungssystem auf eine völlig neue Basis. Dieses Reformpaket trat mit 1.1.1997 in Kraft, nachdem ein Teil des Maßnahmenpakets bereits um ein Jahr vorgezogen wurde. Kernpunkte des neuen Gesetzes sind ein neues Beitrags- und Leistungsregime sowie eine stärkere Akzentuierung aktiver Arbeitsmarktpolitik. Die Anzahl der Taggelder hängt nicht mehr von der Beitragsdauer ab, sondern wurde nun altersabhängig gestaffelt: Personen bis zum vollendeten 50. Lebensjahr können maximal 150 Taggelder, Personen zwischen dem vollendeten 50. und dem 60. Lebensjahr können 250 Taggelder und über 60-jährige können nun höchstens 400 Taggelder beziehen. Für Bezieher/innen von Unfall- oder Invalidenrenten werden schließlich maximal 520 Taggelder gewährt. Weitere Taggelder hängen von der Teilnahme an aktiven arbeitsmarktpolitischen Programmen ab. Die verstärkte Akzentuierung aktiver Arbeitsmarktpolitik stellt eine wichtige Innovation des revidierten Arbeitslosenversicherungsgesetzes dar. Das Leistungsspektrum der ALV wurde um Einarbeitungs- und Ausbildungszuschüsse sowie um Maßnahmen zur Förderung der Aufnahme einer selbständigen Erwerbstätigkeit angereichert. Mit dem Gesetz wurden die Kantone zur Einrichtung von regionalen Arbeitsvermittlungszentren verpflichtet. Diese sollen die Arbeitssuchenden beraten und bei der Arbeitssuche unterstützen. Besondere Taggelder werden nur bei Teilnahme an Maßnahmen der aktiven Arbeitsmarktpolitik ausgerichtet. Dazu stellen die Kantone insgesamt 25000 Kurs- und Praktikumsplätze zur Verfügung. Ziel ist dabei die rasche Reintegration arbeitsloser Personen in den Arbeitsmarkt. Schließlich regelt das neue Gesetz auch die Fi-

nanzierung der ALV: Der Beitragssatz beträgt bis zur Höchstbeitragsgrundlage von 97200 Franken nunmehr 3% des beitragspflichtigen Verdienstes. Als Sondermaßnahme zur Sanierung des Defizits der ALV wird auf Löhne zwischen 97201 und 243000 Franken ein weiteres Lohnprozent eingehoben.
Neben diesen bedeutenden Neuerungen wurden angesichts finanzieller Restriktionen auch Leistungskürzungen durchgeführt, die auf die finanzielle Konsolidierung der Arbeitslosenversicherung abzielten. Neben verschärften Zumutbarkeits- und Sanktionsbestimmungen wurde die allgemeine Karenzfrist auf fünf Tage erhöht. Höhere Wartefristen gelten für Schüler und Studenten, geringere für Branchen mit hoher Stellenfluktuation. Die mit dringlichem Bundesbeschluß eingeführte und nach sozialen Kriterien orientierte Staffelung der Lohnersatzrate auf 70 bzw. 80% wurde im Gesetz festgeschrieben. Als Maßnahme zur Budgetsanierung wurde im Dezember 1996 eine wiederum nach sozialen Kriterien abgestufte Kürzung des Taggelds zwischen 1 und 3 Prozent beschlossen. Gegen diesen Bundesbeschluß wurde seitens eines westschweizerischen Arbeitslosenhilfevereins und einigen Gewerkschaften erfolgreich das fakultative Referendum ergriffen.

3.2.3.2 Krankenversicherung

Im schweizerischen Gesundheitswesen hatte sich aufgrund zahlreicher gescheiterter Reformversuche ein beträchtlicher Reformbedarf aufgestaut, der zudem von einer beträchtlichen Kostenexplosion begleitet wurde. Die wichtigste Reform in den 80er Jahren war die Abkoppelung der Unfallversicherung aus dem KUVG von 1911. 1984 trat ein eigenständiges Unfallversicherungsgesetz in Kraft, welches den Deckungsgrad noch einmal erhöhte, da nun sämtliche Arbeitnehmer dem Gesetz unterstellt wurden. Bezüglich der Trägerschaft wurde das Monopol der SUVA durchbrochen und nun auch private Versicherer zugelassen.
Im Bereich der Krankenversicherung scheiterte 1987 hingegen in einem Referendum ein Reformversuch, der unter anderem die Einführung einer Mutterschaftsversicherung vorsah. Das 1911 als Provisorium beschlossene Krankenversicherungsgesetz blieb damit abgesehen von einer Teilrevision im Jahr 1964 in seinen Grundzügen bis Ende 1995 bestehen.
Die kontinuierliche Rücknahme staatlicher Subventionen seit den 80er Jahren sowie der Kostenanstieg im Gesundheitswesen generierten einen erheblichen Finanzierungsbedarf, den die Krankenkassen auf die Prämien überwälzten. Als Folge wurde die Krankenversicherung für sozial Schwächere zu einer beträchtlichen finanziellen Belastung. Wie in der Arbeitslosenversicherung kam es in den neunziger Jahren zu einer Verdichtung der Reformanstrengungen und wiederum wurden diese zunächst mit dem Dringlichkeitsrecht forciert. 1994 gelang schließlich nach zähen Verhandlungen und als äußerster Kompromiß eine Totalrevision des Krankenversicherungsgesetzes, welches mit 1.1.1996 in Kraft gesetzt wurde und folgende Neuerungen aufweist: Die Krankenpflegeversicherung wurde für obligato-

risch erklärt, während die Taggeldversicherung weiterhin freiwillig bleibt. Das Leistungsspektrum der Grundversicherung wurde um einige neue Leistungen erweitert, der Krankheitsprävention wird ein breiterer Stellenwert eingeräumt. Unangetastet blieb die einkommensunabhängige Finanzierung der Krankenversicherung durch Kopfprämien: Ein Vorschlag der Sozialdemokraten und des SGB für eine lohnprozentuale Finanzierung der Krankenversicherung wurde im Dezember 1994 an der Stimmurne verworfen. Im Gegensatz zur bisherigen globalen Subventionierung sieht das neue Gesetz nunmehr die Prämiensubventionierung zugunsten von Personen in bescheidenen wirtschaftlichen Verhältnissen vor. Mit der Abwicklung dieser Aufgabe wurden die Kantone betraut, die diesen Gestaltungsspielraum durchaus unterschiedlich nutzen, und die vom Bund bereitgestellten Mittel zum Teil nicht voll ausnutzen. Die im alten Gesetz vorgesehene geschlechtsspezifische Prämiendifferenzierung wurde abgeschafft. Neu geregelt wurde der Selbstbehalt der Versicherten, der zudem auf den stationären Bereich ausgeweitet wurde. Auf Ebene der Leistungserbringer soll durch neue Versicherungsformen (Bonusversicherung, Health Maintenance Organizations) und über eine Intensivierung des Wettbewerbs zwischen den Anbietern durch Vertragsderegulierungen und Freizügigkeitsklauseln eine Kostendämpfung im Gesundheitswesen erzielt werden. Trotz dieser Maßnahmen ist eine signifikante Trendumkehr bei der Prämienentwicklung bislang ausgeblieben.

3.2.3.3 Rentenversicherung

1972 wurde aufbauend auf den bestehenden Strukturen und auf Druck von mehreren Volksinitiativen das Rentensystem durch Annahme eines neuen Verfassungsartikels (Art. 34quater BV) auf eine 3-Säulen-Basis gestellt. 1985 trat das entsprechende Ausführungsgesetz für die berufliche Altersvorsorge in Kraft. Das schweizerische Rentensystem beruht damit auf einem 3-Säulensystem bestehend aus der als Volksversicherung ausgestalteten AHV, der beruflichen Vorsorge und der individuellen Eigenvorsorge als dritter Säule. In den 90er Jahren kam es nach jahrelangen Vorarbeiten zur Verabschiedung der 10. AHV-Revision. Einen wichtigen Motor dafür bildete der 1981 in der Bundesverfassung verankerte Artikel über die Gleichstellung zwischen Mann und Frau, der insofern Einfluß auf die Sozialversicherungsreformen hatte, als insbesonders das ursprüngliche Rentensystem durch explizite Diskriminierungen zulasten der Frauen charakterisiert gewesen ist. Diese wohl wichtigste Reform der staatlichen Rentenversicherung seit ihrem Bestehen wurde in zwei Etappen in Kraft gesetzt. 1993 wurde die neue Rentenformel eingeführt, die v.a. unterdurchschnittliche Einkommenskategorien begünstigt, der getrennte Auszahlungsmodus der Ehepaarrente und die Einführung eines Hilflosenzuschusses bei mittlerer Hilflosigkeit traten ebenfalls zu diesem Zeitpunkt in Kraft. Die zentralen Neuerungen erlangten mit 1.1.1997 Wirksamkeit. Dazu gehört das Rentensplitting und die Einführung von Erziehungs- und Betreuungsgutschriften.

Das Splittingsystem ersetzt die bisherige familienstandsabhängige Rentenstruktur durch zivilstandsunabhängige Rentenansprüche. Splitting bedeutet, daß die Ehepaarrente in Form von zwei eigenständigen Renten an die Ehepartner ausbezahlt wird. Voreheliche Einkommen werden dabei zu 100% auf das eigene Konto übertragen, die ehelichen Einkommen werden zur Hälfte auf das Konto des Partners überwiesen. Das Splitting gelangt bei der Rentenberechtigung der Ehepartner, bei einem Anspruch einer verwitweten Person auf eine Altersrente und bei einer Scheidung zur Anwendung. Neu sind ferner Erziehungs- und Betreuungsgutschriften. Bei der Rentenberechnung werden Zeiten der Kindererziehung zusätzlich zum Erwerbseinkommen angerechnet. Für jedes Jahr, in welchem Kinder bis zum 16. Lebensjahr betreut wurden, wird neben dem Erwerbseinkommen eine Erziehungsgutschrift in der Höhe von ca. 35000 Franken bei der Rentenberechnung berücksichtigt. Betreuungsgutschriften in gleicher Höhe können dann geltend gemacht werden, wenn im gemeinsamen Haushalt Geschwister oder Verwandte in auf- oder absteigender Linie, die Anspruch auf einen Hilflosenzuschuß mindestens mittleren Grades besitzen, gepflegt werden. Betreuungs- und Erziehungsgutschriften werden nicht kumulativ angerechnet und können die Rentenhöhe nur bis zur AHV-Höchstrente von monatlich 1990 Franken (1997) verbessern. Bei verheirateten Personen werden die Gutschriften für die Zeit der Ehe für die Rentenberechnung hälftig gesplittet. Als weitere Neuerung wurde eine Witwerrente für verwitwete Männer mit Kindern unter 18 Jahren eingeführt. Bezüglich der Beitragsleistungen sind nun auch die bislang beitragsbefreiten Witwen und nichterwerbstätigen Ehefrauen beitragspflichtig.
Heftig umstritten an der 10. AHV-Revision war die Erhöhung des Frauenrentenalters. Bis zum Jahr 2005 soll das Frauenrentenalter von derzeit 62 auf 64 Jahre angehoben werden, Frauen des Geburtsjahrganges 1942 und jünger unterliegen damit dem höheren Rentenalter. Gleichzeitig wurde jedoch die Möglichkeit zum Rentenvorbezug bei entsprechender Rentenkürzung geschaffen. Hinsichtlich des Rentenalters ist aber noch keine endgültige Entscheidung gefallen, zumal diesbezüglich vier Volksinitiativen erfolgreich initiiert wurden. Mit der Abstimmung über diese Vorlagen ist jedoch erst in einigen Jahren zu rechnen.

3.3 Zusammenfassung

Aufgrund der früh erfolgten Industrialisierung und fehlender sozialpolitischer Bundeskompetenzen und der durch die frühe Demokratisierung der schweizerischen (Männer-)Gesellschaft ermöglichten Vereinsfreiheit wurde der funktionelle Problemdruck der industriellen Revolution zuerst auf lokaler Ebene durch wechselseitige Hilfs- und Unterstützungskassen gefiltert und absorbiert. Die Entwicklungsrichtung staatlicher Sozialpolitik verlief wie in den anderen Demokratien Westeuropas von unten nach oben, so daß eine Entwicklung vom kantonalen zum eidgenössischen Sozialstaat konstatiert werden kann (Puttner 1983). Dies bewirkte

eine enorme Ausdifferenzierung eines dezentralen und äußerst heterogenen sozialen Sicherungsnetzes, welches erst allmählich und unter erheblicher Zeitverzögerung unter die Trägerschaft des Bundes geriet. Der take-off des Sozialstaates erfolgte im Gegensatz zu vielen anderen europäischen Industrieländern erst nach 1945 und folgte bis zu den Rezessionen der 70er Jahre dem traditionellen, von liberalen Ordnungsvorstellungen abgesteckten Entwicklungspfad.
Konträr dazu entwickelte sich die Fürsorge/Sozialhilfe als zweites Netz des schweizerischen Sozialstaates im Einklang mit dem Profil der europäischen Armenpolitik: Ausgehend von der repressiven Armenpolitik des 19. Jahrhunderts erfolgte eine schrittweise Modernisierung dieses residualen Sicherungsnetzes, wenngleich grundlegende Struktur- und Organisationsprinzipien bis heute unverändert blieben. Wirkten die kantonalen Fürsorgegesetze bis zum Zweiten Weltkrieg oftmals als Substitut für eine fehlende oder mangelhafte Sozialversicherung, so gerieten diese mit der wirtschaftlichen Prosperitätsphase und der Ausdifferenzierung der Sozialversicherung nach 1945 in den Hintergrund und erlebten erst mit dem Wirtschaftseinbruch in den 90er Jahren einen markanten Aufschwung.
Dieser liberale „wage-earner welfare state" mit seiner national-protektionistischen Regulierung des Arbeitsangebotes und in geschlechtsspezifischer Hinsicht konservativen Ausrichtung zentraler Sicherungsprogramme gelangte mit dem veränderten ökonomischen und sozialen Umfeld Mitte der 70er Jahre in eine Sackgasse. Die Sozialstaatsentwicklung in den letzten beiden Jahrzehnten verlief zum europäischen Trend asynchron (Tálos 1998). Anders als in vielen westlichen Ländern war die Entwicklung des schweizerischen Sozialstaats in den beiden letzten Jahrzehnten durch eine komplexe Mischung aus Modernisierung, Konsolidierung sowie einen Aufholprozeß geprägt, die ihren Niederschlag in zahlreichen Programmkorrekturen in zentralen Bereichen der Sozialversicherung aber ebenso auch auf Ebene der Sozialhilfe fand. Zentrale Bereiche des schweizerischen Sozialversicherungssystems wurden in den letzten beiden Jahrzehnten grundlegenden Reformen unterzogen. Dabei wurden insbesonders die Arbeitslosenversicherung und die erste Säule des Alterssicherungssystems auf eine neue Basis gestellt. Auch im Bereich der Krankenversicherung gelang 1994 die erste Totalrevision des Gesetzes seit ihrem Bestehen. Die starke Betonung aktiver Arbeitsmarktpolitik sowie das Rentensplitting und die weitreichende Anrechnung von Pflege- und Erziehungsarbeit in der Rentenversicherung sind Innovationen, die über die Grenzen der Eidgenossenschaft ausstrahlen. Gleichzeitig sollen diese Neuerungen nicht darüber hinwegtäuschen, daß neben dem Leistungsausbau zum Zweck der Budgetkonsolidierung auch selektiv Leistungen gekürzt bzw. Zugangs- und Sanktionsbestimmungen verschärft wurden.
Eine Längschnittsbetrachtung legt damit einen beträchtlichen Strukturwandel der Sozialversicherung offen: Dominierten in der Frühphase staatlich subventionierte und unter staatlicher Aufsicht befindliche freiwillige Versicherungen, so ist in der Nachkriegszeit und besonders in den letzten beiden Dekaden ein Trend in Rich-

tung Versicherungspflicht und stärkere staatliche Penetration zu erkennen. Mit Ausnahme der sozialen Absicherung von Mutterschaft deckt heute der schweizerische Wohlfahrtsstaat sämtliche sozialrelevanten Risken ab. Aus der im internationalen Vergleich devianten Entwicklungsdynamik des schweizerischen Sozialstaates - die Nachzüglerrolle bei seiner Konstituierung sowie die jüngste Modernisierungsphase - ergeben sich die beiden forschungsleitenden Fragestellungen dieser Arbeit. In den beiden folgenden Teilen wird gezeigt, daß die Nachzüglerrolle der Schweiz sowie die strukturelle Grundkonzeption zentraler sozialer Sicherungsprogramme von einer hochgradigen Ausprägung von Nebenregierungen im politischen System der Schweiz determiniert wurde. Daran anschließend wird untersucht, inwieweit die jüngste Entwicklungsphase der schweizerischen Sozialpolitik mit ihren Umbaumaßnahmen zu einer Verschiebung bezüglich des typologischen Zuschnitts des Wohlfahrtsstaates geführt hat.

4 Föderalismus und Sozialstaatsentwicklung

Sowohl die Regressions- und Korrelationsanalysen als auch makroqualitative Methoden in Gestalt der QCA führten zu keiner Widerlegung der zentralen Arbeitshypothese, wonach ein hoher institutioneller Pluralismus zusammen mit einer von bürgerlichen Parteien dominierten Politikarena die Nachzüglerrolle des schweizerischen Sozialstaates entscheidend beeinflußt haben. Dieser und der daran anschließende Teil der Arbeit versuchen mit Hilfe einer qualitativen Analyse, die sich einem historischen Institutionalismus verpflichtet fühlt (Thelen/Steinmo 1992; Immergut 1998), den Effekt des Föderalismus und der direkten Demokratie auf die Sozialstaatlichkeit in der Schweiz zu rekonstruieren. Obwohl beide Institutionen in der Schweiz auf das Engste zusammenhängen und sich hinsichtlich ihrer Wirkung auf einzelne Politikfelder wechselseitig bedingen, werden diese beiden Nebenregierungen im Sinn der Überschaubarkeit getrennt behandelt. Dabei wird auf Querverbindungen und Schnittstellen zwischen dem Föderalismus und der direkten Demokratie explizit hingewiesen.
Der durch die industrielle Revolution ausgelöste soziale Problemdruck wurde in der Schweiz von einem politischen System verarbeitet, das sich in vertikaler und horizontaler Hinsicht durch einen ungleich höheren Fragmentierungsgrad von Handlungsressourcen und Gestaltungspotential als vergleichbare Länder - mit Ausnahme der USA sowie nach 1949 der BRD - auszeichnet. Gleichzeitig setzt aber Staatstätigkeit in prozessualer Sicht die Bündelung und Akkordierung dieser limitierten Handlungsressourcen voraus. An dieser Stelle können wegen Informationsproblemen und Problemen bei der Konsensbildung Reibungsflächen mit erheblichen Rückkoppelungseffekten für die Staatstätigkeit auftreten (Scharpf 1976). Ein Eckpfeiler dieser Fragmentierung von Macht und Kompetenzen ist der Föderalismus. Inwiefern und bis zu welchem Ausmaß der föderale Staatsaufbau der Schweiz die Sozialstaatsentwicklung mitgeprägt hat, ist Gegenstand nachstehender Ausführungen.
Der im internationalen Vergleich hoch entwickelte schweizerische Föderalismus erhöht nicht nur die Zahl der sozialpolitikrelevanten Akteure und modifiziert ihre Präferenzen und strategischen Optionen, sondern beeinflußt über drei institutionelle Charakteristika die Entwicklung der Sozialpolitik (Pierson 1995b). Dazu gehört die verfassungsmäßige Kompetenzverteilung, die Verteilung der finanziellen Ressourcen und die Vertretung der Gliedstaaten im Zentralstaat. Die daraus auf der Politics-Ebene resultierenden Mehrebenenverhandlungen generieren Vetopunkte, zumal kollektive Entscheidungen nur auf einer breiten Koalitionsbasis getroffen und implementiert werden können. Ein zentraler Vetopunkt leitet sich folglich daraus ab, daß Entscheidungen auf der übergeordneten Ebene die Zustimmung der nachrangigen Ebene benötigen. Die vertikale und horizontale Verschränkung politischer Entscheidungsprozesse wird in der modernen politikwissenschaftlichen Literatur mit dem Begriff der Politikverflechtung gefaßt. Arbeiten

von Fritz W. Scharpf und anderen haben aufgezeigt, daß Politikverflechtung einen wichtigen Hemmschuh für Staatstätigkeit repräsentieren kann (Scharpf 1976, 1985, 1991, 1993; Benz 1992; Schmidt 1994) und haben damit das Bild des Föderalismus als effizientes Instrument der Machtteilung bzw. der Nichtausübung von Macht unter den Föderierten (Abromeit 1996) um eine kritische Perspektive angereichert. Policy-Veränderungen erfordern Mehrebenenverhandlungen und können aufgrund vielschichtiger Interessen einerseits zu Blockaden von Entscheidungen und suboptimalen Lösungen führen, andererseits die Qualität (z.b. das Innovationspotential) von Staatstätigkeit beeinflussen. Im Extremfall kann in verflochtenen Entscheidungssystemen eine Politikverflechtungsfalle auftreten. Diese wird von Fritz W. Scharpf beschrieben als „eine zwei oder mehr Ebenen verbindende Entscheidungsstruktur, die aus ihrer institutionellen Logik heraus systematisch [...] ineffiziente und problem-unangemessene Entscheidungen erzeugt, und die zugleich unfähig ist, die institutionellen Bedingungen ihrer Entscheidungslogik zu verändern - weder in Richtung mehr Integration noch in Richtung auf Desintegration" (Scharpf 1985: 350). Das Problem der großen Zahl der policyrelevanten Akteure und die damit einhergehende Polarisierung und Streuung der Interessenlagen erhöht gleichzeitig die für eine Interssenkoordination erforderlichen Transaktionskosten, wodurch sich wiederum die Wahrscheinlichkeit einer Beibehaltung des Status Quo erhöht (Tsebelis 1995a). Inwieweit Politikverflechtung aber eine Rationalitäts- oder Politikverflechtungsfalle aufspannt, d.h. inwiefern föderale Machtteilung zu einer Überbremsung staatlicher Politik beiträgt, muß jedoch im Einzelfall mittels einer Wirkungsanalyse des länderspezifischen Institutionengefüges auf der Policy-Ebene geprüft werden. A priori Befunde über einen linearen Zusammenhang zwischen föderal verfaßten politischen Systemen und dem Ergebnis von Staatstätigkeit können nicht ausgestellt werden (vgl. die Kontroverse zwischen Schmid 1987 und Scharpf 1988). Zudem verlangt eine Analyse föderalismusbedingter Effekte auf Staatstätigkeit eine in Abhängigkeit der Kompetenzverteilung ausgerichtete Differenzierung nach einzelnen Politikfeldern. Die Politikverflechtungsliteratur hat schließlich auch verschiedene Lösungsmuster aufgezeigt, um eine Selbstblockierung eines politischen Systems zu vermeiden. Die nachstehenden Abschnitte versuchen für die schweizerische Sozialpolitik, die durch föderale Politikverflechtung induzierten Veto- und Blockadeeffekte sowie die damit in Verbindung stehenden Lösungsmuster herauszuarbeiten. Dabei zeigt sich, daß Politikverflechtung v.a. mit konfliktminimierenden Entscheidungsregeln wie Strukturerhaltung, positiver Anreizsetzung und Eingriffsverzicht gelöst wurde. Dabei handelt es sich um Entscheidungsregeln, die geeignet sind, den Widerstand von notwendigen Konsenspartnern gegen ein vorgeschlagenes Programm abzubauen (Scharpf 1976: 62ff.).

4.1 Sozialpolitische Kompetenzverteilung zwischen Bund und Kantonen

Maßgeblich für die Kompetenzverteilung zwischen dem Bund und den Kantonen ist der Artikel 3 der Bundesverfassung vom 29. Mai 1874: „Die Kantone sind souverän, soweit ihre Souveränität nicht durch die Bundesverfassung beschränkt ist, und üben als solche alle Rechte aus, welche nicht der Bundesgewalt übertragen sind“. Grundsätzlich fallen damit sämtliche Kompetenzen den Kantonen zu, sofern eine Kompetenz nicht taxativ dem Bund eingeräumt wurde. In der ursprünglichen Bundesverfassung von 1874 hatte der Bund abgesehen von Art. 34 BV keine sozialpolitischen Kompetenzen, wenngleich die Bundesverfassung in Artikel 2 seit 1848 die „Beförderung der gemeinsamen Wohlfahrt“ als Staatszielbestimmung enthält. Daraus konnten allerdings weder Gesetzgebungskompetenzen noch konkrete sozialpolitische Maßnahmen abgeleitet werden (Tschudi 1996: 11). Der Artikel 34 Abs. 1 der revidierten Bundesverfassung von 1874 ermächtigte den Bund lediglich zur Regulierung der Kinderarbeit und der Arbeitszeit für Erwachsene in Fabriken sowie zum Erlaß von Schutzbestimmungen für Arbeiter in gefährlichen Gewerbebetrieben. Der Absatz 2 ermächtigte den Bund zudem zur Gesetzgebung und Aufsicht über private Versicherungen - ein bezüglich der Trägerschaft der schweizerischen Sozialversicherungen nicht unwichtiger Passus. Aufgrund der weitgehend fehlenden Bundeskompetenz fielen bis 1890 den Kantonen die meisten sozialpolitischen Kompetenzen zu. Diese ursprüngliche Kompetenzverteilung bedingte allerdings eine Lähmung der staatlichen Sozialpolitik. Wie die Theorie der Politikverflechtung verdeutlicht hat, entstehen Reibungsflächen zwischen den Entscheidungsträgern dann, „wenn eine horizontal und vertikal differenzierte Entscheidungsstruktur auf materielle Probleme stößt, deren Ausdehnung die begrenzten Handlungsräume (Zuständigkeiten, Kompetenzen, Ressourcen und Ziele) der einzelnen Entscheidungseinheiten überschreitet“ (Scharpf 1976: 22). Angesichts eines steigenden sozialen Problemdrucks durch die fortschreitende Industrialisierung stießen die Kantone an Kapazitätsgrenzen, da viele Kantone wegen ihrer Kleinheit und unzureichender finanzieller Ressourcen nicht in der Lage waren, umfassende Einrichtungen sozialer Sicherung - etwa in Gestalt kantonaler Versicherungen - einzurichten. Viele der industriell weit fortgeschrittenen Kantone sahen zudem keine Veranlassung zur Schaffung einer Arbeitergesetzgebung, zumal die Arbeiter nach Ausschöpfung ihrer Arbeitskraft in ihrem Heimatkanton in der Fürsorge unterstützungsberechtigt waren. Dadurch fühlten „die Industrie-Kantone keinen Antrieb, die Lasten einer rationellen Arbeitslosenfürsorge auf eigene Schultern zu übernehmen, oder hielten sich in ihrer Vereinzelung wohl auch zu schwach dazu, während dem Bund als solchem die Kompetenz für eine derartige Gesetzgebung nicht zustand“ (Zacher 1899: 3). Durch das Hin- und Herschieben von Verantwortlichkeiten wurde jede sozialpolitische Initiative zunächst gelähmt. Hinzu kam schließlich, daß die ursprüngliche sozialpolitische Kompetenzverteilung ein Gefangenendilemma konstituierte: Für den einzelnen Kanton bestand kein

Anreiz, mit Sozialgesetzen voranzupreschen, da solche Einzelaktivitäten automatisch Kostennachteile gegenüber den sozialpolitisch passiven Kantonen nach sich gezogen hätten. Einer Koordination von unten waren damit enge Grenzen gesetzt. Effiziente und umfassende Sozialgesetze konnten nur durch kooperative Maßnahmen im Verbund zwischen Bund und Kantonen geschaffen werden. Die dafür notwendigen Verhandlungsprozesse haben aber konkrete sozialpolitische Maßnahmen verzögert. Was sind die Ursachen für diese Überbremsung der sozialstaatlichen Expansion?

4.1.1 Zwei-Phasen-Gesetzgebung

Da dem Bund jede verfassungsmäßige Kompetenz zur Schaffung einer Sozialversicherung fehlte, konzentrierte sich das sozialpolitische Engagement des Bundesrats zunächst auf die Schaffung entsprechender Verfassungskompetenzen. Es ist dabei eine Besonderheit der schweizerischen Bundesverfassung, daß jede Kompetenzverschiebung zwischen Bund und Kantonen sowie Änderungen der Bundesverfassung sowohl die Zustimmung der Kantone als auch diejenige des Volkes in einem obligatorischen Referendum erfordern. Insgesamt sind damit die institutionell vorgezeichneten Vetochancen angesichts des doppelten[16] Zustimmungserfordernisses für Verfassungsänderungen beträchtlich. Am Beispiel des für Verfassungsänderungen erforderlichen Ständemehrs (Volksmehrheit in der Mehrzahl der Kantone) zeigt sich eine erste bedeutende Schnittstelle zwischen Föderalismus und direkter Demokratie.
Wegen der fehlenden sozialpolitischen Bundeskompetenzen war der sozialpolitische Gesetzgebungsprozeß auf zwei Phasen verteilt: Zunächst mußte auf Verfassungsebene ein Kompetenzartikel verabschiedet werden, der den Bund zur Ausführungsgesetzgebung ermächtigte, ehe mit der Ausarbeitung einer einfachgesetzlichen Vorlage begonnen werden konnte. Abgesehen von der Renten- und Invalidenversicherung sowie der Kranken- und Unfallversicherung, deren Regulierung jeweils in einem einzigen Artikel dem Bund übertragen wurde, wurden die übrigen Sozialversicherungszweige in einem eigenen Kompetenzartikel dem Bund überantwortet. Jedesmal mußte somit eine obligatorische Volksabstimmung überstanden werden, bevor überhaupt der Bund mit der Ausführungsgesetzgebung beginnen konnte.
Alleine der Prozeß zur Übertragung von sozialpolitischen Normierungskompetenzen an den Bund erstreckte sich nicht zuletzt aufgrund ungünstiger ökonomischer Rahmenbedingungen in der Zwischenkriegszeit über annähernd 60 Jahre. Als erstes erhielt der Bund 1890 mit dem Artikel 34bis BV die Kompetenz zur Schaffung einer Kranken- und Unfallversicherung, erst 35 Jahre später folgte der Kom-

---

[16] Man kann sogar von einem dreifachen Zustimmungserfordernis sprechen, wenn man die Zustimmungspflicht des National- und Ständerats berücksichtigt.

petenzartikel zur Schaffung einer Renten- und Invalidenversicherung. 1945 erhielt der Bund mit dem Artikel 34quinquies die Kompetenz zur Einrichtung einer Mutterschaftsversicherung sowie zur Regulierung von Kinderzulagen. Mit der Verabschiedung der Sozial- und Wirtschaftsartikel im Jahr 1947, die gleichzeitig die (vorläufige) kompetenzrechtliche Basis der Arbeitslosenversicherung bildeten, hatte der Bund schließlich die Gesetzgebungskompetenz für sämtliche Sozialversicherungen erwirkt. Trotz des doppelten Zustimmungserfordernisses von Volk und Ständen, welches grundsätzlich ein enormes Vetopotential beinhaltet, wurde in den obligatorischen Referenden kein einziger Kompetenzartikel verworfen (Abbildung 25). Dies widerspricht massiv dem allgemeinen Trend, wonach zwischen 1848 und 1990 ca. 30% der obligatorischen Referenden verworfen wurden, wobei diese hohe Ablehnungsquote als Indikator für die Skepsis von Volk und Kantonen gegenüber einem starken Zentralstaat interpretiert wird und darüber hinaus als wesentliches Element der schweizerischen politischen Kultur angesehen wird: „Sehr zögernd, ja z.T. mit Widerwillen überträgt der Schweizer dem Zentralstaat neue Tätigkeitsgebiete; sehr ungern geben die Gliedstaaten (Kantone) Aufgaben preis, um dem Bund die Bahn frei zu geben. Durch die ganze Schweiz hindurch geht mehr oder weniger ausgesprochen ein föderalistischer Zug und eine Abneigung gegen die Ausdehnung der zentralen Staatsgewalt. Dem Schweizer ist auch eigen eine Abneigung gegen eine Ausdehnung der staatlichen Bürokratie und gegen die Zunahme der Zahl der Staatsbeamten. Das tiefste staatspolitische Grundgefühl des Schweizers ist ein Hang zur Freiheit, zur Unabhängigkeit und zur Selbständigkeit des Individuums“ (Saxer 1951: 222).

Abbildung 25. Ergebnisse der obligatorischen Referenden bezüglich der Schaffung von Bundeskompetenzen auf dem Gebiet der Sozialversicherung.

Versicherungszweig	*Datum*	*Ja-Stimmen*	*Nein-Stimmen*	*Ja-Kantone*	*Nein-Kantone*
KV/UV Art 34bis	26.10.1890	75,4	24,6	20 1/2	1 1/2
AHV/IV Art 34quater	06.12.1925	65,4	34,6	15 3/2	4 3/2
Familienzulagen Art 34quinquies	25.11.1945	76,3	23,7	19 5/2 19 5/2	½ ½
ALV Art 34novies	06.07.1947 13.06.1976	53,0 68,3	47,0 31,7	11 2/2 18 6/2	8 4/2 1
3-Säulen-Modell Art. 34quater (neu)	03.12.1972	76,9	23,1	19 6/2	0

Anmerkungen: Stimmen in Prozent. Datenbasis: Bundesamt für Statistik (Datenbank).

Trotz der mit Ausnahme der Sozial- und Wirtschaftsartikel durchwegs klaren Annahme der Kompetenzartikel eröffneten bereits die Beratungen rund um die Revision der Bundesverfassung einen nicht unbeträchtlichen Nachholbedarf, zumal einige Verfassungsartikel bereits die inhaltliche Ausgestaltung der Ausführungsgesetze absteckten und vorstrukturierten. Diese strukturprägende Kraft der Verfassungsartikel war die Ursache dafür, daß bereits die erste Phase der Gesetzgebung heftig umkämpft war. Bei diesen Verhandlungen galt es daher bereits, die entsprechenden (kantonalen) Interessen bezüglich Organisation, Versichertenkreis und Finanzierung der Sozialversicherungsgesetze in die Waagschale zu werfen, was den Verhandlungsprozeß zum Teil beträchtlich in die Länge gezogen hat. So vergingen beispielsweise beim verfassungsrechtlichen Kompetenzartikel zur Einrichtung einer Alters- und Invalidenversicherung wegen Unstimmigkeiten bezüglich Organisation und Finanzierung zwischen der Verabschiedung der bundesrätlichen Botschaft und der endgültigen Annahme des Artikels im Jahr 1925 fünf Jahre. Eine zeitgleiche Verabschiedung des Kompetenzartikel für die Kranken- und Rentenversicherung scheiterte daran, daß der Bundesrat zunächst Erfahrungen mit der Kranken- und Unfallversicherung sammeln wollte und erst danach die Verwirklichung der Rentenversicherung anstrebte. Aus den Rückschlägen rund um die Referendumskämpfe bei der einfachgesetzlichen Ausführung der Krankenversicherung sowie aus der ungünstigen ökonomischen Wirtschaftslage nach dem Ersten Weltkrieg und den damit verbundenen Finanzierungsstreitigkeiten erklärt sich schließlich die Zeitspanne von 35 Jahren, die zwischen der Verabschiedung der beiden Verfassungsartikel verstrich. Durch die Verlagerung von sozialpolitischen Gesetzgebungskompetenzen an den Bund mußten die Kantone mit neuen Aufgaben entschädigt werden. Sämtliche Kompetenzartikel mit Ausnahme des Artikels 34bis BV (Kranken- und Unfallversicherung)[17] räumen als Kompensation für den Entzug der Regulierungskompetenz den Kantonen explizit die Mitwirkung am Vollzug der Ausführungsgesetze ein. Bezüglich der Festlegung einer Versicherungspflicht durch den Bund enthielten sämtliche Erstkompetenzartikel lediglich Kann-Bestimmungen, die den Kantonen etwa bei der Kranken- und Arbeitslosenversicherung bezüglich der Festlegung der Reichweite des erfaßten Personenkreises erhebliche Gestaltungsmöglichkeiten einräumten.

Die für die Kompetenzverschiebungen notwendigen und fallweise sehr zähen Verhandlungen zwischen Bund, Kantonen und Interessengruppen manövrierten die Schweiz im Vergleich zu den anderen europäischen Industrieländern zwar nicht ins Abseits, bildlich formuliert ging sie jedoch mit einem nicht leichten Rucksack in das internationale Rennen um den Auf- und Ausbau des Sozialstaates.

---

[17] Allerdings werden im Krankenversicherungsgesetz die Kantone mit bedeutenden Aufgaben betraut.

4.1.2 Policy-Feedback und Politikerbe

Ein weiterer Grund für die schleppende Übertragung sozialpolitischer Kompetenzen an den Bund und die Verzögerung bundesstaatlicher Sozialpolitik ist in der Dynamik der historisch gewachsenen Sicherungssysteme zu suchen, wobei sich eine zweite bedeutende Schnittstelle zwischen Föderalismus und direkter Demokratie offenbart. Die wegen der fehlenden Bundeskompetenzen auf lokaler und kantonaler Ebene erfolgte Erstfilterung des industrialisierungsbedingten Problemdrucks bewirkte eine enorme Ausdifferenzierung von sozialen Sicherungseinrichtungen der Gemeinden, Städte und Kantone. Gleichzeitig entfalteten sich Sicherungssysteme unter privater und betrieblicher Trägerschaft. So bemerkte der Bundesrat in seiner Botschaft zur Einführung der AHV/IV im Jahr 1919: „[...] gerade das Ausbleiben einer bundesrechtlichen Regelung hat vielerorts den Anstoß dazu gegeben, auch ohne eine solche dem allerseits empfundenen Bedürfnis gerecht zu werden. Dies ist geschehen durch Maßnahmen von seiten des Arbeitgebers, durch Einrichtungen der Selbstfürsorge, durch die Gesetzgebung von Kantonen, sowie durch Verwaltungsmaßnahmen von Gemeinden" (BBl 1919 IV: 40). Das Politikprimat einer Entscheidungsebene in einem Mehrebenensystem wird in der angelsächsischen Literatur mit dem Begriff „Policy Preemption" gefaßt. Damit ist gemeint, daß die in föderalistisch verfaßten politischen Systemen auf dezentraler Ebene getroffenen Erstlösungen eines Problems den Handlungs- und Gestaltungsraum der übergeordneten Steuerungseinheit einschränken (Pierson 1995b: 456). Die dezentral gewachsenen Einrichtungen sozialer Sicherung repräsentierten für ihre Träger sunk-costs und ermöglichten ihnen gleichzeitig eine den lokalen Gegebenheiten angepaßte sozialpolitische Regulierung sowie einen direkten Zugriff auf die Organisationsstrukturen. Folglich verteidigten die Programmträger - wie unten gezeigt wird - mit dem Instrument des Referendums diese dezentralen Einrichtungen sozialer Sicherung gegen zentralistische Interventionsversuche durch den Bund. Der Bund mußte daher bei der Regulierung der Sozialversicherung bereits bestehende Organisationsstrukturen und Finanzierungsmodi berücksichtigen, um nicht eine Referendumsinitiierung zu provozieren. Ein grundlegender sozialpolitischer Kurswechsel ohne Berücksichtigung der auf dezentraler Ebene etablierten Lösungen war damit nicht mehr möglich. Um potentiellen Widerstand der dezentralen Programmträger gegenüber Bundesinterventionen von vornherein zu dämpfen, wurde beispielsweise in den nationalrätlichen Beratungen dem Verfassungsartikel zur Einrichtung einer Kranken- und Unfallversicherung (Art 34bis BV) der Passus „unter Berücksichtigung der bestehenden Krankenkassen" nachträglich hinzugefügt (vgl. Sommer 1978: 87). Ebenfalls aus referendumspräventiven Gründen wurde im Kompetenzartikel zur Alters- und Hinterlassenenversicherung der Absatz 3 aufgenommen, welcher festlegt, daß die Kantone beim Vollzug der Rentenversicherung mitwirken und öffentliche und private Versicherungskassen als Versicherungsträger beigezogen werden können. Die Berücksichtigung der bestehenden

Kassenstruktur wurde auch im Artikel 34quinquies Abs. 2, dem Kompetenzartikel für die Ausrichtung von Kinderzulagen, festgeschrieben. Zudem verpflichtet sich dort der Bund zur Förderung von Kassengründungen der Kantone und Berufsverbände. Gleichzeitig dienten jedoch die dezentralen Sicherungssysteme dem Bund immer wieder auch als Vorbild für die Schaffung von bundeseigenen Sozialprogrammen oder leisteten für diese Schrittmacherdienste, da bei der Planung von Bundesgesetzen auf kantonale Erfahrungen aufgebaut werden konnte (Riklin/Möckli 1984: 87; Tschudi 1989).
Das historisch gewachsene Kassenwesen hatte wegen seiner föderalismusbedingten Vielfalt damit erhebliche Implikationen auf spätere Politikoptionen bezüglich der strukturellen Ausgestaltung des Sozialstaates, da den Trägern dieser Programme - und dazu gehörten auch die Kantone - mit dem Referendum ein beträchtliches Drohpotential zur Verfügung stand, welches dem Bund nicht erlaubte, interventionistische Steuerungs- und zentralistische Trägerformen durchzusetzen. Das typische Resultat dieses Policy-Feedbacks sind Subventionsgesetze, die die originären dezentralen Trägersysteme mit ihren ausdifferenzierten privaten, paritätisch-korporativen und öffentlichen Organisationsstrukturen weitgehend untangiert ließen, sie nur unter ein Rahmengesetz stellten und das Versicherungsgeschäft der dezentralen Kassen mit öffentlichen Mitteln unterstützten. Unter Policy-Feedback werden hier Rückkoppelungen vergangener Politiken auf aktuelle Policies verstanden; umgelegt auf die Sozialpolitik bedeutete dies, daß der Bundesrat hinsichtlich seines sozialstaatlichen Gestaltungs- und Handlungsspielraums durch die tradierten Sicherungssysteme beschnitten wurde. Die Macht bestehender Strukturen führte zu einer hohen Pfadabhängigkeit staatlicher Sozialpolitik, da etwa im Hinblick auf die Organisationsstrukturen mit dem dezentralen Kassenwesen die Weichen für die zukünftige Gestaltung der sozialpolitischen Trägersysteme gestellt waren. Die folglich gewählten Subventionslösungen hatten den Charakter einer positiven Anreizfinanzierung, indem der Bund die Ausschüttung von Geldern zumeist an die Erfüllung von gewissen Mindestvorschriften knüpfte. Im Gegenzug wurde jedoch auf die Einrichtung zentralistischer Organisationsstrukturen weitgehend verzichtet. Eingriffsverzicht, positive Anreizsteuerung durch Subventionierungen und die Verabschiedung von Rahmengesetzen wurden auch von der Politikverflechtungsliteratur als Lösungsstrategien zur Vermeidung von potentiellen Handlungsblockaden herausgearbeitet.
Beispiele für derartige Subventionslösungen sind das Kranken- und Unfallversicherungsgesetz von 1911, das Erstgesetz über die Subventionierung der Arbeitslosenkassen von 1924 sowie das Bundesgesetz über die Ergänzungsleistungen zur AHV/IV. So begründete der Bundesrat in seiner Botschaft vom 21. September 1964 die Subventionslösung bei den Ergänzungleistungen folgendermaßen: „Eine abschließende bundesrechtliche Ordnung würde zweifellos das Ziel der Existenzgarantie direkter anstreben und rascher verwirklichen als ein Subventionsgesetz. Indessen müßte eine solche Ordnung für die ganze Schweiz einheitlich gestaltet

werden und könnte daher auf kantonale Besonderheiten, namentlich auf dem Gebiete der Leistungen und der Organisation, nicht Rücksicht nehmen" (BBl 1964 II: 689). Damit räumte der Bund suboptimale Effekte dieser Lösung gegenüber einem Bundesgesetz ein. Die verschiedenen Interessen und Bedürfnisse der einzelnen Akteure erzwangen im Interesse einer Veränderung des Status Quo eine relativ komplexe Lösung, die unter dem Dach eines Bundesrahmengesetzes breiten Handlungsspielraum für die Kantone offenließ (Carigiet 1995). Auch das Krankenversicherungsgesetz von 1911 griff auf eine Subventionslösung zurück, nachdem der Erstentwurf einer paritätisch finanzierten Krankenversicherung mit öffentlichen Krankenkassen in einem Referendum verworfen wurde (vgl. dazu Abschnitt 5).

Besonders eindrucksvoll läßt sich das Wechselspiel zwischen föderaler Politikverflechtung und der strukturellen Eigendynamik von gewachsenen Politikmustern am Beispiel der Genese des Erstgesetzes zur Arbeitslosenversicherung demonstrieren. Den ersten Ausgangspunkt für die Einrichtung einer Arbeitslosenversicherung bildete die von der politischen Linken 1893 eingereichte Volksinitiative „Recht auf Arbeit", die unter anderem auch die Einführung einer Arbeitslosenversicherung in der Schweiz postulierte. Trotz Verwerfung dieses Anliegens an der Stimmurne im Jahr 1894 griff der Bundesrat im gleichen Jahr ein Postulat auf, welches den Bundesrat um die Prüfung der Möglichkeiten zur Einführung eines öffentlichen Arbeitsnachweises und eines Sicherungssystems gegen Arbeitslosigkeit bat. Der Bundesrat holte darauf hin von den Kantonsregierungen, vom Gewerbeverein, dem Industrieverein Vorort und dem Arbeiterbund Stellungnahmen ein. Dabei ist bemerkenswert, daß bereits im letzten Jahrhundert der Bundesrat in korporatistischer Manier die Verbände in einer Art Vernehmlassungsverfahren in die Entscheidungsfindung einband. Dieser Vernehmlassungsprozeß erstreckte sich über Jahre, sodaß zwischenzeitlich einige Städte - allen voran Bern - erstmals in Europa öffentliche Arbeitslosenversicherungen eingerichtet hatten (Zacher 1899: 49). Nur wenige Kantone vertraten in dieser fast zehn Jahre dauernden „Vernehmlassung" die Auffassung, daß die Arbeitslosenfürsorge eine Bundesaufgabe sei, eine Gruppe forderte Bundessubventionen für die bestehenden kantonalen und privaten Kassen, eine dritte Gruppe betrachtete eine bundesstaatliche Intervention generell als unerwünscht. Ebenso zeigten sich die Arbeitgeberverbände, insbesondere der Handels- und Industrieverein Vorort, gegenüber einer bundesstaatlichen Regelung mehr als skeptisch (Rutishauser 1935: 172). Angesichts dieser überwiegend ablehnenden Stellungnahmen der Kantonsregierungen kam der Bundesrat zum Schluß, daß zunächst die Kranken- und Unfallversicherung zu verwirklichen sei, bevor neue soziale Sicherungssysteme mit entsprechenden finanziellen Lasten eingerichtet werden können. (BBl 1923 II: 826). Auch das fast ausschließlich bürgerlich zusammengesetzte Parlament empfahl 1905 die Aufschiebung einer bundesgesetzlichen Versicherungslösung. Demgegenüber billigten Bundesrat und Parlament die Weiterentwicklung der Fürsorge und die Förderung des Arbeitsnachweises. „In der

Folge trugen die finanziellen Leistungen des Bundes zum Ausbau bestehender und zur Errichtung neuer Nachweisstellen Wesentliches bei; es war dies auch insofern von Bedeutung, als in der Nachkriegszeit [nach 1918, HO] diese Institutionen bei der Lösung des Problems der öffentlichen Arbeitsfürsorge zur Mitarbeit weitgehend herangezogen wurden" (Rutishauser 1935: 174).
Durch den kriegsbedingten Anstieg der Arbeitslosigkeit kam gegen Ende des Ersten Weltkriegs erneut Bewegung in die Regulierung des Sicherungssystems bei Erwerbslosigkeit. Zum einen wurde mit Mitteln des aus dem mit der Kriegsgewinnsteuer gespeisten Arbeitslosenfürsorgefonds das Arbeitslosenfürsorgesystem ausgeweitet, welches mit dem Arbeitsnachweis, der finanziellen Beihilfe für die Arbeitslosen und die Ausführung von Notstandsarbeiten in Zeiten großer Arbeitslosigkeit (BBl 1923 II: 825) auf drei Säulen beruhte. Dieses System beruhte auf dem Bundesratsbeschluß betreffend die Arbeitslosenunterstützung vom Oktober 1919. Zum anderen beschloß 1917 der Bundesrat gestützt auf seine außerordentlichen Vollmachten die Subventionierung der bestehenden dezentralen Arbeitslosenkassen, indem den Kassen ein jährlicher Subventionsbetrag zur Verfügung gestellt wurde. Mit der Bereitstellung von Nachtragskrediten wurden diese Subventionen rückwirkend bereits für die Jahre 1915 und 1916 gewährt. Bis 1922 wurden diese Subventionen aus dem Arbeitslosenfürsorgefonds entnommen, aufgrund der Ausschöpfung dieses Fonds war ab 1922 ein jährlich zu erneuernder Subventionsbeschluß der Bundesversammlung erforderlich, womit 1922 den Arbeitslosenkassen ein Drittel der aufgewendeten Unterstützungsgelder rückvergütet wurde. Diese Subventionen wurden allerdings an die Erfüllung von Mindestanforderungen seitens der Kassen gekoppelt. Diese mußten über eine Buchführung verfügen, durften nur die Arbeitslosenversicherung betreiben sowie Leistungen nur an unverschuldet Arbeitslose in Form eines Taggeldes ausbezahlen und mußten außerdem für die Kontrolle der Leistungen sorgen. Die Subventionen der öffentlichen Hand trugen maßgeblich zur Funktionalität des Kassenwesens bei, zumal die durchschnittliche Kassengröße 1922 ca. 3000 Personen umfaßte.
Infolge der vorübergehenden Entspannung am Arbeitsmarkt nach dem Ersten Weltkrieg entschloß sich der Bund zu einer Neuordnung des Arbeitslosenunterstützungssystems. Zum einen sollten die Arbeitslosenfürsorge sowie die Bundesbeiträge für Notstandsarbeiten abgebaut werden, gleichzeitig sollte jedoch die jährliche Subventionierung der Arbeitslosenkassen mit einem Bundesgesetz auf eine dauerhafte Basis gestellt werden. Der Abbau der Arbeitslosenfürsorge erfolgte hauptsächlich aus finanziellen Erwägungen: „Die Arbeitslosenfürsorge hat dem Land ganz gewaltige Lasten auferlegt - Lasten, die auf Dauer über die Kräfte sowohl des Bundes, als auch der Kantone, Gemeinden und Betriebsinhaber gehen" (BBl 1924 II: 524). Bei diesem Abbau wurde ein doppeltes Vorgehen gewählt, indem einerseits der Bund seinen Beitrag zur Arbeitslosenfürsorge zurückschraubte, gleichzeitig aber den Kantonen breiten Spielraum für den Abbau der Arbeitslosenfürsorge überließ. Mit diesem elastischen System sollte auf kantonale Besonder-

heiten Rücksicht genommen werden. Mittels Bundesratsbeschluß wurde gleichzeitig jenen Kantonen, die eine ausgebaute Arbeitslosenfürsorge beibehalten wollten, die Möglichkeit eingeräumt, Karenzfristen gegen den Zuzug von Arbeitskräften aus Kantonen mit eingestellter oder herabgesetzter Unterstützung zu erlassen (BBl 1923 II: 262). Dieser Abbau der Arbeitslosenfürsorge auf kantonaler und eidgenössischer Ebene verlangte aber gleichzeitig eine Reform der bestehenden provisorischen Subventionierung der Arbeitslosenkassen. Dabei legte die föderalismusbedingte Fragmentierung des Entscheidungssystems die Verwirklichung einer einheitlichen Lösung bei der Arbeitslosenversicherung kurzzeitig lahm: „Gerade im gegenwärtigen Moment, wo die Arbeitslosenunterstützungen abgebaut werden, ist die Schaffung einer endgültigen Grundlage besonders dringend. Verschiedene Kantone und Gemeinden haben das Bedürfnis nach Einführung einer Arbeitslosenversicherung; aber sie sind in ihrer Initiative gelähmt, solange nicht feststeht, was auf diesem Gebiete von Bundes wegen geschehen soll" (BBl 1923 II: 834). Schließlich ergriff der Bund die Initiative. Mit dem ohne Verfassungsgrundlage erlassenen Bundesgesetz zur Beitragsleistung an die Arbeitslosenversicherung vom 17. Oktober 1924 wurde die seit 1915 bestehende versuchsweise Subventionierung der dezentralen Kassen als Dauereinrichtung verankert. Eine weitergehende Bundeslösung in Gestalt einer obligatorischen Arbeitslosenversicherung war nach Meinung des Bundesrats nicht möglich: „[...] das einzig Erreichbare ist die Förderung der Arbeitslosenversicherung durch Zuschüsse des Bundes an bestehende und zukünftige öffentliche und private Arbeitslosenkassen" (BBl 1923 II: 833). Zudem wurde vom Bundesrat die Einfachheit der Verwaltung dieser Subventionslösung hervorgehoben, denn bei „der Abneigung unseres Volkes gegen die Vermehrung staatlicher Anstalten ist an eine eidgenössische Zwangsversicherung nicht zu denken" (BBl 1923 II: 832). Gleichzeitig wurde seitens der Regierung davon ausgegangen, daß durch die Ausschüttung von Subventionen unter dem Dach eines liberalen Rahmengesetzes private Initiative stimuliert und auf diesen Weg die Gründung neuer Kassen angeregt und gefördert wird. Der Bund begnügte sich daher auf dem Gebiet der Arbeitslosenversicherung mit der Aufstellung von Rahmenbedingungen und einer Aufsichtsfunktion und überließ die Verwaltungs- und Kontrollarbeit den Kassen: „Wir [der Bundesrat, HO] wollen zum Ausdruck bringen, daß das Vorgehen des Bundes keine abschließende Regelung bedeutet, sondern nur den Anstoß geben soll zu einer weiteren Entwicklung, die in die Hände der Kantone, der Gemeinden sowie der Verbände der Arbeitgeber und Arbeitnehmer gelegt ist (BBl 1923 II: 834-835). Tatsächlich haben die Kantone in der Folge kantonale Arbeitslosenversicherungen geschaffen und so die Maßnahmen des Bundes ergänzt, so daß bis 1933 sämtliche Kantone bis auf Obwalden über eine freiwillige oder obligatorische Arbeitslosenversicherung verfügten (Puttner 1983: 108; Tschudi 1989: 106). Dieses System war zwar konzeptionell sehr elastisch, da die Subventionen bei steigender Arbeitslosigkeit angehoben werden konnten, das System wies aber insofern zwei Nachteile aus, als erstens ein Risikoausgleich zwischen den zahlreichen Kassen fehlte und zum anderen viele Gemeinden und Kantone finanziell nicht in der Lage waren die Arbeitslosenkassen zu subventionieren (De Nicolo 1962: 110-112). Mit Beginn der Weltwirtschaftskrise mußten daher die Bundessubventionen 1931 deutlich erhöht werden. Die fiskalische Restriktion des Bundes (siehe dazu unten) setzte jedoch der Ausweitung der Subventionen enge Grenzen. Die persistente Arbeitslosigkeit der dreißiger Jahre zeigte folglich die Defizite dieses Subventionssystems klar auf (Saxer 1951: 228; Weber 1964: 180). Dieses Subventionssystem erwies sich gegenüber weiterreichenden Reformen als ausgesprochen robust. Angesichts der mit der Weltwirtschaftskrise einhergehenden Dysfunktionalität dieser Subventionslösung postulierte die von der Sozialdemokratischen Partei und den Gewerkschaften 1934 lancierte Kriseninitiative einen weiteren Ausbau der Arbeitslosenversicherung. Der Bundesrat lehnte dies jedoch mit dem Verweis auf die zu erwartende Kostenbelastung und das Interesse der Kantone an dem bestehenden System (Policy-Feedback) ab: „Was wollen nun aber die Initianten, wenn sie die Gewährleistung einer ausreichenden Arbeitslosenversicherung und Krisenhilfe postulieren? [...] Es steht für uns außer Frage, daß eine Erweiterung der Bundeskompetenzen postuliert würde und daß diese einseitig ausgenützt werden sollen, insbesondere für eine Erhöhung der Taggelder und eine Verlängerung der Dauer der Bezugsberechtigung. Solche Vorschriften würden in den Kantonen einem entschiedenen Widerstand begegnen, da diese bekanntlich die Arbeitslosenversicherungskassen zum guten Teil ins Leben gerufen haben und ebenfalls unterstützen. Eine Mehrbelastung fiele vor allem denjenigen Kantonen schwer, in derem Gebiet seit langem die Arbeitslosigkeit herrscht, und manche befinden sich in der Unmöglichkeit, ihre gegenwärtigen Leistungen zu erhöhen. [...] Die Belastung der Öffentlichkeit nun noch durch eine Erhöhung der Zuschüsse an die Kassen zu vergrößern, hätte für die Finanzen des Bundes, der Kantone und Gemeinden direkt verheerende Folgen, die gar nicht abzuschätzen sind" (BBl 1935 I: 320).

Die nach dem Genter Vorbild 1924 eingerichtete Subventionslösung generierte damit eine beträchtliche strukturelle Eigendynamik, die auf die weitere Entwicklung der Arbeitslosenversicherung ausstrahlte: 1947 erhielt zwar der Bund mit den Sozial- und Wirtschaftsartikeln die Gesetzgebungskompetenz zur Schaffung einer Arbeitslosenversicherung, diese war jedoch so konzipiert, daß er das Genter System weiterführen mußte und auch nicht ermächtigt wurde, eine Versicherungspflicht einzurichten (Tschudi 1986: 18). Erst 1976 - 52 Jahre nach dem ersten Bundesgesetz - wurde die Arbeitslosenversicherung unter dem Eindruck einer massiven Wirtschaftskrise auf eine völlig neue Basis gestellt (Schmidt 1985).

Auch das Finanzierungs- und Organisationssystem der AHV verdankt seine Ausgestaltung bereits etablierten Strukturen. Vor dem Zweiten Weltkrieg kannte die Schweiz keine paritätische lohnprozentuale Finanzierung der Sozialversicherungen. Mit der militärischen Bedrohung und der Mobilmachung im Zweiten Weltkrieg stellte sich automatisch die Frage nach der sozialen Absicherung der Soldaten (vgl. Aufklärungsdienst der eidg. Zentralstelle für Kriegswirtschaft 1945: 82ff.). Auf Basis des bundesrätlichen Vollmachtenregimes wurde unter Ausschaltung des Referendums auf eine Lösung zurückgegriffen, bei der die gesamte Erwerbsbevölkerung und die Arbeitgeber lohnprozentuale Beiträge für die Unterstützung der Wehrmänner zu leisten hatten. Die öffentliche Hand stockte diese Mittel auf. Zur Abwicklung dieser Lohn- und Verdienstersatzordnung für unselbständige und selbständige Soldaten wurden unter der Trägerschaft der Berufsverbände der Arbeitgeber und der Kantone Wehrmannsausgleichskassen gegründet. Der Bund wiederum richtete einen zentralen Ausgleichsfond ein. Der Erfolg dieses solidarischen Systems ebnete in der Folge der AHV den Weg, die dieses bewährte Beitrags- und Organisationssystem mit seinen Ausgleichskassen adaptierte. Zudem implizierte der Wehrmannschutz mit Blick auf die lohnprozentuale Finanzierung einen Gewöhnungseffekt: „Ohne den Vorgang des Wehrmannschutzes wäre es wohl nie möglich gewesen, derart hohe Beiträge für einen einzelnen Sozialversicherungszweig zu mobilisieren" (Saxer 1951: 237). Gestützt auf seine Kriegsvollmachten wurden damit vom Bundesrat mit der Lohn- und Verdienstersatzordnung grundlegende Weichen für die spätere Sozialpolitik gestellt. Wichtige Organisationsfragen wurden so unter Ausklammerung des Volkes und auch der Sozialdemokratie auf Basis der bundesrätlichen Vollmachten ungewöhnlich rasch durchgedrückt (Degen 1993).

Ein weiteres Beispiel eines markanten Policy-Feedbacks ist das 3-Säulensystem in der AHV/IV. Die aus den patronalen Wohlfahrtsfonds des 19. Jahrhunderts hervorgegangenen betrieblichen Vorsorgesysteme haben sich im Lauf der Zeit erheblich ausdifferenziert: 1925 existierten bereits 1221 betriebliche Vorsorgeeinrichtungen mit ca. 265.000 Aktivmitgliedern, 1941 vergrößerte sich die Zahl der Kassen auf 3467 und jene der Mitglieder auf ca. 365.000 (Binswanger 1986: 24). Der Staat begann zögerlich in die bestehenden Strukturen einzugreifen und diese zu fördern. Gründeten sich die Interventionen zunächst auf positive Anreizsteuerung durch Lockerung des Stiftungsrechts, wurde nach erfolgter Verankerung des 3-Säulenprinzips in der Verfassung (1972) der beruflichen Vorsorge 1982 ein Rahmengesetz übergestülpt, welches lediglich Mindestvorschriften vorgibt, ansonsten jedoch den Vertragspartnern einen breiten Handlungs- und Gestaltungsspielraum einräumt. Von der Pflichtversicherung der zweiten Säule ist nämlich nur ein bestimmter Lohn (koordinierter Lohn) innerhalb der Bandbreite von 23280 und 71840 Franken (1997) erfaßt. Diese Regelung läßt einen breiten Spielraum für die über- und unterobligatorische Vorsorge übrig, wobei v.a. die Vorsorge im gehobenen Einkommensbereich dominiert. Die getroffene Lösung in Gestalt der Regelung von Mindestvorschriften nahm dabei Rücksicht auf die bestehenden Vorsorgesysteme, die im Hinblick auf die Leistungen zum Teil deutlich über die im Gesetz von 1985 festgelegten Mindestvorschriften hinausgingen. Mit der realisierten Normierung von Mindestleistungen wurden daher lediglich Lücken geschlossen, während das bestehende System weitergeführt werden konnte. Außerdem bietet

dieses mehrgliedrige Vorsorgesystem für die Kantone, die Verbände, die Betriebe und auch die Versicherten mehr Mitwirkungsmöglichkeiten (Tschudi 1987: 18-19).
Die Anreicherung des bestehenden Rentensystems um eine betriebliche und eine mittels Steuererleichterungen geförderte eigenfinanzierte Säule war daher lediglich eine nachträgliche Sanktionierung und Systematisierung historisch gewachsener Strukturen (Möckli 1988) in dem Sinn, daß das „Drei-Säulen-System der Altersvorsorge nicht eine Erfindung des Gesetzgebers oder von Theoretikern ist, sondern daß es durch die soziale Praxis geschaffen worden ist [...]. Zweifellos würde niemand das Drei-Säulen-System vorschlagen, wenn die Altersvorsorge in unserem Lande völlig neu aufgebaut werden müßte. Doch waren die gegebenen Verhältnisse zu berücksichtigen. Eine andere Regelung wäre wohl in Frage gekommen, wenn die Schweiz im letzten Jahrhundert unverzüglich dem Beispiel der Bismarckschen Rentenversicherung gefolgt wäre. Auch hätte sich die Zweite Säule wahrscheinlich nicht so stark entwickelt, wenn die Stimmberechtigten 1931 die erste AHV-Vorlage (Lex Schulthess) angenommen hätten" (Tschudi 1987: 4). Die direkte Demokratie bildete somit eine wichtige Ursache für die Beibehaltung der wegen dem föderalen Staatsaufbau dezentral ausdifferenzierten Strukturen. Ein Umbau der Rentenversicherung zu einem zentralistischen Einheitsrentensystem ohne Berücksichtigung der verbreiteten betrieblichen Vorsorgeformen samt ihren Trägern wäre zweifellos zum Scheitern verurteilt gewesen: „Die Liquidation der mit erheblichen Opfern aufgebauten Pensionskassen zugunsten einer einheitlichen 'Volkspension' konnte der großen Mehrheit der Arbeitgeber und Abeitnehmer nicht aufgezwungen werden" (Tschudi 1987: 5). Die mit der Einrichtung der Pensionskassen verbundenen beträchtlichen „sunk-costs" hätten zweifellos den Widerstand der Kassenträger mobilisiert und in letzter Konsequenz zu einem Referendum geführt. Zudem lag das Mehrsäulensystem im Interesse der Versicherungswirtschaft, der angesichts ihrer finanziellen Ressourcen mit dem Instrument einer Referendumsdrohung ein großes Vetopotential zur Durchsetzung ihrer Interessen zur Verfügung stand[18].
Nicht nur die Träger der historisch gewachsenen Sicherungssysteme bremsten über Referendumsdrohungen die Einrichtung des Sozialstaates, das dezentrale Netz an Kassen, die privaten und betrieblichen Hilfs- und Selbsthilfevereine boten überdies ideologische Anknüpfungspunkte zu den sozialpolitischen Optionen der bürgerlichen Parteien, wenngleich auch anfänglich die Sozialdemokratie und die Gewerkschaften diese endogenen Strukturen massiv verteidigten. Erst die mit der Ausbreitung der Industrialisierung verbundene Zuspitzung der sozialen Lage und die damit einhergehende Überforderung des Subsidiaritätsprinzips öffnete den Weg für neue Steuerungsformen, die jedoch in organisatorischer Hinsicht auf die tra-

[18] Es gilt allerdings zu berücksichtigen, daß zwischen den finanziellen Ressourcen eines Referendumsinitianten und der Erfolgshäufigkeit von Referenden kein durchgehender kausaler Zusammenhang besteht (Möckli 1994).

dierten Systeme Rücksicht nehmen mußten. Ein weiterer Grund für die Heranziehung dezentraler Organisationsstrukturen war das Fehlen einer starken Bürokratie, die in anderen Ländern für den Ausbau des Sozialstaates eine wichtige Rolle spielte (Alber 1982; Heclo 1974). Eine solche zentrale Bürokratie mit entsprechenden Planungs- und Verwaltungskapazitäten war in der Schweiz nicht zuletzt aufgrund der ausgabendämpfenden und antizentralistischen Effekte der direkten Demokratie und des föderalistischen Staatsaufbaus nicht vorhanden (Saxer 1951; Linder 1984, 1994; Hirter 1997). Infolge unzureichender zentralstaatlicher bürokratischer Kapazitäten und wegen des enormen Mißtrauens gegenüber Zentralisierungsbestrebungen mußte letztendlich auch auf die historisch gewachsenen Träger- und Organisationssysteme zurückgegriffen werden. Unzureichende zentralstaatliche Verwaltungskapazitäten bilden damit einen wichtigen Bestimmungsgrund für die in der Schweiz verbreitete private Trägerschaft in der Sozialversicherung. Das Fehlen einer zentralstaatlichen Verwaltungstradition begünstigte ferner die Ausdifferenzierung des schweizerischen Korporatismus, da aufgrund limitierter bürokratischer Kapazitäten die politischen Entscheidungsträger auf das Know-How der Verbände angewiesen waren. Diese Auslagerung administrativer Funktionen wurde mittels staatlicher Subventionen gefördert, wodurch die Verbände schrittweise in den politischen Entscheidungsprozeß eingebunden wurden.

4.1.3 Aktuelle sozialpolitische Kompetenzverteilung

Nachdem im Zuge eines 57 Jahre dauernden Prozesses die Sozialversicherungen mit einiger Verzögerung unter die Trägerschaft des Bundes gerieten, wurden die Kantone gemäß Art. 32 Abs. 2 und Art. 34ter Abs. 4 BV in den meisten sozialpolitischen Programmen mit bedeutenden Aufgaben beim Gesetzesvollzug kompensiert. Diese Artikel bestimmen, daß die Kantone vor dem Erlaß der Ausführungsgesetze anzuhören sind und ihnen in der Regel der Gesetzesvollzug zu übertragen ist. Der Art. 32 BV (Sozial- und Wirtschaftsartikel) gewährt auch den Interessenorganisationen ein Anhörungsrecht, so daß neben einem föderalen Power-sharing auch ein korporatives Element die Sozialgesetzgebung absteckt. Auch mit dieser Einbindung der Kantone und der Verbände erfolgte lediglich ein nachträgliche Sanktionierung bislang geübter Praxis. Tatsächlich agierten Experten der Verbände maßgebend an der Gestaltung der Sozialversicherung mit und zwar sowohl im Vernehmlassungsverfahren als auch in den außerparlamentarischen Kommissionen. Dabei gilt, daß die bürgerlichen Parteien auf einen ungleich größeren Pool an Experten zurückgreifen konnten als die Sozialdemokratie (Kriesi 1980; Degen 1993).

Wie in anderen Bereichen der Staatstätigkeit in der Schweiz ist die Aufwertung der Bundeskompetenzen nicht notwendigerweise mit einer drastischen Einschränkung des Handlungsspielraums der Kantone verbunden (Knoepfel/Kissling-Näf 1992). Abbildung 26 zeigt die heutige Kompetenzverteilung zwischen dem Bund

und den Kantonen auf dem Gebiet wichtiger Sozialversicherungen und der Sozialhilfe.

Abbildung 26. Kompetenzen der Kantone in der Sozialversicherung und der Sozialhilfe

	AHV	*IV*	*ELG*	*ALV*	*KV*	*Fam*[a]	*MV*	*UV*	*ALH*[a]	*SH*
Gesetzgebung	0	0	0	0	0	1	0	0	2	2
Finanzierung	1	1	1	-	1	1	0	-	2	2[b]
Vollzug	1	1	1	1	1	1	0	1	2	2
Rechtspflege	1	1	1	1	1	1	1	1	2	2

Anmerkungen: 3er Index (eigene Zusammenstellung): „0" bedeutet keine Kompetenz, „1" kooperative Regulierung mit dem Bund, „2" reine Kantonskompetenz. "-" bedeutet reine Beitragsfinanzierung.

a= Formal liegt die Gesetzgebungskompetenz beim Bund, der davon nur partiell (Familienzulagen in der Landwirtschaft) oder gar nicht (Arbeitslosenhilfe) Gebrauch machte.

b=Der Bund finanziert die Fürsorge für Asylsuchende, indem er den Kantonen die entsprechenden Fürsorgeaufwendungen rückvergütet.

Abbildung 26 reflektiert eine beträchtliche Politikverflechtung zwischen dem Bund und den Kantonen. Hatte der Bund anfänglich keine sozialversicherungsrechtliche Gesetzgebungskompetenz, ist er heute grundsätzlich befugt, sämtliche Sozialversicherungszweige zu regulieren. Dennoch verfügen die Kantone über erhebliche Gestaltungsmöglichkeiten. Der schweizerische Vollzugsföderalismus ist - plakativ formuliert - eine Kompensation für den Entzug der Gesetzgebungskompetenz durch den Bund und garantiert den Kantonen in der Sozialpolitik neben den unmittelbaren Regulierungs- auch beträchtliche Mitgestaltungsmöglichkeiten bei Bundesprogrammen. Im alten, bis 1996 gültigen Krankenversicherungsgesetz oblag es beispielsweise den Kantonen, eine Versicherungspflicht festzulegen. Von dieser Möglichkeit wurde in unterschiedlichem Ausmaß gebraucht: Neben Kantonen mit Vollobligatorium, gab es solche mit Teilobligatorien, solche die die Festschreibung der Versicherungspflicht an die Gemeinden delegierten und schließlich Kantone, die kein Obligatorium festlegten. Im neuen Nachfolgegesetz können die Kantone Subventionen für Personen in ungünstigen wirtschaftlicher Situation ausschütten. Während die Regulierung der Krankenversicherung, die Bekämpfung von Epidemien, und die Anerkennung in den Gesundheitsberufen in die Kompetenz des Bundes fällt, verblieb das Krankenhauswesen, die Arzneimittelkontrolle und die Regulierung paramedizinischer Berufe in der Hoheit der Kantone. Diese ausgeprägte Politikverflechtung im Bereich des Gesundheitswesen impliziert aufgrund der Vielfalt an Interessen einen beträchtlichen Koordinationsaufwand. Diese Politikverflechtung wird bei den aktuellen Versuchen zur Dämpfung der Kostenexplosion im Gesundheitswesen offenkundig, der wegen der Überlappung von Kompetenzen nur mit akkordierter Politik gegengesteuert werden kann. Da aber

etwa die Spitalsplanung in die Kompetenz der Kantone fällt, während der Bund für die Krankenversicherung zuständig ist, resultieren aus dem horizontalen und vertikalen Koordinationsbedarf angesichts unterschiedlicher Interessenlagen eine Reihe an Reibungsflächen, die die Eindämmung der Kostenexplosion erschweren.
Bedeutende kantonale Kompetenzen finden sich bei den Ergänzungsleistungen zur AHV/IV, wo die Kantone innerhalb des bundesgesetzlichen Rahmens einen breiten Aufgabenradius wahrnehmen (vgl. Carigiet 1995). Weitere wichtige Aufgaben der Kantone finden sich in der Organisation der Rechtssprechung, bei der Organisation und Abwicklung einzelner Sozialversicherungen (Einrichtung von kantonalen Ausgleichskassen bei der AHV und kantonalen IV-Stellen) und der Beaufsichtigung der Versicherungsträger wie beispielsweise in der beruflichen Vorsorge.
Bedeutsame Aufgaben im Rahmen des Vollzugsföderalismus besitzen nun die Kantone im Rahmen des neuen Arbeitslosenversicherungsgesetzes, wo ihr nunmehriges Hauptaufgabengebiet in der Abwicklung aktiver arbeitsmarktlicher Maßnahmen und in der Arbeitsvermittlung liegt. Durch die Schaffung von regionalen Arbeitsvermittlungszentren stellen die Kantone in Abhängigkeit der Einwohner- und Arbeitslosenzahl Kurs- und Praktikumsplätze für die Implementierung aktiver arbeitsmarktpolitischer Programme zur Verfügung.
Mit Ausnahme der Familienzulagenregelung für nichtlandwirtschaftliche Arbeitnehmer, der Arbeitslosenhilfe und der Mutterschaftsversicherung, deren Regulierung der Bund mit dem Art. 34quinquies 1945 formal erwirkt hat, hat der Bund für sämtliche ihm unterstellte Kompetenzfelder auch tatsächlich Ausführungsgesetze erlassen. Abschließende Bundesgesetze wurden in diesen Bereichen durch föderalistischen Widerstand und/oder die direkte Demokratie ausgehebelt. Bezüglich der Familienzulagenordnung richtet der Bund seit 1953 nur regional gestaffelte Familienzulagen für in der Landwirtschaft Beschäftigte aus, während die Kantone die Kinderzulagen für die übrigen Berufsgruppen autonom regulieren. Dabei zeigt sich ein enormer Pluralismus hinsichtlich der Anspruchsberechtigten, der Leistungen sowie der Finanzierung. Bezüglich der Arbeitgeberbeiträge beträgt 1997 der niedrigste Satz im Kanton Basel-Stadt 1,2 Lohnprozente, der höchste im Kanton Jura 3,0%. Noch heterogener sind die Leistungen: 11 Kantone richten neben Kinderzulagen auch Geburtenzulagen aus, 13 Kantone gewähren Ausbildungszulagen, während neun Kantone auch selbständig Erwerbstätige bis zu einer kantonalrechtlich definierten Einkommensgrenze in den Versichertenkreis einbeziehen. In den drei westschweizerischen Kantonen Wallis, Freiburg und Jura haben auch Nichterwerbstätige unter gewissen Bedingungen - in der Regel Bedürftigkeit - Anspruch auf Kinderzulagen. 10 Kantone kennen schließlich kantonale Zusatzleistungen zu den Bundesleistungen für landwirtschaftliche Arbeitnehmer. Bezüglich der Leistungshöhe schwanken die höchsten und niedrigsten Kinderzulagensätze zum Teil sehr beträchtlich. Die Höhe der kantonalen Kinderzulagen steht dabei in keinem statistisch signifikanten Zusammenhang mit der Finanzkraft der Kantone oder der Stärke der CVP, die den Kampf um Familienzulagen auf ihre Fahnen ge-

schrieben hat. Letzteres ist m.E. als Beweis für die geringe Anwendbarkeit der Parteiendifferenzhypothese auf einzelne Parteien in einer Konkordanzdemokratie zu werten.

Während der Bund bei den Familienzulagen zumindest für die Landwirtschaft eine bundeseinheitliche Normierung durchsetzen konnte, gelang in den fünf Jahrzehnten seit der Schaffung der Gesetzgebungskompetenz im Jahr 1945 keine bundesstaatliche Regelung der Mutterschaftsversicherung. Dabei hatte bereits 1920 eine Expertenkommission einen ersten Entwurf für eine Mutterschaftsversicherung erstellt (BBl 1982 III: 851), der aber zugunsten der Einrichtung der Alters- und Hinterlassenenversicherung zurückgestellt wurde. Der Artikel 34quinquies BV verpflichtet den Bund eigentlich zur Schaffung dieser Versicherung, wobei neben Beiträgen auch Bundes- und Kantonssubventionen vorgesehen werden. Tatsächlich bildet(e) die Frage der Finanzierung einen zentralen Konfliktpunkt rund um die Einführung der Mutterschaftsversicherung. Hauptursache der Nichtrealisierung war - wie unten gezeigt wird - die direkte Demokratie und die Verknüpfung von Mutterschaftsleistungen mit der Krankenversicherung (Riemer-Kafka 1996: 221): 1984 wurde eine Initiative, 1987 ein Gesetzesvorschlag zur Schaffung einer von der Krankenversicherung abgekoppelten Mutterschaftsversicherung vom Volk (und im Fall der Initiative) von den Kantonen verworfen. Die Kantone blieben daher weiterhin für die Mutterschaftsversicherung zuständig, verließen sich bezüglich einer Regulierung aber auf den Bund, dessen Ausführungsgesetze wiederum an der Stimmurne verworfen wurden. Zudem waren die Kantone einwohnermäßig zu klein, um eine eigenständige Versicherung mit einem ausreichenden Risikopool zu implementieren (Tschudi 1994: 165). Dieses Beispiel demonstriert eindrucksvoll, wie ein Zusammenspiel aus Politikverflechtung und direkter Demokratie eine politikfeldspezifische Handlungsblockade konstituieren kann. Sowohl der Bund als auch die Kantone konnten autonom keine Entscheidung treffen; die Kantone nicht, weil sie für die Einrichtung einer Versicherungslösung spill-over Effekte ausnutzen mußten, dem Bund waren wiederum die Hände durch das Referendum gebunden. Wie stets bei einer institutionell vermittelten Blockade in der Sozialpolitik, wurde auf fürsorgeähnliche Steuerungsformen zurückgegriffen; einige Kantone richteten daher bedürftigkeitsabhängige Mutterschaftsleistungen ein, die neben den einschlägigen Bestimmungen im Krankenversicherungsgesetz die einzige soziale Absicherung bei Geburten darstell(t)en (Tschudi 1989,1994).

In Kantonskompetenz verblieb ferner die Arbeitslosenhilfe als fürsorgeähnliche Anschlußleistung an die Arbeitslosenversicherung, obwohl der Bund seit 1947 zu einer bundeseinheitlichen Regulierung befugt ist. Entsprechende Interventionsversuche von oben scheiterten am Widerstand der Kantone. Auch im Bereich der Arbeitslosenhilfe besteht eine beträchtliche Heterogenität innerhalb der kantonalen Gesetze. So kennen nur 19 Kantone eine Anschlußleistung an die Arbeitslosenversicherung, die zudem interkantonal bezüglich Dauer, Leistungshöhe und Programmcharakter beträchtlich variiert (Abbildung 27). Während einige wenige

Kantone kein Anschlußsystem an die Arbeitslosenversicherung eingerichtet haben, gewähren die meisten anderen Kantone zeitlich begrenzte Geldleistungen, während drei französischsprachige Kantone Beschäftigungsprogramme anbieten. Neuerdings haben einige von Arbeitslosigkeit besonders betroffene westschweizerische Kantone und das Tessin nach französischem Vorbild ein sogenanntes Mindesteingliederungseinkommen (RMI) eingeführt (Tecklenburg 1997).
Fast ausschließlich in Kantonskompetenz verblieb die Sozialhilfe. Bundeskompetenzen finden sich im Asylbereich und im Bundesgesetz über die Zuständigkeit zur Unterstützung Bedürftiger (ZUG). Das ZUG ist lediglich ein Rahmengesetz, welches den Begriff Bedürftigkeit definiert, den Unterstützungskanton festlegt und die interkantonale Kostenrückerstattung reguliert. Es ist geradezu ein Musterbeispiel für ein Gesetz, welches über die dezentrale Programmabwicklung gestülpt wurde, um die Koordination zwischen den Kantonen durch Festlegung von Mindeststandards zu verbessern. Die Kantone waren lange Zeit nicht in der Lage, über interkantonale Konkordate eine Abstimmung der Sozialhilfepolitik zu implementieren. Immer wieder kam es vor, daß Kantone diesen Konkordaten entweder gänzlich fernblieben oder diese wieder verließen, wenn die Kostenbelastung zu stark anwuchs.

Abbildung 27. Leistungsspektrum der kantonalen Arbeitslosenhilfe.

Kanton	*Maximale Dauer an Tagessätzen innerhalb einer zweijährigen Rahmenfrist*	*Maximaler Satz in Prozent des Arbeitslosengeldes*
Zürich	150	90-100
Bern	90-150	100
Luzern	120	80
Uri	50-150	90
Glarus	60	90
Zug	90-150	85
Solothurn	150	90
Basel-Stadt	200 (80-145 pro Jahr)	100
Basel-Land	85-200	Subsistenzminimum
Schaffhausen	150	80-90
St. Gallen	60 (pro Kalenderjahr)	80
Tessin	90	80
Waadt	40-110	100
Neuenburg	Beschäftigung im öffentlichen Sektor	SFR 2700-4000/Monat
Genf	Befristete Beschäftigung im öffentlichen Sektor, 85 Tagsätze für Härtefälle	100
Jura	Beschäftigungsprogramme	Ca. 2700 SFR/Monat
Thurgau	90-150 (Maximum bei Arbeitslosenrate > 3%)	90
Wallis	170-300	50
Freiburg	75-150	90

Quelle: OECD. Economic Surveys. Switzerland (1996: 67).

Die Regulierungskompetenz der Kantone in der Arbeitslosen- wie auch Sozialhilfe führte zu einer enormen Heterogenität der kantonalen Leistungssysteme. Während einige Kantone durch non-decisions auffallen, nutzten andere wiederum ihren Gestaltungsspielraum und implementierten innovative Sicherungssysteme. Die Unterschiede im materiellen Leistungsrecht ermöglichten es den Kantonen zwar, das Leistungsspektrum auf regionale Kostendisparitäten abzustimmen, gleichzeitig wird dadurch ein hoch diskretionäres Element im System der sozialen Sicherung verankert. Dies gilt besonders für den Bereich der Sozialhilfe. Da die meisten Kantone die Sozialhilfe an die Gemeinden delegiert haben, bestehen praktisch 3000 unterschiedliche Sozialhilfesysteme. Im internationalen Vergleich verfügt die Schweiz damit über eines der am stärksten fragmentierten und damit über ein hoch diskretionäres Sozialhilfesystem (Eardley et al. 1996), welches sich im Hinblick auf Organisation und Leistungen regional stark unterscheidet. Allerdings versuchen private Organisationen wie die SKOS innerhalb dieses Regulierungsdschungels zu einer Harmonisierung bei der Leistungsbemessung beizutragen. Durch Standardisierungs- und Koordinationsaufgaben korrigiert damit der dritte Sektor föderalismusbedingte ineffiziente Regulierungen, indem für die lokalen Behörden Handlungs- und Richtlinienempfehlungen zur Verfügung gestellt werden. Im Gegenzug wird die SKOS von den Gemeinden und den Kantonen subventioniert. Bütschi/Cattacin (1993) haben nachgewiesen, daß sich die Funktion des dritten Sektors beträchtlich gewandelt hat. Aufgrund institutionell verursachter Blockaden der staatlichen Sozialpolitik in der Zwischenkriegszeit wurde verstärkt auf das Fürsorgeprinzip als Regulierungsprinzip zurückgegriffen. Als Träger dieser sozialen Programme wurden zahlreiche private Vereine gegründet, deren Tätigkeit mit staatlichen Subventionen gefördert wurde bzw. wird[19], zumal dieser Ausfluß des Subsidiaritätsprinzips weitgehend den ideologischen Ordnungsvorstellungen großer Teile des bürgerlichen Lagers entsprach. Organisationen wie Pro Infirmis, Pro Senectute, Pro Juventute, Caritas und Pro Familia überbrückten angesichts fehlender oder unzureichender staatlicher Sozialprogramme zielgruppenorientiert in der Zwischenkriegszeit die schlimmsten Versorgungsprobleme (vgl. Statistisches Jahrbuch der Schweiz 1945: 514). Diese non-profit-Organisationen entwickelten im Laufe ihrer Tätigkeit ein beträchtliches Know-How bezüglich Angebot und Abwicklung ihrer Dienstleistungen, auf das die öffentliche Hand auch nach dem 1945 erfolgten Ausbau des Sozialstaates weder verzichten konnte noch angesichts der flexiblen und bürokratiearmen Arbeit dieser Organisationen wollte. Damit war ein Funktionswandel des dritten Sektors verbunden: Agierten die non-profit Organisationen ursprünglich aufgrund staatlicher non-decisions als Substitut für staatliche Sozialpolitik, so erfüllen sie gegenwärtig v.a. im Fürsorge- und Pflegebereich eine komplementäre Funktion zur mittlerweile im Vollausbau befindlichen Sozial-

[19] Art. 10 und Art 11. ELG.

versicherung. Mit dem Auftreten neuer sozialer Risiken (z.B. in Verbindung mit Drogenkonsum) erfolgte eine weitere Ausdifferenzierung der Organisations- und Steuerungsformen des dritten Sektors. Diese Entwicklung wurde durch den Staat mittels Subventionen aktiv gefördert und führte zu einem neuen Subsidiaritätsverständnis: „[...] the new practice of subsidiarity implies that it is the state which asks civil society to organise solidarity. Compared to traditional subsidiarity where civil society, once it had failed to solve a problem, turned to the state, it is now state intervention that determines the shaping of the welfare system" (Bütschi/Cattacin 1993: 373). Bildlich kann dieser welfare mix entlang des Subsidiaritätsprinzips mit einem Reißverschluß umschrieben werden, welcher staatliche Sozialpolitik und private Sozialpolitik im überwiegend kantonal und kommunal regulierten Fürsorgebereich wechselseitig ineinander verzahnt, wobei die Verschränkung in top-down-Richtung zunimmt. Öffentliche Subventionen dienen in diesem Zusammenhang als Anreiz für die Leistungserbringung und bilden die Klammer zwischen staatlicher und privater Sozialpolitik.

4.2 Finanzpolitische Kompetenzverteilung zwischen Bund und Kantonen

Neue Staatsaufgaben müssen auch finanziert werden können. Die Ausdehnung bundesstaatlicher Kompetenzen auf dem Gebiet der sozialen Sicherung resultierte automatisch in einen Kampf um die Finanzierung der staatlichen Sozialpolitik. Die Ursache hierfür bildete die hochgradige Verflechtung fiskalpolitischer Kompetenzen im allgemeinen und die fiskalische Schwäche des Zentralstaates im besonderen. Ein in allen föderalen Ländern beobachtbarer Trend gilt besonders für die Schweiz: „Im Zentrum des Verhältnisses zwischen Bund und Gliedstaaten stehen seit der Ausdehnung der Staatstätigkeit in allen Föderalismen die Konflikte um die Finanzverfassung, die Verteilung der Steueraufkommen und der Finanzausgleich, vertikal (durch den Bund mit zweckgebundenen oder freien Zuweisungen an Gliedstaaten und Kommunen) wie horizontal [...]." (Schultze 1992: 106).
In der Schweiz sind neben dem Bund und den Kantonen auch die Gemeinden wichtige Steuerträger, wobei als schweizerisches Spezifikum auch die Kommunen zur Einhebung von Einkommenssteuern ermächtigt sind. Im Vergleich zu 20 OECD-Industrieländern ist die schweizerische Eidgenossenschaft in zweierlei Hinsicht fiskalpolitisch äußerst schwach. Zum einen gehört die Schweiz mit einem Anteil von 21,5 % der Gesamtsteuereinnahmen (ohne Sozialbeiträge) am BIP (1994) zusammen mit den USA und Japan zu den Ländern mit der geringsten Steuerquote (OECD 1996c: 74), zum anderen ist der schweizerische Bundesrat jene Regierung, deren finanzieller Gestaltungsspielraum wegen der föderalistischen Staatsstruktur am stärksten beschnitten wird, da der Großteil der Steuereinnahmen den Kantonen und den Gemeinden zufließt (Abbildung 28).

Abbildung 28. Steuereinnahmen nach Gebietskörperschaften in Prozent der Gesamtsteuereinnahmen in 6 föderal verfaßten OECD-Staaten.

	Zentralstaat			**Gliedstaaten**			**Kommunen**		
Land	*1975*	*1985*	*1994*	*1975*	*1985*	*1994*	*1975*	*1985*	*1994*
AUS	80.1	81.4	76.9	15.7	14,9	19,5	4,2	3,7	3,6
A	51.7	48.9	49.7	10.6	13,1	10,5	12,4	10,7	11,0
USA	45.4	42.1	41.1	19.5	20,2	19,9	14,7	12,6	13,6
CAN	47.6	41.2	39.2	32.5	36,0	33,8	9,9	9,3	10,1
BRD	33.5	31.6	31.5	22.3	22,0	21,1	9,0	8,9	7,6
CH	*27.3*	*28.7*	*26.7*	*24.0*	*22,6*	*20,7*	*19,5*	*16,7*	*15,9*

Anmerkungen: Den fehlenden Teil auf die Quersumme von 100% bilden Einnahmen aus Sozialbeiträgen sowie der Tätigkeit supranationaler Organisation, d.h. der Europäischen Union. Quelle: OECD (1996c: 208).

Noch prekärer als in Abbildung 28 war der finanzpolitische Spielraum des Bundes im Jahr 1960, als dem Zentralstaat (ohne Einnahmen von Sozialbeiträgen) lediglich 11 Prozent der gesamten Steuereinnahmen zufielen (Lane et al. 1991: 81). Dem Bund steht in der Schweiz nur die Einhebung jener Steuern zu, die ihm laut Bundesverfassung zugewiesen werden. Bis 1915 stützte sich der finanzielle Gestaltungsspielraum des Bundes auf die Einnahmen aus Zöllen, den Militärpflichtersatz und die 1887 eingeführte Branntweinsteuer. Es waren daher die Kantone, die als Träger der Einkommens- und Vermögenssteuer den Großteil der Einnahmen erzielten. Mit der Ausweitung der Bundeskompetenzen in vielen Staatstätigkeitsbereichen mußte das Steuersystem auf eine neue Basis gestellt werden, um dem Bund die finanziellen Mittel für seine neuen Aufgaben zur Verfügung zu stellen. Wegen den dafür notwendigen direktdemokratischen Abstimmungen und der versuchten Besitzstandswahrung vieler Kantone erfolgte dieser Umbau äußerst schleppend und nicht linear. Zusätzlich begrenzte der Souverän nicht nur das Steueraufkommen der öffentlichen Hand, gleichzeitig wurde aufgrund der direkten Demokratie auch die Steuerstruktur nachhaltig geprägt (Willy Linder 1987: 7; Wagschal 1997). Kirchgässner/Pommerehne (1994: 170-171) weisen darauf hin, daß das Fehlen oder nur geringe Einnahmen aus einer progressiven Steuer die Ausdehnung von Staatstätigkeit in finanzintensiven Bereichen erschwert. In der Nachkriegszeit befand sich die Schweiz in einer solchen Situation, da eine Reform der Finanzverfassung in den Jahren 1953, 1970, 1977, 1979 und 1991 scheiterte. Gleiches gilt auch für die Zwischenkriegszeit. Im historischen Rückblick gelang dem Bund die Aufschließung neuer Einnahmequellen nur zögerlich und oft nur auf temporärer Basis (Abbildung 29), was eine langfristige Politikplanung und -gestaltung gerade in ressourcenintensiven Bereichen wie der Sozialpolitik erschwerte. Das Schwergewicht (nämlich ca. zwei Drittel) der Bundeseinnahmen liegt heute auf Verbrauchssteuern, während die Kantone und die ca. 3000 Gemeinden den Großteil ihrer Einnahmen aus Einkommens- und Vermögenssteuern lukrieren.

Abbildung 29. Einführung und Dauer der Bundessteuern in der Schweiz 1848-1996.

Eingehoben seit (von bis)	Art der Steuer
1849	Zölle
1878	Militärpflichtersatz
1887	gebrannte Wasser
1915-1920	Kriegsgewinnsteuer
1916-1917	Kriegssteuer
1918	eidgenössische Stempelangaben
1921-1932	neue außerordentliche Kriegssteuer
1933	Tabaksteuer
1934	Biersteuer
1934-1940	Krisenabgabe
1939-1946	Kriegsgewinnsteuer
1940-42	einmaliges Wehropfer
1941	direkte Bundessteuer (Wehrsteuer)
1941	Warenumsatzsteuer (seit 1.1.1995 Mehrwertsteuer)
1941-1954	Ausgleichssteuer
1941-1945	Auswanderer-Wehrbeitrag
1942-1959	Luxussteuer
1944	Verrechnungssteuer
1945-1947	neues Wehropfer

Quelle: Interkantonale Kommission für Steueraufklärung (1996: 7).

Der steuertarifliche Höchstsatz der direkten Bundessteuer als wichtigster Einkommenssteuer des Bundes ist in der Bundesverfassung festgeschrieben, eine Änderung des Höchsttarifs bedarf der Zustimmung von Volk und Kantonen in einem obligatorischen Referendum. Stärkere Umverteilungspolitiken sind damit nur sehr schwer möglich. Einerseits zahlt kaum jemand freiwillig höhere Steuern, andererseits besitzen die Kantone kein großes Interesse, die Bundeseinkommenssteuer zu erhöhen, da diese Mehrbelastung der Bürger einen Steuerwiderstand erzeugt, der entsprechende Auswirkungen auf die Gestaltung der kantonalen Einkommenssteuern besitzt. Insgesamt ist das schweizerische Steuersystem und dabei besonders das System der direkten Steuern infolge von 26 kantonalen Steuergesetzen durch eine enorme Zersplitterung charakterisiert. So schwanken die Höchstsätze der kantonalen Einkommenssteuer zwischen 2,4% (Obwalden) und 20% (Glarus), während der Steuerhöchstsatz des Bundes momentan bei 11,5% des steuerbaren Einkommens liegt (Eidg. Steuerverwaltung 1996: 52). Mit einem 1993 in Kraft gesetzten Steuerharmonisierungsgesetz wird jedoch eine verbesserte Standardisierung auf dem Gebiet der direkten Steuern angestrebt: Bis zum Jahr 2001 haben die Kantone Zeit, ihre Gesetzgebung an die neuen Rahmenbedingungen anzupassen. Wie

schwierig eine Reform im Finanzwesen der Schweiz ist, belegt die Tatsache, daß zwischen der bundesrätlichen Botschaft und dem Inkrafttreten des Harmonisierungsgesetzes ein Jahrzehnt verstrichen ist.
Der Finanzausgleich neigt in der Schweiz entsprechend der föderalen Struktur eher zum Trennsystem als zum Verbundsystem. Nur wenige Bundessteuern werden im Rahmen des vertikalen Finanzausgleichs zwischen Bund und Kantonen verteilt. Den größten Brocken bildet dabei die direkte Bundessteuer, von deren Ertrag 30% an die Kantone verteilt wird. Der Verteilungsschlüssel richtet sich nach der Finanzkraft der Kantone, die zum Teil beträchtlich variiert (Abbildung 30). Ein weiterer elementarer Bestandteil des vertikalen Finanzausgleichs ist die Abstufung der Kantonsbeiträge an die Sozialwerke des Bundes nach deren Finanzkraft, da neben Beitragszahlungen zentrale Zweige der Sozialversicherung auch mit Mitteln der öffentlichen Hand finanziert werden, die der Bund und die Kantone gemeinsam aufbringen müssen. Dies bedingt zusammen mit der kompetenzrechtlichen Aufgabenteilung eine Vielfalt an Finanztransaktionen, die eine koordinierte finanzpolitische Steuerung im Bereich der sozialen Sicherheit wegen der Akteurs- und Interessenvielfalt erschwert. Abbildung 31 zeigt die Finanzierungsstruktur für die gemischtfinanzierten Sozialversicherungsbereiche.

Abbildung 30. Finanzkraft der Kantone 1996/97.

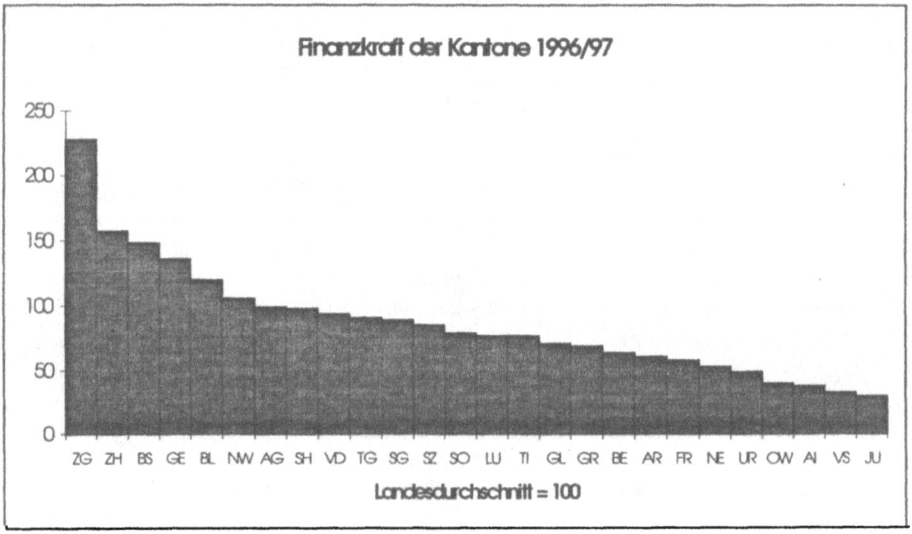

Quelle: Interkantonale Kommission für Steueraufklärung (1996: 26).

Abbildung 31. Aufteilung der Finanzierung der Sozialversicherungen zwischen Bund und Kantonen.

	AHV	KV	IV	EL	MV
Beiträge der öffentlichen Hand an der Gesamtfinanzierung (in%)	20	--[a]	50	100	100
Bund	17	max. 50%	3/4	10-35%	100
Kantone	3	mind. 50%[b]	1/4	65-90%[b]	-

Anmerkungen: a= Die öffentliche Hand gewährt Subventionen zur Prämienverbilligung für Personen in bescheidenen wirtschaftlichen Verhältnissen. Diese bestehen aus einem Bundesbeitrag, den die Kantone aus eigenen Mitteln aufzustocken haben. Die Subventionen hängen von der Kostenentwicklung in der obligatorischen Krankenpflegeversicherung und der Finanzlage des Bundes ab und werden für jeweils vier Jahre per Bundesbeschluß festgelegt.
b= Der einzelne Kantonsbeitrag hängt von der Finanzkraft der Kantone ab.

Der Bund bestreitet derzeit seine Ausgaben für die AHV und die IV aus den Gesamteinnahmen der Tabaksteuer, aus ca. 90% der Einnahmen aus der Branntweinsteuer sowie aus allgemeinen Bundesmitteln. Die Unfall- und Arbeitslosenversicherung werden hingegen ausschließlich durch Beiträge der Arbeitnehmer und Arbeitgeber finanziert, allerdings müssen Bund und Kantone mögliche Defizite der Arbeitslosenversicherung mit Darlehen überbrücken, wobei die Kantonsbeiträge wiederum nach deren Finanzkraft abgestimmt sind. Abbildung 31 enthüllt eine weitere wichtige Erkenntnis: Obwohl der Bund nunmehr befugt ist, fast alle Sozialversicherungszweige zu regulieren, ist er bei der Finanzierung besonders kostenintensiver Versicherungszweige wie der Renten- und Krankenversicherung auf die Mitwirkung der Kantone angewiesen und sieht sich so bei Niveaufixierungsfragen mit einer starken Vetomacht der Kantone konfrontiert. Allerdings wird der Kantonsanteil zur Finanzierung der AHV bei Erreichen des 50%-Finanzierungsanteils der Kantone in der Krankenversicherung auf 1% abgesenkt. Damit wird künftig in der AHV eine stärke Deckung zwischen Regelungskompetenzen und Finanzierung erreicht. Die Mitte der 80er Jahre eingeleiteten Maßnahmen zur Neuverteilung der Aufgaben zwischen Bund und Kantonen fanden somit auch in der Sozialversicherung realen Niederschlag.

4.2.1 Implikationen der fiskalischen Kompetenzverteilung für die Sozialpolitik

Die im internationalen Vergleich höchste fiskalpolitische Restriktion der Zentralregierung schränkt zusammen mit der Verbundfinanzierung und der dabei zu berücksichtigenden Finanzkraft der Gebietskörperschaften die Steuerungskapazität des Bundes beträchtlich ein und generiert auf der Ausgabenseite ein hohes Maß an Semisouveränität, zumal der Bund zwar fast in allen Bereichen die Kompetenz zur

Sozialgesetzgebung besitzt, gleichzeitig jedoch sein finanzieller Handlungsspielraum gerade in ressourcenintensiven Politikfeldern wie der Sozialpolitik eingeengt ist. Steuerungskompetenz und Finanzierungshoheit sind damit nicht kongruent: „Die aufgrund verwischter Zuständigkeiten sich abzeichnende Koordinationskrise im Föderalismus führt zu einer Effizienzeinbuße und einer eigentlichen Leistungskrise [...]. Die nur teilweise Deckung von Aufgabenhoheit und Finanzhoheit und das dadurch notwendige Hin- und Herfließen von Finanzströmen hat eine wenig sparsame Mittelverwendung und unerwünschte Steuerungseffekte zur Folge und verschleiert dem Bürger den Zusammenhang zwischen staatlichen Leistungen und Steuerlast. Oft ist im gegenwärtigen Finanzierungssystem nicht mehr erkennbar, wer wessen Hände in wessen Hosentasche hält" (Wagner 1985: 230). Wagner verweist etwa auf den 5-prozentigen Finanzierungsanteil der Kantone bei der AHV. Obwohl die Kantone keinerlei Gestaltungsmöglichkeiten zur Regulierung der AHV besitzen und die Leistungen auch nicht nach kantonalen Erfordernissen abgestimmt sind, werden sie aufgrund historischer Gegebenheiten (Substitutionen der kantonalen Fürsorgeleistungen durch die bundeseigene AHV) nach wie vor zur Finanzierung herangezogen (Wagner 1985: 233-234). Der Bund sieht sich dadurch trotz seiner Regulierungshoheit bei Finanzierungsfragen mit den Interessen von 26 Akteuren konfrontiert und muß diese auch berücksichtigen und ausgleichen. Jede finanzwirksame Politikänderung des Bundes im Bereich der Sozialversicherungen unterliegt einem Verhandlungsprozeß und bedarf neben einem beträchtlichen Koordinierungsaufwand (vgl. Neidhart 1975: 89-94) der Zustimmung einer Vielzahl von Akteuren. Dies bedingt einerseits eine zeitliche Ausdehnung der Entscheidungsprozesse und erhöht unter Umständen durch Bildung von Vetokoalitionen die Wahrscheinlichkeit eines Scheiterns und damit einer Beibehaltung des Status Quo. Beispielsweise wurde das 1890 beschlossene (und ein Jahr später in einem fakultativen Referendum verworfene) Pensionsgesetz für die alten und invaliden eidgenössischen Beamten wegen unzureichender Finanzmittel erheblich abgespeckt: „Die finanziellen Ergebnisse, welche das System der Pensionirung invalider Beamten in den größeren deutschen Staaten schließlich zu Tage fördert, haben uns aber auch von einer Adaptirung dieses Systems abgehalten" (BBl 1889 IV: 683). Ebenso scheiterte vor dem Zweiten Weltkrieg die Einführung einer Alters- und Invaliditätsversicherung aufgrund ungenügender Finanzierungskapazitäten, wobei ein bedeutendes Hindernis bei der Beschaffung neuer Steuern die „unerläßliche Rücksichtnahme auf die finanziellen Bedürfnisse der Kantone" (BBl 1919 IV. 159) darstellte. Sowohl die freisinnig-demokratische als auch die sozialdemokratische Partei forderten in ihren Programmen von 1904 bzw. 1905 die Einführung einer Rentenversicherung, „der Durchführung stand die finanzielle Lage des Bundes entgegen, als nicht neue Einnahmen geschaffen werden konnten bzw. bewilligt wurden" (BBl 1919 IV: 38). Zudem war der Bund nach der Einführung der Kranken- und Unfallversicherung mit der Subventionierung des KUVG an den Grenzen seiner finanziellen Belastbarkeit angelangt, wodurch kein finanzieller

Handlungsspielraum für neue Versicherungsprojekte gegeben war: „Wir [der Bundesrat, HO] müssen zufrieden sein, wenn wir in der noch zu erwartenden Steigerung der Zolleinnahmen genügende Mittel finden zur Bestreitung der Ausgaben, welche die Durchführung der Versicherungsgesetze zur Folge haben wird [...], für neue Werke der Volkswohlfahrt und der sozialen Reform aber bedarf unser Budget unbedingt neuer Einnahmequellen" (BBl 1919 IV: 39). Auch nach 1945 blieb trotz Wirtschaftsaufschwung der öffentliche Finanzierungsspielraum ungenutzt: Obwohl laut Verfassung gemäß Artikel 34quater Abs. 2 lit. b die Möglichkeit offensteht, daß die öffentliche Hand 50% der Ausgaben der AHV finanziert, wurde dieser Wert bislang auch nicht annähernd erreicht. Als die AHV-Kommission im Zuge der 8. AHV-Revision die Erhöhung des Finanzierungsanteils der öffentlichen Hand auf 25% vorschlug, legten die Kantone ihr Veto ein und erzwangen eine Aufschiebung dieser Maßnahme, die freilich bis heute nicht umgesetzt wurde (Kriesi 1980: 200).

Im Falle einer finanzpolitischen Entscheidungssperre besteht allerdings die Chance, im Rahmen einer Konfliktminimierungsstrategie Belastungen auf parafiskalische Haushalte auszulagern, wo Leistungsexpansionen mit höheren Prämien und Beiträgen abgedeckt werden müssen. Die ausgeprägte finanzielle Restriktion des Bundes trug maßgeblich zu einer beitragsdominanten Finanzierung der Sozialversicherungen mit bei, so daß in der Schweiz - im Gegensatz zu den klassischen Beveridge-Ländern - die als Volksversicherung ausgestaltete Renten- und Krankenversicherung überwiegend durch Beitrags- und Prämienzahlungen finanziert wird. Ein eindrucksvolles Beispiel liefert hierfür die Genese des Kranken- und Unfallversicherungsgesetzes. Der Arbeiterbund rund um Hermann Greulich befürwortete anstatt einer Klassenversicherung nach deutschem Vorbild die Schaffung eines unentgeltlichen staatlichen, aus Mitteln des Tabakmonopols finanzierten Gesundheitsdienstes. Der Bundesrat prüfte zwar dieses Ansinnen, lehnte es jedoch aus zwei Gründen ab. Zum einen brachte der Bundesrat verfassungsrechtliche Bedenken vor, da der Artikel 34bis eindeutig von einer Versicherung sprach[20], zum anderen machte er finanzpolitische Bedenken geltend, zumal „der Bund nur über beschränkte Geldmittel verfügt" (BBl 1906 VI: 310). Der Bund wäre damals nicht in der Lage gewesen, einen staatlichen Gesundheitsdienst aus Steuermitteln zu finanzieren. Zum Vergleich: Bei der 1900 vom Volk verworfenen Lex Forrer hätte die öffentliche Hand lediglich ca. 20% der Ausgaben getragen. Bereits diese Vorlage wurde aber von rechtsbürgerlichen Gruppen als zu zentralistisch und etatistisch charakterisiert. Gleichsam aus finanzpolitischen Motiven lehnte der Bundesrat den Vorschlag des Bauernverbandes nach Einführung eines beitragslosen Rentensystems ab.

[20] „Dies [die Schaffung eines steuerfinanzierten Gesundheitsdienstes, HO] hieße offenbar dem gewohnten Begriff der Versicherung Gewalt antun" (BBl 1906 VI: 308).

Ebenfalls einnahmendämpfende Wirkungen gehen von der direkten Demokratie aus. Moderate Beitragserhöhungen sind gerade in Zeiten wirtschaftlichen Wachstums offenbar leichter durchzusetzen als Steuererhöhungen. Umgekehrt fungiert der steuerfinanzierte öffentliche Finanzierungsanteil bei den Sozialwerken gerade in Rezessionen als Quelle von Einsparmaßnahmen, da kurzfristig keine neuen Steuereinnahmen erzielt werden können, gleichzeitig jedoch die Budgetpolitik eines ausgeglichenen Haushalts hohe Priorität genießt. Im Gegensatz zu einer reinen Steuerfinanzierung des Sozialsystems sind Beitragsleistungen im Rahmen eines Sozialversicherungssystems im Risikofall mit Gegenleistungen verknüpft. Dies minimiert den Abgabenwiderstand im Vergleich zu einem Sozialstaatsmodell, das mittels Steuern wohlhabender Bevölkerungsgruppen bedürftigkeitsabhängige Sozialleistungen finanziert. Dieser Steuerwiderstand wird durch eine Beitragsfinanzierung insofern abgedämpft, als nun auch die Wohlhabenden im Gegenzug zu ihren Beiträgen mit Sozialleistungen rechnen können. Aufgrund dieser Überlegung sollte in einer Referendumsdemokratie ein möglichst großer Teil der Bevölkerung in die Versicherung einbezogen werden, um Kosten und Nutzen der sozialen Sicherung nicht auseinander fallen zu lassen, was für die Sozialstaatszahler einen starken Anreiz zur Ergreifung des Referendums bieten würde. Die finanzpolitische Restriktion des Bundes sowie die Dämpfung des Steuerwiderstands durch eine breit getragene Beitragsfinanzierung des Systems sozialer Sicherheit läßt beitragsdominant finanzierte Versicherungssysteme mit hohem Inklusionsgrad erwarten.

Abbildung 32. Anteil der Beiträge und Steuermittel bei der Finanzierung der Krankenversicherung 1965-1996.

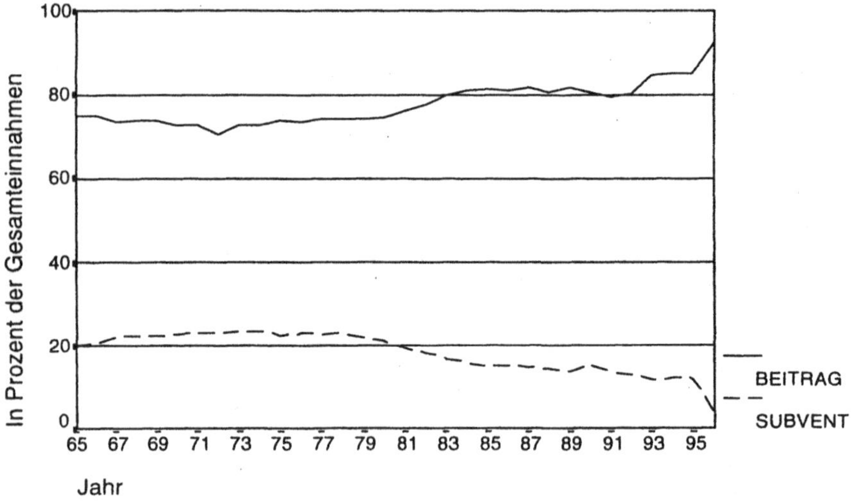

Datenbasis: BSV (1995a); Soziale Sicherheit (1997/5: 298).

Abbildung 33. Anteil der Beiträge und Steuermittel bei der Finanzierung der AHV 1948-1996.

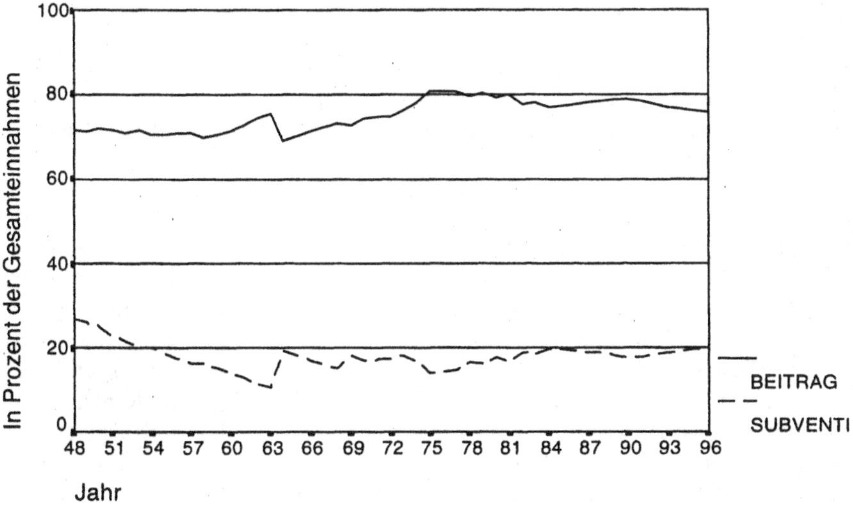

Datenbasis: BSV (1995a); Soziale Sicherheit (1997/5: 298).

Im Längsschnitt zeigt sich in den beiden gemischt finanzierten Kernsozialversicherungszweigen (AHV und Krankenversicherung) tatsächlich eine Ausweitung der Beitrags- gegenüber der Steuerfinanzierung, wobei der Finanzierungsanteil der öffentlichen Hand mehrmals in wirtschaftlich ungünstigen Situationen beträchtlich gekürzt wurde (Abbildung 32 und 33). Insgesamt hat sich in der Schweiz zwischen 1965 und 1994 der Anteil der Sozialbeiträge an der Gesamtbesteuerung von 22,5% auf 36,6% (plus 14.1 Prozentpunkte) erhöht, während dieser Anteil in den Mitgliedsstaaten der EU (EU 15) lediglich um 6,4 Prozentpunkte auf 29,2% angestiegen ist (OECD 1996c: 81). Auch der erwartete hohe Inklusionsgrad wird durch den Volksversicherungscharakter der Krankenversicherung und der AHV/IV bestätigt. Der Steuer- und Abgabenwiderstand konnte damit erheblich reduziert werden: Insgesamt wurde nur einmal - allerdings erfolglos - im Zuge der 9. AHV-Revision gegen eine Beitragserhöhung bei den Sozialversicherungen das Referendum ergriffen. Die eingeschränkte Steuerhoheit des Bundes stellt nicht nur starke Schranken gegen Ausgabensteigerungen dar, der unweigerlich resultierende Streit um die Finanzierung der Sozialversicherungen trug auch erheblich zur zeitlich verspäteten Einführung zentraler Sozialversicherungszweige bei. In der finanzpolitischen Politikverflechtung liegt ein wichtiger Bestimmungsgrund für die verzögerte Einführung grundlegender Sicherungssysteme. So schlug etwa der Bundesrat in der Botschaft vom 26. Mai 1899 im Zusammenhang mit den für die Einführung der Krankenversicherung (Lex Forrer) erforderlichen zusätzlichen Bundesmitteln eine neue

Einnahmequelle in Gestalt des Tabakmonopols vor. Bis dahin sollte die Einführung der Kranken- und Unfallversicherung sistiert werden. Die Einrichtung eines Tabakmonopols erschien relativ aussichtslos, obwohl im Rahmen einer „Zuckerbrotstrategie" 25% der Einnahmen zweckgebunden den Kantonen zugeflossen wären. Der Nationalrat kürzte daher bestehende Bundessubventionen, um der geplanten Kranken- und Unfallversicherung die notwendigen finanziellen Mittel zur Verfügung zu stellen. Betroffen von dieser Kürzung waren Kunst-, Militär und Hochbausubventionen (BBl 1899 VI: 1025-1026). Ein derartiges Nullsummenspiel war jedoch nicht immer möglich. Gleichzeitig blockierte der Kampf um die Finanzierung der Kranken- und Unfallversicherung die Einführung anderer Versicherungszweige, denn - so der Bundesrat- „vor der Anhandnahme neuer Versicherungszweige ist es ratsam, eine erste Etappe zu beobachten, um den Erfolg konstatieren zu können und sich zu vergewissern, daß ein erweitertes Programm die finanziellen Hülfsquellen der Interessenten und des Staates nicht übersteigen würde" (BBl 1906 VI: 249). Aufgrund des Kampfes um die Kranken- und Unfallversicherung kamen somit die Bestrebungen zur Einführung einer Rentenversicherung weitgehend zum Stillstand. Die mangels bundesrechtlicher Kompetenzen zuständigen Kantone wollten aber nicht mit heterogenen kantonalen Pensionsgesetzen vorpreschen, um nicht eine spätere Regelung des Bundes zu erschweren. Auf Initiative des Regierungsrats von St. Gallen trafen dort im Jahr 1908 sieben Kantone zu einer interkantonalen Konferenz zusammen, um die weitere Vorgehensweise auf horizontaler Ebene zu koordinieren. Auf diesem Weg sollte eine unkoordinierte Ausdifferenzierung und Zersplitterung kantonaler Rentensysteme vermieden werden (vgl. BBl 1919 IV: 74-75). Die Kantone kamen dabei zwar zum Schluß, daß eine kantonale Alters- und Invalidenversicherung sinnvoll und durchführbar sei, zumal gleichzeitig Einsparungen bei der Armenfürsorge zu erwarten sind. Diese kantonalen Rentenversicherungsprojekte gerieten mit Ausnahme jenes des Kleinkantons Glarus, der 1916 eine obligatorische Rentenversicherung mit Volksversicherungscharakter einrichtete, mit dem Ausbruch des Ersten Weltkriegs und der damit einhergehenden krisenhaften Entwicklung der Kantonsfinanzen ins Stocken. Eine bundesrechtliche Rentenversicherung konnte wiederum wegen finanzieller Restriktionen und der Ungewißheit bezüglich der Kranken- und Unfallversicherung nicht in Angriff genommen werden: „Obwohl damit eine eidgenössische Lösung [einer Rentenversicherung, HO] nicht durch in Anlage und Finanzierung gänzlich verschiedenartige kantonale Versicherungen erschwert oder gar verunmöglicht wurde, war die Realisierung eines derartigen Projekts hauptsächlich aus finanzpolitischen Erwägungen bis zur Verwirklichung eines KUVG blockiert" (Sommer 1978: 109). Als die Krankenversicherung 1914 endlich in Kraft trat, wurden die öffentlichen Mittel für den Ausbau der Sozialversicherung durch den Ausbruch des Ersten Weltkrieges absorbiert. Eine „unerträgliche sozialpolitische Lähmung" war die Folge (Schweingruber 1977: 52). Erst nach dem Ende des Ersten Weltkriegs wurden vor dem Hintergrund des dem Oltener Generalstreik von

1918 folgenden kurzen sozialpolitischen Tauwetters die Versuche zur Schaffung einer eidgenössischen Alters- und Hinterlassenenversicherung intensiviert. Finanzierungsfragen erwiesen sich jedoch wegen der ungünstigen Konjunkturlage und der finanzpolitischen Kompetenzverflechtung bald als Stolperstein.
Angesichts der beträchtlichen Kriegsschulden, die sich im Verlauf des Ersten Weltkriegs akkumuliert hatten, forderte der Bundesrat in seiner Botschaft zur Einrichtung einer eidgenössischen Rentenversicherung die Schaffung neuer Bundeseinnahmen: „Die Einführung der Invaliditäts-, Alters- und Hinterlassenenversicherung kann deshalb nur erfolgen, wenn gleichzeitig, d.h. in der gleichen Verfassungsvorlage, in der dem Bund das Recht zu dieser Einführung verliehen wird, ihm auch die nötigen Einnahmequellen für die von ihm aufzubringenden Mittel für diese Versicherung eröffnet werden. Die beiden Dinge müssen miteinander verbunden werden, und zwar so, daß das eine nicht ohne das andere beschlossen werden kann“ (BBl 1919 IV: 149-150). Zusätzlich sollten in diesem Finanzpaket auch neue Bundesmittel für das KUVG eingeplant werden, zumal der Bund seinen diesbezüglichen gesetzlichen Verpflichtungen nicht Folge leisten konnte[21]. Der Bundesrat schlug daher die Schaffung einer Tabak- und einer Biersteuer, die Ausweitung des Alkoholmonopols sowie die Einführung einer eidgenössischen Erbschafts- und Schenkungssteuer vor, da seiner Ansicht nach bei diesen kantonal geregelten und entsprechend heterogenen Steuern noch beträchtliche Reserven abgeschöpft werden könnten (BBl 1919 IV: 188). Um den Anreiz für die Kantone zu erhöhen, sollte ihnen dabei die Hälfte der Einnahmen zufallen und zur Vermeidung einer zentralistischen Bürokratie wurde ihnen gleichzeitig die Veranlagung dieser Steuern übertragen. Demgegenüber blieben die Einnahmen der Tabak- und Biersteuer sowie der Großteil der Einnahmen aus dem Alkoholmonopol ausschließlich dem Bund vorbehalten. Sowohl die Bier- und Tabaksteuer als auch die eidgenössische Erbschaftssteuer sollten in der Bundesverfassung in Artikel 41ter und 41quater verankert werden. Insgesamt rechnete der Bundesrat mit Mehreinnahmen von 46,9 Mio. Franken. Davon waren neun Millionen für das KUVG reserviert, sodaß für die geplante Alters-, Hinterlassenen- und Invalidenversicherung 37,9 Mio. Franken zur Verfügung standen. Nach Expertenberechnungen hätten sich die Kosten auf 80 Millionen belaufen, die Kantone hätten daher wie der Bund ca. 40 Millionen Franken zur Finanzierung beisteuern müsssen. Resignierend stellte der Bundesrat fest: „Es ist dem Bund viel zugemutet, eine gleichgroße Leistung wie die Gesamtheit der Kantone zu übernehmen, wenn man in Betracht zieht, daß die Finanzlage des Bundes eine viel gespanntere ist als diejenige der Kantone und es vermutlich dauernd sein wird, und wenn man ferner berücksichtigt, daß die Kantone und namentlich die Gemeinden durch die Einführung der Sozialversicherung

[21] Bereits vor der Einführung des KUVG hatte der Bundesrat die Einführung neuer Bundessteuern verlangt. Das Parlament stimmte diesem Vorschlag trotz der Warnung des Bundesrats nicht zu, sondern kürzte bestehende Subventionen, um die nötigen Mittel für das KUVG bereitzustellen. Diese Mittel erwiesen sich allerding als völlig unzureichend.

eine erhebliche Reduktion ihrer Ausgaben für das Armenwesen erfahren werden. Wir befürchten aber, daß ein für den Bund günstigeres Teilungsverhältnis kaum zu erreichen sein wird und nehmen deshalb für einmal die hälftige Teilung der dem Bund und den Kantonen zugedachten Lasten an" (BBl 1919 IV: 201).
Vor dem Hintergrund der Nachkriegsrezession nahm das Parlament in der Folge umfangreiche Änderungen am Finanzkonzept des Bundesrates vor. Die Biersteuer kam im Nationalrat zu Fall, der auch die Tabakbesteuerung auf den rohen Tabak unter Ausschluß des Monopols reduzierte. Die Biersteuer wurde mit Hinweis auf das ohnedies angeschlagene Brauereigewerbe (Sommer 1978: 134) aufgeschoben und erst 1933 eingerichtet. Die Ausweitung des Alkoholmonopols (Art. 31 und 32bis BV) wurde wiederum 1923 an der Stimmurne von Volk und Ständen abgelehnt. Der Ständerat nahm Änderungen bei der Erbschaftssteuer vor und weichte die Zweckbindung der Tabaksteuereinnahmen für die AHV auf, indem er eine generelle Zweckbindung der Mittel für die Sozialversicherung vorschlug. Außerdem wollte er den Anteil der öffentlichen Zuschüsse an den Gesamtausgaben bei 30% beschränken. Schließlich wurde in Anbetracht des kantonalen Widerstands gänzlich auf die Heranziehung der Erbschaftssteuern verzichtet: „Eine Heranziehung direkter, kantonaler Steuerfaktoren zugunsten des Bundes hatte mit einem unerbittlichen Quodnon der Kantone zu rechnen. Jeder unbefangene Beurteiler der Verhältnisse mußte sagen, daß ein Verfassungsartikel über die Sozialversicherung mit einer Erbschaftssteuer als Finanzierungsquelle in dieser oder jener Form in der Volksabstimmung die Sanktion nicht erhalten würde" (FDP 1925: 199). Diese Verwässerung des Finanzplans zwang den Bundesrat angesichts der unzureichenden Finanzmittel, die Einführung der Invalidenversicherung von jener der Alters- und Hinterlassenenversicherung zu entkoppeln und das geplante Projekt im Interesse der Annahme des Verfassungsartikels abzuspecken (BBl 1924 II: 723). Angesichts der „obwaltenden Verhältnisse" sollte ein „stufenweiser Ausbau der Sozialversicherung" vorgenommen werden (BBl 1924 II: 685). Als Ersatz für den Verzicht auf die Heranziehung von Erbschaftssteuern postulierte der Bund die Ausdehnung der Besteuerung von Branntwein (gebrannte Wasser). Allerdings sollte die Übertragung der Alkoholbesteuerung an den Bund nicht gemeinsam mit dem Versicherungsartikel zur Abstimmung gelangen, um eine Kumulierung der Widerstände (BBl 1924 II: 725) zu vermeiden. Diese Neuordnung des Alkoholwesens wurde im April 1930 in einem obligatorischen Referendum auch angenommen.
Die finanzpolitische Verflechtung zwischen Bund und Kantonen führte damit zu einer Lahmlegung der Generierung neuer Finanzmittel. Dies bedingte nicht nur eine Entkopplung der Invalidenversicherung von der AHV, sondern ein etappenweises Vorgehen in der staatlichen Sozialpolitik sowie schließlich - wie im Abschnitt 5 gezeigt wird - das vorläufige Scheitern des AHV-Projektes.
Um die eingefahrene finanzpolitische Situation zu entkrampfen, versuchten zwei Volksinitiativen neue Einnahmequellen aufzuschließen: Die Sozialdemokraten, die der Finanzierung der Sozialversicherung mittels regressiv wirkenden Verbrauchs-

steuern höchst skeptisch gegenüberstanden, schlugen in einer 1921 eingereichten Volksinitiative die Einführung einer einmaligen progressiven Vermögensabgabe zur Finanzierung einer Renten-, Invaliden- und Arbeitslosenversicherung vor. Obwohl nur 0,6% der Bevölkerung abgabepflichtig gewesen wären (Sommer 1978: 136), hätte dieser Finanzplan beträchtliche Einnahmen für die Sozialversicherung generiert. Der damals aus Freisinnigen und Katholisch-Konservativen zusammengesetzte Bundesrat, ansonsten kein Freund extremer Formulierungen, untermauerte seine Empfehlung zur Ablehnung der Initiative mit den Worten: „Die Initiative erstrebt nicht Geringeres als die Einführung der kommunistischen Regierungsform in der Schweiz“ (BBl 1922 II: 945). Die Reaktion an der Stimmurne fiel angesichts des massiven Widerstands im gesamten bürgerlichen Lager und des erheblichen Propagandaaufwands der Wirtschaft am 3.12.1922 dementsprechend aus: Bei einer außergewöhnlich hohen Stimmbeteiligung von 86% wurde die Initiative von sämtlichen Kantonen und 87% des Volkes verworfen.
Nicht besser erging es der vom Basler freisinnigen Nationalrat Rothenberger initiierten Volksinitiative, die für die rasche Verwirklichung der Invaliden-, Alters- und Hinterlassenenversicherung aus Einnahmen der eidgenössischen Kriegsgewinnsteuer eintrat. Während Rothenberger anfänglich von seiner Partei noch unterstützt wurde, ging der Freisinn nach dem Zustandekommen der Initiative zu ihrem Inhalt auf Distanz, da insbesonders der föderalistisch gesinnte westschweizerische Freisinn in der Kriegsgewinnsteuer nur einen Vorwand für die Einführung einer direkten Bundessteuer erblickte, die die Föderalisten wegen der damit einhergehenden Zentralisierungstendenzen ablehnten (Zimmermann 1948: 118-121). Dafür unterstützten nun die Gewerkschaften und die Sozialdemokraten die Initiative (Sigg 1978: 135), die jedoch im Mai 1925 von Volk und Ständen verworfen wurde. Damit konnten auch mit Hilfe der direkten Demokratie keine zusätzlichen Mittel für den Aus- und Weiterbau des Sozialstaats mobilisiert werden.

4.3 Mitwirkung der Kantone an der Willensbildung (Vetopunkte)

In hierarchischen Entscheidungssystemen bedürfen Entscheidungen der übergeordneten Ebene der Zustimmung der Akteure der nachrangigen Ebene. Die Institutionenstruktur des schweizerischen politischen Systems bietet den Kantonen eine Reihe von Vetopunkten, um sich in den Entscheidungsprozeß einzuklinken. Auch in der zweiten Phase des Gesetzgebungsprozesses stehen diesbezüglich den Kantonen erhebliche Möglichkeiten offen: „Was immer im Bund entschieden werden soll, es geht nichts gegen den Willen der Kantone“ (Abromeit 1992a: 167).

4.3.1 Bikameralismus

Die Mitwirkung der Kantone an der bundespolitischen Willensbildung ist durch ein parlamentarisches Zweikammernsystem garantiert. Dem Nationalrat als aus

200 Mitgliedern zusammengesetzte Volkskammer steht gleichberechtigt der 46-köpfige Ständerat gegenüber, dessen Abgeordnete von den Kantonen nach dem Senatsprinzip entsandt werden. Die 20 Vollkantone entsenden dabei je zwei Ständeräte, den sechs Halbkantonen steht jeweils ein Ständerat zu. Die Schaffung einer gleichberechtigten zweiten Kammer war ein historischer Kompromiß und erfolgte basierend auf US-amerikanischen Erfahrungen zur Schaffung eines Ausgleichs zwischen großen und kleinen sowie katholischen und reformierten Kantonen. Bei der Besetzung des Ständerats wird ein Konflikt zwischen dem föderalen und dem demokratischen Prinzip offenkundig. Der Kanton Zürich ist mit 1,19 Millionen Einwohnern zwar größer als die dreizehn kleinsten Kantone, stellt aber nur zwei Ständeräte. Ländliche Regionen sind damit im Ständerat überrepräsentiert, während urbane Ballungszentren massiv unterrepräsentiert sind. Das Senatsprinzip erzeugt folglich einen Bias zugunsten traditionell-konservativer Interessen und gewichtet das föderalistische Prinzip stärker als das demokratische. Gleiches gilt für das bei Verfassungsänderungen notwendige Ständemehr: Das Abstimmungsergebnis bei obligatorischen Referenden und Volksinitiativen im Kanton Zürich mit über einer Million Einwohner wiegt gleich viel wie jenes im Kanton Glarus mit seinen wenigen Tausend Einwohnern.

Der Wahlmodus der Ständeräte unterliegt kantonalem Recht und erfolgt bis auf den Kanton Jura nach dem Mehrheitswahlrecht, wobei in einigen kleinen Bergkantonen die Wahl des Ständeräte noch durch die Landsgemeinde erfolgt. Während das Verhältniswahlrecht seit 1919 die hoch fragmentierte Parteienlandschaft proportional in den Nationalrat übersetzt, benachteiligt das für die Ständeratswahl maßgebliche Majorzwahlrecht die kleineren Parteien. Zusammen mit dem Senatsprinzip, welches den kleinen und oftmals konservativen Kantonen überproportionales Gewicht verleiht, führt das Mehrheitswahlrecht im Ständerat zu einer bürgerlichen Dominanz, was vor dem Hintergrund der gleichberechtigten Parlamentskammern die Kräfteverteilung v.a. zu Lasten der Sozialdemokraten verschiebt. Überproportional sind im Ständerat hingegen die FDP und die CVP vertreten, die mitunter auch davon profitieren, daß bei den Ständeratswahlen gemeinsame Kandidaten aufgestellt werden. Existieren nämlich in einem Kanton zwei starke bürgerliche Parteien und sprechen diese Parteien eine wechselseitige Empfehlung für ihren Kandidaten aus, erhöht sich die Wahrscheinlichkeit der Wahl zweier bürgerlicher Ständeräte, während jene eines sozialdemokratischen Kandidaten deutlich reduziert wird. Das Majorzsystem benachteiligt folglich politische Minderheiten und führt dazu, daß im Ständerat die politische Hauptrichtungen der einzelnen Kantone repräsentiert werden (Heger 1990: 112-113). Das Mehrheitswahlrecht und die bürgerliche Blockbildung auf der einen Seite und die Überrepräsentation ländlicher Regionen durch das Senatsprinzip auf der anderen führen insgesamt zu einer massiven Schwächung der Sozialdemokratie im Ständerat (Abbildung 34). Die Grüne Partei der Schweiz ist als sozialstaatsexpansive Partei überhaupt nicht im Ständerat vertreten. Angesichts der Gleichberechtigung und der Zustimmungspflicht der kleinen Kammer in der Gesetzgebung wird diese Benachteiligung sozialstaatsexpansiver Positionen weiter verstärkt. Hier findet sich ein klassisches Beispiel, wie Institutionen wie das Wahlrecht oder das Zweikammernsystem politische Kräfteverhältnisse strukturieren und gewichten. Der Symmetrie zwischen beiden Kammern steht damit eine Inkongruenz bezüglich der Zusammensetzung der beiden Kammern gegenüber. Dies reduziert die Wahrscheinlichkeit einer raschen Kompromißfindung und verzögert dadurch den Fluß des Gesetzgebungsprozesses, engt das Winset ein und führt zu einer Gewichtung des Kräfteverhältnisses zwischen den beiden Kammern. In welche Richtung letzteres ausschlägt hängt davon ab, welche Kammer als Prioritätsrat gewählt wurde und wie oft die Gesetzesmaterie hin und her pendelt (Tsebelis/Rasch 1995). Für die sozialpolitisch relevanten Entscheidungsprozesse bedeutet dies eine Verschiebung von Machtressourcen in dem Sinn, daß sozialstaatsexpansive Optionen institutionell geschwächt, sozialstaatsskeptische und christdemokratische Sozialstaatsoptionen institutionell gestärkt werden.

Abbildung 34. Durchschnittliche Sitzanteile der Bundesratsparteien im National- und Ständerat 1919-1998.

Partei	**Nationalrat**	**Ständerat**	**Differenz**
FDP	26,2	34,9	+ 8,7
CVP	22,1	39,7	+17,6
SPS	24,8	8,1	-16,7
SVP	12,6	7,8	-4,8

Anmerkungen: Sitzanteile in Prozent. Datenbasis: BfS: Statistisches Jahrbuch der Schweiz (verschiedene Jahrgänge).

Da die beiden schweizerischen Parlamentskammern absolut gleichberechtigt sind, entscheiden die Ratspräsidenten über die prioritäre Zuweisung einer Gesetzesmaterie an eine der beiden Kammern. Bundesgesetze und Bundesbeschlüsse bedürfen nach Art. 89 BV der Zustimmung von beiden Kammern. Inhaltliche Differenzen müssen in einem speziellen Differenzbereinigungsverfahren beseitigt werden. Im Konfliktfall pendelt die Materie nach dem Navette-System so lange zwischen dem National- und Ständerat hin und her bis eine Einigung erzielt werden kann. Ist kein Kompromiß in Sicht entscheidet ein gemeinsames Komitee bestehend aus Repräsentanten beider Kammern über die Vorlage. Dadurch wird einerseits der Gesetzgebungsprozeß in die Länge gezogen, andererseits begünstigt und fördert die Gleichstellung der beiden Kammern geradezu Kompromißlösungen. Durch das Zustimmungserfordernis des Ständerats wird durch den symmetrischen Bikameralismus insofern ein wichtiger institutioneller Zwang zur Konkordanz vorgezeichnet, als im äußersten Konfliktfall zwischen den beiden Parlamentskammern eine Vorlage unter Umständen scheitern kann. Die Existenz des gleichberechtigten

Ständerats begünstigt rein institutionell damit einen helvetischen Kompromiß: Im Bereich der Sozialversicherungen wurde in sämtlichen zentralen Erstgesetzen ein Differenzbereinigungsverfahren eingeleitet.
Das für die Willensbildung zwingend notwendige Placet des Ständerats ist eine mächtige Vetoposition. Als chambre de réflexion kann der Ständerat Zentralisierungs- und Interventionsbestrebungen seitens des Bundes entgegenwirken und einen Zugriff des Bundes auf kantonale Finanzen abwehren. Die Frage, ob der Ständerat die Kantonsinteressen oder lediglich regionale Interessengruppen vertritt, ist umstritten, in jedem Fall bildet der Ständerat ein potentielles legislatives Korrektiv zu den Entscheiden der Volkskammer. Die Ständeräte als unabhängige Abgeordnete sind gemäß der Bundesverfassung gegenüber ihren Kantonsregierungen zwar nicht weisungsgebunden, allerdings zeigt sich gerade bei Kleinkantonen eine Kumulierung eines Ständeratsmandats mit einer Funktion in der kantonalen Exekutive (Heger 1990: 114). Neidhart (1970) präferiert die These vom Ständerat als primär von kantonalen Interessengruppen dominierte Kammer. Tatsächlich sind Interessen der Industrie, des Gewerbes und der Bauern im Ständerat überproportional stark verteten (Heger 1990: 232). Ochsner/Riklin (1984: 90) sehen im Ständerat einen Sachwalter der Regionen und traditioneller Werte, der zentralistische Lösungen blockiert. Ähnlich argumentiert Germann, der im Ständerat ebenfalls ein konservativ-retardierendes Element identifiziert: „Ein hypothetisch gedachter 'progressiver' Parteienblock hat wegen der Repräsentationsbasis des Ständerats kaum eine Chance, dort eine Mehrheit zu erreichen; 'progressive' Regierungspolitik müßte an ständerätlichen Vetos scheitern.“ (Germann 1994: 91). Eher positiv eingeschätzt wird hingegen das Bemühen und Engagement des Ständerats zur Ausgleichung und Nivellierung des sozio-ökonomischen Gefälles zwischen den Kantonen.
Die institutionell durch seine Zustimmungspflicht vorgegebene Vetoposition des Ständerats wird über die parteipolitische Kräfteverteilung vermittelt und findet so im Profil und der konkreten Ausgestaltung von Staatstätigkeit ihren Niederschlag. Wie Linder (1994: 47-48) feststellt, wurde der Ständerat bis in die zwanziger Jahre dieses Jahrhunderts von den antizentralistischen Katholisch-Konservativen erfolgreich dazu instrumentalisiert, die Bestrebungen des im Nationalrat dominierenden Freisinns zur Stärkung des Bundes zu blockieren. Später trat im Ständerat v.a. die Konfliktlinie zwischen dem bürgerlichen Lager und der Sozialdemokratie hervor, die ihren Niederschlag in dem von der Schweiz eingeschlagenen sozial- und wirtschaftspolitischen Kurs gefunden hat: „The bourgeois majority, who enjoyed almost total control of the Council of States, were not opposed to new federal powers in general, but they weakened or blocked measures aimed at improving the conditions of the working class that had been proposed in the National Council, where the socialists had much more influence.“ (Linder 1994: 48). Linder führt den konservativ-retardierenden Effekt des Ständerats in bezug auf ressourcenintensive und innovative Staatstätigkeit nicht auf den Bikameralismus als Institution,

sondern auf die parteipolitische Zusammensetzung der Ständeratsmehrheit zurück. Aus dieser Sicht kommt die Parteiendifferenztheorie wieder zu ihrem Recht, allerdings muß berücksichtigt werden, daß - wie oben gezeigt wurde - die parteipolitische Zusammensetzung des Ständerats durch Institutionen, nämlich das Mehrheitswahlrecht und das Senatsprinzip - gewichtet wurde. Daneben wird die parteipolitische Zusammensetzung des Ständerats noch über die Symmetrie der beiden Kammern aufgewertet. Gleichzeitig kann jedoch eine zentrale Einsicht der Theorie der Politikverflechtung nicht wegdiskutiert werden, nämlich daß die institutionelle Verschränkung von Entscheidungen durch das Zustimmungserfordnis der nachrangigen Ebene für Entscheide der übergeordneten Entscheidungsebene institutionell ein Vetopotential eröffnet. Wie, ob und in welchen Politikfeldern dieses genutzt wird, hängt dabei sicherlich auch von parteipolitischen Faktoren ab. Blickt man auf die Abstimmungsresultate der Sozialversicherungsgesetze, fällt die hohe Zustimmungsrate in beiden Kammern auf. Daraus zu schließen, daß der Bikameralismus keinen Vetopunkt darstellt, ist insofern verfehlt, als bei der Schlußabstimmung in den Räten sämtliche Differenzen und Unstimmigkeiten zwischen National- und Ständerat bereits beseitigt wurden. Fallstudien zu sozialpolitischen Entscheidungsprozessen (Sommer 1978; Kriesi 1980; Erni 1980; Binswanger 1986; Immergut 1992a; Senti 1994; Obinger 1998a) enthüllen unisono, daß der Ständerat oftmals defensive Korrekturen an den Vorschlägen des Nationalrates durchsetzen oder weiterreichende Zentralisierungsbestrebungen abwehren konnte, so daß zumeist um Ecken und Kanten bereinigte Kompromißlösungen den Räten zur Schlußabstimmung unterbreitet wurden. Ausnahmen bestätigen eher diesen Trend, als daß sie falsifizierende Argumente für diese These liefern.

4.3.2 Weitere Partizipationsmöglichkeiten für die Kantone

Weitere bedeutende Partizipations- und Vetomöglichkeiten der Kantone an der Willensbildung bieten das vorparlamentarische Vernehmlassungsverfahren, die außerparlamentarischen Kommissionen, die direkte Demokratie in Form des erforderlichen Ständemehr bei Verfassungsänderungen und die Möglichkeit zur Lancierung von Standesinitiativen sowie die zahlreichen interkantonalen Direktorenkonferenzen. Das Vernehmlassungsverfahren ist die institutionelle Basis des schweizerischen Korporatismus (Armingeon 1997: 167). Es gewährleistet den Kantonen und Interessenverbänden gemäß Art. 32 Abs. 2 und 3 BV ein verfassungsmäßig garantiertes Anhörungs- und Mitwirkungsrecht im politischen Entscheidungsprozeß. Das Vernehmlassungsverfahren bildet dabei einen ersten Filter, der über das weitere Schicksal einer Gesetzesvorlage entscheidet. Die Kantonsregierungen können dabei gleichberechtigt ihre Meinung zu einem Gesetzesentwurf kundtun, allerdings sind die Kantone bezüglich Ressourcen- und Analysekapazitäten unterschiedlich ausgestattet, wodurch kleine Kantone dieses Anhörungs- und Mitbestimmungsrecht nur eingeschränkt nutzen können (Germann 1986: 351). Germann (ebd.) hält auch die außerparlamentarischen Kommissionen für den wirksameren Weg für (größere) Kantone, ihre Interessen in den Entscheidungsprozeß nachhaltig einzubringen. Im Bereich der sozialen Sicherheit wurden allerdings mehrere Vorstöße des Bundes im Rahmen des Begutachtungsverfahrens durch die Kantone ausgehebelt. Dies betraf etwa die bundeseinheitliche Regulierung der Familienzulagen für nichtlandwirtschaftliche Arbeitnehmer 1959 (Tschudi 1986: 19) und die Regulierung einer bundeseinheitlichen Arbeitslosenfürsorge. Beide Male wollte der Bund von seiner verfassungsmäßigen Gesetzgebungskompetenz Gebrauch machen, bekam aber bereits im Vernehmlassungsverfahren den kantonalen Widerstand zu spüren, der die Projekte wegen vermeintlicher Aussichtslosigkeit auf Realisierung frühzeitig zu Fall brachte. Da in der Vernehmlassung auch Verbände und Interessengruppen konsultiert werden, gelang es einigen Kantonen zusammen mit den Interessenverbänden, Pläne des Bundesrats zu blockieren. Beispiel hierfür ist etwa die in der Vernehmlassung gescheiterte Reform der Krankenversicherung samt Einführung einer Mutterschaftsversicherung im Jahr 1954. Eine ähnliche Konstellation ist auch bei dem jüngsten Versuch zur Harmonisierung der kantonrechtlichen Familienzulagen in einem Bundesgesetz zu beobachten (vgl. Stalder 1996). Ausgehend von der parlamentarischen Initiative Frankhauser aus dem Jahr 1992 wurde ein Bundesgesetz ausgearbeitet, welches für jedes Kind einheitliche Mindestbeträge bei Kinder-, Geburts- und Ausbildungszulagen vorgesehen hätte. Das 1996 abgeschlossene Vernehmlassungsverfahren ergab eine Pattsituation zwischen Befürwortern und Gegnern der Vorlage. Es zeigte sich eine enorme Interessenvielfalt innerhalb der befragten Gruppen: 11 Kantone, die Sozialdemokratische Partei und die Gewerkschaften sprachen sich für das Gesetz aus, während 15 Kantone, die bürgerlichen Bundesratsparteien und die Arbeitgeberverbände die Vorlage aus finanziellen und föderalistischen Motiven ablehnten. Einige Gegner befürworteten allerdings anstatt eines Bundesgesetzes ein Bundesrahmengesetz. Dieser Links-Rechts-Konflikt und das Patt zwischen den Kantonen machen eine Realisierung eines einheitlichen Bundesgesetzes über die Familienzulagen relativ unwahrscheinlich, während ein Bundesrahmengesetz höhere Realisierungschancen haben dürfte.

Das Vernehmlassungsverfahren kanalisiert nicht nur den Widerstand von Kantonen und Verbänden, sondern ist in bezug auf die Zeitdimension auch mit Verzögerungseffekten verbunden. Exemplarisch kann dies mit dem bereits angeführten „Vernehmlassungsverfahren“ zur Schaffung einer Arbeitslosenversicherung aufgezeigt werden. 1894 wurden - einem Postulat der Räte folgend - die Verbände und Kantonsregierungen vom Industriedepartement zur Begutachtung der Frage eingeladen, ob der Bund zum Schutz bei Arbeitslosigkeit tätig werden sollte. Die letzten Stellungnahmen erreichten jedoch den Bundesrat erst im Jahr 1903, wodurch sich die Stellungnahme und der Bericht der Regierung an die Räte um zehn Jahre verzögerte (BBl 1923 II: 826).

Die außerparlamentarischen Kommissionen bieten besonders für die größeren Kantone einen weiteren Kanal zur Einflußnahme auf den Willensbildungsprozeß. Die Kantone bzw. ihre Vertreter treten hier mit der Bundesverwaltung und verbandlichen Funktionären in Interaktion. Im Mittelpunkt steht dabei eine erste vertikale Interessenakkordierung zwischen Bund und Kantonen sowie gleichzeitig die korporative Konzertierung zwischen Staat und Verbänden. Diese von Experten dominierten Kommissionen nehmen eine zentrale Stellung im Rahmen des Gesetzgebungsprozesses ein.
Die Direktorenkonferenzen repräsentieren einen informellen Mechanismus zur horizontalen Politikkoordinierung, v.a. in Bereichen, in denen die Kantone wesentliche Kompetenzträger sind und wo aufgrund der materiellen Heterogenität ein Harmonisierungs- und Konsultationsbedarf entsteht. Sozialpolitisch von Relevanz sind die Direktorenkonferenzen der Fürsorge- und Finanzdirektoren. Mitglieder in diesen Gremien sind die kantonalen Departementsvorsteher, zu denen meist auf Einladung der jeweilige Bundesrat hinzustößt. Die Direktorenkonferenzen erarbeiten Empfehlungen und Stellungnahmen, die es anwesenden Bundesvertretern erlauben, das Meinungsklima in den Kantonen auszuloten und zu sondieren (Frenkel 1986: 331). Stößt ein Reformprojekt aus Bern in diesem Kreis auf breite Ablehnung, ist eine Durchsetzung gegen den Willen der Direktorenkonferenz kaum mehr möglich. Als etwa Mitte der 90er Jahre im Bund Bestrebungen auftauchten, den Bund angesichts der gestiegenen Arbeitslosigkeit über ein Sozialhilferahmen- und Lastenausgleichsgesetz stärker in das Fürsorgewesen einzubinden, stieß dieses Vorhaben auf heftigen Widerstand bei den Fürsorgedirektoren. Die Direktorenkonferenz berief sich auf das Subsidiaritätsprinzip und verwies auf den Umstand, daß der Fürsorgebereich seit jeher neben dem Schul- und Gesundheitswesen das dritte Standbein kantonaler Regelungssouveränität sei (Zürcher 1995: 94) und konnte so bundesstaatliche Interventionsbestrebungen bereits im Keim ersticken.

4.4 Wie wirkt Föderalismus auf die schweizerische Sozialpolitik?

Paul Pierson (1995b) hat darauf aufmerksam gemacht, daß das Verhältnis zwischen Föderalismus und Sozialpolitik keine Einbahnstraße darstellt, sondern nur entlang nationalspezifischer institutioneller Arrangements ausgelotet werden kann. Die schweizerischen Kantone beugten - im Gegensatz zu den US-Bundesstaaten - einer auf heterogenen regionalen Sozialsystemen basierenden wechselseitigen Konkurrenzierung zwischen den Kantonen und den damit einhergehenden Wanderungsbewegungen von Kapital und Arbeit vor, indem sie bei den sozialpolitischen Normierungen Exit-Optionen weitgehend ausschalteten. In den in Kantonskompetenz verbliebenen Sozialpolitikbereichen haben die Kantone zum Teil Schranken eingebaut, um einer sozialpolitisch motivierten Migration vorzubeugen. Zwei Beispiele sollen dies verdeutlichen: In der Sozialhilfe galt abgesehen von abweichenden interkantonalen Konkordaten bis 1975 der Grundsatz, daß die Kantone prinzipiell nur für Angehörige des Heimatkantons leistungspflichtig bzw. nur in Notfällen gegenüber kantonsfremden Bürgern kostenpflichtig waren. Ein aktuelleres Beispiel für Zugangsschranken zu kantonalen Leistungen bietet etwa der Kanton Genf, der angesichts einer hohen Arbeitslosenquote mit der Einführung eines Mindesteingliederungseinkommens (RMI) neue Wege in der Arbeitslosenhilfe beschritten hat, gleichzeitig jedoch mehrjährige Wartefristen für kantonsfremde Schweizer Bürger und Ausländer festgelegt hat. In wichtigen dezentral regulierten Sozialpolitikbereichen wurde und wird ein „voting by feet" damit erst gar nicht ermöglicht. Auch auf der Kostenseite sind bei den kantonal regulierten Familienzulagen die Beitragssätze zu wenig differenziert, um auf Standortentscheide der Unternehmen einen relevanten Einfluß auszuüben, vielmehr dürfte in diesem Zusammenhang die sehr heterogene Ausgestaltung der kantonalen Steuer- und Abgabensysteme den entscheidenden Ausschlag für unternehmerische Eintritts- oder Austrittsentscheidungen ausüben. Die Gefahr von föderalismusbedingten Spiralen im Leistungsrecht nach unten - wie sie Pierson für die USA konstatiert - ist für die Schweiz somit eher gering. Neben den bereits erwähnten Zugangsschranken zielt der Ständerat auf eine Politik des wirtschaftlichen Ausgleichs zwischen den Kantonen ab. Die Beiträge der Kantone zur Krankenversicherung, zur AHV/IV und den Ergänzungsleistungen wurden unter kräftiger Mithilfe der kleinen Kammer nach der Finanzkraft der einzelnen Kantone abgestuft. Außerdem versuchen private Organisationen gerade im Leistungsbereich auf eine Standardisierung der heterogenen kantonalen Sicherungssysteme zu drängen und Lücken der staatlichen Sozialpolitik gezielt zu füllen. Die Kantone nehmen ferner von der Möglichkeit des Trittbrettfahrens kaum Gebrauch, da sie etwa durchwegs den Höchstsatz bei den Ergänzungsleistungen ausrichten und sich bei der Bemessung der Sozialhilfe überwiegend an den Richtsatzvorschlägen der SKOS orientieren. Eine gegenläufige Entwicklung zeichnet sich jedoch mit dem neuen Krankenversicherungsgesetz ab. Die darin den Kantonen eingeräumte Möglichkeit zur Subventionierung der Prämien für Personen in wirtschaftlich bescheidenen Verhältnissen eröffnet ein Sparpotential, von dem auch Gebrauch gemacht wird, da die bereitgestellten Mittel kantonal sehr unterschiedlich an die dafür vorgesehene Zielgruppe ausgeschüttet werden: Während im Kanton Freiburg eine Familie mit vier Kindern und einem steuerbaren Einkommen von 40.000 Franken drei Viertel der Jahresprämie für die Grundversicherung (5.600 Franken) vergütet bekommt, geht die gleiche Familie im Kanton Bern leer aus (Zeitschrift für öffentliche Fürsorge 1996/3: 33). Die Problematik eines auf föderalistischer Konkurrenz basierenden Sozialdumpings hat schließlich auch aufgrund der Zentralisierung der Sozialversicherung und der damit verbundenen Leistungsvereinheitlichung auf Bundesebene im Zeitverlauf an Bedeutung verloren. Föderalistische Konkurrenz in der Sozialpolitik löst damit in der Schweiz kein „race to the bottom" aus, indem manche Kantone mittels Sozialdumping versuchen, kompetitive Standortvorteile zu generieren.

Dämpfende und retardierende Auswirkungen auf die schweizerische Sozialpolitik zeitigt(e) der Föderalismus nicht wegen der Möglichkeit von Leistungsspiralen nach unten, sondern wegen der ausgeprägten finanz- und sozialpolitischen Politikverflechtung zwischen Bund und den Kantonen sowie aufgrund unzureichender Kongruenz zwischen der Steuerungs- und Finanzhoheit auf dem Gebiet der Sozialversicherungen, wodurch starke Schranken gegen Ausgabenerhöhungen konstituiert werden. Diese finanz- und sozialpolitische Politikverflechtung erhöht zudem die Zahl möglicher Vetospieler, denen als Artikulationsplattform ihrer Interessen eine breite Palette von institutionellen Blockadechancen zur Verfügung steht. Kantonale Vetos können über vier Schienen artikuliert und effektiviert werden. Erstens sind die Kantone in den bundestaatlichen Willensbildungsprozeß eingebunden, wo ihnen das Vernehmlassungsverfahren und die außerparlamentarischen Kommissionen eine erste Positionierung ihrer Interessen erlauben. Der Bikameralismus mit dem der Volkskammer gleichgestellten Ständerat, der zudem die politischen Kräfteverhältnisse zugunsten sozialstaatsskeptischer Kräfte verlagert, erlaubt zweitens den Kantonen die Ausfilterung zentralstaatlicher und interventionistischer Regulierungs- und Politikoptionen. Drittens ist der Bund als Normensetzer in den meisten Zweigen der Sozialversicherung im Hinblick auf die Finanzierung der Sozialpolitik auf die Zustimmung der Kantone angewiesen, da aufgrund der beschriebenen Finanzstruktur seine finanziellen Möglichkeiten zur Penetrierung der Sozialpolitik mit öffentlichen Geldern limitiert sind. Sein sozial- und wirtschaftspolitischer Handlungsspielraum ist daher äußerst gering. Will der Bund etwa einen finanzwirksamen Ausbau der Sozialpolitik durchsetzen, benötigt er zu diesem Zweck zusätzliche Steuermittel. Für die Einführung neuer Steuern benötigt er die Zustimmung der Kantone in einem obligatorischem Referendum, die insofern schwer erzielt werden kann, als es sich hier meist um Nullsummenspiele handelt, da neue Bundeseinnahmen auf Kosten kantonaler Steuereinnahmen und damit auf Kosten kantonaler Souveränität gehen. Versucht der Bund wiederum bestehende Bundessteuern zu erhöhen, riskiert er wegen der damit verbundenen Aktivierung des Steuerwiderstandes die Initiierung eines Referendums. Die vierte Schiene kantonaler Mitwirkungsmöglichkeit verläuft über die direkte Demokratie. Kompetenzverschiebungen in der Sozial- und Finanzpolitik zwischen dem Bund und den Kantonen oder durch Volksinitiativen angeregte Verfassungsänderungen erfordern die Zustimmung der Gliedstaaten, wodurch einer Ausweitung von Bundeskompetenzen enge Grenzen gesetzt sind.

Zusammenfassend kann festgestellt werden, daß der hochgradig ausgeprägte Föderalismus auf drei Arten den Entwicklungsverlauf und die Entwicklungsdynamik des schweizerischen Sozialstaates beeinflußt hat. Diese drei interdependenten föderalismusbedingten Sozialstaatseffekte sind ein starker Ausgabenbegrenzungseffekt nach oben, ein Struktureffekt hinsichtlich der gewählten Politikoptionen sowie ein zeitlicher Lag-Effekt infolge der Zweiphasengesetzgebung. Alle diese Effekte finden ihren Ausgangspunkt in der ursprünglichen sozial- und finanzpolitischen

Kompetenzverteilung zwischen Bund und Kantonen mit ihrem Primat kantonaler Regulierungshoheit.

4.4.1 Struktureffekt

Der Struktureffekt geht auf die ursprünglich fehlenden Bundeskompetenzen auf dem Gebiet der sozialen Sicherheit zurück. Die in der ursprünglichen Bundesverfassung von 1874 festgeschriebene Kantonszuständigkeit in der Sozialpolitik führte zur Ausgestaltung einer Vielzahl an kantonalen, privaten und betrieblichen Sicherungssystemen. Die früh einsetzende Industrialisierung führte angesichts der fehlenden sozialpolitischen Gesetzgebungskompetenz des Bundes und der damit automatisch vorgegebenen Zuständigkeit der Kantone zur sozialpolitischen Gegensteuerung auf lokaler und kantonaler Ebene. Dies bedingte eine beträchtliche Ausdifferenzierung dezentraler Sicherungssysteme unter privater, betrieblicher, kommunaler oder kantonaler Trägerschaft. Diese Einrichtungen und speziell ihre Organisationsstrukturen entwickelten eine strukturelle Eigendynamik, die der Bund nach der Übertragung der Gesetzgebungskompetenz bei seinen Ausführungsgesetzen zu berücksichtigen hatte. Mit dem zunehmenden sozialpolitischen Engagement des Bundes ging ein Kampf um die Organisation und dem Vollzug einzelner Sozialprogramme einher, wobei die Policylösungen auf dezentraler Ebene auf die getroffenen Bundeslösungen abgefärbt und diese mitdeterminiert haben: Zentralistische Lösungsmuster gegen den Willen der Betroffenen konnten „von oben" nicht durchgesetzt werden, Bundesrat und Parlament mußten in der Sozialpolitik die Macht bestehender Strukturen in Form von Referendumsniederlagen mehrmals zur Kenntnis nehmen. Hinsichtlich der strukturellen Ausgestaltung bundeseigener Sozialgesetze mußte der Bund bei seinen sozialstaatlichen Interventionsbestrebungen auf die historisch gewachsenen Einrichtungen sozialer Sicherheit Rücksicht nehmen, da mit dem Referendum den Trägern dieser Programme ein mächtiges potentielles Vetoinstrument zur Verfügung stand. Diese Träger waren - wie im nächsten Abschnitt gezeigt wird - bei der Verteidigung gewachsener Strukturen durchaus erfolgreich, sodaß über ein Policy-Feedback die strukturelle Ausgestaltung des schweizerischen Sozialstaates erheblich mitgeformt wurde. Im Rahmen einer Konfliktminimierungsstrategie beschränkte sich der Bund vor 1945 daher auf die Implementierung von Rahmen- und Subventionsgesetzen, die dem dezentralen Kassenwesen übergestülpt wurden und in materieller Hinsicht lediglich Mindestvorschriften normierten. Der Bund konzentrierte sich auf die Zulassung der Kassen, delegierte strittige Fragen wie jene nach Einführung einer Versicherungspflicht an die Kantone und regulierte im Hinblick auf das Leistungsspektrum lediglich Mindestleistungen, wodurch den dezentralen Programmträgern ein breiter Spielraum überlassen und der enorme Trägerpluralismus konserviert wurde. In finanzieller Hinsicht beschränkte sich der Bund mit dem Ausschütten von Subventionen auf

die Schaffung von Anreizen zur Gründung neuer Kassen und ermöglichte gleichzeitig eine Vergünstigung der Prämien für die Versicherungsnehmer.
Einige Sicherungsprogramme unterliegen trotz formaler Bundeskompetenz immer noch der Regulierungshoheit der Kantone. Dieses Erbe des Föderalismus prägt in struktureller Hinsicht noch heute den schweizerischen Sozialstaat. Bei der Sozialversicherung fällt lediglich die Ausrichtung von Kinderzulagen für außerhalb der Landwirtschaft beschäftigte Personen in den Zuständigkeitsbereich der Kantone. Dies aber nur deshalb, weil der Bund die Kompetenz zur Gesetzgebung (nicht zuletzt wegen des Widerstands der Kantone) nicht ausgeschöpft hat bzw. nicht ausschöpfen konnte. Residuen der ehemals von den Kantonen ausgeübten sozialpolitischen Regulierungskompetenz finden sich heute noch im Fürsorgebereich und an der Schnittstelle zwischen Sozialversicherung und Sozialhilfe. Der Übergang von der Sozialversicherung zum Sozialhilfe-/Fürsorgebereich ist relativ unscharf und verläuft über Schnittstellen wie beispielsweise die Ergänzungsleistungen zur AHV/IV oder die Zusatzleistungen zur Sozialversicherung, die von Gemeinden oder Kantonen an bedürftige Empfänger/innen ausgeschüttet werden. An diesen Schnittstellen treffen private Organisationen und kantonale sowie lokale Behörden aufeinander, wodurch hier eine enge Verzahnung staatlicher und privater Sozialpolitik konstituiert wird. Dieser ausgeprägte public-private-Mix ist wiederum auf die Lähmung bundesstaatlicher Sozialpolitik in der Entstehungsphase des Sozialstaates zurückzuführen, als der private Sektor die durch die bundesstaatlichen Handlungssperren induzierten Sicherungslücken auffüllen mußte und dann allmählich in das System sozialer Sicherheit integriert wurde.
Die Sozialhilfe steht heute fast ausschließlich in der Kompetenz der Kantone. Kantonsangelegenheit ist trotz formaler Bundeskompetenz die Arbeitslosenhilfe, wo 19 der 26 Kantone entsprechende Programme kennen. Gerade an aktuellen Versuchen zur Standardisierung der Familienzulagen lassen sich die Schwierigkeiten ablesen, wenn versucht wird, ein dezentrales Netz an Einrichtungen sozialer Sicherheit unter dem Dach eines Bundesgesetzes zu vereinheitlichen.

4.4.2 Ausgabeneffekt

Auch der Ausgabeneffekt hängt mit der ursprünglichen Kantonssouveränität zusammen. Sowohl sozial- als auch finanzpolitische Bundeskompetenzen mußten in einem Aushandlungsprozeß den Kantonen abgerungen werden. Die dem Bund lange Zeit nur befristet eingeräumte Einkommenssteuerhoheit verunmöglichte eine langfristige Politikplanung. Der Bund war damit in der ressourcenintensiven Sozialpolitik auf Steuermittel der Kantone angewiesen, zumal sich diese weigerten, Steuerkompetenzen an den Bund abzutreten. Daraus resultierten auf dem Gebiet der Finanzierung massive Konfliktpunkte, die in langwierigen Entscheidungsprozessen ihren Niederschlag fanden.

Die hochgradige fiskalpolitische Politikverflechtung generiert starke Schranken gegenüber Ausgabensteigerungen in ressourcenintensiven Politikfeldern. Aufgrund der im internationalen Vergleich nach wie vor hohen finanzpolitischen Semisouveränität des Zentralstaates sind Variationen des sozialpolitischen Ausgabenniveaus nach oben nur relativ begrenzt möglich, wodurch expansive Sozialstaatsstrategien kaum durchsetzbar sind. Andererseits generiert der schweizerische Föderalismus in der Sozialpolitik keine Ausgabenspiralen nach unten, zumal der schweizerische Föderalismus nicht auf regionaler Konkurrenz, sondern auf regionaler Autonomie gründet. Bestehende Ausgabenniveaus sind daher kurzfristig relativ schwer und nur über langwierige Verhandlungsprozesse zu modifizieren. Diese budgetpolitische Unbeweglichkeit fand in der Überbremsung staatlicher Sozialpolitik in Form einer Politik der kleinen Schritte ihren Niederschlag. Die Finanzierung zahlreicher sozialpolitischer Programme besaß darüber hinaus lange Zeit den Charakter einer positiven Anreizfinanzierung, indem Subventionen des Bundes an die dezentralen Träger von der Erfüllung sozialpolitischer Mindestvorschriften abhängig gemacht wurden. Diese Subventionslösungen mit ihrer geringen bundesstaatlichen Regelungsdichte waren gleichzeitig ein Resultat der strukturellen Eigendynamik der historisch gewachsenen Sicherungssysteme und bildeten vor 1945 das dominante Regelungs- und Finanzierungsmuster der schweizerischen Sozialversicherung. Angesichts der fallweisen Lähmung und Unbeweglichkeit in der Fiskalpolitik wurde zur Finanzierung des Sozialstaats verstärkt auf parafiskalische Ressourcen zurückgegriffen. Im Rahmen einer Konfliktminimierungsstrategie wurden die Kosten des Sozialstaates damit auf die Arbeitgeber und Arbeitnehmer externalisiert. Die parteipolitischen Kräfteverhältnisse und referendumspolitische Gründe gaben wiederum den Ausschlag dafür, daß primär die Arbeitnehmer mit Beitragszahlungen belastet wurden, während die Arbeitgeber sowohl in der Kranken- als auch in der Arbeitslosenversicherung (bis 1976) verschont wurden. Diese Externalisierungsstrategie führte - und hier findet sich ein von der finanzpolitischen Politikverflechtung induzierter Struktureffekt - zu einer beitragsdominanten Finanzierung der schweizerischen Sozialversicherungen, die zudem den Vorteil besitzt, daß aufgrund der Koppelung von Leistungen an Beitragszahlungen der Abgabenwiderstand wohlhabender Bevölkerungsgruppen abgeschwächt wird.

4.4.3 Lag-Effekt

Während die finanzpolitische Politikverflechtung einen Niveaueffekt und die gewachsenen Sicherungssysteme einen Struktureffekt generierten, verursachte die Zweiphasengesetzgebung vorwiegend einen zeitlichen Lag-Effekt. Der institutionelle Überbau des Föderalismus - der Ständerat und die vorparlamentarischen Mitwirkungsmöglichkeiten der Kantone - boten die institutionelle Andockbasis zur Einbringung kantonaler Interessen. Das symmetrische Zweikammernsystem erzwang Kompromißlösungen, was wiederum den politischen Entscheidungsprozeß

zeitlich ausdehnte. Der Bikameralismus und die über das Mehrheitswahlrecht und das Senatsprinzip verlaufende Beschickung des Ständerats führten zusätzlich insofern zur Umgewichtung der politischen Kräfteverhältnisse, als die ohnedies vergleichsweise schwache Sozialdemokratie als Hauptträgerin interventionistischer Sozialstaatsoptionen institutionell weiter geschwächt wurde.
Obwohl die Kantone die Kompetenzübertragung an den Bund in der Sozialversicherung an der Stimmurne nicht sanktioniert haben, führten die mit den Kompetenzartikeln verbundenen Verhandlungen zu einem retardierenden Effekt, zumal dem Bund ursprünglich auf diesem Gebiet keinerlei Gesetzgebungskompetenzen eingeräumt waren. Dieser Verzögerungseffekt resultiert aus der Zweiphasengesetzgebung (Germann 1986). Zunächst mußte auf dem Gebiet der sozialen Sicherheit für jeden Sozialversicherungszweig eine entsprechende Revision der Bundesverfassung durchgeführt werden, erst danach konnte mit der Ausarbeitung der entsprechenden Ausführungsgesetze begonnen werden. Die Zeitspanne zwischen der Schaffung der Verfassungsgrundlage und dem Inkrafttreten des entsprechenden Ausführungsgesetzes betrug für die sozialversicherungsrechtlichen Kerngesetze (Kranken-, Unfall-, Arbeitslosen-, Invaliden- und Rentenversicherung) durchschnittlich mehr als zwei Jahrzehnte. Die Ursache dafür ist vielschichtig: Erstens werden bereits im Verfassungsartikel, d.h. in der ersten Phase des Gesetzgebungprozesses, zumeist materielle Struktur- und Handlungsleitlinien für die Ausführungsgesetze festgeschrieben, wodurch bereits diese Phase heftig umstritten ist. Die in fragmentierten Entscheidungssystemen erforderlichen Akkordierungs- und Verhandlungsprozesse zwischen einer Vielzahl von Akteuren strecken gerade im Konfliktfall die Länge des politischen Entscheidungsprozesses. Zweitens können sich während der Beratungen rund um den Kompetenzartikel Rahmenbedingungen, insbesondere solche ökonomischer Natur, verändern. Als Beispiel kann auf die Genese der Invalidenversicherung verwiesen werden. Schließlich kann gegen das Ausführungsgesetz das Referendum ergriffen werden, welches im Erfolgsfall die Materie zusätzlich aufschieben und im Extremfall überhaupt verhindern kann.
Das Hin- und Herschieben von Verantwortlichkeiten zwischen Bund und Kantonen verankerte weitere Trägheitsmomente in der staatlichen Sozialpolitik. Einige Kantone zögerten mit der Einführung kantonaler Sicherungssysteme und verließen sich diesbezüglich auf den Bund, während andere Kantone die Ausdehnung von Bundeskompetenzen strikt ablehnten. Der Bund wiederum hatte entweder keinerlei Kompetenzen oder war finanziell alleine nicht in der Lage, entsprechende Ausführungsgesetze zu schaffen. Schließlich bildete die Frage der Finanzierung des Sozialstaates eine wesentliche Ursache für den in zeitlicher Hinsicht verzögerten take-off des schweizerischen Sozialstaates, da die Ausdehnung der fiskalischen Basis des Bundes lange Zeit nicht zuletzt auch von den Kantonen blockiert wurde, während dem Bund bereits aber eine Reihe an sozialpolitischen Gesetzgebungskompetenzen übertragen worden waren. Diese Konstellation eröffnete eine der weni-

gen für die schweizerische Sozialpolitik relevanten Politikverflechtungsfallen im Scharpfschen Sinn.

4.4.4 Innovation

Die föderalismusbedingte bottom up-Entwicklung des schweizerischen Sozialstaates ist gleichzeitig auch ein Beispiel dafür, daß Föderalismus in der Sozialpolitik keineswegs zwangsweise ineffiziente Lösungsmuster oder ein „race to the bottom" bezüglich wohlfahrtsstaatlicher Leistungen impliziert, sondern auch ein erhebliches Innovationspotential beherbergt, wo bewährte oder neuartige regionale Sicherungssysteme einen Demonstrationseffekt für andere Gliedstaaten oder sogar für den Bund repräsentieren. Derartige Beispiele sind in der Schweiz hinsichtlich der Sozialpolitik genügend vorhanden. Ein eindringliches Beispiel ist etwa die Vorbildwirkung des Alterssicherungssystems des Kanton Glarus für die Ausgestaltung der AHV. Das Fabriksgesetz dieses kleinen Kantons bildete zudem eine bedeutende Vorlage für das auch in internationaler Hinsicht vorbildhafte eidgenössische Fabrikgesetz von 1877. Im internationalen Vergleich sehr früh wurde auf lokaler Ebene mit Renten- und Arbeitslosenversicherungssystemen experimentiert, allerdings scheiterte eine erfolgreiche Realisierung oft an der Kleinheit der Kommunen und Kantone und der Unmöglichkeit der Ausnutzung von spill-over Effekten. Hier ist exemplarisch auf die Stadt Bern zu verweisen, die 1893 erstmals in Europa eine öffentliche Arbeitslosenkasse eingerichtet hat, deren Effektivität aber aufgrund des kleinen Mitgliederkreises jedoch erheblich eingeschränkt war. Gewisse innovative und funktionstüchtige Sicherungssysteme haben aber immer wieder horizontal und vertikal ausgestrahlt und die Politikoptionen anderer Entscheidungsträger beeinflußt. Ein aktuelles Beispiel für innovative kantonale Sozialprogramme bietet die Einführung eines garantierten Wiedereingliederungseinkommens für Langzeitarbeitslose in den Kantonen Genf und Tessin, die angesichts hoher Arbeitslosigkeit neue Wege in der Sozial- und Arbeitslosenhilfe eingeschlagen haben. Im Rahmen föderalistischer Konkurrenz agierten die Kantone damit als Laboratorien der Demokratie, indem sie neuartige und auf die lokalen Gegebenheiten abgestimmte Lösungen kreierten, die bei ausreichender Funktionsfähigkeit Vorbildwirkung mitunter für die gesamte Eidgenossenschaft ausübten.
Auch der durch die Ausdünnung kantonaler Kompetenzen entstandene Vollzugsföderalismus besitzt neben möglichen ineffizienten Politikverflechtungskonstellationen zweifellos auch Vorteile. Steuerung und Programvollzug in regional abgegrenzten und überschaubaren Räumen reduziert nicht nur Informationskosten durch die Nutzung des dezentral gestreuten Wissens von Raum und Zeit (Hayek 1945), sondern verwirklicht über das System der Milizverwaltung und durch die Einbindung privater Organisationen gerade die durch die Ausdehnung der Staatsaufgaben beklagte mangelnde Bürgernähe und führt zu bürokratiedämpfenden Effekten. Dieser bürgernahen Programmabwicklung steht allerdings eine diskretionä-

re und - mit Blick auf die Sozialhilfe - oftmals auch stigmatisierende Komponente gegenüber.
In der Zusammenschau aller mit föderaler Gewaltenteilung verbundenen Vetopositionen liefert der schweizerische Föderalismus einen wichtigen Beitrag zur Erklärung der im internationalen Vergleich beträchtlichen zeitlichen und ausgabenniveauspezifischen Nachzüglerrolle des schweizerischen Wohlfahrtsstaates und liefert gleichzeitig erste Anhaltspunkte zur Erklärung seiner strukturellen Eigentümlichkeiten. Die Effekte der direkten Demokratie auf das Ergebnis sozialpolitischer Staatstätigkeit in der Schweiz werden im folgenden Abschnitt untersucht.

5 Direkte Demokratie

5.1 Instrumente, Stellenwert und Wirkungen der direkten Demokratie in der Schweiz

In bezug auf die Häufigkeit der Anwendung von Volksabstimmungen auf nationalstaatlicher Ebene nimmt die Schweiz mit ungefähr acht Abstimmungen im Jahr (Linder 1994: 95) im internationalen Vergleich unangefochten die Spitzenstellung ein. Noch häufiger finden direktdemokratische Abstimmungen auf kantonaler und lokaler Ebene statt. Zwischen 1848 und 1996 (Stand: März 1996) fanden auf eidgenössischer Ebene 431 direktdemokratische Abstimmungen statt. Auf nationalstaatlicher Ebene kennt nur Liechtenstein eine ähnlich breite Palette von direktdemokratischen Partizipationsmöglichkeiten des Souveräns (Waschkuhn 1997: 89). Weit abgeschlagen in bezug auf die Häufigkeit direktdemokratischer Volksabstimmungen folgen im internationalen Vergleich Australien, neuerdings Italien sowie einige Bundesstaaten der USA, wo direktdemokratische Abstimmungen jedoch vergleichsweise häufig angewandt werden. Beispielsweise gelangten in Kalifornien zwischen 1912 und 1990 265 Initiativvorlagen vor das Volk (Allswang 1991).

Die direkte Demokratie in der Schweiz kennt im wesentlichen drei Einrichtungen. Jede Verfassungsänderung sowie die Ratifizierung wichtiger internationaler Verträge (Mitgliedschaft in supranationalen Organisationen) unterliegen einem obligatorischen Referendum und erfordern in der Abstimmung sowohl eine Volksmehrheit als auch die Mehrheit der Stände (Kantone). Ebenfalls eine doppelte Mehrheit benötigt eine von (derzeit) mindestens 100.000 Bürger/innen unterstützte Volksinitiative zur partiellen Änderung der Bundesverfassung in Form eines Begehrens auf Erlaß, Aufhebung oder Abänderung bestimmter Artikel in der Bundesverfassung. Bei der Initiative auf Partialrevision der Bundesverfassung können zwei Formen unterschieden werden: Entweder kann die Initiative in Form einer allgemeinen Anregung gestellt werden oder sie wird als detailliert ausgearbeiteter Entwurf eingereicht. Wird sie als allgemeine Anregung eingebracht, muß das Parlament, sofern es dem Inhalt zustimmt, die Partialrevision entsprechend dem Ansinnen der Initianten ausarbeiten und sie anschließend dem Volk und den Kantonen zur Abstimmung unterbreiten. Lehnt das Parlament hingegen das Ansinnen der allgemeinen Anregung ab, so wird die Anregung dem Volk zur Abstimmung unterbreitet. Wenn sich eine Mehrheit für die Partialrevision findet, muß die Bundesversammlung mit der Ausarbeitung der Revision im Sinn des Volksentscheids beginnen.

Wird die Initiative in Form eines detailliert formulierten Entwurfes eingebracht und gelingt es innerhalb von 18 Monaten die erforderliche Anzahl von 100.000 Unterschriften zu sammeln, beginnt die parlamentarische Behandlung der Materie. Der Bundesrat hat zunächst 24 Monate Zeit, um eine Stellungnahme zur Initiative

abzugehen. Bereitet er einen Gegenentwurf vor, so verlängert sich diese Frist um 6 Monate. Die Bundesversammlung hat wiederum vier bzw. bei Vorbereitung eines Gegenentwurfes 5 Jahre Zeit, einen Verwerfungs- oder Annahmebeschluß zu treffen. Weiters kann sie die Initiative auf Einheit der Materie prüfen und gegebenenfalls die Initiative für ungültig erklären (Möckli 1994: 101-102). Stimmt die Bundesversammlung der Initiative zu, gelangt die Vorlage vor das Volk, wobei zwischen der Einreichung der Initiative und dem effektiven Abstimmungstermin zumeist mehrere Jahre verstreichen.
Im Fall der Nichtzustimmung kann die Bundesversammlung einen Gegenentwurf unterbreiten, der gemeinsam mit der Initiative zur Abstimmung gelangt, sofern die Initianten ihre Initiative nicht zurückziehen, was besonders dann wahrscheinlich ist, wenn Parlament und Bundesrat einige ihrer Anliegen im Gegenvorschlag oder im laufenden Gesetzgebungsprozeß berücksichtigen. Die Stimmbürger müssen seit 1987 bei Vorliegen einer Initiative samt Gegenvorschlag darüber entscheiden, ob sie die Initiative oder den Gegenentwurf präferieren und ferner darüber entscheiden, welche der beiden Vorlagen sie bevorzugen, wenn Volk und Kantone beide Vorlagen gutheißen. Bis 1987 war ein solches Doppel-Ja unzulässig (Möckli 1994: 103). Auch den Kantonen steht gemäß Art. 93 Abs. 2 BV das Initiativrecht zu, welches für die Sozialpolitik allerdings eine nur marginale Rolle spielte (Bratschi 1969).
Schließlich besteht bei Erbringung von mindestens 50.000 Unterschriften innerhalb einer Rahmenfrist von 90 Tagen mit dem fakultativen Referendum die Möglichkeit, jedes parlamentarische Gesetz, allgemeinverbindliche Bundesbeschlüsse und bestimmte internationale Verträge (Staatsvertragsreferendum) einer Volksabstimmung zu unterwerfen, wobei die einfache Volksmehrheit entscheidet. Auch acht Kantone können die Abhaltung eines fakultativen Referendums erzwingen, allerdings wurde von dieser Möglichkeit bislang noch nie Gebrauch gemacht. Seit 1949 kann auch das Referendum gegen dringliche Bundesbeschlüsse ergriffen werden, welche in diesem Fall ein Jahr nach ihrer Beschlußfassung ihre Gültigkeit verlieren, sofern das Volk nicht innerhalb dieser Frist die Zustimmung erteilt hat. Abbildung 35 zeigt die nach Referendumstyp gegliederte Häufigkeit und die Ergebnisse sämtlicher eidgenössischer Urnengänge für den Zeitraum zwischen 1848 und 1996. Ungefähr jedes vierte obligatorische Referendum wird vom Volk bzw. den Kantonen verworfen. Dieses beträchtliche Vetopotential wird primär dahingehend interpretiert, daß dem Bund nur zögerlich neue Kompetenzfelder überschrieben werden (Linder 1994). Noch höher ist das „Vetovoting“ beim fakultativen Referendum, wo ca. jede zweite Vorlage erfolgreich zu Fall gebracht wird. Allerdings muß in diesem Zusammenhang berücksichtigt werden, daß nur gegen eine verschwindende Minderheit von weniger als 10 % des parlamentarischen Outputs das Referendum ergriffen wird. Kommt ein Referendum allerdings zustande, besteht statistisch für Befürworter und Gegner der Vorlage eine 50:50 Erfolgschance. Eine äußerst geringe Erfolgsquote besitzt hingegen die Volksinitiative zur partiellen

Änderung der Bundesverfassung. In den 105 Jahren ihres Bestehens waren nur 10% der eingebrachten Initiativen erfolgreich. Wird zu einer Initiative ein Gegenvorschlag unterbreitet, besitzt dieser zwar eine höhere Erfolgschance, mit einer Verwerfungsquote von 53% ist die Wahrscheinlichkeit des Scheiterns aber ebenfalls beträchtlich.

Abbildung 35. Anzahl und Ergebnisse eidgenössischer Abstimmungen 1848-1996.

Typ	Angenommen	Verworfen	Total	Verworfen in %
Obligatorische Referenden	139	48	187	25,6
Fakultatives Referendum	62	65	127	51,1
Volksinitiativen	10	94	104	90,3
Initiativen mit Gegenentwurf*			13	
Initiative	2	11		84,6
Gegenentwurf	6	7		53,8
			431	

*Anmerkung: * Initiativen mit Gegenentwurf wurden nur einmal gezählt. Quelle: Statistisches Jahrbuch der Schweiz (1997: 389).*

Neben diesen direkten Wirkungen der Einrichtungen der direkten Demokratie sind auch die indirekten Effekte der direkten Demokratie von großer Wichtigkeit. So hat die Einführung des fakultativen Referendums den Politikstil markant verändert, indem etwa die Interessengruppen in den vorparlamentarischen Gesetzgebungsprozeß verstärkt einbezogen wurden, um die Wahrscheinlichkeit einer Referendumsinitiierung zu reduzieren (Neidhart 1970). In den parlamentarischen Verhandlungen wird ein Interessenausgleich angepeilt, der Gewinne und Verluste über die Verhandlungspartner verteilt (Borner/Brunetti/Straubhaar 1994), insbesonders müssen hier referendumsfähige Interessen befriedigt werden. Damit wurde bei den politischen Entscheidungsprozessen die Mehrheitsregel durch Verhandlungslösungen im Sinn einer All win-Strategie abgelöst. Die resultierenden Konsens- oder Kompromißlösungen zwischen den diversen Interessen haben eine höhere Realisierungschance als Vorlagen, die bestimmte - d.h. v.a. gut organisierte Interessen (Brunetti/Straubhaar 1996) - übergehen und damit eine Referendumsergreifung riskieren. Der Preis für die Vermeidung von Konfliktkosten wie Streiks, politische Instabilität etc. sind aber hohe Transaktionskosten, die die Chance eines raschen und fundamentalen Politikwandels reduzieren.
Auch die Volksinitiative besitzt indirekte Wirkungen, die ihre auf den ersten Blick scheinende Erfolglosigkeit relativieren. Während das fakultative und obligatorische Referendum den parlamentarischen Output potentiell sanktionieren können, bildet die Volksinitiative ein Instrument zur Inputgestaltung im Sinn eines Agenda-settings (Möckli 1995). Mit diesem Instrument können neuartige Themenanliegen in das politische System eingebracht werden und die politischen Entscheidungsträ-

ger mobilisiert werden. Der Bundesrat und das Parlament sowie im Zuge des Abstimmungskampfes auch die Stimmbürger/innen sind zu einer thematischen Auseinandersetzung mit dem Anliegen der Initianten gezwungen. Trotz einer Ablehnung kann eine Initiative insofern erfolgreich sein, als entweder Teile des Anliegens vom Bundesrat bzw. dem Parlament aufgegriffen und auch realisiert werden oder daß ein politisches Anliegen Eingang in den öffentlichen Diskurs findet und so zum Gegenstand politischer Auseinandersetzung wird. Die Lancierung einer Initiative übt hier die Funktion eines Verhandlungspfands aus, mit dem der formelle Entscheidungsprozeß aktiviert werden kann (Hofer 1987). Greift der Bundesrat partiell Anliegen im Sinn der Initianten auf, kann eine Initiative jederzeit zurückgezogen werden.
Empirische Untersuchungen zu den eidgenössischen Urnengängen bestätigen für die Schweiz eindeutig den direkten und indirekten Vetocharakter des Referendums mit seinen ausgeprägten konservativ-retardierenden Effekten auf die politische Innovationsfähigkeit, während diese andererseits mittels Volksinitiative stimuliert und beschleunigt werden kann (Werder 1978; Hertig 1984; Möckli 1994; Linder 1992, 1994). Ein gleichlautender Befund kann grosso modo auch für die Sozialpolitik ausgestellt werden.

5.1.1 Direkte Demokratie und Sozialpolitik

Vergleichende empirische Untersuchungen haben für repräsentative Demokratien zumindest für die zweite Hälfte des 20. Jahrhunderts starke sozialstaatsstimulierende Impulse nachgewiesen (Huber/Ragin/Stephens 1993; Schmidt 1997, 1998). Diese Befunde basieren im wesentlichen auf der theoretischen Überlegung, daß Wahlen in entwickelten Demokratien nur mit den Stimmen der Sozialstaatsklientel gewonnen werden können. Zusätzlich stimuliert der Parteienwettbewerb den Kampf um den Medianwähler und führt so zur ideologischen „Ansteckung" unter den Parteien (Hicks/Swanck 1992), wodurch auch sozialstaatsskeptische Parteien gezwungen sind, sozialpolitisches Profil zu zeigen, falls sie eine Chance auf einen Wahlsieg wahren wollen. Diese mit dem Parteienwettbewerb assoziierte ausgabenexpansive Wirkung von Wahlen ist zudem elementarer Bestandteil der Theorie des politischen Konjunkturzyklus (vgl. Sturm 1995: 35).
Im Hinblick auf die Wirkungen der direkten Demokratie auf Staatstätigkeit kann aus theoretischer Perspektive keine eindeutige Antwort erteilt werden (Wagschal 1997: 226). Während Autoren wie Hayek (1991) vor den Gefahren der Mehrheitsherrschaft warnen, indem eine unterprivilegierte Mehrheit - geleitet von einem nach Hayek ohnehin fiktiven Streben nach sozialer Gerechtigkeit - einer reichen Minderheit finanzielle Leistungen abringt, sehen Vertreter der Neuen Politischen Ökonomie direktdemokratische Abstimmungen als taugliches Instrument zur Disziplinierung von nach rent-seeking strebenden Politikern und einer nutzenmaximierenden Bürokratie sowie als Instrument zur Zerschlagung politischer Kartelle

(Willy Linder 1987; Frey/Bohnet 1993). Referenden repräsentieren aus dieser Sicht wirksame Barrieren, um staatliche Bürokratien und Politiker von ihrem, aus Eigeninteresse an sich selbst geleitenden, Drang zur Ausgabenexpansion abzuhalten. Damit werden mit Blick auf die Sozialstaatlichkeit sowohl ausgabenexpandierende als auch ausgabendämpfende Effekte erwartet: „In many cases only history can reveal the effects of institutional mechanisms“ (Linder 1994: 101). Uwe Wagschal (1997) konnte in einem internationalen Vergleich zeigen, daß die direkte Demokratie hauptsächlich mit ausgabendämpfenden Effekten verknüpft ist und damit starke Schranken für die Expansion der Staatstätigkeit konstituiert. Dieser Befund gilt besonders für die Schweiz, wobei hinsichtlich der Wirkungsrichtung zwischen den einzelnen Instrumenten der direkten Demokratie differenziert werden muß (Abbildung 36).

Abbildung 36. Ausgabeneffekte der direkten Demokratie in der Schweiz, gegliedert nach Abstimmungstyp (1848-1996).

Typ	Oligatorisches Referendum	Fakultatives Referendum	Volksinitiativen	Total
Expansiv	22	14	3	39
Restriktiv	21	20	21	62

Anmerkungen: Expansiv = Summe der angenommenen expansiven Steuer- und Ausgabenreferenden und der verworfenen restriktiven Steuer- und Ausgabenreferenden. Restriktiv = Summe der angenommenen restriktiven Steuer- und Ausgabenreferenden und der verworfenen expansiven Steuer- und Ausgabenreferenden. Quelle: Wagschal (1997: 232).

Diese ausgabendämpfenden und hinsichtlich der Steuerpolitik einnahmendämpfenden Effekte der direkten Demokratie sind ein Schlüssel zum Verständnis der im internationalen Vergleich geringen Steuerquote in der Schweiz, der geringen Verschuldung der Schweiz (Wagschal 1996) sowie des kleinen öffentlichen Sektors in der Schweiz (Hirter 1997). Ähnliche Ausgabeneffekte der direkten Demokratie können auch bezüglich der ressourcenintensiven Sozialpolitik konstatiert werden. Hinzu kommen retardierende policywirksame Effekte der direkten Demokrate, die die Entwicklungsdynamik und die strukturelle Ausgestaltung des Sozialstaates entscheidend determiniert haben. Die am Ende des 19. Jahrhunderts von Teilen der Arbeiterschaft - etwa vom Zürcher Arbeiterführer der Demokraten K. Bürkli - gehegten Hoffnungen, ihre soziale Lage mittels der direkten Demokratie zu artikulieren und in konkrete Maßnahmen umsetzen zu können, haben sich relativ rasch zerschlagen. Abbildung 37 zeigt Anzahl und Ausgang sämtlicher eidgenössischer sozialversicherungsrelevanten Abstimmungen zwischen 1891 und 1.1.1998. Im Vergleich mit dem Gesamttrend weichen die Abstimmungsergebnisse sowohl nach oben als auch nach unten ab. Während im Gesamttrend jedes vierte obligatorische Referendum verworfen wurde, wurde kein einziger sozialpolitischer Kompetenzartikel von Volk und Kantonen ausgehebelt. Der Bund hatte sowohl in der Bundesverfassung von 1848 als auch in der ursprünglichen Fassung der Bundesverfassung von 1874 mit Ausnahme der Arbeiterschutzgesetzgebung keine Kompetenz zu einer sozialpolitischen Gesetzgebung, und zwar auch nicht eine solche über das Zivilrecht (Maurer 1980: 759).

Abbildung 37. Sozialversicherungsrelevante eidgenössische Abstimmungen 1890-1998.

Typ	**Insgesamt**	**Angenommen**	**Verworfen**	
			absolut	in Prozent
obligatorisches Referendum	6	6	0	0%
fakultatives Referendum	14	8	6	42,8%
Volksinitiativen	11	0	11	100%

Datenbasis: Bundesamt für Statistik.

Die sozialpolitischen Aktivitäten konzentrierten sich daher zunächst auf die Schaffung einer entsprechenden Verfassungsbasis. Wie bereits im Abschnitt über Föderalismus gezeigt wurde, wurde zwar kein einziger Verfassungsartikel verworfen, allerdings erstreckte sich dieser Prozeß der sozialpolitischen Kompetenzüberlagerung von den Kantonen auf den Bund über annähernd sechzig Jahre und eröffnete gegenüber unitaristisch verfaßten Staaten einen erheblichen Zeitrückstand. Massive Konflikte entzündeten sich jedoch in Zusammenhang mit den sozialpolitischen Ausführungsgesetzen.

5.2 Fakultatives Referendum und Sozialpolitik

Gegen sozialversicherungsrelevante Vorlagen wurde vierzehnmal das fakultative Referendum ergriffen, wobei sich zehn Referenden gegen Legislativakte zur Krankenversicherung und zur Alters- und Hinterlassenenversicherung und zwei Referenden gegen Beschlüsse zur Arbeitslosenversicherung richteten (Abbildung 38). Je ein Referendum wurde gegen das Bundesgesetz betreffend die Alters- und Invalidenversorgung der eidgenössischen Beamten und Angestellten sowie gegen eine Revision des Tuberkulosegesetzes, das allerdings in enger Beziehung zur Krankenversicherung stand, ergriffen.

Abbildung 38. Sozialversicherungsrelevante fakultative Referenden 1874 -1998.

Datum	Gesetz	Initiiert von/ Referendumskomitee[a]	WK	SB	Ja	Nein
15.03.1891	BG betreffend die arbeitsunfähig gewordenen eidg. Beamten und Angestellten	Bauernschaft	+	68,6	20,6	79,4
20.05.1900	BG über die Kranken- und Unfallversicherung mit Einschluß der Militärversicherung (Lex Forrer)	rechtsbürgerliches Komitee[b]	+	66,7	30,2	69,8
04.02.1912	BG über die Kranken- und Unfallversicherung	Kaufmännische Gesellschaft Zürich (Unternehmer, Liberale)	+	64,2	54,4	45,6
06.12.1931	Bundesgesetz über die Alters- und Hinterlassenenversicherung (Lex Schulthess)	Rechtsbürgerliches Komitee[c], Kommunisten, Frontisten	+	78,1	39,7	60,3
06.07.1947	Bundesgesetz über die Alters- und Hinterlassenenversicherung	Referendumskomitee zur eidg. Alters- und Hinterlassenenversicherung (rechtsbürgerlich)	+	79,6	80,0	20,0
22.05.1949	Bundesgesetz über die Ergänzung des Bundesgesetzes vom 13. Juni 1928 betrefend die Maßnahmen gegen die Tuberkulose	Aktionskomitee zur Unterstützung des Referendums gegen das BG betreffend das [...] (rechtsbürgerlich)	(+)	61,0	24,8	75,15
05.10.1952	Bundesgesetz betreffend die Abänderung von Bestimmungen über die fiskalische Belastung von Tabak im AHV-Gesetz	Aktionskomitee gegen die Tabakkontingentierung, Zürcher Freisinnige	o	52,6	68,0	32,0
26.02.1978	Bundesgesetz über die Alters- und Hinterlassenenversicherung (9. AHV-Revision)	Referendumskomitee Alters- und Hinterlassenenversicherung (rechtsbürgerlich)	+ /-	48,3	65,6	34,4
06.12.1987	Bundesgesetz über die Krankenversicherung plus Einführung einer Mutterschaftsversicherung	- Schweizerisches Komitee gegen mißbräuchliche Lohnabzüge und das unsoziale Mutterschaftstaggeld (c/o Schweiz. Gewerbeverband) - Schweizerische. Gesellschaft für freiheitliche Medizin - Comitée d´opposition á la révision de l´assurance maladie	+	47,6	28,7	71,3

26.09.1993	Bundesbeschluß über befristete Maßnahmen gegen die Kostensteigerung in der Krankenversicherung	Partei der Arbeit (PdA)	+/-	39,8	80,5	19,5
26.09.1993	Bundesbeschluß über Maßnahmen in der Arbeitslosenversicherung	Schweizerischer Gewerkschaftsbund (SGB)	+ / -	39,7	70,4	29,6
04.12.1994	Bundesgesetz über die Krankenversicherung	Schweizerisches Referendumskomitee gegen eine zu teure Krankenversicherung und für echte Reformen im Gesundheitswesen (c/o SWICA-Krankenversicherung und Winterthurversicherung).	+	43,7	51,8	48,2
25.06.1995	Bundesgesetz über die Alters- und Hinterlassenversicherung (10. AHV-Revision)	SGB, SGB, "Femmes suisses"	+ / -	40,4	60,7	39,3
28.09.1997	Bundesbeschluß über die Finanzierung der Arbeitslosenversicherung	- Association pour la défense des chomeurs - Coordination reférendaire	-	40,1	49,2	50,8

Anmerkungen. SB=Stimmbeteiligung; WK=Wirkung. Wirkung der Vorlage: „+" = Ausbau des Sozialstaates durch Leistungsexpansion oder erleichterte Zugangsbedingungen, "-" = Leistungskürzungen oder Verschärfung der Zugangsbedingungen; „+/-" = selektiver Aus- und Rückbau des Sozialstaates bestehend einerseits aus Leistungsausdehnungen andererseits aus Leistungskürzungen oder/und verschärften Zugangsbedingungen; „o" = neutrale Wirkung: Das Gesetz verordnete eine Tabakkontingentierung zum Schutz der heimischen Anbieter. Dadurch gingen Mindereinnahmen für die AHV einher, die jedoch keine Auswirkungen implizierten, zumal die Einnahmen aus der Tabakbesteuerung die präliminierten Einnahmen deutlich übertrafen.

Kodierung der Wirkungsrichtung gemäß Bundesblatt. Datenbasis: Bundesamt für Statistik. Die Daten zu den Referendumskomitees wurden freundlicherweise von Dr. Hans-Urs Wili (Bundeskanzlei Bern) und Dr. Hans Hirter (Universität Bern) zur Verfügung gestellt.

a = Die Eruierung von Referendumskomitees ist relativ schwierig, da im Gegensatz zur Volksinitiative ein Referendum formlos und ohne Voranmeldung bei den Bundesbehörden ergriffen werden kann. Es reicht im Grunde ein Brief an die Bundesbehörden, dem der Nachweis der eigenen Stimmberechtigung beigelegt ist. Zudem werden Referenden nicht selten von verschiedenen Interessen oder Interessen mit konträrer Stoßrichtung getragen.

b = Der Berner Journalist Ulrich Dürrenmatt (reformiert-konservativ), Liberale, die Katholisch-Konservativen NR Caspar Decurtins (GR) und Großrat Ernst Feigenwinter (BS) sowie der Freiburger Theologieprofessor und Sozialpolitiker Prof. Dr. Joseph Beck.

c = Liberale (z.B. Alfred Georg und seine Genfer Handelskammer), Freiburger Konservative und Kleriker (z.B. der Freiburger Theologieprofessor und Sozialpolitiker Prof. Dr. Joseph Beck und Abbé André Savoy), mittelständisch-gewerbliche Interessen (z.B. NR Rudolf Gelpke [BS, BGB], NR Hans Hoppeler [ZH, parteilos]), Industrielle, der Rechtsanwalt Frick und der Katholisch-Konservative Bundesrat Jean-Marie Musy (!).

Abbildung 38 enthüllt eindeutig die Funktion des Referendums als Instrument zur Verteidigung des Status Quo. Bezüglich der Trägerschaft des Referendums und den referendumspolitischen Motiven können im Längsschnitt drei Phasen unterschieden werden, die hochgradig mit den drei Entwicklungsphasen des schweizerischen Sozialstaates übereinstimmen. In den Jahren des Zweiten Weltkriegs war das Referendumsrecht aufgrund der bundesrätlichen Kriegsvollmachten eingeschränkt.
In der sozialstaatlichen Konstituierungsphase (1890-1939) sind es fast ausschließlich katholisch-konservative, liberalkonservative, föderalistische, agrarische und unternehmerische Interessengruppen, die gegen einen sozialstaatlichen Ausbau zum Teil sehr erfolgreich das Referendum ergriffen haben. Dabei zeigt sich, daß in der Zwischenkriegszeit sehr starker Widerstand von der Westschweiz gegen zentralistische und etatistische Bundesprojekte auf dem Gebiet der sozialen Sicherheit ausging. Bei diesen Referenden ging es aus ideologischen Motiven (Verteidigung des Subsidiaritätsprinzips und Ablehnung von Versicherungs- zugunsten von Fürsorgelösungen), aus föderalistischen Beweggründen sowie der Furcht vor staatlichen Zwangsinstitutionen und einem aufgeblähten Verwaltungsapparat hauptsächlich darum, die historisch gewachsenen Sicherungssysteme und die kantonale Regulierungsautonomie gegen zu starke Interventions- und Zentralisierungsbestrebungen des Bundes zu verteidigen und eine für diese Politik erforderliche Ausdehnung der Bundesfinanzen abzuwehren. Während die politische Rechte den Ausbau des Sozialstaates zum Teil mit dem Referendums bekämpfte, griff in dieser Phase die Sozialdemokratie nie zum Referendum, obwohl sie nicht im Bundesrat vertreten war und die sozialpolitischen Vorlagen zumeist als unzureichend kritisierte. Hätte die Sozialdemokratie wiederum gegen die Sozialreformen der bürgerlichen Parteien opponiert, hätte sie sich „in den Referendumskämpfen zu den Helfershelfern der Manchester-Liberalen und des kapitalistischen Unternehmertums gemacht" (Neidhart 1970: 64). Demgegenüber traten die 1921 von der SPS abgespaltenen Kommunisten offen zu bundesrätlichen Vorlagen in Opposition und konnten 1931 durch einen Schulterschluß mit dem gesamten Spektrum der politischen Rechten die Lex Schultheß an der Stimmurne zu Fall bringen.
Der Wirtschaftsaufschwung nach 1950 (take-off-Phase) und die damit einhergehende ökonomische Prosperität führten zu einer Entkrampfung der Interessen- und Verteilungskonflikte in der Sozialpolitik. Eine Ausnahme bildete die Krankenversicherung, wo die Krankenkassen und Ärzteorganisationen ihre Interessengegensätze auch an der Stimmurne ausfochten. Dabei bildete ausschließlich die Krankenversicherung den Fokus der Konflikte. Zwar gelangten mit dem TBC-Gesetz von 1948 und dem Gegenvorschlag des Bundesrats zur Volksinitiative „Für eine soziale Krankenversicherung" der SPS im Jahr 1972 nur zwei Vorlagen vor das Volk, die jedoch alle verworfen wurden. Träger des Referendums waren ausschließlich die Interessenvertreter der Ärzte und Krankenkassen, die das Referendum für die Verteidigung ihrer Interessen instrumentalisierten. Diese Ära ist auch und vor allem eine Phase der Referendumsdrohungen, die ausreichten, um die

durch Referendumsniederlagen sensibilisierten politischen Entscheidungsträger von sozialstaatlichen Reformprojekten gegen die Interessen der Beteiligten Interessenorganisationen abzuhalten (Immergut 1992a). Insgesamt ist in dieser Phase die Referendumsintensität angesichts des sozialpolitischen Expansionsschubes aufgrund der günstigen wirtschaftlichen Entwicklung erstaunlich gering. Diese geringe Zahl an Abstimmungskämpfen wird auf die erfolgreiche Integration der Interessenverbände in den vorparlamentarischen Entscheidungsprozeß zurückgeführt (Neidhart 1970).

Dieses Bild änderte sich nach der massiven Wirtschaftskrise von 1975 (Modernisierungs- und Konsolidierungsphase), als Verteilungskonflikte auch in der Schweiz stärker zum Vorschein kamen. Zwar sind es weiterhin Interessengruppen wie Ärzteorganisationen, Krankenkassen sowie gewerbliche Interessen, die gegen die Verdichtung des sozialen Netzes bzw. die staatliche Penetration des Systems sozialer Sicherheit auftreten, gleichzeitig versucht nun aber auch die politische Linke - und hier v.a. die Gewerkschaften -, den Status Quo sozialpolitischer Regulierung gegenüber Versuchen der Zurückdrängung des Sozialstaates in Gestalt von Leistungskürzungen oder verschärften Zugangsbedingungen zu verteidigen. Bezüglich der vom Referendum tangierten Sicherungssysteme setzte eine Breitenentwicklung ein, sodaß in allen zentralen Bereichen der Sozialversicherung mit Ausnahme der Unfallversicherung und der mit dem Militärdienst in Zusammenhang stehenden Systeme sozialer Sicherung das Referendum ergriffen wurde. Das Referendum dient in dieser Phase primär als Instrument für die Konsolidierung und Bewahrung des bisher Erreichten in der staatlichen Sozialpolitik. Beispiele hierfür sind das Referendum gegen Maßnahmen in der Arbeitslosenversicherung, wo die Taggeldstaffelung sowie die Verschärfung der Sanktionsbestimmungen bekämpft wurden (1993) oder das Referendum gegen die 10. AHV-Revision, welches sich primär gegen das höhere Frauenrentenalter richtete (1995). Beide Referenden waren jedoch erfolglos. Das Vetoreservoir der politischen Linken zur Verteidigung des Status Quo ist damit erheblich eingeschränkter als jenes von rechtsbürgerlichen Interessengruppen und Verbänden, die vorwiegend in der take-off Phase des Sozialstaates die staatliche Sozialpolitik hinsichtlich ihrer Reichweite und Stoßrichtung erfolgreich zügeln konnten. Mit Blick auf die Schieflage im politischen und verbandlichen Kräfteverhältnis und den damit assoziierten Machtressourcen kommt dieser Befund keineswegs überraschend.

Bonoli (1997a) liefert gestützt auf Überlegungen und Forschungsergebnisse zur Politik der Zurückdrängung des Sozialstaats von Paul Pierson (1995a, 1996) eine weitere Erklärung für das Scheitern des von gewerkschaftlicher Seite initiierten Referendums. Beide Vorlagen wie auch der Bundesbeschluß über befristete Maßnahmen gegen die Kostensteigerung in der Krankenversicherung enthielten sowohl einen Ausbau von Sozialleistungen (Renten-Splitting, Anrechnung von Betreuungszeiten bei der AHV, Ausdehnung des maximalen Taggeldbezugs bei der Arbeitslosenversicherung, Prämiengleichheit zwischen Mann und Frau bzw. Preis-

und Tarifstopp in der Krankenversicherung) als auch Einschränkungen von Leistungen oder verschärfte Zugangsbedingungen (Erhöhung des Rentenalters für Frauen, die Staffelung des Taggeldes bei der Arbeitslosenversicherung sowie die Ausdehnung der Franchise auf Heilanstalten). Eine Verwerfung der 10. AHV-Revision hätte damit auch die allgemein anerkannten und in jahrelangen Verhandlungen festgeschriebenen Verbesserungen bei der AHV zu Fall gebracht. Diese Verbesserungen dürften die Akzeptanz der Kürzungen erhöht haben und wirkten damit als Hemmschuh für ein Nein an der Stimmurne. Dies enthüllt auch die VOX-Analyse dieser Abstimmung (GfS-Publikation Nr. 57). Demnach haben sich die Frauen im Abstimmungsverhalten von den Männern nicht unterschieden, obwohl sie von den Kürzungen am meisten betroffen sind. Vielmehr haben sich Frauen mit unterschiedlichem Abstimmungsverhalten gegenseitig neutralisiert.
Bonoli sieht solche Paketlösungen bestehend aus Leistungsverbesserungen und Kürzungen als Teil einer Strategie der bürgerlichen Mehrheit, einen Sozialstaatsrückbau in einer direkten Demokratie durchzusetzen: „This combination of retrenchment and expansion within a single piece of legislation can be seen as a strategy developed by the right-wing parliamentary majority in order to make cutbacks more acceptable to the electorate“ (Bonoli 1997a: 125). Aus der Sicht des Bundesrats und des Parlaments wird mit dieser Strategie das Risiko des Scheiterns einer Vorlage diversifiziert. Für diese These spricht auch, daß der Bundesbeschluß zur Kürzung der Taggelder in der Arbeitslosenversicherung, welcher ausschließlich Kürzungen bei der Arbeitslosenversicherung gebracht hätte, in einem fakultativen Referendum Ende September 1997 verworfen wurde. Erstmals war damit die politische Linke in einem Referendum zur Verteidigung des Status Quo auf dem Gebiet der Sozialversicherung erfolgreich[22]. Dabei ist anzumerken, daß das höchst knappe Ergebnis v.a. durch persönliche Betroffenheit tangiert wurde. Sämtliche Kantone mit hohen Arbeitslosenquoten (sämtliche französischsprachigen Kantone und das Tessin) haben den Kürzungsbeschluß verworfen, während der deutschsprachige Landesteil mit Ausnahme von Basel-Stadt, Basel-Land und Solothurn (alles deutschsprachige Kantone mit relativ hoher Arbeitslosigkeit) die Konsolidierungsbestrebungen von Bundesrat und Parlament unterstützt haben (NZZ 29.9.1997: 13-14).
Die Verwerfungsquote der sozialversicherungsrelevanten fakultativen Referenden von 42,8% liegt unter der allgemeinen Ablehnungsrate von 51%. Vier der sechs verworfenen Referenden hatten folgenschwere Konsequenzen für die Entwicklung des Sozialstaats, da sie die Einführung der Krankenversicherung (Lex Forrer) ihre Weiterentwicklung und Reform (TBC-Gesetz 1949, KUVG-Revision 1987) sowie die Einführung der AHV (Lex Schulthess) blockierten bzw. verzögerten. Durch die Blockade dieser sozialversicherungsrechtlichen Kerngesetze wurde der take-off

---

[22] Bereits in der Zwischenkriegszeit wurde zweimal eine restriktive arbeitsrechtliche Vorlage in einem von den Arbeitnehmerverbänden lancierten fakultativen Referendum verworfen.

des Wohlfahrtsstaates nicht nur um zum Teil Jahrzehnte verzögert, zudem wurde - wie im folgenden Abschnitt gezeigt wird - aufgrund der im Fall eines erfolgreichen Referendums erforderlichen Neukonzeption der Ausführungsgesetze die strukturelle Ausgestaltung zentraler Sozialversicherungssysteme in gänzlich andere Bahnen gelenkt. Die Weichen für die Ausbildung eines liberalen Sozialstaatsregimes wurden dadurch maßgeblich an der Stimmurne gestellt.

5.2.1 Fakultatives Referendum und Kranken- und Unfallversicherung

Unter dem Eindruck der in den letzten beiden Jahrzehnten des 19. Jahrhunderts einsetzenden „Sozialpolitik von oben" im deutschen Kaiserreich und der österreichisch-ungarischen Monarchie wurde nach der klaren Annahme des Verfassungsartikels 34bis im Jahr 1890 der freisinnige Abgeordnete Ludwig Forrer 1891 vom Industriedepartement mit der einfachgesetzlichen Ausarbeitung eines Kranken- und Unfallversicherungsgesetzes (KUVG) beauftragt. Dieses Ansinnen wurde zusätzlich dadurch beschleunigt, da die bestehenden Fabrikhaftpflichtgesetze nur ungenügenden Schutz bei Berufsunfällen boten, zumal Ansprüche nicht selten über den kostspieligen Gerichtsweg geltend gemacht werden mußten. Der Bundesrat entsandte Expertenkommissionen nach Deutschland und Österreich (Bödiker 1895; Maurer 1980), um vor Ort die für die damalige Zeit gleichermaßen vorbildhaften wie innovativen Versicherungssysteme zu studieren. Forrers 1893 fertiggestellter Entwurf für eine Kranken- und Unfallversicherung lehnte sich in der Folge weitgehend an das deutsche Vorbildgesetz an. Der ohne formelle Anhörung der Verbände erstellte Entwurf (Neidhart 1970) konzipierte die Krankenversicherung als eine von Arbeitgebern und Arbeitnehmern lohnprozentual finanzierte Arbeitnehmerversicherung mit einer Versicherungspflicht für Arbeitnehmer ab dem 14. Lebensjahr und einem Jahresverdienst von unter 5.000 Franken. Für die von der obligatorischen Versicherung nicht erfaßten Berufsgruppen war die Möglichkeit einer freiwilligen Krankenversicherung vorgesehen. Der Bund hätte jedes pflichtversicherte und auch jedes freiwillig versicherte Kassenmitglied mit mindestens 1 Rappen pro Tag subventioniert. Auch die freiwilligen Hilfskassen als private Kassen waren subventionsberechtigt, wenn sie bei den Sachleistungen die gleichen Leistungen wie die öffentlichen Kassen erbrachten. Der Bund hätte daneben noch Beiträge zur medizinischen Versorgung in den Bergregionen geleistet. Der überwiegende Teil der Einnahmen hätte aber durch paritätische Arbeitgeber- und Arbeitnehmerbeiträge aufgebracht werden sollen, die mit 4% des Lohns festgesetzt wurden. Als Träger der Krankenversicherung waren öffentliche Kassen in Gestalt von Kreis- und Betriebskassen vorgesehen und zwar unter Berücksichtigung der bestehenden wechselseitigen Hilfskassen, die allerdings einer stärkeren staatlichen (kantonalen) Aufsicht unterworfen worden wären. Die Kantone hätten Versicherungskreise mit mindestens 2000 Einwohnern schaffen sollen, in denen je eine Kreiskrankenkasse eingerichtet werden sollte. Die Kantone wären dabei auch zur

Abdeckung von möglichen Defiziten der Kreiskrankenkassen verpflichtet gewesen. Bei den Betriebskassen als zweite öffentliche Krankenkassenform konnte der Unternehmer sein Personal gegen Krankheit versichern. Im Hinblick auf die Leistungen sah die Vorlage für die Krankenversicherung neben der Krankenpflege, Mutterschaftsleistungen, den Transport- und Rettungskosten, einem Sterbegeld von 20-40 Franken auch ein Krankengeld ab dem dritten Krankheitstag in der Höhe von 60% des Taggeldverdienstes vor. Die Pflegeleistungen wären für die Dauer von einem Jahr ausgerichtet worden.
Die Unfallversicherung erfaßte den selben Versichertenkreis wie die Krankenversicherung, sollte jedoch unter die Trägerschaft einer einzigen eidgenössischen Versicherungsanstalt gestellt werden. Die risiko- und verdienstabhängigen Prämien sollten von den Arbeitgebern (3/5), dem Staat (1/5) und den Arbeitnehmern (1/5) finanziert werden. Zusätzlich zur Krankenpflege und dem Krankengeld bei vorübergehender Arbeitsunfähigkeit waren im Leistungskatalog der Unfallversicherung eine Invaliditätsrente (60% des Lohnes) und im Todesfall eine Hinterlassenenrente vorgesehen, die 50% des Jahresverdienstes des Verunfallten nicht übersteigen durfte. Die Kernpunkte der Vorlage bildeten damit die Ausgestaltung der Kranken- und Unfallversicherung als obligatorische Klassenversicherung unter überwiegend öffentlicher Trägerschaft sowie ihre Finanzierung mit Arbeitnehmer- und Arbeitgeberbeiträgen, die um staatliche Zuschüsse ergänzt werden sollten. Von den geschätzten Gesamtkosten der Kranken- und Unfallversicherung hätte der Bund 22%, die Arbeitnehmer 32% und die Arbeitgeber 46% getragen (BBl 1906 VI: 236).
Das Parlament verschmolz entgegen Forrers Vorlage das Kranken- und Unfallversicherungsgesetz zu einem einzigen Gesetz[23] und hängte noch die Militärversicherung dem Entwurf an und verabschiedete die Vorlage mit nur einer nationalrätlichen Gegenstimme und ohne gröbere inhaltliche Modifizierungen. Trotz dieses Allparteienkonsenses ergriff ein politisch rechts stehendes Referendumskomitee unter der Führung von Ulrich Dürrenmatt das Referendum. Heftige Gegnerschaft fand die Vorlage zudem sowohl bei den bestehenden Krankenkassen, die ihre Autonomie durch öffentlich-rechtliche Kassen in Gefahr sahen und die Vorlage als zu zentralistisch und als Beginn des Staatssozialismus brandmarkten (Maurer 1980: 783), als auch bei den privaten Unfallversicherern, die heftig gegen die trägerschaftliche Monopollösung bei der Unfallversicherung opponierten. Zudem stieß die Versicherungspflicht auf breite Ablehnung. Bauern und Gewerbe befürchteten massive Soziallasten und lehnten das Gesetz rundweg ab, während die Liberal-Konservativen der Westschweiz wiederum gegen die Zentralisierungstendenzen opponierten. Der liberal-konservative Nationalrat Edouard Odier sah etwa im Entwurf einen Schritt zur kollektivistischen Gesellschaft. Seiner Meinung nach hätte man sich nicht an den deutschen und österreichischen Gesetzen, sondern an den

[23] vgl. BBl 1899 IV: 853-1024.

freiheitlichen Einrichtungen der sozialen Sicherung in den USA und Großbritannien orientieren sollen. Außerdem wurde von liberal-konservativer Seite das Obligatorium kritisiert sowie Befürchtungen geäußert, wonach die staatlichen Krankenkassen zum Ruin der privaten Krankenkassen führen werden. (Rimli 1951: 194). Die Vorlage stieß aber auch bei Teilen der Linken, die die Selbstverwaltung der Krankenkassen bewahren wollte, auf Widerstand. Der Arbeiterbund mit seinen 200000 Mitgliedern lehnte im Gegensatz zum Grütli-Verein und der sozialdemokratischen Partei die Vorlage als zu bürokratisch ab und befürchtete zudem die Zerstörung des freien Kassenwesens. Seine Vertreter argumentierten dahingehend, daß die Krankenversicherungsprämie ein Lohnbestandteil sei und deshalb im Rahmen der Selbstverwaltung von den Arbeitern alleine administriert werden sollte. (Balthasar/Gruner 1989: 482-483). Gerade in der Frühzeit staatlicher Sozialpolitik standen die Selbsthilfevereine der Arbeiterbewegung staatlichen Interventionen und einer mit den Unternehmern paritätisch verwalteten Versicherungslösung kritisch bis ablehnend gegenüber (De Nicolo 1962). Die Gegner der Lex Forrer innerhalb der Arbeiterschaft versuchten daher als Alternativlösung, über den Weg einer Volksinitiative einen aus Mitteln des Tabakmonopols finanzierten staatlichen Gesundheitsdienst durchzusetzen. Das Vorhaben scheiterte jedoch bereits daran, daß nur knapp 40.000 anstatt der damals erforderlichen 50.000 Unterschriften gesammelt werden konnten. Demgegenüber wurden gegen die Lex Forrer mit ca. 117.500 Unterschriften deutlich mehr als die damals notwendigen 30.000 Unterschriften zur Initiierung eines Referendums gesammelt. Wegen des Zangengriffs von links und rechts wurde die Lex Forrer am 20. Mai 1900 deutlich verworfen. Lediglich im Kanton Glarus sprach sich eine Mehrheit für das Gesetz aus (BBl 1900 III: 296). Der Bundesrat hatte vergeblich vor der Ablehnung der Lex Forrer gewarnt: „Der Bundesrat ist von der hohen ökonomischen und ethischen Bedeutung des Versicherungswerkes durchdrungen und überzeugt, daß ein Scheitern desselben für die Entwicklung unseres öffentlichen Lebens nach mancher Richtung hin die allerschwersten Folgen nach sich ziehen müßte“ (BBl 1899: IV: 839). Das Scheitern verzögerte folglich auch die Einführung der Kranken- und Unfallversicherung um mehr als ein Jahrzehnt und bedingte auch eine fundamentale Neukonzeption des Gesetzes.

Die massive Verwerfung der Lex Forrer machte dem Bundesrat klar, daß ein neuer Entwurf nur die Form eines Kompromisses aufweisen könnte: „In einem so weiten und für die Schweiz so neuen Gebiet kann auch vernünftigerweise im ersten Anlauf eine vollständige und endgültige Lösung nicht erwartet werden, um so weniger, als die unserm Lande ganz eigenen Verhältnisse, seine gegenwärtige Gesetzgebung, seine Institutionen, das Temperament unseres Volkes und seine Bedürfnisse - eine einfache Verpflanzung von anderswo Angenommenem verunmöglichen und im Gegenteil in fast allen Punkten eine selbständige Lösung verlangen. Man muß sich also dazu verstehen, etappenweise vorzugehen und heute nur das anzustreben, was praktisch erreichbar ist. Nichts hindert uns später, mit Zustimmung des Volkes unsere Gesetzgebung nach den Lehren der Erfahrung zu entwickeln. Dieses doppelte Prinzip - Kompromiß und etappenweises Vorgehen - [...] beherrscht vielmehr die ganze schweizerische Gesetzgebung und überhaupt, in jeder verwickelten und neuen Sache, die gesetzgeberische Politik des Referendumsstaates" (BBl 1906 VI: 24). Wohl kaum ein anderes Zitat als diese Diagnose des Bundesrates vermag die Bedeutung und Auswirkungen institutionell bedingter Semisouveränität besser auf den Punkt zu bringen.

Nach einer kurzzeitigen Lähmung in Folge der Referendumsniederlage legte der Bundesrat mit seiner Botschaft im Jahr 1906 einen neuen Entwurf für ein Kranken- und Unfallversicherungsgesetz vor (BBl 1906 VI: 16ff.). Mitte des Jahres 1908 begannen die parlamentarischen Verhandlungen, die sich wegen inhaltlicher Differenzen zwischen Stände- und Nationalrat über drei Jahre erstreckten. Der 1911 mit nur 12 nationalrätlichen Gegenstimmen beschlossene Kompromiß versuchte, die gegen die Lex Forrer vorgebrachten Einwände weitestgehend zu berücksichtigen: „So bringt das neue Gesetz gegenüber dem Forrerschen Entwurf so manche Abänderung, die der Gesetzgeber dem Volkswillen sich beugend vorwegnahm. Wie ein Faden zieht sich durch alle Artikel peinlichste Berücksichtigung bestehender, nicht zukünftiger, Verhältnisse" (Krumbiegel 1913: 40). Dem Bundesrat waren die Hauptangriffspunkte gegen die Lex Forrer klar bewußt, er verortete sie in der Schaffung des Versicherungszwanges, im Vorwurf eines mit dem Gesetz einhergehenden „Staatssozialismus", in der Einrichtung von öffentlichen Krankenkassen, die aus der Sicht der freien Hilfskassen ihre Existenz bedrohten, in der Defizithaftung der Kantone sowie in der Kostenbelastung der Arbeitgeber, die nach den Plänen Forrers den Großteil der Kosten zu bezahlen gehabt hätten (vgl. BBl 1906 VI: 252). Bundesrat und Parlament haben daher in der Folge die Lex Forrer um Ecken und Kanten bereinigt, um der Gefahr einer neuerlichen Referendumsinitiierung zu entgehen.

Das neue, im Jahr 1911 beschlossene Gesetz enthielt gegenüber der Lex Forrer folgende Änderungen: Die Krankenversicherung wurde prinzipiell als Volksversicherung ohne bundesweite Versicherungspflicht und unter Verzicht auf Arbeitgeberbeiträge konzipiert. Das Gesetz beschränkte sich daher lediglich auf die Förderung der Krankenversicherung. Forrer sah jedoch in der Heranziehung von Arbeitgeberbeiträgen ein Kernelement seines Entwurfs: „Der Beitrag der Arbeitgeber ist die Grundlage, das Hauptmoment in der ganzen Versicherungsfrage, und wenn Sie mir diese Grundlage wegnehmen, so gebe ich Ihnen für das ganze Krankenversicherungsprojekt nichts mehr" (zit. nach Krumbiegel 1913: 56). Dem Widerstand der bestehenden Krankenkassen wurde insofern Rechnung getragen, als private Krankenkassen als Träger der Krankenversicherung zugelassen wurden und auf die Einrichtung öffentlicher Krankenkassen per Bundesgesetz verzichtet wurde. Viele der wechselseitigen Hilfskassen betrieben neben einer Krankenversicherung weitere Versicherungsarten. Das neue Gesetz kam ihnen dabei insofern entgegen, als diese Nebengeschäfte weiterhin möglich waren. Der Verzicht auf eine Trägerlö-

sung mit vorwiegend öffentlichen Kassen ermöglichte ferner den Fortbestand der zahlreichen konfessionellen und parteipolitischen Kassen.
Auch den Kantonen wurde nachgegeben. Sämtliche strittigen Sachfragen wurden dem Ermessensspielraum der Kantone überantwortet. Sie konnten die Krankenversicherung für obligatorisch erklären, öffentliche Krankenkassen einrichten und die Arbeitgeber zu Beitragszahlungen heranziehen. Da bundesgesetzlich keine öffentlichen Kassen geschaffen wurden, entfiel auch die Defizithaftung der Kantone. Mußten in der Lex Forrer gemäß Artikel 188 die Kantone noch selbst für die mit der Kassenaufsicht anfallenden Kosten aufkommen, so bot im neuen Gesetz der Bund den Kantonen zu diesem Zweck unentgeltliche Beratung von Organen der bundeseigenen Aufsichtsbehörde an. In bezug auf das Leistungsspektrum wurden nur mehr Mindestleistungen festgelegt, die so festgelegt wurden, daß sie an das bestehende Leistungsspektrum und -vermögen der Kassen angepaßt wurden (BBl 1906 VI: 284-85).
Aus der konservativen Klassenversicherung wurde somit im revidierten Entwurf eine liberale Individualversicherung, die sich hinsichtlich ihrer Finanzierung auf einkommensunabhängige Kopfprämien stützte. Das Gesetz war ein reines Subventionsgesetz in dem Sinn, daß Bund und Kantone sich auf die Subventionierung der Krankenkassen beschränkten, sofern die Kassen die gesetzlichen Mindestanforderungen erfüllten. Mit diesem Subventionssystem verknüpfte der Bundesrat die Hoffnung, daß davon Anreize zur Gründung neuer Kassen ausgehen und auf diesem Weg die Ausbreitung der Versicherung gefördert wird. Die Subventionen wurden dabei nach Geschlecht, regionalen Unterschieden und nach den regionalen Besonderheiten der bestehenden Kassen abgestuft. Auch das Leistungsspektrum nahm Rücksicht auf die bestehende Kassenstruktur, so daß im Gesetz lediglich Minimalleistungen festgeschrieben wurden. Die Leistungen mußten innerhalb von 360 Tagen für mindestens 180 Tage ausgerichtet werden. Sachleistungen konnten unmittelbar, Krankengeld in der Höhe von einem Franken ab dem dritten Krankheitstag bezogen werden.
Auf eine bundesweite Versicherungspflicht wurde zwar verzichtet, den Kantonen wurde allerdings die Möglichkeit eingeräumt, für bestimmte Bevölkerungsgruppen den Beitritt zu einer Krankenkasse für verpflichtend zu erklären: „Auf einem Boden, der so urbar gemacht, geebnet und gleichsam schon angesät ist, dürfte das Schweizervolk in einigen Jahren, wenn das Bedürfnis dazu sich noch fühlbar macht, eher geneigt sein, die obligatorische Versicherung in der ganzen Schweiz einzuführen“ (BBl 1906 VI: 254). Es sollte allerdings bis 1996 dauern, ehe auf Bundesebene eine Versicherungspflicht in der Krankenversicherung durchgesetzt werden konnte. Im Hinblick auf den Versichertenkreis wurde die Krankenversicherung als potentielle Volksversicherung konzipiert, da jede in der Schweiz wohnhafte Person bei Erfüllung der Kassenstatuten einer Krankenkasse beitreten konnte. Die Abkehr von der Klassenversicherung hin zu einer auf Freiwilligkeit basierenden Volksversicherung hatte später auch Auswirkungen auf die Konzepti-

on der Rentenversicherung, die ebenfalls als Volksversicherung konzipiert wurde (Tschudi 1989: 62).

Die im selben Gesetz geregelte Unfallversicherung blieb hingegen weiterhin als teilobligatorische Arbeitnehmerversicherung und damit als Klassenversicherung konzipiert, deckte aber zusätzlich Nichtberufsunfälle ab und wich damit beträchtlich vom deutschen Vorbildgesetz ab. Die Einbeziehung von Nichtberufsunfällen hatte drei wesentliche Gründe. Erstens waren die Leistungen des neuen Krankenversicherungsgesetzes verglichen mit der deutschen Regelung gering, zweitens hing an dieser Frage die Zustimmung weiter Teile der Arbeiterschaft zum Gesetz und drittens sollte dadurch eine verbesserte Harmonisierung mit der bereits bestehenden freiwilligen Versicherung angepeilt werden (Krumbiegel 1913: 82-84). Die Abdeckung der Nichtberufsunfälle durch die Unfallversicherung rief jedoch heftigen Widerstand bei den Unternehmern hervor, denen jedoch der Ständerat zu Hilfe eilte und die Finanzierungslast der Nichtberufsunfallversicherung von den Arbeitgebern auf die Arbeitnehmer und in geringerem Ausmaß auf den Staat verlagerte. Im Hinblick auf den einbezogenen Personenkreis wurde das ursprüngliche Ziel, denselben Personenkreis in die Kranken- und Unfallversicherung einzubeziehen, fallengelassen, indem etwa landwirtschaftliche Arbeitnehmer und Angestellte im Kleingewerbe und Handwerk aus der Pflichtversicherung der Unfallversicherung herausgenommen wurden. Mit dieser Maßnahme wurde dem bäuerlichen und gewerblichen Widerstand Rechnung getragen: „Indem wir heute der Opposition, die in der Volksabstimmung vom 20. Mai 1900 zum Ausdruck kam, Rechnung tragen, machen wir den Vorschlag, es seien der Versicherung nur die Angestellten und Arbeiter zu unterstellen, auf die das gegenwärtige System der Haftpflicht der Arbeitgeber Anwendung findet“ (BBl 1906 VI: 313-314). Im Gegensatz zur Krankenversicherung wurde die Trägerschaft der Unfallversicherung öffentlich-rechtlich gestaltet und unter das Versicherungsmonopol der schweizerischen Unfallversicherungsanstalt (SUVA) unterstellt, wobei der Ständerat eine starke korporatistische Selbstverwaltung durchsetzen konnte. Private Versicherer wurden im obligatorischen Bereich nicht zugelassen, um die Möglichkeit des Rosinen-Pickens auszuschalten, wodurch der öffentlichen Versicherungsanstalt vorwiegend die schlechten Risiken zugefallen wären. Eine bedeutende Folge der Neukonzeption des KUVG war schließlich die Schaffung des Bundesamts für Sozialversicherung im Jahr 1912, dem für die Weiterentwicklung der Sozialversicherung eine wichtige Rolle zufiel (Maurer 1980: 786). Somit wurde auch die Unfallversicherung im Zweitentwurf erheblich aufgeweicht, um einer etwaigen Opposition von vornherein den Wind aus den Segeln zu nehmen.

Trotz der umfassenden Zugeständnisse an die Gegner der Lex Forrer durch Berücksichtigung der bestehenden Strukturen und Eigentümlichkeiten wurde von einigen Krankenkassen innerhalb der Zürcher Kaufmännischen Gesellschaft auch gegen die revidierte Vorlage das Referendum ergriffen, dem sich erneut die westschweizerischen Liberal-Konservativen anschlossen. Hauptangriffspunkt der

rechtsbürgerlichen Kritiker bildete das geplante Trägermonopol einer öffentlich-rechtlichen Unfallversicherungsanstalt und die Einbeziehung der Nichtberufsunfälle in die Unfallversicherung (Rimli 1951: 199). Der Bundesrat reagierte aber taktisch geschickt und verlegte den Sitz der SUVA nach Luzern, wodurch er sich in der Abstimmung die Stimmen der Innerschweiz sicherte (Erni 1980: 16). Das revidierte Gesetz erhielt in der Abstimmung vom 4. Februar 1912 eine knappe Zustimmung und trat 1914 - 24 Jahre nach der Schaffung des Kompetenzartikels in der Bundesverfassung - in Kraft. Die SUVA nahm 1918 den Versicherungsbetrieb auf. Krumbiegel (1913: 40) beurteilt die Konsequenzen des Scheiterns der Lex Forrer folgendermaßen: „Der Sprung ins Ideale war zu groß. Schrittweise muß nun die neue Gesetzgebung schaffen, was die Schweiz schon im Jahre 1890 haben konnte". Verbesserungen im Zweitentwurf gegenüber dem Forrerschen Entwurf ortete Krumbiegel lediglich in den neuen Freizügigkeitsbestimmungen und der Einbeziehung von Berufskrankheiten in die Unfallversicherung.
Das Gesetz von 1911 war ein Kompromiß, der den gut organisierten Interessen der Arbeitgeber und Kassen (einschließlich der Hilfsgesellschaften) Rechnung trug, denen mit dem fakultativen Referendum ein mächtiges Drohpotential zur Verfügung stand, um ihren Interessen zum Durchbruch zu verhelfen. Vermeintliche Angriffsflächen wurden vom Gesetzgeber nach den Erfahrungen mit der Lex Forrer beseitigt. Als provisorisches Ergebnis wurde ein Kompromiß in Gestalt eines in Hinblick auf die Regulierungsdichte schlanken Rahmengesetzes verabschiedet, das sich zum einen durch starke Berücksichtigung bestehender Strukturen und zum anderen durch geringe staatliche Penetration auszeichnete. Das Institut des fakultativen Referendums hatte damit erhebliche Auswirkungen auf die strukturelle Neukonzeption der Kranken- und Unfallversicherung als einen Kernbereich der sozialen Sicherung. Wäre die Schweiz eine repräsentative Demokratie, hätte sie zur Jahrhundertwende ein mit der deutschen und österreichischen Regelung weitgehend konformes Krankenversicherungsgesetz erhalten. Das Referendum, welches den gut organisierten Interessen der Krankenkassen und Arbeitgeber die Artikulation ihrer Anliegen ermöglichte, verlagerte die Konzeption der schweizerischen Versicherungslösung nicht nur in liberale Bahnen, sondern bedingte eine um fast 20 Jahre verzögerte Einführung des Gesetzes. Obwohl den politischen Entscheidungsträgern der Provisoriumscharakter dieses liberalen Subventionsgesetzes klar war, blieb das Gesetz in seinen Grundzügen bis 1996 bestehen. Weitere Reformbestrebungen gestalteten sich als außerordentlich schwierig und wurden zwischen den Interessengegensätzen von Ärzten und Krankenkassen zerrieben, die mit Referendumsdrohungen eine Reform der Krankenversicherung lange Zeit lahm legten.
Vor dem Zweiten Weltkrieg konnte keine Reform des Kranken- und Unfallversicherungsgesetzes durchgeführt werden. Eine 1921 von einer Expertenkommission ausgearbeitete Totalrevision wurde aufgrund der Vorarbeiten für die Einrichtung einer Alters- und Hinterlassenenversicherung zurückgestellt. Die bei den Krankenkassen aufgetretenen Finanzierungsprobleme, die v.a. die Krankenversicherung für

Frauen verteuerten, wurden durch außerordentliche Bundessubventionen an die Kassen abgefedert (vgl. BBl 1924 I: 1-2). In enger Verbindung zur Krankenversicherung stand das 1928 beschlossene Bundesgesetz betreffend Maßnahmen gegen die Tuberkulose, auf Basis dessen der Bund Subventionen an die anerkannten Krankenkassen zur Behandlung der Tuberkulose ausrichtete, falls deren Leistungen bezüglich Umfang und Dauer über die gesetzlichen Pflichtleistungen hinausgingen (Tschudi 1989: 63). Weitergehende Reformen waren dem Bund wegen der Wirtschaftskrise und der Finanzlage des Bundes nicht möglich (Sommer 1978: 572).

Neue Dynamik erhielten die Reformbestrebungen durch die Schaffung der Bundeskompetenz zur Einrichtung einer Mutterschaftsversicherung im Jahr 1945, zumal diese der Krankenversicherung angekoppelt wurde. Die Reformbestrebungen rund um das KUVG wurden dadurch zusätzlich erschwert (Riemer-Kafka 1996), da neue Interessen im ohnedies durch enorme Akteursvielfalt charakterisierten Gesundheitswesen berücksichtigt werden mußten. 1946 stellte zwar das Volkswirtschaftsdepartement einen Entwurf für eine eigenständige freiwillige Mutterschaftsversicherung vor, der aber bald in den Sog der Revisionsbestrebungen rund um die Krankenversicherung geriet (BBl 1982 III: 852). Beide Materien wurden folglich verschmolzen und sollten in einem einzigen Gesetz realisiert werden. 1948 begann das Bundesamt für Sozialversicherung einen Entwurf für eine obligatorische Krankenversicherung auszuarbeiten. Zeitgleich wurde das TBC-Gesetz reformiert. Das entsprechende Ergänzungsgesetz vom 8. 10. 1948 sah zur Bekämpfung der Tuberkulose eine periodische obligatorische Röntgenkontrolle für die ganze Bevölkerung vor. Parallel sollte eine Krankenversicherungspflicht für einkommensschwache Bevölkerungsgruppen eingeführt werden[24]. Daraufhin kam seitens der Ärzteorganisationen der Vorwurf, die Regierung wolle unter dem Deckmantel des Tuberkulosegesetzes eine Pflichtversicherung auch für den Bereich der Krankenversicherung einführen. Zudem sei dieses Gesetz sinnlos, zumal Tuberkulose vorwiegend von ausländischen Arbeitskräften eingeschleppt werde (Immergut 1992a: 158). Unternehmer- wie auch Ärztevertreter orteten in der Vorlage den ersten Schritt zur Staatsmedizin und warnten vor den finanziellen Folgen der Vorlage (Neidhart 1970: 270-271). Liberale Gruppen der Westschweiz lehnten den Zwangscharakter der Vorlage ab und ergriffen - unterstützt von den Ärzte- und Arbeitgeberverbänden - erfolgreich das Referendum gegen das vom Parlament einhellig verabschiedete und von den Parteien (vorwiegend SPS und Teilen der CVP), den Gewerkschaften und den Krankenkassen unterstützte TBC-Gesetz. Die Verwerfung der Vorlage an der Stimmurne färbte auf die parallel laufenden Reformbestrebungen der Krankenversicherung ab, da der Bundesrat die Verwerfung des TBC-Gesetzes an der Stimmurne als Ablehnung gegenüber Zwangsbestimmungen interpretierte und daher von dem bereits ausgearbeiteten Plan einer obli-

[24] Vgl. BBl 1948 III: 399.

gatorischen Krankenversicherung Abstand nahm (Bernadi-Schenkluhn 1992: 187 FN 11).

Der Bundesrat, welcher damals 85% der Stimmen auf sich verbuchen konnte, war damit nicht in der Lage, sich gegen gut organisierte Interessengruppen durchzusetzen, um eine Reform der Krankenversicherung durchzusetzen: „[...] interest groups were able to demand an end of social benefits expansion. Thus, for a second time, national health insurance was blocked by the results of a national referendum" (Immergut 1992a: 161).

1954 legte eine Expertenkommission einen neuen Vorschlag bezüglich der Schaffung einer Kranken- und Unfallversicherung unter Einschluß der Mutterschaftsversicherung vor. Auf ein Obligatorium in der Krankenversicherung wurde gegen den Widerstand der Krankenkassen verzichtet, während ein solches gegen den Widerstand von Arbeitgebern, der Landwirtschaft und den Ärzten für die Mutterschaftsversicherung vorgesehen war. Zusätzlich sollten die Bundessubventionen für die Krankenversicherung erhöht werden. Dieses Projekt wurde aber in der Vernehmlassung aufgrund heterogener Interessen zu Fall gebracht, wobei hauptsächlich das Bundesobligatorium bei der Mutterschaftsversicherung und die erhöhten Bundessubventionen bekämpft wurden. Die Fronten zwischen Befürwortern und Gegnern der Vorlage entsprachen dabei weitgehend jenen des TBC-Gesetzes: Arbeitgeber, Bauern, Gewerbetreibende, Ärzte und die Privatversicherer lehnten die Vorlage ab, während Gewerkschaften, Krankenkassen, Frauen- und Familienverbände das Projekt unterstützten (vgl. Neidhart 1970: 336-337; Immergut 1992a: 162-163). Als Konsequenz dieser unüberbrückbaren Interessenkonflikte stellte der Bundesrat seine Reformbestrebungen zugunsten der Einführung der Invalidenversicherung zurück (BBl 1982 III: 855), jeder Versuch der Implementierung des Reformvorhabens hätte zweifellos von einer der Konfliktparteien ein Referendum ausgelöst.

Spätestens zu diesem Zeitpunkt war klar, daß keine Totalrevision der Krankenversicherung durchgesetzt werden konnte. Die 1958 einsetzenden neuerlichen Beratungen zielten daher auf eine Partialrevision ab, die auf eine Ausweitung der gesetzlichen Mindestleistungen abzielte. Das Bundesamt für Sozialversicherung (BSV) kam angesichts der gescheiterten Reformpläne zur Ansicht, „daß die Teilrevision so gestaltet werden muß, daß sie Aussicht hat, ohne Referendumskampf angenommen zu werden. Wenn vorläufig auf das Obligatorium verzichtet wird, so sind damit die stärksten Hindernisse beseitigt" (zit. nach Neidhart 1970: 337). Das BSV brachte 1960 in Genf sowohl die Krankenkassen als auch Ärztevertreter an einen Tisch, um die Interessengegensätze auszuloten. Zunächst stimmten die Ärzte einer Ausklammerung des Medizinalrechts aus der Revision zu, gingen aber nach Vorlage des Gesetzesentwurfs von diesem Kompromiß ab, wodurch der Konflikt zwischen Krankenkassen und Ärzteorganisationen voll entbrannte. In bilateralen Gesprächen mit den Interessenvertretern der Ärzte und Kassen versuchte das BSV, einen Kompromiß zu erzielen. Die Konflikte kreisten um vier ungelöste Probleme, nämlich das Vergütungssystem zwischen Kassen und Ärzten, der Frage nach einer

klassenmäßigen Differenzierung bei der Patientenbehandlung, einen Kontrakt- bzw. Leistungszwang für die kassenfreien Ärzte und die Zulassung von Chiropraktikern.
Die Ärzteschaft forderte massiv die im Gesetz nicht vorgesehene Möglichkeit zur Gruppenbehandlung, wodurch die Ärzte je nach dem Einkommen ihrer Klientel unterschiedliche Honorare beziehen konnten. Im Rahmen einer Krankenversicherung, die „kein allgemeines Obligatorium kennt, wird die Machtstellung der Ärzteschaft durch die Legalisierung der Gruppeneinteilung ausgeweitet. Für die 3. Tarifgruppe, die keinen Tarifschutz genießt, kann der Arzt die Leistungen und die entsprechenden Forderungen fast beliebig festsetzen und sich dadurch das gewünschte Einkommen verschaffen" (Erni 1980: 38). Die Krankenkassen wie auch die politische Linke lehnten eine solche Gruppenbehandlung als diskriminierende Klassenbehandlung ab. Eine ähnliche Frontstellung war bei der Frage der Honorarvergütung gegeben. Während die Gewerkschaften und die Sozialdemokraten das System tiers payant (Honorarvergütung durch die Versicherung) favorisierten, befürworteten die Ärzteorganisationen das System tiers garant (Honorarvergütung durch den Patienten mit anschließender Rückvergütung durch die Kasse). Ferner lehnten die Ärzteorganisationen einen Behandlungszwang für kassenfreie Ärzte gegenüber Kassenpatienten ab und stemmten sich gegen eine allzu großzügige Zulassung von Chiropraktikern. Diese verliehen jedoch mit annähernd 400.000 Unterschriften ihren Forderungen kräftig Nachdruck (Immergut 1992a: 170), wobei nur ein Bruchteil davon ausgereicht hätte, um im Konfliktfall ein Referendum zu initiieren, was wiederum für den Bundesrat ein mächtiges Drohpotential darstellte. Nach langwierigen Verhandlungen konnten sich Krankenkassen und Ärzte auf einen auch vom Bundesrat übernommenen Kompromiß einigen, bei dem sowohl die Kassen als auch die Ärzte Abstriche hinnehmen mußten. Allerdings liefen rechtsgesinnte Ärzte aus der Westschweiz gegen die Neuregelung des Medizinalrechts Sturm und zogen den Großteil der Ärzteschaft auf ihre Seite. In den folgenden Detailberatungen im Ständerat gelang es den Ärzten, den Behandlungszwang und das tiers payant auszuhebeln sowie die Gruppenbehandlung durchzusetzen. Gegen diesen Beschluß hätten die Krankenkassen zweifellos das Referendum ergriffen, so daß die zuständige Nationalratskommission eine elastische Kompromißlösung durchsetzte, die schließlich nach einem Differenzbereinigungsverfahren mit dem Ständerat am 13. März 1964 als erste Partialrevision des KUVG verabschiedet werden konnte (vgl. Erni 1980: 40-42). Dieser durch abwechselnde Referendumsdrohungen erzwungene Minimalkompromiß brachte keine strukturellen Änderungen, sondern lediglich kleinere Modifikationen des 1911 als Provisorium beschlossenen und seither praktisch unverändert gebliebenen KUVG. Als wichtigste Änderungen enthielt diese Revision die Begrenzung der Prämiendifferenz zwischen Männern und Frauen mit 10%, einen leichten Ausbau der Mutterschafts- und Mindestleistungen, die Anpassung der Bundessubventionen an die Kostenentwicklung (Zugeständnis an die Kassen), die Neuordnung des Arztrechts

im Sinn der Ärzte sowie die Möglichkeit zur Gruppenbehandlung (Zugeständnis an die Ärzte) und schließlich die Zulassung der Chiropraktikern, womit auch deren Interessenorganisationen Rechnung getragen wurde.
Die weiteren Reformbestrebungen standen ganz unter dem Eindruck der Kostenexplosion im Gesundheitswesen, die in der Schweiz relativ früh artikuliert und diskutiert wurde (Bernadi-Schenkluhn 1992: 191). Eine Standesinitiative des Kantons Waadt sowie seit 1968 erkennbare Bestrebungen der Sozialdemokratischen Partei zur Lancierung einer Volksinitiative veranlaßten den Bundesrat und das Departement des Innern zur Einsetzung einer Expertenkommission, die 1972 einen Reformentwurf, das sogenannte Flimser-Modell, der Öffentlichkeit präsentierte. Kernpunkt des Modells bildete die Aufspaltung der Krankenpflegeversicherung in eine obligatorische und lohnprozentual finanzierte Spitalsversicherung und in eine freiwillige Krankenpflegeversicherung. Zudem sah das Modell einen Ausbau der zahnmedizinischen Leistungen sowie einer Versicherungspflicht bei der Krankengeldversicherung für alle Arbeitnehmer vor. Dieses Modell stieß auf breite Skepsis und führte zur Ausarbeitung einer Reihe von Alternativmodellen, die sich in bezug auf Fragen der Versicherungspflicht, der Finanzierung sowie dem Arzt- und Tarifrecht grundlegend voneinander unterschieden haben (vgl. Erni 1980). In der Vernehmlassung wurde das Flimser-Modell derart zerpflügt, so daß zwischen den Interessengruppen kein gemeinsamer Nenner erzielt werden konnte. Gleichzeitig stand jedoch die von der sozialdemokratischen Partei 1970 eingereichte Volksinitiative „Für eine soziale Krankenversicherung“ im Raum, die eine durchgehende Versicherungspflicht und eine lohnprozentuale Finanzierung der Krankenversicherung nach dem Vorbild der AHV anstrebte und deshalb dem Bundesrat als zu teuer und weitreichend erschien (Tschudi 1989: 65). Angeregt durch zahlreiche Eingaben und Motionen entschloß sich der Bundesrat zur Unterbreitung eines Gegenentwurfs zum SPS-Initiativvorschlag auf Verfassungssebene. Dieser Gegenentwurf zog aber die Kritik sowohl der Krankenkassen als auch der Ärzte auf sich, die eine gemeinsame Allianz gegen den bundesrätlichen Gegenentwurf bildeten und einen gemeinsamen Kompromiß präsentierten, dem sich die ständerätliche Kommission anschloß. Dieser Vorschlag, welcher zwar ein Beitrags- aber kein Versicherungsobligatorium sowie eine partielle lohnprozentuale Finanzierung vorsah, wurde von den Interessenverbänden der Ärzte und Kassen sowie den drei bürgerlichen Bundesratsparteien unterstützt und der SPS-Initiative im Verfassungsrang gegenübergestellt. In der eidgenössischen Abstimmung vom 8. Dezember 1974 wurden sowohl die Initiative als auch der kompromißbeladene Gegenvorschlag verworfen. Erneut wurde damit ein Reformversuch der Krankenversicherung an der Stimmurne gestoppt. Mit Blickpunkt auf den abgeschmetterten Gegenentwurf meint retrospektiv der damals zuständige (sozialdemokratische) Bundesrat Hans-Peter Tschudi: „Es ist verständlich, daß dieser eigenartige Bastard kein positives Echo bei den Stimmberechtigten hervorrufen konnte“ (Tschudi 1989: 65). Andererseits wurde die SPS-Initiative nur von der politischen Linken

getragen, die angesichts eines vom Bundesrat, den großen bürgerlichen Parteien und den wichtigsten Interessenorganisationen unterstützen Gegenentwurfs und der damit verbundenen schiefen Verteilung der Machtressourcen von vornherein keine Chance auf eine Mehrheit hatte.
Bereits zwei Jahre nach dieser Doppelniederlage beauftragte das EDI neuerlich eine Expertenkommission mit der Ausarbeitung einer Partialrevision. Diese Kommission schlug die Beibehaltung der freiwilligen Versicherung vor, plädierte aber bei der Finanzierung zusätzlich zu den bestehenden Individualprämien für die Einführung einer lohnprozentualen Finanzierung. In der Botschaft für die Revision (BBl 1981 II: 1117 ff.) wurde auf diese lohnprozentuale Ergänzungsfinanzierung verzichtet, die Mutterschaftsleistungen sollten im Rahmen des KUVG ausgebaut werden, bei der Krankengeldversicherung sollte für Arbeitnehmer eine Versicherungspflicht eingeführt werden. Zudem war ein maßvoller Ausbau der Leistungen sowie eine Neuregelung der Kostenbeteiligung vorgesehen. In mehrjährigen parlamentarischen Beratungen wurde die bundesrätliche Vorlage auseinander genommen, indem auf das Obligatorium bei der Taggeldversicherung verzichtet wurde, dafür aber die Mutterschaftsversicherung aus dem KUVG abgetrennt wurde und als obligatorische Versicherung im Rahmen der Erwerbsersatzordnung implementiert werden sollte. Die erwartete Kostenmehrbelastung der geplanten eigenständigen Mutterschaftsversicherung war für den Gewerbeverband Anlaß, das Referendum zu ergreifen. Am 7. Dezember 1987 wurde die geplante Partialrevision mit einem Nein-Anteil von 71% verworfen, die „Mängel der von Anfang an unvollkommenen Krankenversicherung und die im Laufe der letzten Jahre festgestellten Lücken bleiben also bestehen“ (Tschudi 1989: 67). Erst 1994 gelang angesichts eines beträchtlich aufgestauten Problemdrucks die erste Totalrevision des Gesetzes, die - vorbereitet mit dringlichen Bundesbeschlüssen - ebenso nur als äußerster Kompromiß über die Bühne gebracht werden konnte (Obinger 1998a). Auch gegen diese Reform wurde von zwei Krankenkassen - allerdings erfolglos - das Referendum ergriffen.
Zusammenfassend kann festgestellt werden, daß infolge des fakultativen Referendums in den 80 Jahren seit Beschlußfassung des KUVG bis Anfang der neunziger Jahre mit der Teilrevision von 1964 nur eine marginale Reform des Krankenversicherungesetzes von 1911 gelungen ist, obwohl bereits das Erstgesetz referendumsbedingt als Kompromiß und Provisorium beschlossen worden war. Dabei waren es hauptsächlich die Interessenkonflikte zwischen Ärzten und Krankenkassen, die als Hauptakteure mit tatsächlich initiierten Referenden oder nur mittels Referendumsdrohungen sämtliche Reformbestrebungen des in diesem Bereich semisouveränen Bundesrats zu Fall brachten oder derart verwässerten, daß von Reformen keine Rede mehr sein konnte. Das Referendum war der zentrale Vetopunkt, mit dem gut organisierte und ressourcenmäßig gut ausgestattete Gruppen ihre Interessen kanalisieren und geballt vortragen konnten (Immergut 1992a). Gut organisierte kurzfristige Interessen konnten sich gegen breit gestreute langfristige Interessen

dank dem Referendum durchsetzen. Die Rolle von Bundesrat und Parlament war eine reaktive und beschränkte sich auf die Vermittlung zwischen den entscheidungsrelevanten Interessen der Ärzte und jenen der Kassen, die nur durch extreme Kompromißlösungen austariert werden konnten, die beim Volk - so 1974 beim Doppel-Nein - keine Gnade fanden. Bei diesem Kampf der Interessenverbände gingen die (nicht bzw. unzureichend organisierten) Interessen der Patienten unter. Ärzteverbände und Krankenkassen gingen zur Vermeidung umfassender Reformen notfalls eine „unheilige Allianz“ (Sommer 1978: 575) ein und brachten 1972 gemeinsam einen bundesrätlichen Reformplan de facto zu Fall. Die Konfliktpunkte zwischen den Ärzten und den Krankenkassen fokusierten sich auf die Versicherungspflicht, das Arzt- und Tarifrecht (finanzielle Autonomie der Ärzte) und die Finanzierung der Krankenversicherung. Eine zweite, untergeordnete Konfliktlinie bestand zwischen den bürgerlichen Parteien und den Arbeitgebern auf der einen sowie der Sozialdemokratie und den Gewerkschaften auf der anderen Seite. Hier dominierten Differenzen über das Ausmaß staatlicher Intervention in das Gesundheitswesen im Allgemeinen sowie Unstimmigkeiten bezüglich eines Bundesobligatoriums und einer lohnprozentualen, von den Arbeitgebern mitgetragenen, Finanzierung im Besonderen.

5.2.2 Fakultatives Referendum und AHV/IV

Ein analoges Schicksal wie die Krankenversicherung erlebte der erste Versuch zur Einführung der Alters- und Hinterlassenenversicherung (Lex Schulthess). Bereits 1891 war in einem fakultativen Referendum das Bundesgesetz betreffend die arbeitsunfähig gewordenen eidgenössischen Beamten und Angestellten (Pensionsgesetz) vom Volk verworfen worden, welches alten oder invaliden Bundesbeamten und -angestellten nach 15-jähriger Dienstzeit einen Rücktrittsgehalt bzw. eine Abfindung garantieren sollte (BBl 1890 IV: 301-302). Das Referendum wurde von agrarischen Interessen getragen, die gegen die partikularistische soziale Sicherung einer Berufsgruppe opponierten. Der Bauernverband trat hingegen für ein beitragloses universelles Rentensystem ein, welches aus zwei Gründen keine Chance auf eine Realisierung hatte. Zum einen war die Steuerbasis des Bundes zu schmal, zum anderen erfolgte in der Schweiz - im Gegensatz zu Ländern wie Schweden oder Finnland - kein Schulterschluß zwischen den Interessenverbänden der Bauern und Arbeiter, der in den skandinavischen Ländern maßgeblich zu einem universellen Rentensystem beigetragen hat (Baldwin 1990; Ukkola 1998).
Nach dem Ende des Ersten Weltkriegs wurden vor dem Hintergrund des Oltener Generalstreiks und des infolge der Einführung des Verhältniswahlrechts zugunsten der Sozialdemokratie veränderten parteipolitischen Kräfteverhältnisses die Vorarbeiten für eine eidgenössische Alters-, Hinterlassenen- und Invalidenversicherung intensiviert. Die Arbeiten konzentrierten sich dabei zunächst auf die Schaffung des Verfassungsartikels. Dabei wurde auch geprüft, ob der Art. 34bis BV als Kompe-

tenzartikel der Kranken- und Unfallversicherung nicht zu einem allgemeinen Sozialversicherungsartikel ausgebaut werden könnte: „Dieses Vorgehen würde auch die Möglichkeit bieten, die in Art 34bis vorgeschriebene Berücksichtigung der bestehenden Krankenkassen, die einem rationellen Ausbau der Krankenversicherung gewisse Schwierigkeiten bereitet[25], auszumerzen und ohne jeweilige Verfassungsrevision die gesetzgeberische Tätigkeit des Bundes auf von ihm noch unbebautes Gebiet der Sozialversicherung, wie insbesondere die Arbeitslosenversicherung, auszudehnen" (BBl 1919 IV: 107). Angesichts des zu erwartenden Widerstandes der Krankenkassen wurde dieses Ansinnen bald aufgegeben. Weiters schlug der Bundesrat vor, die Beitragspflicht der Arbeitgeber, Kantone und Gemeinden nicht explizit im Verfassungsartikel aufzunehmen, um die entsprechenden Diskussionen abzukürzen (BBl 1919 IV: 134) und potentielle Referendumsdrohungen präventiv zu entschärfen.

In seiner Botschaft betreffend die Einführung des Gesetzgebungsrechtes über die Invaliditäts-, Alters- und Hinterlassenenversicherung und betreffend die Beschaffung der für die Sozialversicherung erforderlichen Bundesmittel (BBl 1919 IV: 1ff.) legte der Bundesrat die Gründzüge des Projekts vor und konzentrierte sich dabei v.a. auf die Ausformulierung des zu schaffenden neuen Verfassungsartikels Art. 34quater BV. Der Bundesrat prüfte auf Basis einer Eingabe des Bauernverbandes auch die Möglichkeit für die Einführung einer beitragslosen Alters- und Hinterlassenen- und Invalidenversorgung. Aufgrund der zu geringen Treffsicherheit eines an Staatsbürgerschaft anknüpfenden und nicht nach Einkommensverhältnissen differenzierenden Systems, vor allem aber wegen der gewaltigen Kosten schloß der Bundesrat eine Realisierung eines Versorgungssystems aus: „Es bedarf keiner näheren Ausführungen, um den Versuch, derartige Summen jährlich aus öffentlichen Mitteln bereitzustellen, als undurchführbar zu bezeichnen" (BBl 1919 IV: 115).

Demgegenüber befürwortete der Bundesrat gestützt auf dem Verhandlungsergebnis der von ihm eingesetzten Expertenkommission eine auf Ebene der Bundesgesetzgebung zu schaffende Versicherungslösung mit Volksversicherungscharakter. Bezüglich der Finanzierung schlug der Bundesrat eine Beitragsfinanzierung mittels Arbeitnehmer- und Arbeitgeberbeiträgen entlang dem Kapitaldeckungsverfahren vor, die durch öffentliche Mittel ergänzt werden sollte. Im Hinblick auf die Organisation wurde sowohl eine zentralistische als auch eine dezentrale Lösung zugunsten eines Mischsystems bestehend aus einem zentralen Risikoträger mit dezentraler und unter Bundesleitung und -aufsicht stehender Verwaltung verworfen. Die Renten sollten eine Basisversorgung sicherstellen und sollten als Einheitsrenten ausgerichtet werden. Die Höhe der Renten wurde von der Beschaffung öffentlicher Mittel abhängig gemacht (BBl 1919 IV: 127). Die Aufbringung der öffentlichen

[25] Damit gab der Bundesrat zu, daß die referendumsbedingte Berücksichtigung der bestehenden Kassen eine suboptimale Lösung darstellt.

Finanzmittel erwies sich bald als zentrales Hindernis für die rasche Realisierung einer Alters-, Hinterlassenen- und Invalidenversicherung und führte in der Folge zur Abkoppelung der Invalidenversicherung von der AHV.
Angesichts dieser finanzpolitischen Lähmung bundespolitischer Interventionen ist es einigermaßen erstaunlich, daß der Verfassungsartikel 34quater zur Schaffung der AHV/IV angenommen wurde, zumal die Finanzierung nicht abschließend geregelt wurde. Während der Absatz 6 zwar eine Zweckbindung der Tabaksteuer für die AHV ab dem 1. Januar 1926 festlegte, enthielt der Absatz 7 die Bestimmung, daß der Bund seinen Anteil aus der *zukünftigen* Besteuerung gebrannter Wasser für die Alters- und Hinterlassenversicherung aufwendet. Damit war jedoch die Finanzierung nicht definitiv gesichert, was für die Einführung des AHV-Gesetzes bedeutende Folgen haben sollte. Der neugefaßte Verfassungsartikel 34quater wurde in der Volkabstimmung vom 6. Dezember 1925 von Volk und Kantonen angenommen, gleichzeitig wurde Art. 41ter BV abgesegnet, der den Bund zur Besteuerung des rohen und verarbeitenden Tabaks ermächtigt. Damit war der Weg frei für ein Ausführungsgesetz, welches vom Volkswirtschaftsdepartement ausgearbeitet wurde und 1928 in die Vernehmlassung gesandt wurde. Das Projekt - nach dem federführenden Bundesrat und Vorsteher des Volkswirtschaftsdepartements Edmund Schulthess als Lex Schulthess benannt - orientierte sich in den Grundzügen an dem Entwurf der bundesrätlichen Botschaft von 1919: Auf dem Weg der Bundesgesetzgebung sollte bei weitgehender Mitwirkung der Kantone am Vollzug eine obligatorische, aus Beitragsleistungen der Arbeitgeber- und Arbeitnehmer sowie mit staatlichen Zuschüssen zu finanzierende Volksversicherung eingerichtet werden, die Mindestleistungen ausrichtet und so eine Basisversicherung garantiert. Das Obligatorium und die bundesgesetzliche Regulierung der AHV wurde mit Blick auf das KUVG mit deren sub-optimalen Politikeffekten begründet: „Ein bundesrechtlicher Verzicht auf den Gedanken des Obligatoriums und die Überlassung seiner Verwirklichung an die Kantone würde, [...], zu Zuständen führen, die heute in der Krankenversicherung bestehen, mit ihrer Musterkarte von kantonalrechtlichen Bestimmungen über den Versicherungszwang, die, wenn sie dort noch angehen mögen, in einer Alters- und Hinterlassenenversicherung unerträglich wären" (BBl 1929 II: 225). Zudem wurde eine bundesgesetzliche Lösung mit dem zunehmenden Wohnortswechsel und damit verbundenen Freizügigkeitsproblemen, der unterschiedlichen kantonalen Altersstruktur und einer zu kostspieligen Verwaltung begründet. Die Ausgestaltung der AHV als Volksversicherung begründete der Bundesrat mit der „Auffassung unseres Volkes", die „politische Organisation unseres Landes" sowie die „Struktur unserer Bevölkerung", die eine „kleinbürgerliche" sei (BBl 1929 II. 184-185). Aufgrund der überragenden Stellung des Liberalismus stand eine klassenbezogene Versicherungslösung nicht zur Debatte, denn in der Sozialpolitik „darf sich der Staat nicht kümmern, welcher Berufgruppe der einzelne angehört" (BBl 1929 II: 186). Aber auch referendumspolitische Gründe haben die Volksversicherungslösung begünstigt: Eine Klassen-

versicherung, die neben Beiträgen auch mit Steuermittel finanziert wird, hätte zweifellos den Widerstand der in die Versicherung nicht inkludierten Bevölkerungsgruppen hervorgerufen, zumal „die, die nur bezahlen sollen und keine Aussicht auf Leistungen haben, sich gerne der Verwerfungsparole anschließen“ (BBl 1924 II: 731-732).
Bezüglich der Organisationsform wurde im Gegensatz zur Einführung des KUVG ausgiebig die Möglichkeit geprüft, ob nicht bestehende private Träger für die Versicherung herangezogen werden sollten. In Übereinstimmung mit den bestehenden konzessionierten Versicherungen kam man allerdings zum Ergebnis, daß eine öffentlich-rechtliche Organisationsform die beste sei (BBl 1929 II: 201-210). Von Seite der privaten Versicherungen war damit mit keinem Referendum zu rechnen.
Das Finanzierungsverfahren beruhte anders als in der Botschaft von 1919 auf einem gemischten Umlageverfahren, um die Übergangsgeneration unmittelbar in die Versicherung einzubinden. Die Finanzierung sollte mittels Beitragsleistungen der Versicherten, der Arbeitgeber und aus Steuermitteln erfolgen. Die Beiträge waren als Einheitsbeiträge konzipiert, nur zwischen Männern (18 Franken pro Jahr) und Frauen (12 Franken pro Jahr) wurde eine Differenzierung vorgenommen, da Männer auch Hinterlassenenleistungen für Witwen und Waisen auslösen konnten. Eine Beitragsdifferenzierung lehnte der Bundesrat wegen dem „steuerrechtlichen Charakter“ und verfassungsrechtlichen Bedenken ab (BBl 1929 II: 236). Auch die Arbeitgeberbeiträge waren als Einheitsbeträge (15 Franken pro Jahr) konzipiert, wobei der rein bürgerlich zusammengesetzte Bundesrat die Belastungen der Arbeitgeber mit Blick auf die Landwirtschaft und das Kleingewerbe bewußt niedrig hielt und die Belastung der Arbeitgeber durch das Gesetz in seiner Botschaft als bescheiden einschätzte. Auch hier dürften - obwohl nicht explizit angeführt - referendumspolitische Überlegungen eine Rolle für die Schonung der Arbeitgeber gespielt haben. Diese geringe Belastung der Arbeitgeber erforderte aber höhere staatliche Zuschüsse: „Die Zuwendungen des Staates in einer Volksversicherung erfüllen zum Teil die Funktion der weitgehenden Arbeitgeberbeiträge in der ausländischen Klassenversicherung“ (BBl 1929 II: 248). Die wegen der im letzten Abschnitt dargestellten finanzpolitischen Handlungssperre vorhandenen finanziellen Ressourcen reichten jedoch nur für eine aus heutiger Sicht unzureichende Mindestversorgung aus. Diese im Gesetz geplante Mindestversorgung sollte zusammen mit den geringen Arbeitgeberbeiträgen gleichzeitig den Anreiz zu vermehrter Eigeninitiative und für die Weiterentwicklung der betrieblichen Vorsorgesysteme liefern.
Ebenso wie die Beiträge wurden die Leistungen als Einheitsrenten konzipiert. Das Rentenalter wurde einheitlich mit 66 Jahren festgelegt. Die jährliche Altersrente wurde mit 200 Franken, die Witwenrente (für Witwen ab dem 50. Lebensjahr) mit 150 Franken und die Waisen- bzw. Doppelwaisenrente mit 50 bzw. 100 Franken festgesetzt. Diese Einheitsrenten wären abgesehen von wohlhabenden Personen mittels staatlicher Sozialzuschüsse aufgestockt worden, so daß die Renten von 2/3

bis 3/4 aller Leistungsbezieher ungefähr 470-500 Franken betragen hätten (BBl 1929 II: 265). Die Verteilung dieser Zuschüsse wäre durch ein Bundesrahmengesetz geregelt worden. Die konkrete Durchführung wäre dabei den Kantonen übertragen worden, die den Zahlungsmodus und den Bezieherkreis der Zuschüsse entsprechend den kantonalen Besonderheiten und Bedürfnissen regulieren sollten. Den Kantonen wurde schließlich noch die Möglichkeit zur Schaffung kantonaler Ergänzungsversicherungen eingeräumt, um das materielle Versorgungsniveau nach oben hin flexibel zu gestalten.
Mit der Einführung der Versicherung hätte sich im Jahr 1934, d.h. in der Einführungsperiode des Gesetzes, folgender Einnahmenschlüssel ergeben: Bund (16,5 Mio Franken) und Kantone (4,1 Mio. Franken) hätten zusammen 26%, die Versicherten 50% und die Arbeitgeber 20% der Einnahmen gedeckt, der Rest wäre durch Fondszinsen aufgebracht worden (BBl 1929 II: 326).
Ähnlich wie beim Erstgesetz des KUVG (Lex Forrer) passierte die Vorlage das Parlament ohne gröbere Änderungen, lediglich der Ständerat versuchte die Bundesbeamten aus der Versicherung auszugliedern. In der Schlußabstimmung setze sich die Vorlage im Nationalrat mit nur 8% Gegenstimmen und im Ständerat mit 16% Gegenstimmen durch. FDP und SPS stimmten geschlossen, die Bürger-, Bauern- und Gewerbepartei überwiegend für das Gesetz, 25% der Katholisch-Konservativen und die Hälfte der Liberal-Konservativen sowie die Kommunisten lehnten das Gesetz ab (Sommer 1978: 151). Wiederum waren es vorwiegend in der Westschweiz beheimatete rechtsgerichtete Kräfte, die gegen die Lex Schulthess erfolgreich das Referendum ergriffen. Hier zeigt sich der dezentrale Schwerpunkt des schweizerischen Parteiensystems, wodurch regionale Parteigruppen offen zu zentral ausgehandelten Regelungen in Opposition treten können. Diese vorwiegend westschweizerischen liberal-konservativen, katholisch-konservativen und gewerblichen Gruppen lehnten das Gesetz aus föderalistischen, antistaatlichen, antisozialistischen und finanziellen Motiven ab: „Die Gegner glauben, der durch das Gesetz vorgesehene 'Versicherungszwang' (Beitrittsobligatorium) führe zum Staatssozialismus. Das AHVG enthebe die Versicherten der Selbstverantwortung und es zerstöre die angestammten Fürsorgefunktionen der Familie. Schließlich habe der Bund gar keine Mittel, um ein solches finanzpolitisches Wagnis einzugehen“ (Sigg 1978: 163). Das Gesetz - so die westschweizerischen Liberal-Konservativen - übergehe die privaten Kassen und degradiere die Kantone zu Ausführungsorganen des Bundes, lege ihnen gleichzeitig aber enorme finanzielle Lasten auf (Rimli 1951: 276). Auch die Kommunisten bekämpften die Lex Schultheß, allerdings wegen der zu geringen und als Bettelsuppe (Tschudi 1989: 80) bezeichneten Leistungen. Zudem wiesen die Kommunisten und Teile der Sozialdemokraten darauf hin, daß die Arbeitgeber zu wenig für die Finanzierung des Projekts herangezogen werden, so daß staatliche Steuereinnahmen diese Lücke auffüllen mußten, die aber hauptsächlich über die von den Konsumenten getragenen Verbrauchssteuern aufgebracht werden sollten. Während die Kommunisten das Gesetz daher ablehnten,

befürworteten die Sozialdemokraten ähnlich wie beim Arbeitslosenversicherungsgesetz von 1924 die Minimallösung der Lex Schulthess, zumal ein Scheitern der Vorlage als noch größeres Übel für die Arbeitnehmer eingeschätzt wurde (De Nicolo 1962; Sommer 1978). Die rechtsbürgerlichen Gegner der Vorlage brachten knapp vor dem Referendumsentscheid als Alternative zur Lex Schulthess eine Volksinitiative ein, die den Ausbau der Alters- und Hinterlassenenfürsorge anpeilte. Damit mutierte das Referendum zu einem Entscheid zwischen Sozialversicherung und Fürsorge (Sommer 1978), wobei die Fürsorgeoption die Oberhand behielt.
Am 6. Dezember 1931 wurde vor dem ökonomischen Hintergrund der Weltwirtschaftskrise das von breitem Konsens getragene Erstgesetz zur Einführung einer Alters- und Hinterlassenenversicherung vom Volk verworfen. Dabei dürfte das geplante Versicherungsobligatorium entscheidend zum Widerstand gegen die Vorlage beigetragen haben (Binswanger 1986: 21). Ähnlich wie bei der Lex Forrer brachte ein Zangengriff der extremen politischen Rechten und der extremen Linken die Vorlage zu Fall: Der SGB ortete im katholisch-konservativen Bundesrat und Vorsteher des Finanzdepartements Jean-Marie Musy als Anführer der Schweizer Reaktion den Mann, dem dank seiner offenen Kritik an der Vorlage das Scheitern einer AHV zu verdanken sei (De Nicolo 1962: 136). Freude herrschte hingegen bei den antietatistischen und antitzentralistischen Gegnern des Gesetzes, die die Verwerfung eines „[...] dangereuse loi d'inspiration germanique et socialiste [...]" bejubelten (vgl. Sommer 1978: 157-158). Am selben Tag erlitt auch das Bundesgesetz zur Tabakbesteuerung, welches dem Bund wichtige Einnahmen für die AHV liefern sollte, an der Stimmurne Schiffbruch. Damit brach eine wichtige Säule für die Finanzierung des Projekts weg, was weitere Versuche der Realisierung der AHV endgültig ins Stocken brachte.
Wie stets bei einer Lahmlegung bundesstaatlicher Sozialpolitik wurde die Fürsorgetätigkeit auf Basis von Subventionsgesetzen ausgebaut. Auf Basis eines dringlichen Bundesbeschlusses wurden ab 1934 den Kantonen 8 Millionen Franken aus dem AHV-Fonds und der privaten Stiftung Pro Senectute 1 Million Franken für die Alters- und Hinterlassenenfürsorge zugewiesen. Dabei handelte es sich um mehr als die Hälfte jener Mittel, die der Bund 1934 der nicht realisierten AHV zuschießen wollte. Diese Stärkung der Fürsorge wurde Ende der dreißiger Jahre noch weiter ausgebaut. Gestützt auf dem im obligatorischen Referendum vom 27.11.1938 abgesegneten Bundesbeschluß betreffend die Übergangsordnung des Finanzhaushalts wurden vom Bund jährlich 18 Mio. Franken an die Kantone und gemeinnützige Organisationen wie Pro Senectute und Pro Juventute für Fürsorgezwecke ausgeschüttet (Sommer 1978: 160; Binswanger 1986; Statistisches Jahrbuch der Schweiz 1945). Dieses Subventionssystem wurde bei Ausbruch des Zweiten Weltkriegs auf Basis der bundesrätlichen Vollmachten weiter ausgebaut. Damit überbrückte der private Wohlfahrtssektor zusammen mit den Kantonen auf Basis des Finalitätsprinzips jene Versorgungsdefizite, die angesichts des Schei-

terns einer Versicherungslösung und der Wirtschaftskrise eine sozialpolitische Gegensteuerung dringend erforderlich machten. Der legistisch handlungsunfähige Bund mußte sich dabei auf die Subventionierung der dezentralen Fürsorgearrangements beschränken. Dies bildete gleichzeitig den Ausgangspunkt für einen ausgeprägten und eng verzahnten public/private-Mix in der Fürsorge, der auch nach 1945 weiterentwickelt und ausgebaut wurde (Bütschi/Cattacin 1993). Gleichzeitig wurden auch die Kantone mit der Einführung von kantonalen Rentensystemen aktiv. Neben Glarus schufen in der Zwischenkriegszeit Appenzell AR sowie Basel-Stadt obligatorische Volksversicherungen.

Einen bedeutenden Schritt zur Verwirklichung der AHV bildete die durch die Kriegsvollmachten des Bundesrats 1939 eingerichtete Lohnausfallsentschädigung für unselbständige Wehrmänner (LEO) und die 1940 analog dazu geschaffene Verdienstersatzordnung (VEO) für selbständige Wehrmänner. Beide Programme sollten den mit der Generalmobilmachung einhergehenden Lohn- und Verdienstausfall zumindest partiell kompensieren. Diese Kompensation erfolgte mit Beiträgen der erwerbstätigen Bevölkerungsgruppen und beruhte organisatorisch auf einem System von Ausgleichskassen. Auch diese Lösung übte in organisatorischer Hinsicht ein strukturelles Policy-Feedback für die Einrichtung der AHV aus. Nach Auslaufen der Kriegsvollmachten wurde diese Lohnausfallsordnung für Wehrmänner als Erwerbsersatzordnung (EO) in ordentliches Recht übergeführt.

Neue Dynamik erhielt die Alters- und Hinterlassenenversicherung außerdem durch zahlreiche parlamentarische Motionen und Postulate, Anregungen der Verbände sowie durch Standesinitiativen der Kantone Genf und Neuenburg (1941) sowie Bern und Aargau (1943), deren Initiative auf Einrichtung einer Alters- und Hinterlassenenversicherung von National- und Ständerat 1944 einstimmig zum Beschluß erhoben wurde (BBl 1946 II: 367-369). 1942 wurde schließlich eine von der Genfer FDP initiierte Volksinitiative eingereicht, die die Umwandlung der Kassen der Lohn- und Verdienstersatzordnung in AHV-Ausgleichskassen und eine an diesem System orientierte Finanzierung der AHV postulierte.

Noch 1944 setzte das Volkswirtschaftsdepartement eine Expertenkommission (im folgenden: AHV-Kommission) ein, die innerhalb eines Jahres einen Bericht zur Ausgestaltung der Alters- und Hinterlassenenversicherung vorlegte[26]. Gegenüber der Lex Schulthess wurde zwar der Volksversicherungscharakter beibehalten, lohnprozentualen Beiträgen standen aber nun von der vergangenen Beitragsleistung abhängige Renten gegenüber. Damit sollten explizit auch wohlhabende Bevölkerungsgruppen in den Genuß einer Rente kommen: „Mitgespielt hat dabei auch die referendumspolitische Überlegung, daß sich viele Stimmbürger sagen könnten, es lohne sich nicht, das ganze Leben Beiträge zu bezahlen, um im Alter nur unter jenen Voraussetzungen Renten zu erhalten, unter denen auch ohne Bei-

[26] Nachstehende Ausführungen stützen sich weitgehend auf Binswanger (1986), der maßgeblich an der Gestaltung der AHV beteiligt war.

träge Leistungen der Alters- und Hinterlassenenfürsorge erhältlich wären" (Binswanger 1986: 36). Allerdings wurden die Renten nach unten wie nach oben begrenzt, wodurch ein starker Solidaritätseffekt in der AHV verankert wurde. Bezüglich der Beitragsbemessung und der Einziehung der Beiträge lehnten sich die Experten stark an dem Ausgleichssystem der Lohn- und Verdienstersatzordnung an, um - wohl auch aus referendumspolitischen Überlegungen - der Entstehung einer zentralistischen Administration vorzubeugen. Bezüglich der Finanzierung ging die Expertenkommission davon aus, daß neben Beitragszahlungen die öffentlichen Hand 40-50% der geschätzten Gesamtkosten von übernimmt. Mit der Lösung der Finanzierungsfrage wurde eine separate Kommission des Finanzdepartements (im folgenden: Finanzkommission) beauftragt. Diese Kommission legte den Kostenschlüssel zwischen den Kantonen und dem Bund im Verhältnis 1/3 : 2/3 fest. Die Finanzkommission kam rasch zum Schluß, daß die verfassungsmäßig für die AHV reservierten Einnahmen aus der Tabak- und Alkoholbesteuerung nicht für die Finanzierung des Projekts ausreichten und schlug (wie schon der Bundesrat in der Botschaft aus dem Jahr 1919) zur unmittelbaren Finanzierung des Differenzbetrags die Schaffung einer eidgenössischen Nachlaßsteuer vor.
Der Expertenbericht der AHV-Kommission wurde im März 1945 in die Begutachtung gesandt, wobei 84,7% der 58 Vernehmlassungen dem Projekt grundsätzlich zustimmten. Negative äußerten sich die Kommunisten, denen das Vorhaben zu wenig weit ging, sowie die konservative Volkspartei, der Kanton Freiburg, die Neue Helvetische Gesellschaft und eine waadtländer Interessenvereinigung, denen die Lösung zu weitgehend und zentralistisch erschien und die eine subsidiäre Lösung unter dem Dach eines bundesrechtlichen Rahmengesetzes verwirklicht sehen wollten. Befürworter und Gegner waren daher ähnlich wie bei der Lex Schulthess gruppiert. Die in der Vernehmlassung auch von prinzipiellen Befürwortern vorgetragenen Änderungswünsche betrafen vorwiegend die Frage der Finanzierung. So forderten einige Kantone die Anhebung der Beiträge, um die Kantonshaushalte zu entlasten. Die Finanzdirektorenkonferenz, neun Kantone, die konservative Volkspartei und der Gewerbeverband verlangten, daß die im Art 34quater BV festgeschriebene Klausel, wonach die öffentliche Hand maximal 50% der Kosten trägt, nicht ausgeschöpft wird, was als unmittelbare Konsequenz höhere Beitragsleistungen erfordert hätte. Die SPS, die evangelische Volkspartei sowie die Vereinigung Schweizerischer Angestelltenverbände forderten wiederum die Heranziehung von Kapitaleinkommen zur Beitragsbemessung. Diese Ansinnen wurden aber vom Volkswirtschaftsdepartement aus referendumspolitischen Überlegungen abgelehnt. Im Vernehmlassungsverfahren des Berichts der Finanzkommission trat der Widerstand der Kantone gegen eine eidgenössische Nachlaßsteuer offen zutage. Zudem wehrten sich die Kantone dagegen, daß sie ein Drittel der Kosten der öffentlichen Hand tragen sollten, und grenzten den finanziell tragbaren Höchstbeitrag mit einem Viertel ein.

Der Bundesrat stützte sich bei der Ausführung seiner Botschaft auf die Expertenberichte und legte im Mai 1946 seine Botschaft zum Entwurf der AHV vor (BBl 1946 II: 365ff). Die Finanzierung der AHV sollte in einem eigenen Gesetz geregelt werden, zumal die Einführung einer Bundesnachlaßsteuer eine Verfassungsrevision erforderlich machte. Das entsprechende Finanzierungsgesetz wurde ebenso noch im Mai dem Parlament zugeleitet.
Bei den im Juli 1946 in den parlamentarischen Kommissionen aufgenommenen Beratungen dominierten weiterhin die Finanzierungsaspekte, wobei sich die gleichen finanzpolitischen Konfliktpunkte (Nachlaßsteuer, Finanzierungsanteil der Kantone) wie im Vernehmlassungsverfahren zeigten. Diese Konfliktpunkte wurden durch die Ergänzungsbotschaft des Bundesrats vom 24. September 1946 entschärft, da für die Finanzierung der AHV aufgrund neuer Berechnungen weniger Steuermittel erforderlich waren, wodurch der Bund so auf die heftig umkämpfte Nachlaßsteuer verzichten konnte. Damit entfiel ein obligatorisches Referendum über eine Steuervorlage, deren (nicht unwahrscheinliches) Scheitern gleichzeitig wohl auch das Ende der AHV bedeutet hätte.
Der Kostenverteilungsschlüssel zwischen dem Bund (2/3) und den Kantonen (1/3) als zweite strittige Frage wurde - allerdings nur für die ersten 20 Jahre - beibehalten. In den parlamentarischen Debatten im Nationalrat erfuhr die Vorlage in den zentralen Punkten keine Änderung. Die Ständeratskommission wich wiederum nur in zwei die Organisation der AHV betreffende Fragen vom Nationalrat ab. In den Beratungen gelang es dem Ständerat gegenüber dem bundesrätlichen Entwurf bedeutende Ausnahmen für Selbständige bei der Beitragsleistung durchzusetzen: „Diese Regelung [eine degressiv gestaltete Beitragsskala, HO] stellte ein beträchtliches Entgegenkommen an die Landwirte und die Kleingewerbetreibenden dar [...]" (Binswanger 1986: 107). Nach dem Differenzbereinigungsverfahren gelangte die Vorlage zur Schlußabstimmung, wo sie mit überwältigender Mehrheit am 20. Dezember 1946 beschlossenen wurde.
Das AHV-Gesetz war zweifellos ein Kompromiß, der der politischen Rechten zu weit, der extremen Linken als zu wenig weitreichend erschien. Auffallend ist das enorme Tempo mit dem das Gesetz über die Bühne gebracht wurde, welches selbst einige Akteure überraschte. Zum einen ist dieses Tempo auf die bereits durch die Lex Schulthess geleisteten Vorarbeiten zurückzuführen, andererseits wurden die Sozialdemokraten 1943 in den Bundesrat integriert, wodurch die Vorlage in konkordanzdemokratischer Manier kooperativ ausgehandelt wurde, wobei sich besonders die Achse zwischen den Sozialdemokraten und der freisinnig-demokratischen Partei als tragfähig und beschleunigend erwies. Gegenüber der Lex Schulthess gelang eine Reihe von Verbesserungen, wie die einkommensabhängigen Beitragszahlungen oder das partielle Versicherungsprinizip bei den Leistungen, die die Akzeptanz der Vorlage erhöhten. In materieller Hinsicht stellte das Gesetz nicht zuletzt aufgrund der Finanzrestriktionen und referendumspolitischer Überlegungen zwar nur eine Basisversorgung sicher, ging aber über die geplanten Leistungen der

Lex Schulthess hinaus. Günstig wirkte sich ferner aus, daß die Vorlage bezüglich des Beitragssystems und der Organisation auf die Lohn- und Verdienstersatzordnung, die der Bundesrat mit seinen Kriegsvollmachten unter Ausschaltung des Referendums durchgedrückt hatte, aufbauen konnte, wodurch einige referendumspolitisch problematische Fragen ausgeklammert werden konnten.
Auf Ablehnung stieß das Gesetz bei liberalen und konservativen Gruppen aus der West- und Innerschweiz, die in der Folge auch das Referendum gegen das AHV-Gesetz ergriffen. Föderalistische und finanzielle Bedenken, sowie die Ablehnung des Versicherungsprinzips waren die Motive für die Ablehnung der Vorlage (Binswanger 1986: 114). Im Juli 1947 fand die Vorlage an der Stimmurne eine Zustimmung von fast 80%, wodurch das umfassendste Sozialgesetz der Schweiz mit Anfang 1948 in Kraft treten konnte.
Seitdem standen die ersten acht Gesetzesrevisionen in den Jahren 1951 bis 1973/75 ganz im Zeichen des Ausbaus und der Umstrukturierung der AHV. Die exzeptionelle wirtschaftliche Entwicklung bildete eine entscheidende Determinante dafür, daß der Ausbau der AHV ohne Referendumskämpfe über die Bühne gebracht werden konnte. Solange der Wirtschaftsaufschwung anhielt, konnten die konkordanz- und sozialpartnerschaftlichen Verteilungskoalitionen eine All-win-Strategie (steigende Renten ohne Beitragserhöhungen bis zur 8. AHV-Revision) realisieren. Dies änderte sich mit dem Konjunktureinbruch von 1975 als das Bruttoinlandsprodukt der Schweiz innerhalb eines Jahres um ca. 7 Prozent schrumpfte. Erstmals stand nicht ein Ausbau, sondern die Konsolidierung des mittlerweile allseits geschätzten Sozialwerks auf der Tagesordnung. Die Revision kreiste v.a. um die finanzielle Konsolidierung der AHV und um die Anpassung der Renten an die wirtschaftliche Entwicklung. Zum einen sollte der Bundeszuschuß an die AHV erhöht werden und die Selbständigen zu höheren Beitragsleistungen gezwungen werden, andererseits sollten die Renten entsprechend einem Mischindex (dem arithmetischen Mittel aus dem Preis- und BIGA-Lohnindex) an die wirtschaftliche Entwicklung angepaßt werden. Da diese Maßnahmen nicht für die finanzielle Konsolidierung ausreichten, wurden zudem Korrekturen beim Leistungsspektrum beschlossen: Das Zugangsalter für Frauen wurde sowohl bei der Ehepaarrente als auch bei der Zusatzrente erhöht, wobei letztere auch leicht gekürzt wurde. Damit brachte die neunte AHV-Revision sowohl Verbesserungen (vor allem für Rentner) als auch Verschlechterungen. Der Gewerbeverband ergriff das Referendum gegen die Revisionsvorlage: „Es ging um handfeste Interessen, nämlich um die Schonung des Portemonnaies der Selbständigerwerbenden, die durch die neunte Revision weitaus am meisten belastet werden sollten“ (Binswanger 1986: 247). Die Gegner der Revision wurden 1978 an der Stimmurne jedoch überstimmt. Hier zeigt sich das für die ab Mitte der siebziger Jahre einsetzende dritte Phase sozialstaatlicher Referendumspolitik typische Muster, daß eine sozialpolitische Vorlage, die Einschnitte in das Leistungsspektrum oder in das Beitragswesen mit sozialpolitischen Verbesserungen kompensiert, das Risiko des Scheiterns beträchtlich reduziert.

Auch das Referendum gegen die 10. AHV-Revision im Jahr 1995 war aus ähnlichen Gründen erfolglos, da Verschlechterungen für Frauen (Anhebung des Rentenalters) gleichzeitig mit bedeutenden sozialpolitischen Verbesserungen für Frauen (Einführung des Rentensplittings und von Betreuungsgutschriften für Erziehungs- und Pflegearbeit sowie Einführung einer neuen Rentenformel) verknüpft wurden.

5.2.3 Wirkungen des Referendums

Die direkte Demokratie in Gestalt des Referendums hat die strukturelle und dynamische Entwicklung des schweizerischen Sozialstaates nachhaltig geprägt. Zwar gilt auch auf dem Gebiet der sozialen Sicherung der allgemeingültige Befund, wonach nur gegen eine Minderheit des parlamentarischen Outputs das Referendum ergriffen wird, die wenigen erfolgreichen Referenden haben jedoch sowohl die sozialpolitische Entwicklungsdynamik nachhaltig gebremst wie auch das architektonische Profil des schweizerischen Sozialstaats entscheidend geprägt. Insgesamt kann dabei ein referendumsbedingter zeitlicher Lag-Effekt, ein Ausgabenniveaueffekt sowie ein struktureller Policy-Effekt unterschieden werden.

5.2.3.1 Zeitlicher Verzögerungseffekt (Lag-Effekt)

In der Konstituierungsphase des Sozialstaates übte das obligatorische und fakultative Referendum zweifellos retardierende Effekte auf die Sozialpolitik aus, wodurch die Entwicklung vom kantonalen zum eidgenössischen Sozialstaat (Puttner 1983) bis zum Ende des Zweiten Weltkriegs hinausgezögert wurde. Dieser retardierende Effekt setzt sich aus drei Komponenten zusammen. Aufgrund der fehlenden Bundeskompetenzen auf dem Gebiet der sozialen Sicherung zerfiel die sozialpolitische Gesetzgebungstätigkeit in zwei Phasen (Zweiphasengesetzgebung). Zunächst mußte durch eine Partialrevision der Bundesverfassung ein Kompetenzartikel für das entsprechende Ausführungsgesetz geschaffen werden, der auch einem obligatorischen Referendum unterzogen werden mußte. Obwohl keiner dieser Artikel in einem Referendum verworfen wurde, resultierte bereits in dieser ersten Phase ein zeitlicher Verzögerungseffekt, zumal einige dieser Kompetenzartikel bereits das Ausführungsgesetz präjudizierten und dadurch zum Teil heftig umkämpft waren. Dies wiederum erzwang die zum Teil zeitaufwendige Suche nach Kompromißlösungen, um den Verfassungsartikel angesichts des doppelten Zustimmungserfordernisses durch Volk und Kantone referendumsfest zu gestalten. Der Prozeß der Kompetenzverlagerung an den Bund erstreckte sich beispielsweise beim Kompetenzartikel zur AHV/IV auf fast sechs Jahre.
Die zweite Komponente des retardierenden Effekts des Referendums ergibt sich aus der Zeitspanne zwischen der Verabschiedung des Kompetenzartikels und dem Erlaß bzw. dem Inkrafttreten des entsprechenden Ausführungsgesetzes. Angesichts

potentieller Referendumsdrohungen im nachparlamentarischen Raum gilt es auch hier, die maßgeblich tangierten Interessen in den Entscheidungsprozeß einzubinden und über dem Verhandlungsweg eine breit akkordierte Lösung zu finden, um nicht ein fakultatives Referendum zu provozieren. Dabei haben sich mit dem symmetrischen Zweikammernsystem, der Vierparteienregierung, dem Vernehmlassungsverfahren sowie der Einbindung der Sozialpartner in die Expertenkommissionen nach und nach eine Reihe von institutionellen Filtern ausgebildet, die informell oder - wie im Fall des Bikameralismus - formell einer Vorlage zustimmen müssen, wodurch Kompromißlösungen geradezu begünstigt und erzwungen werden. Diese konkordanzdemokratische und korporatistische Interessenakkordierung muß ferner durch einen vertikalen Interessenausgleich zwischen dem Bund und den Kantonen ergänzt werden. Aus der starken Fragmentierung der verbandlichen Interessenorganisationen und der Einbindung von 26 Kantonen in den Entscheidungsprozeß steigt die Anzahl der an den Verhandlungen beteiligten Akteure beträchtlich an. Beispielsweise wurden zum AHV-Gesetz 1946 58 Vernehmlassungen durchgeführt. Die horizontal wie vertikal verhandlungsbasierte Interessenakkordierung ist angesichts der hohen Anzahl an Akteuren und dem darauf fußenden „Problem der großen Zahl" (Scharpf 1993: 66) mit hohen Transaktionskosten verbunden. Als unmittelbarer Effekt resultiert daraus die zeitliche Ausdehnung des politischen Entscheidungsprozesses. Die zeitliche Streckung des Entscheidungsprozesses beruht letztendlich darin, daß - gemäß einem Standardsatz der neoklassischen Mikroökonomie - der Kern als jene Menge der pareto-effizienten Allokationen eines Tauscharrangements, die durch keine Koalition mehr verbessert werden kann, mit steigender Akteursanzahl kleiner wird. Da aber das Referendum implizit zur Suche nach einer Kernlösung bzw. All-win-Lösung zwingt, steigt automatisch die Länge des Entscheidungsprozesses. Solche pareto-optimalen Lösungen sind naturgemäß nicht immer realisierbar. Da aber aus referendumspräventiven Gründen Gewinne und Verluste möglichst symmetrisch verteilt und v.a. referendumsfähige Interessen nicht übergangen werden sollen, gilt diese Regel der zeitlichen Streckung von Verhandlungslösungen für jede bedeutende Policyänderung.

Dementsprechend ist auch die Sozialpolitik durch lange Entscheidungsprozesse charakterisiert. Zwischen der Verabschiedung des Verfassungsartikel und dem Beschluß des einfachgesetzlichen Ausführungsgesetzes vergingen bei der AHV sieben, bei der Kranken- und Unfallversicherung neun und beim beruflichen Vorsorgegesetz zehn Jahre. Bei der Invalidenversicherung betrug diese Zeitspanne 34 Jahre und schließlich bei den Ergänzungsleistungen sogar 40 Jahre, obwohl hier einzuräumen ist, daß es sich um eine Zusatzleistung handelt, die verfassungsrechtlich nicht explizit normiert ist. Gleiches gilt auch für Gesetzesrevisionen, wo - exemplarisch dargestellt an der 10. AHV-Revision - ca. 15 Jahre zwischen den ersten Vorarbeiten und der endgültigen Beschlußfassung verstrichen.

Die dritte Komponente des Lag-Effekts entsteht im Fall eines erfolgreichen Referendums. In diesem Fall gilt es, einen neuerlichen Kompromiß auszuhandeln und die für das Referendum maßgeblichen Falten der Vorlage auszubügeln, womit wiederum eine suspensive Wirkung einhergeht. Von der aufschiebenden Wirkung des fakultativen Referendums waren mit dem Erstgesetze zur Krankenversicherung (Lex Forrer) und jenem zur Rentenversicherung (Lex Schulthess) zwei Kerngesetze sozialstaatlicher Politik vor 1945 betroffen. Durch das fakultative Referendum gänzlich blockiert wurde bis heute die Einrichtung einer eigenständigen Mutterschaftsversicherung, die im restlichen Europa zum Standardrepertoire sozialer Sicherung gehört. Abbildung 39 zerlegt den aggregierten Lag-Effekt für die wichtigsten Sozialversicherungszweige in seine Komponenten.

Abbildung 39. Zeitspanne zwischen der Verabschiedung des Verfassungsartikels und der einfachgesetzlichen Ausführung ausgewählter Sozialversicherungen und Verzögerung durch das Referendum in Jahren.

Gesetz	Verfassungs-kompetenz	1.Gesetz	Δ[a]	Referend-um	2.Gesetz	Inkraft-tretung	Spanne in Jahre[b]	Δ Refe-ren-dum[d]
AHV	1925	1931	6	1931	1946	1948	21	17
KV	1890	1899	9	1900	1911	1914	21	14
UV	1890	1899	9	1900	1911	1918	28	18
Mutter-schaft	1945	1987	42	1987	-	-	> 50	>10
ALV	1947	1951	4	-	1951	1952	5	
IV	1925	1959	34	-	-	1960	35	
EL	1925	1965	40	-	-	1966	41	
BVO	1972[c]	1982	10	-	-	1985	13	
Fam	1945	1952	7	-	-	1953	8	
ØLAG[e]			17,8				24,6	14,7

Anmerkungen (vgl. auch Gilliand/Rossini 1997: 42):
a = Differenz zwischen Verfassungskompetenz und 1. Gesetzesbeschluß.
b = Spanne zwischen Verfassungskompetenz und dem Inkrafttreten des Gesetzes.
c = revidierter Art 34quater BV.
d = Verzögerung durch das Referendum (Spanne zwischen dem Referendum und dem Inkrafttreten).
e = Da gegenwärtig starke Bestrebungen zur Einrichtung einer Mutterschaftsversicherung im Gang sind, wurde zur Berechnung des durchschnittlichen time-lags die Zeitspanne von 50 Jahren verwendet.

Insgesamt zeigt sich ein durchschnittlicher Verzögerungseffekt von 17,8 Jahren zwischen dem Verfassungsartikel und dem sozialversicherungsrechtlichen Erstgesetz. Kommt ein Referendum zustande, verzögert dies die endgültige Inkrafttretung einer Vorlage um fast 15 Jahre. Im Durchschnitt benötigten die wichtigsten schweizerischen Sozialversicherungsgesetze zwischen der Schaffung des Kompetenzartikels in der Bundesverfasung und ihrem Inkrafttreten damit fast 25 Jahre. Stellt man sich für einen Moment die Schweiz als unitaristische und repräsentative

Demokratie vor und zieht den Verabschiedungszeitpunkt des Kompetenzartikels als Näherungsmaß für die hypothetischen Sozialversicherungserstgesetze heran, so wäre die Schweiz in bezug auf den Einführungszeitpunkt der Sozialversicherung im internationalen Vergleich nicht im unteren Drittel, sondern im Mittelfeld zu finden. Die direkte Demokratie hat somit die Einführung des Sozialstaates nachhaltig gebremst und zeichnet somit maßgeblich für die sozialpolitische Nachzüglerrolle der Schweiz mitverantwortlich.

5.2.3.2 Ausgabenniveaueffekt

Der zweite mit dem fakultativen Referendum assoziierte sozialstaatsrelevante Wirkungseffekt ist ein starker Begrenzungseffekt für Staatsausgaben infolge der Sanktionierung ausgabenexpansiver Projekte oder starker Schranken gegenüber neuen Steuereinnahmen. Dieser von Wagschal (1997) in seiner Untersuchung sämtlicher ausgabenwirksamer Referenden eruierte Befund ist auch für den Bereich der sozialen Sicherheit gültig. Das Referendum führt als Instrument des Steuer- und Abgabenwiderstandes die staatlichen Steuereinnahmen am kürzen Zügel und ist auf der anderen Seite ein mächtige Keule, um expansive Ausgabenpolitik zu sanktionieren. Ein- und Ausgabenniveaus sind damit kurz- und mittelfristig nur schwer zu modifizieren. Dies bewirkt sowohl für die Steuereinnahmen als auch für die Staatsausgaben einen stabilisierenden Effekt auf niedrigem Niveau. Die im internationalen Vergleich niedrige Steuerquote wie auch die geringe Staatsquote der Schweiz finden im Referendum eine zentrale Begründung. Gleiches gilt für die Sozialpolitik, wo die direkte Demokratie einen Generalschlüssel für die geringe Sozialleistungsquote der Schweiz liefert. Verschärft wird diese fiskalpolitische Semisouveränität durch die finanzpolitische Politikverflechtung zwischen dem Bund und den Kantonen. Dem Bund wurde zwar schrittweise die alleinige Gesetzgebungskompetenz auf dem Gebiet der Sozialversicherungen eingeräumt, es standen ihm jedoch nur beschränkt Steuermittel zur Dotierung der Sozialprogramme zur Verfügung, da der Großteil der Steuereinnahmen auf die Kantone und Gemeinden entfällt. Hinzu kommt schließlich, daß dem Bund steuerrechtliche Kompetenzen lange Zeit nur temporär überantwortet wurden, was die Realisierung langfristiger ressourcenintensiver Projekte praktisch unmöglich machte. Der Bund mußte daher für seine sozialversicherungsrechtlichen Ausführungsgesetze entweder kantonale Steuereinnahmen anzapfen oder neue Bundesmittel einführen. Beide Wege waren jedoch mit beträchtlichen Vetopunkten gespickt. Die Kantone konnten sich sowohl im vorparlamentarischen Raum (Vernehmlassungsverfahren), im parlamentarischen (Ständerat) als auch im nachparlamentarischen Raum (obligatorisches Referendum) gegen fiskalische Belastungen oder den Entzug der Steuerhoheit effektiv widersetzen. Zudem konnte noch der Souverän im nachparlamentarischen Raum Steuervorlagen sanktionieren. Von diesem enormen Vetopotential wurde besonders in der Konstituierungsphase des Sozialstaates Gebrauch gemacht. Der Bundesrat war bereits im Rahmen der Lex Forrer bestrebt, neue Einnahmen für die Finanzierung der Sozialversicherung zu generieren. Konnten damals die Mittel zunächst durch die Streichung anderer Bundessubventionen aufgebracht werden, erwies sich die Finanzierungsfrage für die Einführung der Alters- und Hinderlassenenversicherung als zentraler Angelpunkt. Der Bund forderte die Einführung einer Erbschafts-, Nachlaß - und Schenkungssteuer, was angesichts der finanzpolitischen Politikverflechtung an der Zustimmungspflicht der Kantone scheiterte. Die ebenfalls geplante Ausdehnung des Alkoholmonopols zur Finanzierung des Bundesanteils wurde in einem obligatorischen Referendum im Juni 1923 verworfen (1930 dann allerdings angenommen). Diese fiskalischen Einschränkungen führten dazu, daß zur Rettung der AHV die Invalidenversicherung von dieser abgekoppelt wurde, mit dem Effekt, daß sich deren Einführung um Jahrzehnte verzögerte. 1931 wurde in einem von den Kommunisten lancierten fakultativen Referendum das Bundesgesetz über die Tabakbesteuerung verworfen, was die AHV endgültig zu Fall brachte. Zudem scheiterten sämtliche Volksinitiativen, die zusätzliche Einnahmen für die Sozialpolitik aufschließen wollten.

Diese fiskalpolitische Semisouveränität des Bundes zwang ihn dazu, die vorhandenen Mittel sparsam einzusetzen und bei der Finanzierung überwiegend auf Beitragsleistungen zurückzugreifen, die aus referendumspolitischen Gründen allerdings moderat gehalten werden mußten. Dies hatte den Effekt, daß das Leistungsspektrum nur eine Basisversorgung sicherstellen konnte. Diese Basisversorgung erfolgte zwar auch in Übereinstimmung mit den ideologischen Ordnungsvorstellungen des bis 1943 rein bürgerlichen Bundesrats sowie des bürgerlich dominierten Parlaments, aus den Botschaften des Bundesrats geht aber auch hervor, daß vom Bundesrat durchaus auch weitergehende Lösungen präferiert wurden, die aus finanzpolitischen Gründen aber nicht realisiert werden konnten.

Das Referendum war zudem für gut organisierte Gruppen ein effizientes Instrument dafür, die Beitrags- und Abgabenbelastung in der Sozialversicherung gering zu halten. Die Verwerfung der Lex Forrer führte etwa in der Krankenversicherung zur Entbindung der Arbeitgeber von Beitragszahlungen. Bauern und Kleingewerbe konnten wiederum die Herausnahme von landwirtschaftlichen sowie gewerblichen Arbeitnehmern aus der Unfallversicherung durchsetzen. Ebenso war die Heranziehung von Vermögens- und Besitzsteuern zur Finanzierung der AHV nicht durchsetzbar. Die AHV wurde und wird mit Verbrauchsteuern auf Tabak und Alkohol sowie neuerdings mit der Mehrwertssteuer finanziert, die von der Masse der schlecht organisierten Konsumenten getragen wird. Alternativen zur Sozialversicherung wie ein staatlicher Gesundheitsdienst, wie er vom Arbeiterführer Hermann Greulich postuliert wurde oder ein an Staatsbürgerversorgung ausgerichtetes Pensionssystem wie es vom Bauernverband verlangt worden war, wurden zwar vom Bundesrat geprüft, jedoch aus finanzpolitischen Motiven verworfen.

Erst mit dem ökonomischen Aufschwung nach 1945 setzte in der Finanzpolitik eine leichte Entspannung ein, wodurch - wenngleich die Neuordnung des Finanzwesen mehrmals scheiterte - neue Einnahmen für den Ausbau des Wohlfahrtsstaates freigesetzt wurden.

5.2.3.3 Struktureffekt

Neben der zeitlichen Verspätung und starken finanzpolitischen Restriktionen zeichnet das Referendum auch für die strukturelle Ausprägung des Sozialstaatsprofils mitverantwortlich. Dieser Struktureffekt ist dabei vor allem für die typologische Verortung des schweizerischen Sozialstaates von Bedeutung.

Die Verwerfung des Erstgesetzes zur Kranken- und Unfallversicherung sowie das abgelehnte Erstgesetz zur AHV haben den Kurs staatlicher Sozialpolitik nachhaltig verändert und die Weichen für ein liberales Sozialstaatsregime gestellt. Dabei hat v.a. die Ablehnung der Lex Forrer strukturell auf die weitere Entwicklung der Politik der sozialen Sicherung abgefärbt. Nach deutschem Vorbild wurde dieses sozialversicherungsrechtliche Erstgesetz als obligatorische Klassenversicherung unter vorwiegend öffentlich-rechtlicher Trägerschaft konzipiert. Mit dem fakultativen Referendum konnten die Gegner dieses vom Parlament einhellig beschlossenen Gesetzes ihren Widerstand erfolgreich artikulieren. Das freie Kassenwesen fühlte sich in seiner Existenz bedroht, einige Unternehmer kämpften gegen die geplante Beitragsbelastung, rechtsstehende föderalistische Interessengruppen opponierten gegen eine zentralistische Lösung und warnten vor einer Staatsmedizin. Um das Zweitgesetz referendumssicher zu gestalten, mußte der Bundesrat diese Interessen berücksichtigen. Auf Bundesebene wurde folglich auf ein Versicherungsobligatorium verzichtet, die Arbeitgeber wurden von der Beitragspflicht befreit, während auf eine öffentlich-rechtliche Trägerschaft verzichtet wurde. Bei der Unfallversicherung wurde hingegen an der öffentlich-rechtlichen Monopolträgerschaft festgehalten mit dem Effekt, daß auch gegen das Zweitgesetz von 1911 - allerdings erfolglos - das Referendum ergriffen wurde.

Sensibilisiert durch das Schicksal der Lex Forrer und aufbauend auf der dabei gemachten Erfahrung, daß ausländische etatistische Sozialversicherungsgesetze nur bedingt auf schweizerische Verhältnisse übertragen werden konnten, folgte der weitere Ausbau der Sozialversicherung jenem Politikmuster, welches dem Zweitentwurf zum KUVG zugrunde lag. Die referendumsbedingten Gesetzesmodifikationen induzierten vier Struktureffekte.

Erstens wurde auf Bundesebene die Versicherungspflicht nur zögerlich eingeführt. Das Referendum war ein wichtiges Instrument zur Abwehr von Zwangsbeglückungen und paternalistischer Politik aus Bern. Beim Arbeitslosenversicherungsgesetz von 1924 wurde auf ein Bundesobligatorium verzichtet. Bei der Lex Schulthess war zwar ein Obligatorium vorgesehen, die Versicherungspflicht stellte jedoch einen zentralen Kritikpunkt der liberalen und konservativen Gegner der Vorlage dar, die letztlich auch an der Stimmurne die Oberhand behielten.

Zweitens mußten die bestehenden Trägersysteme berücksichtigt und in eine eidgenössische Lösung integriert werden. Das wegen fehlender bundesrechtlicher Sozialgesetze hoch entwickelte private und dezentral operierende Kassenwesen konnte bei der Krankenversicherung mit Hilfe des Referendums eine zentralistische öffentlich-rechtliche Organisationsstruktur erfolgreich abblocken, während das Referendum gegen das Versicherungsmonopol in der Unfallversicherung keinen Erfolg hatte. Beim Arbeitslosenversicherungsgesetz von 1924 wurde ebenfalls Rücksicht auf das bereits existierende Kassenwesen genommen. Das historisch gewachsene Kassenwesen konnte so mit dem Referendum dieses System gegenüber Interventions- und Penetrationsversuchen von „oben" verteidigen. Das Referendum fungierte damit als Konservierungsmittel des sozialpolitischen Politikerbes. Hierin liegt ein wichtiger Grund für die weitreichende Heranziehung privater Träger in den schweizerischen Sozialversicherungen.
Der dritte referendumsbedingte Struktureffekt baut unmittelbar auf diesen Strukturkonservatismus auf. Angesichts des Vetopotentials des Referendums und der finanzpolitischen Politikverflechtung konnte auf dem Gebiet der Kranken- und Arbeitslosenversicherung der Bund die Vielfalt des gewachsenen Kassennetzes mit seinem ebenso heterogenen Leistungsspektrum nur mit Rahmen- und Subventionsgesetzen penetrieren. Derartige Politikmuster eines unmittelbaren Eingriffsverzichts wurden von der Theorie der Politikverflechtung als eine Lösung zur Vermeidung von Steuerungsblockaden ausgewiesen (Scharpf 1976). Der Bund mußte sich auf den Erlaß von Rahmengesetzen beschränken, innerhalb derer die Vielfalt an Organisationsformen fortbestehen und sich angesichts der verbesserten Rechtssicherheit weiter entfalten konnte. In materieller Hinsicht normierte der Bund sowohl bezüglich des Leistungsspektrums als auch der Träger der Versicherung lediglich Mindestvorschriften und beschränkte sich auf die Aufsicht des Versicherungswesens, wobei er diese Funktion für das KUVG dem 1912 geschaffenen Bundesamt für Sozialversicherung übertrug, welches die Zulassung neuer und bestehender Kankenkassen entlang den gesetzlichen Bedingungen regulierte. Gleiches gilt für das Bundesamt für Industrie, Gewerbe und Arbeit (BIGA) auf dem Gebiet der Arbeitslosenversicherung. Mit der Ausschüttung von Subventionen stabilisierte der Bund die labile Finanzstruktur der Kassen, ermöglichte Prämienverbilligungen für die Versicherungsnehmer und schuf gleichzeitig einen Anreiz für die Bildung und Einrichtung neuer Kassen.
Der vierte Struktureffekt des Referendums besteht darin, daß die partiell steuerfinanzierten Versicherungen nicht als Klassen-, sondern als Volksversicherungen eingerichtet wurden. Steuerfinanzierte Sozialprogramme zugunsten partikularer Gruppen sind in einer direkten Demokratie schwer zu implementieren. Durch die Inklusion der gesamten Wohnbevölkerung sowohl in das Abgaben- bzw. Beitragssystem als auch in das Leistungssystem kann ein Steuer- und Abgabenwiderstand minimiert werden. Zudem stand die deutsche und österreichische Klassenversiche-

rung in Widerspruch mit den weit verbreiteten liberalen Ordnungsvorstellungen (Schweingruber 1977: 72).

Der strukturelle Aggregateffekt des Referendums bedingte eine Abweichung vom ursprünglichen, dem deutschen Weg folgenden Pfad einer zentralistischen Pflichtversicherungslösung zugunsten eines liberalen Sozialstaatsmodells, dessen Pfeiler auf Bundesebene zwei Rahmen- und Subventionsgesetze im Bereich der freiwilligen Kranken- und Arbeitslosenversicherung bildeten. Nur auf dem Gebiet der Unfallversicherung konnte das ursprüngliche Modell realisiert werden, wenngleich es auch hier mit der Einbeziehung von Nichtberufsunfällen zu strukturellen Modifizierungen gekommen ist. Innerhalb dieses Rahmens wurde die Heterogenität der von den bestehenden paritätischen, privaten und öffentlichen (kantonalen und kommunalen) Kassen getragenen Leistungssysteme fortgeschrieben. Das Scheitern der Lex Schulthess 1931 sowie die geringe Regelungs- und Leistungsdichte des Arbeitslosenversicherungsgesetzes von 1924 führten im Zuge der Weltwirtschaftskrise entlang des Subsidiaritätsprinzips zu einer Stärkung der Fürsorgepolitik. Materielle Versorgungsdefizite mußten angesichts der Blockade bundesstaatlicher Sozialpolitik durch die Kantone und private Hilfsgesellschaften aufgefangen werden. Allmählich begann der Bund auch private Hilfswerke zu subventionieren, wodurch im Fürsorgebereich ein ausgeprägter public-private Mix verankert wurde, welcher nach 1945 unter geänderten Vorzeichen auch weitergeführt wurde (vgl. Bütschi/Cattacin 1993).

Die vor 1945 verabschiedeten Erstgesetze der Sozialversicherung übten ihrerseits ein starkes Policy-Feedback auf die Weiterentwicklung der staatlichen Sozialpolitik nach dem Zweiten Weltkrieg aus. Referendumskämpfe konzentrierten sich in diesem goldenen Zeitalter des Sozialstaates vorwiegend auf die Krankenversicherung, während die Entwicklung der übrigen Versicherungszweige durch das Referendum nicht sanktioniert wurde[27]. Die Arbeitslosenversicherung verlor aufgrund der exzeptionellen Performanz am Arbeitsmarkt an Bedeutung, die AHV wurde kontinuierlich ausgebaut und schließlich um die innovative Invalidenversicherung und um Ergänzungsleistungen angereichert, die finanziell gesunde und beitragsfinanzierte Unfallversicherung bot ebenfalls keinen Anknüpfungspunkt, zumal sie öffentlich-rechtlich mit einem Versicherungsträger geordnet war.

Hingegen war die Weiterentwicklung des KUVG für den Bundesrat und das Parlament von zahlreichen Abstimmungsniederlagen geprägt. Obwohl als Provisorium beschlossen, scheiterten beginnend mit dem Jahr 1921 mit nur einer Ausnahme sämtliche Reformversuche der Krankenversicherung. Erst 1994 überstand die Totalrevision des Gesetzes die Referendumshürde. Dabei war es - wie Immergut (1992a) in ihrer brillianten Untersuchung herausgearbeitet hat - das Instrument des Referendums und nicht die Gruppengröße oder die Organisationsdichte der

[27] Erst 1997 wurde ein Reformvorhaben des Bundesrats in der Arbeitslosenversicherung vom Volk in einem fakultativen Referendum verworfen. Dabei handelte es sich aber nicht um einen Ausbau des Sozialstaates, sondern ausschließlich um Leistungskürzungen.

Interessenorganisationen, das zu einer enormen Pfadabhängigkeit in der Entwicklung der Krankenversicherung geführt hat. Das Referendum war dabei ein zentraler Vetopunkt für die Artikulation von Interessen, der die Verhandlungsmacht zugunsten dieser Interessengruppen verlagerte und ihnen eine zentrale Stellung bei den Reformen der Krankenversicherung verlieh.

Demgenüber waren Bundesrat und Parlament auf dem Gebiet der Krankenversicherung semisouverän, da für Reformen die Zustimmung sowohl der Ärzteverbände als auch jene der Krankenkassen benötigt wurde. Obwohl zwischen den bürgerlichen Parteien und der Sozialdemokratischen Partei und dem SGB beträchtliche Differenzen bezüglich der Stoßrichtung der Reform (v.a. auf dem Gebiet der Finanzierung und der Versicherungspflicht) bestanden, herrschte Konsens über die Notwendigkeit einer solchen. Die Interessenorganisationen der Ärzte wehrten sich jedoch gegen Regulierungsversuche von oben, die sie als Einschränkung ihrer finanziellen Autonomie empfanden. Demgegenüber votierten die Kassen für ärztliche Tarifbeschränkungen und den Ausbau des im Gesetz von 1911 grundgelegten Prämiensubventionssystems durch die öffentliche Hand, was wiederum der Bund aus finanziellen Gründen ablehnte. Krankenkassen und Ärzte verlängerten ihre Auseinandersetzungen bis an die Stimmurne und brachten sogar, als der Bundesrat 1972 einen Kompromiß auf Verfassungsebene durchsetzen wollte, diesen durch einen gemeinsamen Schulterschluß zu Fall. Lediglich 1964 konnte eine keinesfalls weitreichende Teilrevision verabschiedet werden, die jedoch das KUVG strukturell nicht veränderte: „Alle übrigen Verfassungs-, Gesetzes- und Expertenvorschläge glichen dem Stein des Syspihos, der mühsam in hoffnungsvolle Höhen gehoben wurde und dann ins Nichts herunter rollte“ (BSV 1988: 12). Verheerend wirkte sich auch die Verknüpfung der Mutterschaftsversicherung mit der Krankenversicherung aus, zumal die Versuche zur Einrichtung einer Mutterschaftsversicherung gemäß dem Verfassungsauftrag von 1945 neue Vetospieler in Gestalt der Arbeitgeber auf den Plan rief, so daß 1987 sowohl die Reform der Krankenversicherung als auch der Entwurf einer Mutterschaftsversicherung verworfen wurde.

Insgesamt wirkte das Referendum hoch strukturkonservierend, so daß das KUVG von 1911 in seinen Grundzügen bis 1994 bestehen blieb. Gemäß dem Vetospielertheorem von Tsebelis (1995a) führte eine hohe Anzahl von Vetospielern mit weitauseinanderliegenden Ordnungsvorstellungen zu einer extrem hohen Policystabilität. Die Krankenversicherung ist auch der einzige Sozialversicherungszweig, wo die direkte Demokratie zu einem Innovationsstau beitrug: „The result of nearly a century of referendum politics is a health insurance system based on the most limited form of government intervention: government subsidies to voluntary mutual aid societies or sickness funds. Contrary to what me might have expected, the broad political access afforded by the referendum did not generate popular pressures for programs such as national health service. Instead, despite consensus among the political parties across the political spectrum, and despite the active lobbying of a number of large interest groups such as union, church, women´s, and employee associations, proposals for expanding the program of government subsidies into national compulsory health insurance have been rejected" (Immergut 1992a: 131).

5.2.4 Exkurs: Warum werden sozialpolitisch expansive Vorlagen verworfen ?

Die Frage, warum das Schweizervolk den Ausbau des Sozialstaates mehrmals an der Stimmurne blockierte, kann und soll hier nicht abschließend beantwortet werden. Nachbefragungen zu eidgenössischen Urnengängen in Gestalt der VOX-Analysen werden in der Schweiz seit 1977 in Kooperation von drei Universitätsinstituten und einem Umfrageinstitut durchgeführt. Über Abstimmungsverhalten und -motive früherer Volksentscheide kann daher nur spekuliert werden. Interessante Hypothesen zu den Abstimmungsmotiven bezüglich einiger sozialpolitischer Vorlagen finden sich bei Immergut (1992a) und Schneider (1986).
Ein zentrales Ergebnis der schweizerischen Forschungen zur direkten Demokratie besteht darin, daß ökonomisch besser situierte Bevölkerungsschichten sowie Personen mit höherer Bildung überproportional häufig an Abstimmungen teilnehmen, dies gilt v.a. dann, wenn die Wahlbeteiligung niedrig ist (Linder 1994: 95). Man könnte bezüglich der Sozialpolitik argumentieren, daß gerade diese Schichten kein großes Interesse am Ausbau des Sozialstaates haben. Demnach müßten bei niedriger Stimmbeteiligung die Nein-Stimmen bei sozialpolitischen Vorlagen hoch sein. Diese These einer negativen Korrelation zwischen Stimmbeteiligung und dem Anteil an Nein-Stimmen läßt sich allerdings empirisch nicht halten. Korreliert man für sämtliche sozialversicherungsrelevanten Referenden die Stimmbeteiligung mit dem Prozentanteil der Nein-Stimmen, erhält man einen positiven, wenngleich nicht signifikanten Korrelationskoeffizienten $r^{PEARSON} = 0.31$ ($p=0.28$). Mit zunehmender Stimmbeteiligung und damit zunehmender Partizipation „ärmerer" und weniger gebildeter Bevölkerungsgruppen steigt also tendenziell die Anzahl der Nein-Stimmen!
Das einzige sozialstaatsexpansive und verworfene Referendum, für das eine Nachbefragung vorliegt, ist die gescheiterte Reform des KUVG von 1987. Die Kernpunkte der Reform bildete die Eindämmung der Kostenexplosion in der Krankenversicherung und die Einführung einer obligatorischen Mutterschaftsversicherung innerhalb der Krankenversicherung. Alle Bundesratsparteien gaben die Ja-Parole aus. Zwei Komitees, darunter der Gewerbeverband, ergriffen gegen die Vorlage das Referendum. Trotz dieser breit getragenen Reform (alle Bundesratsparteien gaben auf nationaler Ebene die Ja-Parole aus) wurde die Revision bei einer Stimmbeteiligung von 47,7% mit 71,3% Nein-Stimmen abgelehnt (Abbildung 40). Bei der Stimmbeteiligung zeigt sich - abgesehen von den Landwirten - eine Überrepräsentation von Männern, von Personen mit höherer Schulbildung bzw. in beruflich gehobener Stellung, Personen aus der deutschsprachigen Schweiz und von Personen mit ausgeprägter Parteienpräferenz. Beim Stimmverhalten zeigt sich trotz

der einheitlichen Ja-Parole der Bundesratsparteien ein klarer Links-Rechts-Gegensatz, bei dem Sympathisanten der SPS, der GPS und der PdA/POCH dem Gesetz zugestimmt haben, während Sympathisanten der bürgerlichen Parteien das Gesetz mehrheitlich abglehnt haben. Markant ist die ablehnende Haltung der Arbeiter und der Landwirte, während persönliche Betroffenheit bei jungen und alleinstehenden Personen sowie bei Frauen den Ausschlag für die Zustimmung zum Gesetz bildete.

Abbildung 40. VOX-Analyse zum KUVG-Referendum 1987.

Merkmal	*Gruppe*	*Abweichung von der durchschnittlichen Stimmbeteiligung aller Befragten*	*Stimmverhalten in Prozent* Ja	Abweichung
Geschlecht	Männer	+6	30	-5
	Frauen	-6	41	+6
Ausbildung	Pflichtschule	-11	37	+2
	Berufsschule	+1	27	-8
	Gymnasium, Hochschule	+10	46	+11
Berufl. Stellung	Selbständige, leitende Beamte/Angestellte	+4	27	-8
	Angestellte/Beamte mittlerer Stellung	+9	44	+9
	Einf. Angestellte	-3	42	+7
	(Landwirte/innen)[a]	+17	23	-12
	Arbeiter/innen	-17	13	-22
	(Studenten/innen)[a]	-4	62	+27
	Hausfrauen/-männer	-2	40	+5
	Rentner/innen	+3	34	0
Parteienpräferenz	CVP	+13	33	-2
	FDP/LPS	+10	30	-5
	SPS	+18	56	+21
	(SVP)[a]	+9	13	-22
	(LdU/EVP)[a]	+14	35	0
	(POCH/PdA)[a]	+8	79	+44
	(GPS)[a]	+1	76	+41
	NA	+7	-	-
	Keine	-12	27	-8
Landesteil	Deutsche Schweiz	+2	34	-1
	Französische Schweiz	-4	31	-4
	(Italienische Schweiz)[a]	-11	69	+34

Anmerkung: N=1009; a=Tendenz, Quelle: VOX-Analyse Nr 34, 12. Jg. 1988: 5, 16-17.

5.3 Volksinitiativen und Sozialpolitik

Angesichts der durch Referendumsentscheide und durch finanzpolitische Restriktionen bedingten phasenweisen Stagnation staatlicher Sozialpolitik in der Zwischenkriegsszeit wurde mit Hilfe von zahlreichen Volksinitiativen versucht, die Sozialpolitik zu katalysieren oder in andere Bahnen zu lenken. Anders als das vorwiegend von rechts-konservativen Akteuren und Interessengruppen initiierte Referendum wurden die Volksinitiativen hauptsächlich von der politischen Linken getragen: „Die Initiative bildet demnach einerseits ein wichtiges Kampfmittel sozialdemokratischer und gewerkschaftlicher Organisationen. Andererseits bedient sich die gegnerische Seite - bürgerliche Parteien, Arbeitgeber-, Bauern- oder Gewerbeverbände - dieses Instruments kaum oder nicht. Auf der bürgerlichen Seite sind es eher die Erneuerungsbewegungen sowie - je nach Sachfrage - objektbezogene Interessenkoalitionen, welche Volksbegehren lancieren" (Sigg 1978: 251). Während das Referendum beim Output des politischen Systems ansetzt, ist die Initiative vorwiegend ein Instrument der Opposition, um neue Issues als Input in das politische System einzubringen. Staatliche Sozialpolitik sollte durch Druck von „unten" beschleunigt werden. Allerdings wurde keine einzige Volksinitiative, die die Politik der sozialen Sicherung in andere Bahnen lenken wollte, von Volk und Ständen angenommen. Die Verwerfungsquote von 100% liegt dabei über der generellen Ablehnungsquote von Volksinitiativen von 90%.

Abbildung 41. Sozialversicherungsrelevante eidgenössische Volksinitiativen 1891-1998

Name der Initiative und Form	Lanciert von (Einreichdatum)	WK	Rückzug (Datum)	Datum/ Resultat	Anmerkung
Recht auf Arbeit (aE)	SPS (1893)	+		03.06.1894 Verworfen	
Alters-, Hinterlassenen- und Invaliditätsversicherung (aE)	NR Rothenberger (FDP), SPS (1920)	+		24.05.1925 Verworfen	
Alters- und Hinterlassenenfürsorge (aE)	Katholisch-Konservative (1931)	-[a]	x (1947)		
Kriseninitiative (aE)	SPS, SGB, CNG, Föderativverband, Verband evang. Arbeitnehmer (1934)	+		02.06.1935 Verworfen	
Arbeitslosenversicherung (aE)	SGB (1936)	+	x (1947)		
Schutz der Familie (aE)	Katholisch-Konservative Volkspartei (1942)	+	x (1945)		direkter GE[b] (Art 34 quinquies). Angenommen am 25.11.1945

Umwandlung der Ausgleichskassen für Wehrmänner in AHV-Kassen (aE)	Genfer FDP (1942)	+	x (1947)		allgemeine Anregung; indirekter GE (AHV-Gesetz)
Einführung einer Invalidenversicherung (aE)	SPS (1955)	+	x (1959)		indirekter GE (IVG)
Schaffung einer eidg. Invalidenversicherung (aE)	PdA (1955)	+	x (1959)		indirekter GE (IVG)
Verbesserung der AHV-Renten (aE)	SPS (1958)	+	x (1961)		indirekter GE (AHV-Rev.)
Erhöhung der AHV-Renten und Ausbau des Umlageverfahrens (aE)	Überparteiliches bürgerliches Komitee [FDP, EVP, Demokraten ZH] (1959)	+	x (1961)		indirekter GE (AHV-Rev.)
Erhöhung der AHV/IV-Renten (aE)	AVIVO,Vereinigung der AHV-Rentner GE,NR Dafflon (1962)	+	x (1965)		indirekter GE: (BG über Ergänzungsleistungen)
Zeitgemäße AHV/IV-Renten und Teuerungsausgleich (aE)	Der schweizerische Beobachter (1962)	+	x (1965)		indirekter GE (BG über Ergänzungsleistungen)
Weiterer Ausbau der AHV (aE)	CNG (1966)	+	x (1968)		indirekter GE (AHV-Rev.)
Schaffung einer Volkspension (aE)	PdA (1969)	+		03.12.1972 Verworfen	direkter GE wurde angenommen
Einführung einer Volkspension (aE)	SPS (1970)	+	x (1974)		direkter GE (siehe oben)
Soziale Krankenversicherung (aE)	SPS (1970)	+		08.12.1974 Verworfen	GE wurde verworfen
Zeitgemäße AHV (aE)	Überparteiliches bürgerliches Initiativkomitee (1970)	+	x (1974)		direkter GE erfüllte die Postulate
Herabsetzung des AHV-Alters (aE)	POCH (1975)	+		26.02.1978 Verworfen	
Für einen wirksamen Schutz bei Mutterschaft (aE)	SPS, POCH, Organisation für die Sache der Frau (1980)	+		02.12.1984 Verworfen	indirekter GE: KMVG (1987), 1987 verworfen
Herabsetzung des AHV-Alters auf 62/60 Jahre (aE)	POCH (1983)	+		12.06.1988 Verworfen	
Für eine finanziell tragbare Krankenversicherung (Krankenkasseninitiative) (aE)	Konkordat der schweizerischen Krankenkassen KSK (1985)	o		19.02.1992 Verworfen	

Für eine gesunde Kranken versicherung (aE)	SGB, SPS (1986)	+		04.12.1994 Verworfen	indirekter GE KVG-Rev.: vom Volk am 04.12.94 angenommen
Für volle Freizügigkeit in der beruflichen Vorsorge (aA)	Schweizerischer Kaufmännischer Verband (1989)	+			allgemeine Anregung
Ausbau der AHV/IV (aE)	SGB, SPS (1991)	+		25.06.1995 Verworfen	indirekter GE: 10. AHV-Rev. Vom Volk am 25.06. 1995 angenommen

Anmerkung: a=Initiative wurde negativ kodiert, da sie als Alternative zur Lex Schulthess konzipiert wurde und im Bereich der sozialen Sicherung von Alten, Witwen und Waisen lediglich Fürsorgeleistungen, aber keine Versicherungsleistungen ausrichtete und so hinter der Lex Schulthess zurückblieb.
b = Gegenentwurf.
Form: aE= ausgearbeiteter Entwurf, aA=allgemeine Anregung; Datum=Abstimmungsdatum. WK = Wirkung: „+" = Expansiv; „-" = restriktiv, „o" = neutral bzw. Bewahrung des Status Quo.
SPS=Sozialdemokratische Partei der Schweiz; SGB=Schweizerischer Gewerkschaftsbund; CNG=Christlich-Nationaler Gewerkschaftsbund; FDP=Freisinnig-Demokratische Partei der Schweiz; PdA=Partei der Arbeit; POCH=Progressive Organisationen der Schweiz;
Quelle: Wili (1991: Anhang), ergänzt vom Verfasser.

Der mit dem Instrument der Volksinitative angestrebte Katalysator- und Mobilisierungseffekt wird bereits mit den ersten sozialpolitischen Initiativen offenkundig. Die von der Sozialdemokratischen Partei 1893 eingereichte Initiative „Recht auf Arbeit" forderte nicht nur die Ausdehnung der Arbeiterschutzgesetzgebung und die Verkürzung der Arbeitszeit, sondern postulierte auch Maßnahmen für die „sichere und ausreichende Unterstützung unverschuldet ganz oder teilweise Arbeitsloser, sei es auf dem Wege der öffentlichen Versicherung gegen die Folgen der Arbeitslosigkeit, sei es durch Unterstützung privater Versicherungsinstitute der Arbeiter oder aus öffentlichen Mitteln". Damit sollte durch Druck von unten für die Einführung einer Arbeitslosenversicherung mobilisiert werden.
Die 1920 vom Basler Freisinnigen Rothenberger lancierte Volksinitiative verfolgte für die AHV den gleichen Zweck. Diese Initiative nahm ihren Ausgangspunkt vom Oltener Generalstreik 1918 und versuchte angesichts der finanziellen Streitigkeiten rund um die AHV deren Einführung dadurch zu beschleunigen, indem Rothenberger die Finanzierung der AHV mit den Einnahmen der bereits bestehenden Kriegsgewinnsteuer (=Besitzsteuer) vorschlug (Sigg 1978: 134-135). Auch die Sozialdemokraten und der SGB unterstützten dieses Projekt, während sich die zunächst zustimmende FDP von diesem Plan distanzierte (Zimmermann 1948). Beide

Initiativen wurden von Volk und Ständen verworfen und fanden in materieller Hinsicht keinen Niederschlag in der sozialpolitischen Gesetzgebung[28].
Sozialpolitische Volksinitiativen zielten aber nicht ausschließlich auf die Expansion und Beschleunigung staatlicher Sozialpolitik ab. Die einzige „defensive" Initiative ist die von katholisch-konservativen und gewerblichen Interessengruppen lancierte Initiative zum Ausbau der Alters- und Hinterlassenenfürsorge, die anstatt einer eidgenössischen Versicherungslösung ein Rahmen- und Subventionsgesetz anstrebte, mit dem der Bund die Alters- und Hinterlassenenfürsorge der Kantone subventionieren sollte. Diese vom Referendumskomitee gegen die Lex Schulthess getragene Initiative wurde 1931 taktisch geschickt als Alternative dem AHV-Gesetz gegenübergestellt und sollte im Rahmen des Referendumkampfes rund um die Lex-Schulthess als „Lockmittel" (Sigg 1978: 276) für Nein-Stimmen fungieren. Nachdem die Lex Schulthess 1931 verworfen wurde, folgte die weitere Entwicklung der Alterssicherung dem durch die Initiative vorgezeichneten Fürsorgeprinzip.
Die übrigen vier sozialversicherungsrelevanten Volksinitiativen der Zwischenkriegszeit zielten hingegen wiederum auf den Ausbau des Sozialstaats ab. 1934 reichten vor dem Hintergrund der Wirtschaftskrise die Sozialdemokratische Partei und die Gewerkschaften die sogenannte Kriseninitiative ein, die neben einer aktiven nachfrageseitigen wirtschaftspolitischen Bekämpfung der Wirtschaftskrise auch die Gewährleistung einer ausreichenden Arbeitslosenversicherung und Krisenhilfe einforderte. Diese Initiative wurde ein Jahr später von Volk und Ständen abgelehnt. 1936 versuchte der SGB erneut, den Ausbau der Arbeitslosenversicherung zu forcieren, da er das Gesetz von 1924 für völlig unzureichend hielt. Diese Initiative wurde aber verschleppt und blieb jahrelang unbehandelt (Sigg 1978: 199). Erfolgreicher waren hingegen die während des Zweiten Weltkriegs eingereichten Initiativen der Genfer FDP zur Einführung der AHV und die von den Katholisch-Konservativen und dem Verein „Für die Familie" lancierte Initiative zur Förderung der Familienpolitik durch Einführung von Kinder-, Familien- und Altersbeihilfen. Beide Initiativen wurden nur wenige Jahre nach ihrer Einreichung zurückgezogen, da der Bundesrat mit dem AHVG von 1946 und dem neuen Art 34quinquies BV die Forderungen der Initiativkomitees zumindest teilweise erfüllt hatte (Bratschi 1969: 59-61).
Nach 1945 wurden ausschließlich Initiativen eingereicht, die den Aus- oder Umbau, nicht jedoch einen Rückbau des Sozialstaates anstrebten. Der Großteil der Initiativen konzentrierte sich dabei auf die AHV/IV, wobei einerseits Rentenerhöhungen und andererseits leichtere Zugangsbedingungen durch Absenkung des Rentenalters duchgesetzt werden sollten. Die dritte Gruppe der AHV-Initiativen zielte auf strukturelle Änderungen der AHV ab, etwa durch Schaffung einer Volkspension

[28] Der Bundesbeschluß über die Förderung des Arbeitsnachweises (1909) wurde allerdings durch die Initiative Recht auf Arbeit beeinflußt (Bratschi 1969; Sigg 1978).

oder durch den Einbau der beruflichen Vorsorge in das Alterssicherungssystem. Den zweiten Fokus sozialpolitischer Volksinitativen bildete angesichts des referendumsbedingten Reformstaus die Krankenversicherung, wo von der politischen Linken weitreichende Reformvorschläge für einen tiefgehenden Umbau der Krankenversicherung eingebracht wurden. Zwei Volksinitiativen wurden schließlich zur Einführung der Invalidenversicherung eingereicht. Demgegenüber wurden in Zusammenhang mit der Arbeitslosen- und Unfallversicherung keine einzige Initiative lanciert. Wie vor 1945 wurden alle sozialversicherungsrelevanten Volksinitiativen verworfen.

Die quantitative Breitenentwicklung der Volksinitiative nach 1945 ist auch auf den stimulierten Parteienwettbewerb zurückzuführen. Auch die Konkurrenz zwischen den Gewerkschaften SGB und CNG führte dazu, daß die Arbeitnehmerverbände gegenüber ihrer Basis mittels der Lancierung von Initiativen sozialpolitisches Profil zeigen mußten (Werder 1978: 59). Innerhalb der parteipolitischen Arena versuchte die PdA, den Sozialdemokraten Konkurrenz zu machen, was diese zur Ausarbeitung von Gegeninitiativen veranlaßte. Dieses Drohpotential von links zwang wiederum die bürgerlichen Parteien zur Ausarbeitung einer Alternativinitiative. Die dadurch induzierte Dynamik fand in konkreten sozialpolitischen Maßnahmen ihren Niederschlag. Exemplarisch kann diese Dynamik für die AHV demonstriert werden, wo zu Beginn der siebziger Jahre gleich drei Initiativen für eine Reform der Rentenversicherung eingebracht wurden (vgl. Werder 1978: 99ff). Den Anfang machte die Sozialdemokratie, die 1968 die Frage nach Einführung einer Volkspension prüfte. Aufgrund von Differenzen mit dem SGB, der die beruflichen Pensionskassen berücksichtigt sehen wollte, zog sich der innerparteiliche Entscheidungsprozeß hin, mit dem Ergebnis, daß die SPS erst im Jahr 1970 eine Initiative für ein 2-Säulenmodell bestehend aus existenzsichernden AHV-Renten und Renten aus der beruflichen Vorsorge einbrachte. Inzwischen preschte die PdA vor, die in ihrer 1969 eingereichten Initiative eine Volkspension nach schwedischem Vorbild propagierte. Diese Vision mobilisierte die bürgerlichen Parteien, die nicht zuletzt auf massiven Druck der Versicherungswirtschaft mit ihrer 1970 lancierten Volksinitiative ein 3-Säulenmodell propagierten. In den vorparlamentarischen wie parlamentarischen Beratungen wurde die PdA-Initiative einhellig abgelehnt. Demgegenüber wurden die Anliegen der SPS-Initiative sowie jene der bürgerlichen Initiative zu einem Kompromiß verschmolzen, der auf zwei Pfeilern beruhte: Einerseits wurde mit der 8. AHV-Revision mit massiven Rentenerhöhungen von 80% (1973) der Schritt zu existenzsichernden Renten vollzogen, andererseits wurde ein Gegenvorschlag zur PdA-Initiative in Gestalt des neuen Verfassungsartikel 34quater ausgearbeitet, der - unter Berücksichtigung des bestehenden Politikerbes bezüglich der betrieblichen Pensionskassen - ein 3-Säulen-Modell für die künftige Alterssicherung propagierte. Die SPS als auch die bürgerlichen Parteien zogen daraufhin ihre Initiativen zurück, so daß der neue Verfassungsartikel gemeinsam mit der PdA-Initiative 1972 zur Abstimmung gelangte, wo er sich klar gegen den PdA-Vorschlag durchsetzen konnte.

Die sozialpolitischen Volksinitiativen sind eine Domäne der Parteien und der Verbände der Arbeitnehmer. Ad-hoc-Komitees privater Interessenorganisationen, die ansonsten als Initianten von Volksinitiativen breit in Erscheinung treten (Werder 1978), spielen auf dem Gebiet der sozialen Sicherung nur eine geringe Rolle. Insgesamt manifestiert sich bei den Initianten ein klares Übergewicht der politischen Linken, während - wie Sigg (1978) treffend feststellt - es auf der bürgerlichen Seite vornehmlich die Erneuerer und die bürgerlichen Arbeitnehmerorganisationen sind, die mittels Volksinitiativen sozialpolitischen Druck von unten erzeugen wollen (Abbildung 42).

Abbildung 42. Initianten von sozialversicherungsrelevanten eidgenössischen Volksinitiativen 1891-1998.

	Insgesamt	**Links**	**Mitte-Rechts**	**Interessen-gruppen**
Eingebrachte Initiativen	25	15[a]	6	4
davon zur Abstimmung	11	10	0	1
Angenommen	0	0	0	0
Verworfen	11	10	0	1

Anmerkungen: Links = Sozialdemokratische Partei der Schweiz, Partei der Arbeit, Schweizerischer Gewerkschaftsbund, Progressive Organisationen der Schweiz (POCH).
Mitte-Rechts = Christlich-Nationaler Gewerkschaftsbund, bürgerliche Parteien (FDP, CVP), bürgerliche Aktionskomitees.
Interessengruppen= Krankenkassenkonkordat, Schweizerischer Beobachter, Schweizerischer Kaufmännischer Verband, AHV/IV-Rentnervereinigung (AVIO).
a= Die Initiative Rothenberger und die Kriseninitiative wurden der politischen Linken zugeordnet, obwohl sie auch von bürgerlichen Verbänden mitgetragen wurden.

Die Volksinitiative ist für die politische Linke ein zentrales Instrument, ihre eingeschränkten Machtressourcen im politischen System zu umgehen, indem sie nach ihren Ordnungsvorstellungen konzipierte sozialpolitische Vorlagen als Input in das politische System einbringt. Dadurch kann der vorparlamentarische Raum mit seinen starken Einflußmöglichkeiten der Verbände der Arbeitgeber umgangen und unmittelbarer Druck auf den Bundesrat ausgeübt werden. 60% der Initiativen wurden von der politischen Linken, 24% von den bürgerlichen Parteien und Interessenorganistion und 16% von ad-hoc-Interssenorganisationen lanciert.

Linksparteien und der schweizerische Gewerkschaftsbund haben zehn der elf zur Abstimmung gelangten Initiativen eingebracht, die elfte stammte vom Krankenkassenkonkordat. Die vom Krankenkassenkonkordat KSK lancierte Initiative ist die einzige Initiative einer bürgerlichen Partei oder Interessengruppe, die bis an die Stimmurne gelangte. Die Krankenkassen plädierten mit dieser Initiative für die Beibehaltung des Status Quo, d.h. für die Aufrechterhaltung der globalen Prämiensubventionierung durch die öffentliche Hand und gegen grundlegende Reformen in der Krankenversicherung. Angesichts des aufgestauten Reformdrucks im Gesundheitswesen war den politischen Entscheidungsträgern jedoch klar, daß das bestehende System in dieser Form nicht weitergeführt werden kann.

Alle elf an die Stimmurne gelangten Volksinitiativen wurden von Volk und Ständen verworfen. Ein voreiliger Befund über eine Wirkungslosigkeit des mit der Volksinitiative bezweckten Agenda-settings ist dabei insofern nicht angebracht, als die Volksinitiative wie das Referendum indirekte Effekte auf den Output des politischen Systems ausübt. 14 der 25 Initiativen wurden von den Initianten zurückgezogen (Rückziehungsquote = 56%), da der Bundesrat einen Gegenentwurf unterbreitet hat oder entsprechende Anliegen zumindest partiell erfüllt oder aufgegriffen hatte. Die bürgerlichen Parteien zogen dabei alle Initiativen zurück, die ad-hoc Komitees immerhin 75%, während die Linke nur ein Drittel ihrer eingebrachten Volksinitiativen zurückzog. Da ein Rückzug in der Regel nur dann erfolgt, wenn Bundesrat und Parlament die Initiativanliegen zumindest partiell erfüllen und für ihre eigenen Projekte aufgreifen, ist dies ein Indikator für die auch im vorparlamentarischen Raum größeren Machtressourcen der bürgerlichen Parteien, die zudem eine Verlängerung im parlamentarischen Raum findet. Tatsächlich hatten die bürgerlich getragenen Initiativen mehr sozialpolitische Durchschlagskraft, als jene der politischen Linken: Die (punktbiseriale) Korrelation von 0,65 zwischen der Herkunft der Initianten und dem realen Wirkungseffekt der Initiative weist auf einen beträchtlichen Einfluß bürgerlicher Volksinitiativen hin (Abbildung 43).

Abbildung 43. Policy-Wirkung der von Parteien lancierten Volksinitiativen nach Links-Rechts-Schema.

		WIRKUNG			
Initiative (Einreichdatum)	**Links-Rechts Schema**	**Effekt**	**AE**	**Materielle Wirkung**	**Policy-Effekt**
Recht auf Arbeit (1893)	0	1	V	Bundesbeschluß über den Arbeitsnachweis	Arbeitsnachweis
Initiative Rothenberger [AHV/IV] (1920)	0	0	V		
Alters- und Hinterlassenenfürsorge (1931)	1	2	R	Übergangsbestimmung zu Art. 34quater betreffend die AHV	Stärkung des Fürsorgeprinzips
Kriseninitiative (1934)	0	1	V		Wirtschaftliche Krisenbekämpfung folgte teilweise den Postulaten der Initiative
Arbeitslosenversicherung (1936)	0	1	R		Erhöhung der Taggelder und Bundebeiträge

Schutz der Familie (1942)	1	2	R	Art 34quinquies BV	Kompetenzartikel für Familienschutz, Mutterschaft und sozialer Wohbau
Umwandlung der Ausgleichskassen für Wehrmänner in AHV-Kassen (1942)	1	2	R	AHVG	Einrichtung der AHV
Einführung einer IV (1955)	0	1	R	IVG	Beschleunigung der IV
Schaffung einer eidg. IV (1955)	0	1	R	IVG	Beschleunigung der IV
Verbesserung der AHV-Renten (1958)	0	2	R	AHVG (5. AHV-Revision)	Rentenerhöhung
Erhöhung der AHV-Renten und Ausbau des Umlageverfahrens (1959)	1	2	R	AHVG (5. AHV-Revision)	Rentenerhöhung
Weiterer Ausbau der AHV (1966)	1	1	R	AHVG (7. AHV-Revision)	Rentenerhöhung
Schaffung einer Volkspension (1969)	0	0	V		
Einführung einer Volkspension (1970)	0	2	R	Art 34quater (1972), AHVG (8. AHV-Revision)	Rentenerhöhung, 2. Säule
Soziale Krankenversicherung (1970)	0	0	V		
Zeitgemäße AHV (1970)	1	2	R	Art 34quater (1972) AHVG (8. AHV-Revision)	3 Säulen-System, Rentenerhöhung
Herabsetzung des AHV-Alters (1975)	0	0	V		
Für einen wirksamen Schutz bei Mutterschaft (1980)	0	0[a]	V		
Herabsetzung des AHV-Alters auf 62/60 Jahre (1983)	0	0	V		
Für eine gesunde Krankenversicherung (1986)	0	0	V		
Ausbau der AHV/IV (1991)	0	0	V		

Anmerkungen: ***Links-Rechts:*** *0 = Links (SPS, PdA, POCH, SGB); 1 = Mitte-Rechts (bürgerliche Parteien, Landesring der Unabhängigen, CNG).*
Effekt: *0=kein Effekt, 1=schwacher Policy-Effekt, 2=starker Policy-Effekt. Die Kodierung folgt den einschlägigen Untersuchungen von Bratschi (1969), Sigg (1978) und Werder (1978).*

AE=Abstimmungsergebnis: V=Verworfen; R=Rückzug.
AHVG=Bundesgesetz über die Alters-und Hinterlassenenversicherung.
IVG= Bundesgesetz über die Invalidenversicherung.
a = Die Initiative beschleunigte zwar den Gesetzgebungsprozeß zur Reform der Kranken- und Mutterschaftsversicherung, die entsprechende Vorlage wurde aber 1987 in einem fakultativen Referendum verworfen.

Die bürgerlichen Parteien waren damit erfolgreicher als die Sozialdemokratie und die oppositionelle PdA, ihre mittels Volksinitiativen vorgetragenen Anliegen zumindest partiell in konkrete Maßnahmen zu übersetzen. Dies liegt daran, daß die bürgerlichen Initiativen primär aus taktischen Überlegungen eingebracht wurden, um Reformen innerhalb der bestehenden Strukturen zu beschleunigen (Werder 1978: 156). Zudem haben die bürgerlichen Parteien im Parlament und Bundesrat auch entsprechende Machtressourcen, um die mittels Volksinitative vorgetragenen Anliegen zu filtern. Demgegenüber zielten die meisten Initiativen der politischen Linken auf einen Kurswechsel in der staatlichen Sozialpolitik ab, was das bürgerlich dominierte Parlament und den ebenso bürgerlich dominierten Bundesrat veranlaßte, angesichts des Drohpotentials inkrementalistische Reformen des bestehenden Systems sozialer Sicherheit im Sinn der bürgerlichen Initianten zu implementieren, wobei partiell auch Anliegen der Sozialdemokratie berücksichtigt wurden. Ausgesprochen interventionistische Volksinitiativen hatten a priori keine Realisierungschance. Exemplarisch soll auf die Stellungnahme des Bundesrats zu der von der Sozialdemokratischen Partei im Jahr 1934 eingereichten Kriseninitiative verwiesen werden: Die Initiative „will dem Einzelnen durch den Staat die Sicherung einer ausreichenden Existenz bieten. Die Funktion des Staates tritt also grundsätzlich an die Stelle des individuellen Strebens und schwächt dadurch dieses und das Verantwortungsbewußtsein des einzelnen Menschen. Somit charakterisiert sich der Initiativvorschlag als ausgesprochen sozialistisch: er will das gemeine Wohl von oben her durch den Staat herbeiführen, während wir der Auffassung sind, es müsse von unten her durch das Individuum, die Familie sowie soziale Gruppen und Stände gebaut werden, und der Staat habe dabei nur eine letzte ordnende Aufgabe und nur subsidiär helfende Funktion. Daher handelt es sich bei der Abstimmung über diese Initiative um eine grundsätzliche Entscheidung des Schweizervolkes von größter Tragweite, weshalb auch der Bundesrat in aller Klarheit, ohne einen Gegenvorschlag zu unterbreiten, auf dem Boden einer entschiedenen Ablehnung steht“ (BBl 1935 I: 299).
Eine moderate Sozialpolitik wurde auch von den Arbeitgebern unterstützt, die mit schrittweisen Reformen besser leben konnten als mit dem von der Linken propagierten Umbau des Systems sozialer Sicherheit, der für die Arbeitgeber umfassende Kostenbelastungen bedeutet hätte. Zudem war die günstige wirtschaftliche Situation nach 1950 eine wichtige Grundlage dafür, daß die Arbeitgeberverbände auf die Sanktionierung des Ausbaus des Sozialstaates mit Hilfe des Referendums verzichteten. Mit Blick auf die zeitliche Dimension von Volksinitiativen mahlt auch

hier die Mühle der direkten Demokratie recht langsam, da zwischen dem Einreich- und Abstimmungsdatum zumeist mehrere Jahre verstreichen. Die Volksinitiative ist kein Instrument zur Durchsetzung rascher Lösungen, sondern vielmehr ein Mittel, um Lösungsvorschläge in das politische System einzubringen, die dort von den maßgeblichen Akteuren und ihren Interessen gefiltert und erst dann dem Volk zur Abstimmung unterbreitet werden.

Zusammenfassend kann festgehalten werden, daß in der Zeit vor dem Ersten Weltkrieg und in der Zwischenkriegszeit die sozialdemokratischen Initiativen zum Ausbau der Sozialversicherungen weder einen materiellen Niederschlag fanden, noch den sozialpolitischen Entscheidungsprozeß entscheidend beschleunigen konnten. Zudem scheiterten in der Zwischenkriegszeit sämtliche Versuche der Sozialdemokratie, mit Hilfe der direkten Demokratie neue Einnahmen für den Ausbau des Sozialstaates aufzuschließen. Mit der Volksinitiative zur Einführung der direkten Bundessteuer (1918) und der Vermögensabgabe (1922) scheiterten zwei Initiativen, die eine höhere fiskalische Belastung der Reichen durchsetzen und die Erträge dem Ausbau der Sozialwerke zuführen wollten.
Dieses Bild ändert sich nach 1945. Trotz der Verwerfung sämtlicher zur Abstimmung gelangter Volksinitiativen hat dieses Instrument die Sozialgesetzgebung nach dem Zweiten Weltkrieg beeinflußt. Das nachhaltige Wirtschaftswachstum hat dabei zweifellos inkrementalistische Kompromißlösungen erleichtert. Zunächst haben die während des Zweiten Weltkriegs von den bürgerlichen Parteien eingebrachten Initiativen die Schaffung der AHV und die soziale Absicherung der Familien wesentlich beschleunigt. Nachhaltige policywirksame Effekte gingen ab den 50er Jahren primär von den zahlreichen AHV/IV-Initiativen aus, die - stimuliert durch den Parteienwettbewerb - sowohl von bürgerlichen Parteien, der politischen Linken wie auch von Interessenorganisationen eingebracht wurden. Dieser Druck von „unten" resultierte sowohl in einem sozialstaatlichen Ausgabeneffekt (infolge der beträchtlichen Rentenerhöhungen) als auch in einem Struktureffekt (3-Säulenkonzeption in der Altersvorsorge). Damit wurde im Gegensatz zur Zwischenkriegszeit mit der Volksinitiative der take-off des Sozialstaates im allgemeinen, der AHV und IV im besonderen, mitbeschleunigt. Im Vergleich zu dem besonders in der Zwischenkriegszeit retardierenden Referendum, hat die Volksinitiative - zweifellos begünstigt durch die günstigen wirtschaftlichen Rahmenbedingungen - nach 1945 nicht nur den Ausbau des Sozialstaats katalysiert, sondern auch innovatorische Impulse gesetzt. Die direkte Demokratie ist daher ein wesentlicher Erklärungsfaktor für die Entwicklungsdynamik des schweizerischen Sozialstaats: Wirkte in der Konstituierungsphase des Sozialstaates das Referendum noch als Bremsschuh, so unterstützte die Volksinitiative mittelbar den take-off des Wohlfahrtsstaates nach 1945. In der aktuellen Konsolidierungsphase bremst das Referendum Bestrebungen zur Zurückdrängung des Sozialstaates, während die Volksinitiative ihre Katalysatorfunktion nicht mehr ausspielen kann, zumal die ge-

genwärtige finanzpolitische Situation kaum sozialstaatsexpansive Maßnahmen zuläßt.

6 Sozialstaatstypologie Schweiz

6.1 Esping-Andersens drei Welten des Wohlfahrtsstaates

Die Bildung von Typen findet in den Sozialwissenschaften als Instrument zur empirischen Generalisierung breite Anwendung. Mit Hilfe von Typenbildungen soll bestehendes Wissen über einen Untersuchungsgegenstand und die Herangehensweise an diesen strukturiert und systematisiert werden. Versuche zur Bündelung unterschiedlicher Sozialstaatsprofile in Typen bilden zusammen mit der Erforschung der Variation sozialpolitischer Ausgabenniveaus (Amenta 1993) einen zentralen Fokus der vergleichenden politikwissenschaftlichen und makrosoziologischen Sozialstaatsforschung. Ein nur an Ausgabenniveaus orientiertes Forschungsdesign ist weder in der Lage, wohlfahrtsstaatliche Strukturen zu analysieren, noch Verteilungsaspekte und Aspekte der Treffsicherheit sozialstaatlicher Leistungen adäquat zu erfassen. Esping-Andersen (1990: 19) weist etwa darauf hin, daß der österreichische Sozialstaat vergleichsweise viel Geld für seine (zumeist privilegierten) Beamten ausgibt. Ein relativ hohes Ausgabenniveau impliziert damit keineswegs eine Umverteilung von oben nach unten und damit eine Besserstellung einkommensschwacher Bevölkerungsgruppen. Umgekehrt kann eine niedrige Sozialleistungsquote durchwegs hohe Sozialleistungen implizieren, wenn etwa gleichzeitig eine Vollbeschäftigungspolitik gefahren wird oder die Sozialausgaben auf wenige, in der Regel bedürftige, Personen fokusiert werden. Typologisierungen sozialer Sicherungssysteme zielen demgegenüber auf das strukturelle Profil und die Architektur eines Sozialstaates ab: „It [Typologisierungsversuche, HO] is an approach that forces researchers to move from the black box of expenditures to the content of welfare states: targeted versus universalistic programs, the conditions of eligibility, the quality of benefits and services, and, perhaps most importantly, the extent to which employment and working life are encompassed in the state´s extension of citizen rights“ (Esping-Andersen 1990: 20).

Versuche zur strukturellen Typologisierung sozialer Sicherungssysteme fanden in verschiedenen Sozialstaatstypologien ihren Niederschlag. Richard Titmuss (1974) unterscheidet etwa ein residual welfare model, ein industrial achievement model und ein institutional redistributive model. Diese Trias weist starke Parellelen zu der im deutschsprachigen Raum gängigen Gliederung in Versicherung, Versorgung und Fürsorge aus (Kohl 1993: 72; Schmidt 1998a). Anknüpfungspunkte sozialer Sicherung sind dabei Staatsbürgerschaft, (bezahlte) Erwerbsarbeit und Bedürftigkeit. Diese strukturellen Variationen finden auch in unterschiedlichen Finanzierungssystemen ihre Fortsetzung: Während Versicherungssysteme typischerweise mit Beiträgen finanziert werden, greifen Versorgungs- und Fürsorgemodelle auf eine Steuerfinanzierung zurück. Ebenso divergiert in diesen Systemen die Reichweite des erfaßten Personenkreises: Erfaßt die Fürsorge nur Bedürftige und die Versicherung am Arbeitsmarkt partizipierende Personen (und zum Teil ihre engeren Angehörigen), so schließen Versorgungssysteme alle Staatsbürger in das System sozialer Sicherheit ein. Real existierende Systeme sozialer Sicherheit weisen gegenüber dieser idealtypischen Gliederung ein Mischungsverhältnis aus Versorgungs-, Fürsorge- und Versicherungselementen auf, wobei allerdings im internationalen Vergleich die schwerpunktmäßige Gewichtung nach allen drei Richtungen hin erfolgte, so daß die dreipolige Differenzierung durchaus Sinn macht. Die historische Ausgestaltung eines Sozialmodells entlang dieser drei Grundmodelle sozialer Sicherung wurde nicht zuletzt durch den zu lösenden Problemdruck beeinflußt: Dominierte in Deutschland die Arbeiterfrage (Versicherungslösung), und in Großbritannien aufgrund der frühen Industrialisierung die Armut (Fürsorgelösung), so stand in den skandinavischen Ländern die Frage nach Möglichkeiten zur Verringerung der sozialen Ungleichheit auf der Agenda (Schmidt 1998a). Der durch die Industrialisierung ausgelöste Problemdruck und seine Verarbeitung setzte jedoch in den einzelnen Ländern nicht nur zeitlich versetzt und mit unterschiedlicher Intensität ein, sondern wurde auch politisch unterschiedlich gefiltert und verarbeitet.

Der bislang umfassendste Versuch, die Variation politischer und gesellschaftlicher Kräfteverhältnisse mit der Ausdifferenzierung von unterschiedlichen Sozialstaatstypen zu verknüpfen, stammt von Gösta Esping-Andersen. Mit seiner bahnbrechenden Studie „The Three Worlds of Welfare Capitalism“ hat er das bislang bestehende Angebot sozialstaatlicher Typologisierungsversuche (z.B. Titmuss 1974; Bossert/Merk 1981; Mishra 1990) um eine neue Dimension angereichert, indem er mittels einer Analyse sozialpolitischer Ordnungsvorstellungen, der Berücksichtigung gesellschaftlicher Machtressourcen (Kemeny 1995) sowie einer Wirkungsanalyse sozialstaatlicher Dekommodifizierungs- und Stratifizierungsstrukturen drei Sozialstaatsregime (welfare state regimes) identifiziert hat. Wohlfahrtsstaat wird bei Esping-Andersen mit sozialer Sicherheit gleichgesetzt. Der wohlfahrtsstaatliche Regimebegriff reflektiert dabei die systematische Verknüpfung der mit den verschiedenen Gestaltungsformen des Sozialstaats einhergehenden Wirkungen mit den politischen Grundlagen der verschiedenen Entwicklungspfade (Alber 1995: 279). Ihre historischen Ursachen finden die einzelnen Wohlfahrtsstaatsregime in „the nature of class mobilisation (especially of the working class), class-political coalition structures, and the historical legacy of regime institutionalization“ (Esping-Andersen 1990: 29). Besonderes Augenmerk richtet Esping-Andersen dabei auf die Interaktion zwischen der klassenspezifischen Verteilung von Power-Ressourcen, der Realisierung klassenübergreifender Schulterschlüsse zwischen Arbeitern und Bauern und dem durch autoritäre Herrschaftsformen generierten Politikerbe.

Esping-Andersen unterscheidet ein universalistisches Sozialstaatsmodell sozialdemokratischer Prägung, ein konservatives, auf Erwerbsarbeit gegründetes und auf Statusreproduktion abzielendes Modell sowie ein liberales Wohlfahrtsstaatsregime mit hochgradigem Anteil bedarfsgeprüfter Sozialleistungen. Die Zuordnung der einzelnen Länder zu einem Sozialstaatstypus basiert bei Esping-Andersen auf der Verknüpfung von drei zentralen Analysekriterien, die über eine historisch-analytische Aufbereitung ideologischer Ordnungsvorstellungen gewonnen wurden. Die strukturelle Ausgestaltung des sozialen Sicherungsgefüges wird demnach determiniert durch das Ausmaß der Dekommodifizierung, das Ausmaß an Stratifizierung sowie ein für jeden Sozialstaatstypus genuines Mischungsverhältnis des Stellenwertes von Staat, Markt und Familie in der sozialen Sicherung (Esping-Andersen 1990: 21). Dekommodifizierung versucht, das Ausmaß der Anbindung sozialer Sicherung an den Markt zu fassen: „De-commodification occurs when a service is rendered as a matter of right, and when a person can maintain a livelihood without reliance on the market" (Esping-Andersen 1990: 21-22). Dekommodifizierung meint demnach die Entkopplung von sozialer Sicherheit von der marktmäßigen Verwertung der Arbeitskraft, dem Warencharakter der Arbeit. Stratifizierung meint hingegen die Strukturierung und Schichtung gesellschaftlicher Verhältnisse und sozialer Beziehungen durch soziale Sicherungssysteme. Dekommodifizierung als auch Stratifizierung bestimmen sich entlang der drei großen ideologischen Strömungen Liberalismus, Konservatismus und Sozialismus in unterschiedlicher Gestalt und unterschiedlichem Ausmaß. Der Liberalismus durchbrach den Warencharakter der Arbeit durch Fürsorgesysteme und durch Versicherungssysteme auf freiwilliger Basis, der Konservatismus durch korporative Sozialprogramme oder durch etatistische Versicherungssysteme, der Sozialismus wiederum durch an Staatsbürgerschaft oder Wohnsitzdauer anknüpfende Sicherungssysteme. Auch die soziale Stratifizierung durch wohlfahrtsstaatliche Arrangements stellt sich entlang der drei klassischen Ideologien der politischen Ökonomie unterschiedlich dar: Statussegregierend im Konservatismus, dualistisch und individualistisch im Liberalismus sowie universalistisch im (demokratischen) Sozialismus.

Esping-Andersens drei Welten des Sozialstaats können - obwohl nicht explizit so bezeichnet - als Idealtypen verstanden werden (Kohl 1993: 69), während die empirischen Realtypen vielmehr Mischformen repräsentieren, die durchaus Elemente verschiedener sozialstaatlicher Idealtypen aufweisen können (Esping-Andersen 1990: 28-29; 49). Das idealtypische sozialdemokratische Sozialstaatsregime zeichnet sich demnach durch hohen Universalismus, durch an Staatsbürgerschaft oder lange Wohnsitzdauer anknüpfende Sozialleistungen und durch hochgradige Abnabelung sozialer Sicherung vom Arbeitsmarkt aus, während das konservativ-korporative Modell auf eine breite Absicherung von erwerbsbezogenen Standardrisiken entlang Statusreproduktion und berufsgruppenspezifischer Besitzstandwahrung aufbaut. Demgegenüber ist das idealtypische liberale Wohlfahrtsmodell durch hohe Selektivität und einen hohen Anteil bedürfnisgeprüfter Fürsorgeleistungen geprägt, deren Ausrichtung marktförmiger und familialer sozialer Sicherung subsidiär nachgelagert ist.

Esping-Andersen blieb nicht bei der theoretischen Klassifizierung von Sozialstaatstypen stehen, sondern versuchte auch eine empirische Überprüfung ihres theoretischen Aussagegehaltes. Über den empirischen länderspezifischen Dekommodifizierungs- und Stratifizierungsgrad versuchte er, 18 OECD-Staaten in Ländergruppen zu bündeln. Sowohl für das Ausmaß an Dekommodifizierung als auch für den Grad der Stratifizierung gelang ihm scheinbar der Nachweis der Existenz dreier Sozialstaatswelten, wobei die lokalisierten Ländergruppen bezüglich Dekommodifizierung und Stratifizierung hohe Parallelen aufweisen (Esping-Andersen 1990: 69, 77).

6.2 Rezeption der Esping-Anderschen Typenbildung

Esping-Andersen hat neben viel berechtigtem Lob auch von mehreren Seiten Kritik erfahren (Schmidt 1998a: 221). Die unterschiedlichen Kritikstränge sind sowohl inhaltlicher als auch methodischer Art. Von feministischer Seite wurde die Ausblendung der Geschlechterdimension kritisiert (Langan/Ostner 1991; Taylor-Gooby 1991; Lewis 1992; Sainsbury 1994; Orloff 1996). Obwohl Esping-Andersen (1990: 21) die Familie als sozialstaatskonstitutives Element im Einleitungskapitel seiner Studie erwähnt, wird auf eine systematische Untersuchung der Schnittstelle zwischen Familie und Staat beziehungsweise Markt in deren weiteren Verlauf verzichtet. Zudem wird die aus expliziten und impliziten geschlechtsspezifischen Regulierungen resultierende Geschlechterselektivität sozialstaatlicher Sicherungssysteme und die damit in Zusammenhang stehende Verfestigung oder Aufweichung des Geschlechterverhältnis durch wohlfahrtsstaatliche Normensysteme weitgehend ausgeblendet. Eng damit verbunden ist die Kritik bezüglich der Ausklammerung von sozialen Dienstleistungen aus der vergleichenden Sozialstaatsforschung (Alber 1995), die allerdings nicht nur Esping-Andersen alleine, sondern insgesamt den Großteil der Zunft der vergleichenden Sozialpolitikforschung betrifft. Kinder und pflegebedürftige ältere Menschen wurden von der vergleichenden Wohlfahrtsstaatsforschung als Klientel des Sozialstaates lange vernachlässigt, wobei in diesem Zusammenhang das erwerbszentrierte Dekommodifizierungskonzept kaum in der Lage ist, die soziale Sicherung dieser Gruppen analytisch zu erfassen (Alber 1995: 280). Da der Großteil der Pflege- und Betreuungsarbeit nach wie vor von Frauen erbracht wird und damit soziale Beziehungen vorstrukturiert und reproduziert (d.h. stratifiziert im Sinn von Esping-Andersen) werden, bildet die Kritik der unzureichenden Berücksichtigung sozialer Dienstleistungen eine wichtige Schnittstelle zur feministischen Sozialstaatskritik.

Der dritte Kritikpunkt inhaltlicher Prägung betrifft die Institutionenblindheit des Ansatzes und seine weitgehende Vernachlässigung von genuin politologischen Variablen wie beispielsweise einer differenzierten Analyse der parteipolitischen Zusammensetzung der Regierung (Schmidt 1996a, 1998), welche den sozialpolitischen Ordnungsvorstellungen christdemokratischer Parteien adäquat Rechnung trägt (van Kersbergen 1995). Neuere Arbeiten der politisch-institutionell orientierten vergleichenden Staatstätigkeitsforschung verweisen auf die Relevanz der Interaktion zwischen Regierungen und institutionellen Handlungsschranken für die Variabilität von Staatstätigkeitsprofilen. Demnach sind - wie in dieser Arbeit auch versucht wurde - neben Parteien auch institutionelle Nebenregierungen - etwa in Gestalt eines entwickelten Föderalismus oder einer breit verankerten direkten Demokratie - als sozialpolitisch relevante Stellgrößen zu berücksichtigen (Schmidt 1997, 1998a; Wagschal 1997). Eine solche Zusammenschau politisch-institutioneller Variablen erweist sich zudem aus vergleichender Perspektive als empirisch ausgesprochen tragfähig und robust (Hicks/Swank 1992; Hicks/Misra/Ng 1993; Huber/Ragin/Stephens 1993; Schmidt 1997).

Neben inhaltlicher Kritik wurden gegen die Arbeit von Esping-Andersen auch eine Reihe methodischer Vorbehalte vorgetragen. Kohl (1993: 79-80), Schmidt (1998a: 222) und Borchert (1998) bemängeln die unzureichende Berücksichtigung der Längschnittsdimension sowie die Fixierung des zentralen Analysekriteriums der Dekommodifizerung an ideologische Ordnungsvorstellungen der schwedischen Sozialdemokratie, die Schweden folgerichtig als Land mit der höchsten Dekommodifizierung ausweist. Die Ausblendung der Längsschnittsdimension ist insofern problematisch, als Konvergenz- oder Divergenzprozesse sozialstaatlicher Sicherungssysteme unberücksichtigt bleiben. Angesichts der gerade ab den frühen 80er Jahren einsetzenden Phase der Stagnation und des selektiven Umbau des Sozialstaates sind Politikänderungen im Gange, die die Grenzlinien zwischen den Typen eher verwischen als verstärken (vgl. dazu Esping-Andersen 1996): „Man wird zumindest sagen können, daß Regimetypen in vielen regionalen Varianten vorkommen und daß sie in der Regel „unrein“ sind. Auch die empirischen Fälle, die diesen Regimetypen zugeordnet werden, ändern sich in der Zeit und nähern sich beispielsweise einander an, sie kommunizieren miteinander, und es gibt Prozesse der wechselseitigen Beeinflussung, Nachahmung und Anpassung aneinander, zumal wenn deren gemeinsame Umwelten sich ändern“ (Offe 1993: 84). Diese Wandelbarkeit wohlfahrtsstaatlicher Strukturen, aber auch die Konstituierungsphase des Sozialstaates bleibt bei Esping-Andersen unzureichend ausgeleuchtet.

Jürgen Kohl (1993: 75-76) weist wiederum darauf hin, daß die über hochaggregierte Daten gewonnene Zuordnung von Ländern zu einem Wohlfahrtsstaatstyp strukturelle Variationen innerhalb einzelner Sicherungssysteme zu wenig berücksichtigt. Beispielhaft soll etwa auf ein 3-Säulen-System in der Alterssicherung verwiesen werden, welches auf eine staatliche Grundsicherung, betriebliche Pensionsleistungen sowie eine individuelle, staatlich geförderte Eigenvorsoge aufbaut und dadurch Elemente aus allen „drei Welten sozialer Sicherung" aufweist. Hier greift eine typologische Klassifizierung über Aggregatdaten zu kurz: Gefragt ist vielmehr ein Analyseraster, welches durch höhere Programmnähe bezüglich Adressatenkreis und Leistungsspektrum charakterisiert ist (Bolderson/Mabbett 1995).

Elmar Rieger spricht der Typologie von Esping-Andersen in einer Fundamentalkritik ihre generelle Brauchbarkeit ab. Insbesondere der mißverständliche Gebrauch von Idealtypen wird kritisiert (Rieger 1997: 16): „Sie [die Idealtypen, HO] sind aber, anders als Esping-Andersen suggeriert, als Vorstufen der Theorie *Instrumente* theoretischer Analyse, und nicht Theorie selbst. Dieses Mißverständnis verstellt Esping-Andersen nicht nur den Weg zu einem adäquaten Verständnis sozialpolitischer Entwicklungen, sondern auch den Zugang zu den typischen Problemen der Sozialpolitik im entwickelten Wohlfahrtsstaat" (Hervorhebung im Original). Die Folge sei eine Vermischung zwischen den Idealtypen und der empirischen Analyse, die dazu führe, daß Esping-Andersen genau das „beweise", was er „beweisen" wolle.

Ein letzter Kritikpunkt betrifft die Anzahl der Wohlfahrtsstaatstypen und die damit korrespondierende Anzahl empirischer Realtypen. Kurz: Es geht hier um die Frage, mit wie vielen Welten des Wohlfahrtsstaates in den westlichen Industrieländern wir es letztendlich im ausgehenden 20. Jahrhundert zu tun haben. Esping-Andersens dreipolige Typlogie hat sich in den letzten Jahren beträchtlich aufgefächert. Zunächst wurde die Existenz eines vierten Typus bestehend aus den lateinischen südeuropäischen Ländern postuliert, der mit dem Begriff des rudimentären Sozialstaates gefaßt wurde (Leibfried 1992). Auch Bonoli (1997b) erhält durch Zusammenführung des staatlichen sozialpolitischen Ausgabenniveaus mit dem Inklusionsgrad des Systems sozialer Sicherheit (Beveridge versus Bismarck-Modell) eine eigenständige, aus den südeuropäischen Ländern bestehende, Ländergruppe. Auch die eingangs durchgeführte QCA-Untersuchung weist die um Irland erweiterte südeuropäische Ländergruppe aus. In jüngster Zeit dominieren in diesem Zusammenhang Kontroversen darüber, ob überhaupt von einem eigenständigen südeuropäischen Modell gesprochen werden kann, und wenn ja, welche Merkmale diesen Typus auszeichnen und welche Länder und exakte Bezeichnung (klientelistisch-selektiv vs. postautoritär) diesem Typus zugewiesen werden sollen (Lessenich 1995; Ferrera 1996; Katrougalos 1996).

Castles/Mitchell (1993) wiederum postulieren die Existenz eines weiteren Wohlfahrtsstaatstyps, der Australien, Neuseeland, Großbritannien und mit Abstrichen auch Finnland (vor 1990) zu einem radikal-egalitären Sozialstaatstyp („radical welfare state") zusammenfaßt.[29] Ihrer Ansicht nach bestehen zwar aufgrund des

---

[29] Castles and Mitchell (1993: 125) beschreiben diesen Typus folgendermaßen: „Australia, New Zealand and the UK, together with Finland, form the central core of the radical world, sharing all the features characterist of that cluster: high benefit equality, high

geringen sozialstaatlichen Ausgabenniveaus und eines hohen Anteils an Fürsorgeleistungen durchaus Parallelen zum Sozialstaat liberalen Zuschnitts, dennoch weisen Neuseeland und Australien bezüglich ihrer Konzeption der Einkommenssicherung und bezüglich der Einkommensumverteilung spezifische Eigenheiten auf, die einen eigenständigen Wohlfahrtsstaatstypus konstituieren. Tatsächlich läßt sich die Dreiweltentheorie bei genauer Inspektion der Esping-Andersenschen Daten empirisch nicht aufrecht erhalten. Die scheinbare Existenz von drei Welten des Sozialstaats ist vorwiegend der methodischen Vorgangsweise von Esping-Andersen geschuldet. Einige kritische Punkte sollen kurz angerissen werden.

6.2.1 Operationalisierung des Dekommodifizierungsprinzips

Für die Operationalisierung des Dekommodifizierungskonzepts verwendet Esping-Andersen drei Indikatoren, nämlich die Zugangsbedingungen zu den Leistungen, das Niveau der Lohnersatzrate, und den Grad der Verrechtlichung der Leistungen. Mit Hilfe dieser Indikatoren versuchte Esping-Andersen, den Dekommodifizierungsgrad der sozialen Sicherungssysteme für Alter, Krankheit und Arbeitslosigkeit zu erfassen. Der Dekommodifizierungsindex für die Rentensysteme wurde aus vier Variablen gewonnen, nämlich aus der Nettolohnersatzrate der Mindestpension, der Nettolohnersatzrate der Standardpension, der für den Pensionsbezug notwendigen Anzahl an Beitragsjahren, und dem Finanzierungsanteil des Individuums. Entlang der Standardabweichung wurden je nach Dekommodifizierungsausmaß 1 bis 3 Punkte zugeordnet. Diese Scores wurden addiert und anschließend mit dem Anteil der Menschen im pensionsfähigen Alter, die eine Rente beziehen, gewichtet. Analoge Additivindizes wurden für die sozialen Sicherungssysteme bei Krankheit und Arbeitslosigkeit gebildet und mit der durch diese Programme erfaßten Bevölkerung gewichtet. Schließlich wurden die ermittelten Teilindizes der einzelnen Programme für jedes Land addiert. Der resultierende Aggregatindex wurde in Terzile zerlegt. Länder mit geringem Index werden als liberal bezeichnet, Länder mit hohem Index als sozialdemokratisch. Einen Dekommodifizierungsindex mittlerer Ausprägung führt Esping-Andersen auf einen stark konservativen oder katholischen Reformismus zurück. Bei der Aggregation der Teilindizes unterliefen Esping-Andersen für die USA und Japan zwei Rechenfehler. Japan wurde fälschlicherweise dem konservativen Cluster zugeordnet. Die Addition der Teilindizes liefert aber für Japan einen liberalen Gesamtindex, wodurch nun Großbritannien in das konservative Cluster fällt. Für die USA hatte dieser Rechenfehler keine Konsequenzen. Abbildung 44 zeigt den korrigierten Aggregatindex und die darauf aufbauende Typenzuordnung. Obwohl Esping-Andersen (1990: 51) die Existenz

---

progressive taxation, a large state sector in employment, strong trade unionism and a relatively poor record of democratic socialist incumbency." Zudem zeichnet sich dieser Typus durch sparsame Konzentration der Sozialleistungen auf besonders Bedürftige aus.

einiger Grenzfälle einräumt, hält er an der dreipoligen Typologie fest. Tatsächlich heben sich die Pole (Dänemark, Norwegen und Schweden versus Australien, Neuseeland, USA) bezüglich ihres Index deutlich von ihren Nachbarn ab. Während man damit die Existenz eines liberalen und sozialdemokratischen Sozialstaatsregimes empirisch gut festmachen kann, bleibt offen, welchem wohlfahrtstaatlichen Typus die restlichen Länder zugeordnet werden sollen. Die Subsumierung dieser Ländergruppe unter dem Titel „konservativ" scheint der Heterogenität innerhalb dieser Gruppe nicht gerecht zu werden. Die Daten sprechen eher für die Existenz einiger Mischtypen, die in Abbildung 44 entlang größerer Indexsprungstellen eingerahmt wurden.

Abbildung 44. Korrigierter Dekommodifizierungsindex nach Esping Andersen

Land	Dekommodifizierungsindex	Typ
Australien	13,0	LIBERAL
USA	14,2	LIBERAL
Neuseeland	17,1	LIBERAL
Kanada	22,0	LIBERAL
Japan	22,3	LIBERAL
Irland	23,3	LIBERAL
UK	23,4	KONSERVATIV
Italien	24,1	KONSERVATIV
Frankreich	27,5	KONSERVATIV
Deutschland	27,7	KONSERVATIV
Finnland	29,2	KONSERVATIV
Schweiz	29,8	KONSERVATIV
Österreich	31,1	SOZIALDEMOKRATISCH
Belgien	32,4	SOZIALDEMOKRATISCH
Niederlande	32,4	SOZIALDEMOKRATISCH
Dänemark	38,1	SOZIALDEMOKRATISCH
Norwegen	38,3	SOZIALDEMOKRATISCH
Schweden	39,1	SOZIALDEMOKRATISCH

Anmerkungen: Dekommodifizierungsindex und Wohlfahrtsstaatstyp, korrigiert um die fehlerhaften Indizes bei Japan und USA. Die Daten beziehen sich auf das Jahr 1980. Hohe

Werte reflektieren einen hohen Dekommodifizierungsindex. Die schraffierten Flächen markieren die Terzile, die fett umrandeten Länder indizieren unklare Fälle. Datenbasis: Esping-Andersen (1990: 52).

Eine Terzilbildung ist angesichts des Datenkontinuums jedenfalls nur schwer zu rechtfertigen, da an den Terzilgrenzen keine Sprungstellen auftreten. Die Schweiz findet sich mit einem vergleichsweise hohen Dekommodifizierungsindex an der Schnittstelle vom konservativen zum sozialdemokratischen Cluster. Dieser Befund paßt nicht in die Vorstellung eines liberalen Sozialstaats, mit seiner geringen Entflechtung sozialer Sicherung vom Markt. Insgesamt führt bereits die bloße Inspektion der Daten zu erheblichen Zweifeln an der empirischen Gültigkeit Esping-Andersenschen Dreiweltentheorie.

6.2.2. Operationalisierung des Stratifizierungskonzeptes bei Esping-Andersen

Auch die methodische Vorgangsweise bei der empirischen Überprüfung des Stratifizierungskonzepts ist mit einer Reihe von Problemen behaftet. Dreierlei methodische Entscheidungen beeinflussen das Ergebnis, nämlich

- die fehlerhaften Kodierungen im Rahmen des Scoringprozesses
- die nichtkonsistente Länderzuordnung im Scoringprozeß
- sowie die Datentransformation der Rohdaten

Aufgrund dieser methodischen Verfahrensweise werden die Ergebnisse Esping-Andersens nachhaltig tangiert (vgl. Obinger/Wagschal 1998). Eine ohne Datentransformation durchgeführte Reanalyse der Esping-Andersenschen Originaldaten enthüllt für das Stratifizierungsprinzip im Vergleich zur Dreiweltentheorie ein differenzierteres Bild. Obinger/Wagschal (1998) konnten mittels einer Clusteranalyse - einem strukturentdeckenden Prüfverfahren - für das Stratifizierungsprinzip zeigen, daß Esping-Andersens Typologie zu eng gefaßt ist. Die Originaldaten von Esping-Andersen sprechen für eine 5-Clusterlösung, die im Vergleich zu einer 3 und 4-Clusterlösung auch die homogenste Lösung darstellt (Abbildung 45). In Abbildung 46 wird die dreipolige Typologie Esping-Andersens der 5-Clusterlösung gegenübergestellt. Wie Castles/Mitchell (1993) in ihrem Typologisierungsvorschlag einfordern, bilden Australien und Neuseeland eine eigene Länderfamilie in bezug auf ihren Sozialstaat, den sie als radikal-egalitär umschreiben. Abgesehen von der Identifizierung des radikalen Sozialstaatstypus besteht für die Länder im liberalen Cluster Übereinstimmung mit der Klassifikation nach Esping-Andersen. Große Unterschiede ergeben sich hingegen bei Esping-Andersens konservativen Typus. Esping-Andersens konservative Welt wird durch die Clusteranalyse in zwei Ländergruppen gespalten. Sie umfaßt eine Residualkategorie, die mit dem - zugegebenermaßen unscharfen - Oberbegriff „europäisch“ bezeichnet wurde, sowie ein Cluster bestehend aus Frankreich, Italien und Österreich, das hier mit dem Adjektiv konservativ versehen wurde. Letztere Ländergruppe zeichnet sich durch hohe Statusreproduktion und -segregation aus und kommt damit dem konservativen Wohlfahrtsstaatstyp im Sinn Esping-Andersens sehr nahe.

Abbildung 45.. Dendrogramm für die Ward-Methode.

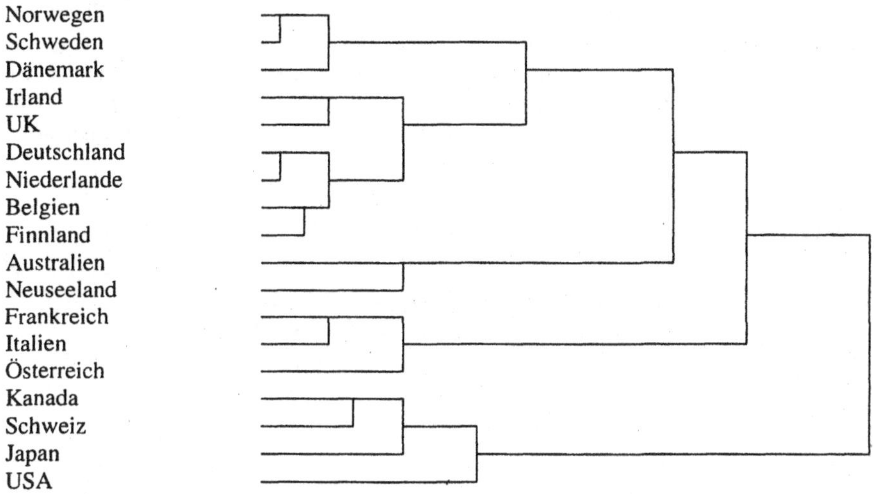

Anmerkungen: Distanzmaß zur Berechnung der Distanzmatrix: Quadrierte Euklidische Distanz. Fusionierungsmethode: Ward-Methode.

Die Clusteranalyse unterstützt Einwände, die den konservativen Sozialstaatstyp als zu deterministisch betrachten und hingegen von einem Wohlfahrts- bzw. Sozialversicherungsstaat der politischen Mitte sprechen, welcher vor dem Hintergrund nationalspezifischer Entstehungsbedingungen, Pfadabhängigkeiten und politisch-institutioneller Rahmenbedingungen einiges an Spielraum hinsichtlich seiner strukturellen Ausgestaltung offen läßt und dadurch durchaus Schnittstellen mit anderen Wohlfahrtsstaatstypen aufweisen kann. In dieselbe Kerbe schlägt Claus Offe, der eine klar abgegrenzte Konsistenz des konservativen Modells ebenfalls in Frage stellt: „Von ihm [dem konservativen Typ] heißt es [bei Esping-Andersen], daß er sich aus den ideologischen und institutionellen Bestandteilen von Feudalismus, Klientelismus, Paternalismus, Etatismus und Korporatismus zusammensetze [...]. Da ergibt sich ein offensichtliches Problem: Eine solche Vielzahl von institutionellen Charakteristiken trifft (a) selten in einem einzigen Fall zusammen und ist

(b) nicht exklusiv, d.h. findet sich teilweise auch in anderen Regimetypen wieder" (Offe 1993: 84). Die clusteranalytisch begründete Zweiteilung des ursprünglichen konservativen Typs Esping-Andersens in zwei exklusiv europäische Typen macht daher durchaus Sinn. Als Oberbegriff für die Klassifizierung von Belgien, die Niederlande, Deutschland, Finnland, Großbritannien und Irland würde sich die Bezeichnung europäischer Sozialversicherungsstaat der politischen Mitte anbieten. Die Zuordnung Irlands und Großbritanniens zu diesem Typus erscheint dabei allerdings fragwürdig und ist sicherlich auch der Datenbasis Esping-Andersens, seiner Überbetonung des Rentensystems bei der Operationalisierung des Stratifizierungskonzeptes und der fehlenden Verknüpfung des Dekommodifizierungs- mit dem Stratifizierungskonzept geschuldet. Daneben liefert die Clusteranalyse Anhaltspunkte für die Existenz eines konservativen Typs im ursprünglichen Sinn Esping-Andersens, der sich aus Italien, Frankreich und Österreich zusammensetzt.

Abbildung 46. Vergleich zwischen der Typeneinstufung nach Esping-Andersen und der Clusteranalyse.

Land	**Einstufung auf der Basis der Punktzuweisungen nach Esping-Andersen** [a]	**Einstufung auf der Basis des Ward-Verfahrens** [b]
Australien	liberaler Typ	„radikaler Wohlfahrtsstaat"
Neuseeland	unklar (liberal) [c]	„radikaler Wohlfahrtsstaat"
Belgien	konservativer Typ	europäisches Cluster
Deutschland	konservativer Typ	europäisches Cluster
Finnland	sozialdemokratischer Typ	europäisches Cluster
Irland	unklar (liberal) [c]	europäisches Cluster
UK	unklar (konservativ) [c]	europäisches Cluster
Niederlande	sozialdemokratischer Typ	europäisches Cluster
Dänemark	sozialdemokratischer Typ	sozialdemokratisches Cluster
Norwegen	sozialdemokratischer Typ	sozialdemokratisches Cluster
Schweden	sozialdemokratischer Typ	sozialdemokratisches Cluster
Japan	liberaler Typ	liberales Cluster
Kanada	liberaler Typ	liberales Cluster
Schweiz	liberaler Typ	liberales Cluster
USA	liberaler Typ	liberales Cluster
Frankreich	konservativer Typ	konservatives Cluster
Italien	konservativer Typ	konservatives Cluster
Österreich	konservativer Typ	konservatives Cluster

Anmerkungen: a = Einstufung in Wohlfahrtsstaatstypen nach Esping-Andersen.
b = Clusterlösung
c = Zuordnung zum liberalen Wohlfahrtsstaatstyp nach Esping-Andersen. Grundlage der Einstufung ist das korrigierte Dekommodifizierungskonzept von Esping-Andersen.

6.3 Probleme einer empirischen Typenzuordnung und Alternativdesign

Eine kritische Überprüfung der Punktzuweisungsmethode als auch eine mit den Originaldaten durchgeführte Clusteranalyse weisen darauf hin, daß der konservative Typus zu eng gefaßt wurde, da er die Vielfalt an empirischen Ausprägungen nicht abzubilden vermag. Am ehesten kann der konservative Regimetyp als Sozialversicherungsmodell der politischen Mitte bezeichnet werden. Dann stellt sich aber unmittelbar das Problem, daß ein Sozialversicherungsmodell eine breite Palette an Gestaltungsformen annehmen kann: „Je nach seiner spezifischen Ausgestaltung kann das Sozialversicherungsmodell teils liberalen, teils konservativen, teils auch sozialistischen Vorstellungen nahestehen bzw. ihnen dienstbar gemacht werden" (Kohl 1993: 73). Verschiedene Modelle der Sozialversicherung können daher - so Jürgen Kohl weiter - mit höchst unterschiedlichen Dekommodifizierungs- und Stratifizierungswirkungen verbunden sein. Dies erschwert eine klare Abgrenzung einer liberalen von einer sozialdemokratisch oder konservativ konzipierten (wirkenden) Sozialversicherung.

Auch die Bildung von hochaggregierten Indizes zur Klassifizierung eines Sozialstaats blendet durch Aufsummierung programmspezifischer Dekommodifizierungs- und Stratifizierungsindizes Variationen zwischen einzelnen Teilprogrammen aus. So kann etwa ein mittlerer Dekommodifizierungsindex für ein Land dadurch zustande kommen, daß die Pensionsversicherung hoch dekommodifizierend ist, während die Krankenversicherung nur in geringem Ausmaß soziale Sicherung vom Markt abkoppelt. Selbst innerhalb eines Zweiges sozialer Sicherung - man denke an eine mehrsäulige Altersvorsorge - können strukturelle Gestaltungs- und Wirkungsprinzipien beträchtlich variieren. Damit bleibt bei diesen zumeist auf der Makroebene angesiedelten Analysen und Typologisierungsversuchen das „Innenleben" der sozialen Sicherungssysteme oft unterbelichtet. Gefragt ist daher eine analytische Vorgangsweise, die sich durch höhere Programmnähe, d.h. durch ein geringeres Aggregationsniveau der Daten, auszeichnet, um die komplexe und auch widersprüchliche Sozialstaatsarchitektur mit ihren programmspezifischen Wirkungsweisen adäquat zu erfassen und den mit der Aggregation einhergehenden Informatonsverlust zu minimieren (vgl. Bolderson/Mabbett 1995).

Zudem vernachlässigen Querschnittsanalysen Policy-Änderungen über die Zeit (Borchert 1998). Bis Anfang der 70er Jahre konnte die Schweiz zweifelsfrei dem liberalen Regimetypus zugeordnet werden. 1953 war die Schweiz etwa nicht in der Lage, das ILO-Übereinkommen Nr. 102 über die Mindestnormen der Sozialen Sicherheit zu ratifizieren, obwohl dieses Übereinkommen für die einzelnen Bereiche sozialer Sicherung in bezug auf die Leistungshöhe nur eine Lohnersatzrate zwischen 40 und 50% als Mindestleistung festschrieb. Abbildung 47 zeigt, daß mit Ausnahme der Unfallversicherung die übrigen Programme, sofern sie überhaupt vorhanden waren, dem ILO-Übereinkommen nicht genügten.

Abbildung 47. Erfüllung des ILO-Übereinkommens Nr. 102 über Mindestnormen der sozialen Sicherung durch die staatliche Sozialpolitik der Schweiz 1953.

	AHV	KV		ALV	UV	IV	MS	FZ
		Pflege	*Krankengeld*					
Leistungshöhe	nein	-	nein	ja	ja	nein	nein	?
Dauer	ja	nein	nein	ja	ja	nein	nein	?
Deckungsgrad	ja	ja	ja	nein	ja	nein	nein	nein

Anmerkungen: Eigene Zusammenstellung. Quelle: Bericht des Bundesrates an die Bundesversammlung über die 35. Tagung der Internationalen Arbeitskonferenz (BBl 1953 III: 981ff.). FZ = Familienzulagen; MS = Mutterschaft

Der Bundesrat sah sich daher außerstande, eine Ratifikation zu befürworten (BBl 1953 III: 1007)[30]. Gleichzeitig verwies er auf das breite Netz an privaten und kommunalen Sicherungseinrichtungen, mit deren Hilfe die Mindestleistungen des ILO-Übereinkommens erfüllt würden. Erst im Juni 1977 konnte dieses ILO-Abkommen von der Schweiz ratifiziert werden. Dies indiziert einen deutlichen Quantensprung in der schweizerischen Sozialpolitik ab Mitte der siebziger Jahre. Das liberale System sozialer Sicherung wurde zwar bereits vorher mit der Einführung der Invalidenversicherung und der AHV/IV-Ergänzungsleistungen um neue Programme angereichert, in seiner Grundstruktur blieb die staatliche Sozialversicherung bis Anfang der 70er Jahre unverändert: Die Arbeitslosenversicherung wie auch die Krankenversicherung blieben weiterhin freiwillig, während sowohl die AHV als auch die Invalidenversicherung trotz beträchtlicher Rentenerhöhungen nach wie vor nur eine Basisversorgung garantierten. Aus Gender-Perspektive wiesen die Sozialversicherungen - und hier vor allem die Alterssicherung - infolge einer Reihe von expliziten und impliziten Diskriminierungsmechanismen starke konservative Einschläge auf (Riemer-Kafka 1991; Aeschbacher/Lauterburg/Lischetti-Greber 1994; Leitner/Obinger 1996; Flessenkämper 1997). Dieser konservative Genderaspekt mit seiner Privilegierung der Ehe und der zentralen Stellung abgeleiteter Ansprüche lag damit zur liberalen Grundkonzeption des schweizerischen Sozialstaats quer. Eine Ursache für diesen konservativen Genderbias ist zweifellos in dem Umstand zu suchen, daß die schweizerische Sozialpolitik zumindest bis 1971 von Männern und wohl auch für Männer gemacht wurde.

Der doch tiefgreifende Um- und Weiterbau des Sozialstaates in den letzten 25 Jahren stellt diese Einordnung der Schweiz in das liberale Sozialstaatsmodell allerdings in Frage. Esping-Andersens Ergebnisse (seine Daten beziehen sich auf das Jahr 1980) deuten bereits eher in Richtung eines Mischtyps. In der Zusammenschau des Stratifizierungs- und Dekommodifizierungskonzepts entzieht sich die

[30] Die Schweiz hat nur dann ILO-Sozialkonventionen ratifiziert, wenn sie diese auch tatsächlich erfüllen konnte (vgl. Dähler 1976).

Schweiz einer widerspruchsfreien und eindeutigen Klassifizierung. Fällt die Schweiz bei der Dekommodifierung in die Ländergruppe mit mittlerer (konservativer?) Dekommodifizierung, so sind im Hinblick auf das Stratifizierungskonzept nach der Methode von Esping-Andersen sowohl starke liberale als auch starke sozialdemokratische Elemente konstatierbar. Demgegenüber wurde die Schweiz von der Clusteranalyse im Hinblick auf die Stratifizierungswirkungen als liberal ausgewiesen. Diese Resultate liefern bereits erste empirische Anhaltspunkte für einen wohlfahrtsstaatlichen Mischtypus.

Für eine Einzelfallklassifizierung eines Sozialstaats sollte die aggregierte Analyseebene aufgegeben werden und durch eine auf Programmebene ansetzende Analyse ersetzt werden. Die Anwendung des Esping-Andersenschen Dekommodifizierungs- und Stratifizierungskonzeptes (d.h. Zugangsbedingungen zu den Leistungen, Deckungsgrad, Leistungshöhe, Statussegregation, Finanzierung etc.) ist m.E. sehr sinnvoll, nur sollten diese Konzepte um die Geschlechter- sowie um die in vielen Arbeiten vernachlässigte Inländer-Ausländerdimension erweitert werden. Innerhalb der Sozialversicherungen kann ein „gender-bias" durch das Ausmaß operationalisiert werden, inwieweit eine eigenständige Sicherung garantiert wird, d.h. inwieweit Individuen und nicht Rollen sozial abgesichert und damit reproduziert werden. Zur Evaluation von Diskriminierungsmechanismen gegenüber Ausländern eignen sich am besten die für den Leistungsbezug erforderlichen Zugangsbedingungen. Zudem wurde mit dem Äquivalenzprinzip ein zusätzlicher Indikator zur Messung wohlfahrtsstaatlicher Stratifizierung gewählt. Eine starke Ausprägung des Äquivalenzprinzips mit seiner hohen Anbindung sozialstaatlicher Leistungen an vorausgegangene Beitragszahlungen übersetzt marktförmige Ungleichheiten in das System sozialer Sicherheit, wodurch soziale Beziehungen durch den Sozialstaat reproduziert werden. Die Existenz einer sozialen Mindestsicherung innerhalb der einzelnen Programme wurde wiederum als zusätzlicher Indikator für eine (hohe) sozialstaatlich unterstützte Dekommodifizierung hinzugefügt.

Mit einem auf solche Art erweiterten Analyseraster gilt es dann, die zentralen Systeme sozialer Sicherheit auf ihre Schichtungs- und Dekommodifizierungswirkungen abzuklopfen. Abbildung 48 faßt (idealtypische) Wirkungen verschiedener Sozialstaatsregime zusammen. Der konservative Typus von Esping-Andersen wurde basierend auf die vorangehenden Überlegungen als Sozialversicherungsmodell der politischen Mitte bezeichnet, welches eine liberale oder konservative Ausprägung annehmen kann.

Abbildung 48. (Idealtypische) Wirkungen des residual-selektiven und sozialdemokratischen Wohlfahrtsstaatsregimes sowie des Sozialversicherungsmodells liberaler bzw. konservativer Ausprägung.

			Sozialversicherungsmodell		
Prinzip	*Indikatoren*	**Selektiv-residuales Modell**[a]	**Konservativ**	**Liberal**	**Sozialdemokratisch**[b]
DEKOM	*Lohnersatzquote*	gering	hoch/mittel	gering/mittel	hoch
	Dauer der Leistung	gering	hoch	mittel	hoch
	Anteil von Fürsorgeleistungen	hoch	gering	mittel?	Gering
	Mindestsicherung	gering	gering	mittel	hoch
	Private Kostenbeteiligung	hoch	gering	hoch	gering
	Zugangsbedingungen	Bedürftigkeit	Erwerbsarbeit	Wohnsitz, Erwerbsarbeit	Staatsbürgerschaft, Wohnsitz, Erwerbsarbeit
	Zugangshürden	gering?	mittel/hoch	mittel	gering
	Äquivalenzprinzip	gering	hoch	hoch/mittel	gering
	Berufsgruppenspez. Segregation	gering	hoch	gering	gering
STRAT	*Reichweite des Programms*	gering	mittel	hoch	hoch
	Honorierung von Pflege- und Betreuungsarbeit	gering	gering/mittel	gering	hoch
	Eigenständige Sicherung	gering	mittel	hoch	hoch
ROLLE DES STAATES		gering	mittel	gering/mittel	hoch
ROLLE DES PRIVATEN SEKTORS		hoch	mittel	mittel/hoch	gering

Anmerkungen: In Anlehnung an Kohl (1993: 71), ohne radikalen Idealtypus.
a = Dieses Modell ist mit dem liberalen Sozialstaatsregime bei Esping-Andersen ident.
b = Dieses Modell ist mit dem sozialdemokratischen Sozialstaatsregime bei Esping-Andersen ident.
Äquivalenzprinzip= Anbindung von Leistungen an Beitragszahlungen.
Rolle des Staates= Finanzierungsanteil der öffentlichen Hand, staatlicher Aktivitätsgrad (aktive Eingliederungs- oder Arbeitsmarktpolitik), Versorgungsniveau mit staatlich bereitgestellten Dienstleistungen.

6.4 Typologische Verortung des schweizerischen Systems sozialer Sicherheit 1997

Der schweizerische Sozialstaat ist anolog zu den Sicherungssystemen der Nachbarstaaten der Eidgenossenschaft ein „two channel welfare state“, mit klarer Dominanz der Sozialversicherung über die subsidiär nachgelagerte Sozialhilfe. Während die Sozialhilfe oder Fürsorge nach 1945 stetig an Bedeutung verloren hat, hat mit der Rezession der 90er Jahre ihre Bedeutung wieder erheblich zugenommen. Schätzungen (Tschümperlin 1996) gehen davon aus, daß sich die Zahl der Sozialhilfeempfänger zwischen 1990 und 1995 ungefähr verdoppelt hat: Bezogen 1990 ca. 130000 Personen (1,9% der Bevölkerung) Sozialhilfe, so waren 1995 bereits 265000 Personen (3,7% der Bevölkerung) auf Sozialhilfeleistungen angewiesen. Dieser vergleichweise relativ geringe Anteil von Fürsorgeleistungsempfängern reflektiert das klare Übergewicht der Sozialversicherung und erlaubt es, die Sozialhilfe wegen ihrer nach wie vor geringen Bedeutung im System sozialer Sicherheit hinsichtlich einer typologischen Verortung auszuklammern[31].

6.4.1 Krankenversicherung

Mit dem am 18. März 1994 beschlossenen Bundesgesetz über die Krankenversicherung (KVG) wurde das seit 1911 bestehende, nur um die Teilrevision von 1964 angereicherte, Krankenversicherungsgesetz aufgehoben und auf eine neue Basis gestellt.

6.4.1.1 Deckungsgrad

Das Gesetz kennt für die Krankenpflege ein Bundesobligatorium, wodurch jede Person mit Wohnsitz in der Schweiz sich (oder durch den gesetzlichen Vertreter) für Krankenpflege (Sachleistungen) versichern muß. Ausnahmen bestehen für Mitarbeiter von internationalen Organisationen und Arbeitnehmer ausländischer Staaten. Die Krankenpflegeversicherung hat somit Volksversicherungscharakter, der Deckungsgrad liegt bei 100%. Die Krankengeldversicherung ist hingegen freiwillig: Jede Person zwischen dem 15. und 65. Lebensjahr, die ihren Wohnsitz in der Schweiz hat oder erwerbstätig ist, kann eine Taggeldversicherung abschließen. Die Krankenpflegeversicherung deckt subsidiär auch Unfälle für von der obligatorischen Unfallversicherung nicht erfaßte Personen ab.

[31] Für einen OECD-Ländervergleich der Sozialhilfe siehe Eardley et al. (1996). Die Schweiz zeichnet sich in vergleichender Perspektive durch hohe Leistungen, starke diskretionäre Elemente, rigide Bedarfsprüfungen, hohe soziale Kontrolle und einen geringen Bezieherkreis aus.

6.4.1.2 Zugangsbedingungen

Der Versicherungsschutz beginnt bei der Pflegeversicherung durch Wohnsitznahme oder Geburt. Der Taggeldanspruch entsteht, wenn der/die Versicherte mindestens zu 50% arbeitsunfähig ist. Sofern nichts anderes vereinbart ist, entsteht der Taggeldanspruch am dritten Tag der Erkrankung. Der Leistungsanspruch bei den Sachleistungen beginnt mit Beginn der Krankheit. Das KVG kennt keine an Staatsbürgerschaft geknüpften Diskriminierungen.

6.4.1.3 Strukturelle Konzeption

Die Krankenpflegeversicherung ist als Individualversicherung konzipiert. Jedes Familienmitglied ist separat zu versichern. Dadurch kennt die Krankenversicherung keine abgeleiteten Ansprüche durch eine Mitversicherung. Für Kinder hat der Versicherer niedrigere Prämien anzusetzen. Die Prämien dürfen im neuen KVG nicht mehr nach Geschlecht, sondern nur nach regionalen Gesichtspunkten differenziert werden. Die Prämien sind einkommensunabhängig, allerdings werden die Prämien für Personen in bescheidenen wirtschaftlichen Verhältnissen von der öffentlichen Hand subventioniert.

6.4.1.4 Leistungen

Die Leistungen der Krankenpflegeversicherung umfassen

- die medizinischen Behandlungen, die stationär, ambulant, teilstationär oder in Pflegeheimen erbracht werden. Zahnbehandlungen sind größtenteils ausgenommen.
- Leistungen von Chiropraktikern
- Kostenbeitrag zu Badekuren
- ärztlich verordnete medizinische Rehabilitation
- Spitalsaufenthalt oder Aufenthalt in einer teilstationären Einrichtung (allgemeine Klasse).
- Transport- und Rettungskosten
- medizinische Präventionsuntersuchungen
- subsidiäre Deckung von Unfällen
- subsidiäre Kostenübernahme von Geburtsgebrechen
- Mutterschaftsleistungen
- spitalsexterne Pflege (Hauskrankenpflege, mobile Dienste)
- Schwangerschaftsabbruch, sofern im Einklang mit dem Strafgesetzbuch

Die Leistungen werden für unbeschränkte Dauer ausgerichtet. Die Wahl des Leistungserbringers ist - abgesehen von den besondern Versicherungsformen (z.B. HMOs) - frei.

Die Leistungen der freiwilligen Taggeldversicherung richten sich nach dem Versicherungsvertrag. Taggeld muß für mindestens 720 Tage innerhalb von 900 Tagen geleistet werden. Taggeld bei Mutterschaft ist für 16 Wochen zu leisten, sofern die betreffende Person für 270 Tage ohne Unterbrechung von mehr als drei Monaten versichert war.

6.4.1.5 Organisation

Träger der Krankenpflegeversicherung sind die Krankenkassen (juristische Personen des öffentlichen und privaten Rechts) und private Versicherer, die dem Versicherungsaufsichtsgesetz unterstehen. Diese Träger müssen vom EDI als Versicherungseinrichtungen anerkannt sein. Die Versicherten können den Versicherer frei wählen. Die Taggeldversicherung muß nicht beim Versicherer der Krankenpflegeversicherung erfolgen.

6.4.1.6 Finanzierung

Die Finanzierung der Krankenversicherung (Pflegeversicherung) erfolgt durch Prämien und staatliche Prämienzuschüsse, sowie durch die Kostenbeteiligung der Versicherten nach dem Umlageverfahren. Die Kostenbeteiligung der Versicherten ist stark ausgebaut und setzt sich aus der Franchise (1998: 230 Franken) und dem Selbstbehalt (10% der die Franchise übersteigenden Kosten) zusammen. Kinder bezahlen keine Franchise. Zudem leisten die Versicherten einen nach der finanziellen Belastung der Familie abgestuften Beitrag zu den Kosten eines Spitalaufenthalts. Mutterschaftsleistungen sind von einer Kostenbeteiligung ausgenommen. Die Arbeitgeber werden zur Finanzierung nicht herangezogen.

6.4.1.7 Typus

Abbildung 49. Struktur und typologische Verortung der Krankenversicherung.

Prinzip	***Indikatoren***		***Typ***
	Lohnersatzquote	vertragsabhängig (hoch)	
	Dauer	hoch	
	Mindestsicherung	Nein	
DEKOM	*Private Kostenbeteiligung*	hoch	**LIBERAL**
	Zugangsbedingung (-hürden)	Prämienzahlung (gering)	
	Äquivalenzprinzip	hoch	
	Berufsgruppenspezifische Segregation	gering	
	Reichweite des Programms	hoch	
STRAT	*Honorierung von Pflege- und Betreuungsarbeit*	-	**LIBERAL**
	Eigenständige Sicherung	hoch	
	Diskriminierung von Ausländern	Nein	
ROLLE D. STAATES		gering	
PRIVATER SEKTOR		hoch	

Anmerkungen: STRAT=Stratifizierung; DEKOM=Dekommodifizierung

6.4.2 Rentensystem

Seit der Neufassung des Art 34quater BV im Jahr 1972 beruht das schweizerische Pensionssystem auf einem 3-Säulen-Modell. Die staatliche AHV/IV bildet mit dem Ziel einer Grundsicherung die erste Säule. Die im Bundesgesetz über die betriebliche Alters,- Hinterlassenen- und Invalidenvorsorge (in Kraft seit 1985) geregelte berufliche Vorsorge bildet mit dem Ziel der Lebensstandardsicherung die zweite Säule. Dabei soll in Zusammenspiel mit der AHV 60% des letzten Bruttolohns als Versorgungsziel sichergestellt werden. Die dritte Säule bildet die durch Maßnahmen der staatlichen Fiskalpolitik geförderte Eigenvorsorge, die ein den individuellen Präferenzen entsprechendes materielles Versorgungsniveau ermöglichen soll.

6.4.2.1 Alters- und Hinterlassenenversicherung (AHV)

a) Deckungsgrad

Obligatorisch versichert sind Personen, die in der Schweiz ihren Wohnsitz haben, in der Schweiz erwerbstätig sind oder Schweizer Bürger, die im Ausland im Dienst der Eidgenossenschaft oder vom Bundesrat bezeichneter Institutionen tätig sind. Der Deckungsgrad beträgt - sieht man von Kurzaufenthaltern ab - 100% der Wohnbevölkerung.

b) Zugangsbedingungen

Die AHV kennt ordentliche und außerordentliche Renten. Die ordentlichen Renten werden als Vollrenten (vollständige Beitragsdauer) und Teilrenten (unvollständige Beitragsdauer) ausgerichtet. Der Zugang zu einer ordentlichen Rente setzt für In- wie Ausländer ein volles Beitragsjahr (basierend auf Einkommen oder Betreuungs- und Erziehungsgutschriften) voraus. Die Beitragsdauer ist vollständig, wenn eine Person gleichviele Beitragsjahre wie ihr Jahrgang aufweist. Als Beitragsjahre gelten auch Jahre für die Erziehungs- und Betreuungsgutschriften angerechnet werden können. Außerordentliche Renten sind an Staatsbürgerschaft geknüpft. Anspruchsberechtigt ist jede Person (und ihre Hinterlassenen), die während der gleichen Zahl von Jahren versichert ist wie ihr Jahrgang, der aber keine ordentliche Rente zusteht, weil sie kein volles Beitragsjahr vorweisen kann.
Die Versicherten sind beitragspflichtig, solange sie eine Erwerbstätigkeit ausüben. Für die Beitragszahlungen kennt die AHV keine Bemessungsgrenze. Nichterwerbstätige sind in Abhängigkeit ihrer sozialen Situation zwischen dem vollendeten 20. Lebensjahr und dem 65. Lebensjahr (Männer) bzw. dem 64. Lebensjahr (Frauen)[32] der Beitragspflicht unterstellt. Die eigenen Beiträge gelten als bezahlt, wenn der Ehepartner Beiträge von mindestens der doppelten Höhe des Mindestbeitrags bezahlt hat. Diese Regelung gilt für nichterwerbstätige Ehepartner von erwerbstätigen Versicherten sowie für Versicherte, die ohne Barlohn im Betrieb des Ehegatten mitarbeiten.
Die Anspruchsberechtigung für Altersrenten tritt bei Erreichen des Rentenalters ein (Regelalter: 65/64 Jahre). Das Rentenalter ist flexibel konzipiert: Ein Rentenvorbezug impliziert Abschläge, ein Rentenaufschub Zuschläge. Ein Anspruch einer Witwen-/Witwerrente entsteht bei Tod des Ehepartners, sofern der Hinterbliebene Kinder hat. Frauen ohne Kinder, die das 45. Lebensjahr überschritten haben und deren Ehe fünf Jahre gedauert hat, haben Anspruch auf eine Abfindung. Der Anspruch erlischt bei Wiederverheiratung oder Tod sowie außerdem bei Witwerrenten, wenn das jüngste Kind das 18. Lebensjahr erreicht hat. Frauen sind damit im

32 Das Rentenalter für Frauen wird schrittweise bis 2005 auf 64 Jahre erhöht.

Todesfall des Ehepartners umfassender abgesichert als Männer. Im Fall einer Ehescheidung der neuen Ehe lebt der alte Anspruch wieder auf. Geschiedene Personen sind zudem bei Erfüllung gewisser Bedingungen (zehnjährige Ehedauer, Betreuungspflichten, Scheidung nach dem 45. Lebensjahr) einer verwitweten Person gleichgestellt. Der Anspruch einer Altersrente begründet gleichzeitig Kinderrenten. Im Todesfall werden Waisenrenten ausbezahlt.

c) Strukturelle Konzeption

Die AHV ist als Volksversicherung konzipiert, die jeder Person einen eigenständigen Rentenanspruch garantiert. Bei Ehepaaren findet durch ein Splittingsystem außerdem ein innerehelicher Einkommensausgleich statt. Einkommen, die die Ehepartner während der gemeinsamen Ehe erzielen, werden zu 50% den beiden Ehepartnern angerechnet. Gleiches gilt für die Erziehungs- und Betreuungsgutschriften. Das Splitting gelangt bei der Rentenberechtigung beider Ehegatten, bei Scheidung oder bei der Berechnung einer Altersrente einer verwitweten Person zur Anwendung. Eine eigenständige Alterssicherung ist damit hochgradig verwirklicht, zusätzlich werden durch das Splitting innereheliche Abhängigkeitsverhältnisse abgedämpft.

d) Leistungen

Für die Rentenberechnung werden Beitragsjahre, das Erwerbseinkommen sowie Erziehungs- und Betreuungsgutschriften berücksichtigt. Maßgebend für die Rentenhöhe ist das durchschnittliche Jahreseinkommen, das sich aus dem Erwerbseinkommen und den Betreuungs- und Erziehungsgutschriften zusammensetzt. Erziehungsgutschriften werden für Jahre angerechnet, in denen der/die Versicherte die elterliche Gewalt über eines oder mehrere Kinder bis zum Erreichen des 16. Lebensjahres ausgeübt hat. Ehepaare erhalten nur eine Gutschrift, die gesplittet wird. Betreuungsgutschriften werden angerechnet, wenn im gemeinsamen Haushalt pflegebedürftige Verwandte in auf- oder absteigender Linie oder Geschwister mit einem AHV/IV-Anspruch auf eine mittlere Hilflosigkeitsentschädigung gepflegt werden. Auch die Betreuungsgutschrift wird bei Ehepaaren gesplittet. Eine Kumulierung von Betreuungs- und Erziehungsgutschriften ist nicht möglich. Die jährliche Erziehungs- und Betreuungsgutschrift beträgt das dreifache der jährlichen Mindestrente (35820 Franken). Dies entspricht ungefähr dem Lohn einer Verkäuferin (Brechbühl 1995). Damit wird Erziehungs- und Pflegearbeit relativ großzügig für die Rentenberechnung berücksichtigt. Aufgrund der Rentenformel und der Limitierung der beiden Einzelrenten bei 150% der Maximumrente profitieren v.a. unterdurchschnittliche Einkommen von diesem Gutschriftensystem. Die Berechnung der Hinterlassenenrente basiert auf der Beitragsdauer und dem durchschnitt-

lichen Jahreseinkommen (ungeteiltes Einkommen der verstorbenen Person plus Gutschriften).
Die monatliche Altersrente setzt sich aus einem festen Rententeil und einem vom durchschnittlichen Jahreseinkommen abhängigen variablen Rententeil zusammen. Unterdurchschnittliche Einkommen werden durch den festen Rententeil begüngstigt. Die ordentlichen Vollrenten sind nach unten (Mindestrente) und nach oben (Höchstrente) im Verhältnis von 1:2 limitiert. 1998 beträgt die Mindestrente 995 und die Maximumrente 1990 Franken. Die außerordentlichen Renten entsprechen dem Betrag der ordentlichen Mindestrente. Die Rentenformel begünstigt kleine Einkommen und damit auch Teilzeit arbeitende Personen, d.h. überwiegend Frauen. Bei einem durchschnittlichen Jahreseinkommen von 11940 sfr beträgt die Lohnersatzquote 100% und sinkt dann bei dem für die Höchstrente erforderlichen durchschnittlichen Einkommen von 71640 sfr auf ca 33%. Bei Ehepaaren darf die Summe der beiden Renten 150% der Maximumrente nicht übersteigen.
Die Witwen-/Witwerrente beträgt 80%, die Kinder- und Waisenrente 40% der Altersrente. Verwitwete Bezieher von Altersrenten erhalten einen Zuschlag von 20%. Die AHV richtet schließlich nach dem Grad der Hilflosigkeit gestaffelte Hilflosenentschädigungen (199-796 sfr pro Monat) aus.

e) Organisation

Die Durchführung der Versicherung erfolgt durch die Arbeitgeber und Arbeitnehmer unter der Aufsicht des Bundes. Träger der Versicherung sind Verbandsausgleichskassen, kantonale Ausgleichskassen sowie zwei Bundesausgleichskassen.

f) Finanzierung

Die AHV wird durch paritätische Arbeitgeber- und Arbeiternehmerbeiträge (je 4,2%) finanziert. Nichterwerbstätige zahlen zwischen 324-8400 Franken im Jahr. Der Beitragssatz für Selbständige beträgt 7,8% und sinkt degressiv, wenn das Einkommen 46600 Franken unterschreitet. Die öffentliche Hand trägt 20% der Kosten (1996: 19,7%).

g) Typus

Abbildung 50. Struktur und typologische Verortung der AHV.

Prinzip	***Indikatoren***		***Typ***
	Lohnersatzquote	degressiv mit steigenden Einkommen	
	Mindestsicherung	Ja	
	Dauer	hoch	
DEKOM	*Private Kostenbeteiligung*	gering	**SOZIALDEMOKRATISCH/ LIBERAL**
	Zugangsbedingungen (-hürden)	Erwerbstätigkeit, Pflege- und Betreuungsarbeit (gering)	
STRAT	*Äquivalenzprinzip*	gering	
	Berufsgruppenspezifische Segregation	gering	
	Reichweite des Programms	hoch	
	Honorierung von Pflege- und Betreuungsarbeit	hoch	**SOZIALDEMOKRATISCH/ LIBERAL**
	Eigenständige Sicherung	hoch	
	Diskriminierung von Ausländern	gering	
ROLLE D. STAATES		gering	
PRIVATER SEKTOR		gering	

6.4.2.2 Invalidenversicherung

Die Invalidenversicherung ist eng mit der AHV verzahnt. Zugangsbedingungen und Deckungsgrad der Versicherung entsprechen weitgehend den Vorschriften der AHV. Der besondere Charakter der IV manifestiert sich besonders bei den Leistungen.

a) Leistungen

Die IV ist durch einen starken Aktivierungsgrundsatz geprägt, der sich auf den Grundsatz „Eingliederung vor Rente“ verkürzen läßt. Renten werden erst dann geleistet, wenn keine Wiedereingliederung in den Erwerbsprozeß oder in das frühere Tätigkeitsgebiet möglich ist oder wenn dies als aussichtslos erscheint. Die Renten der IV variieren mit dem Invaliditätsgrad. Ein Rentenbezug erfordert bei dauernder oder länger andauernder Invalidität einen Invaliditätsgrad von mindestens 40% (=Viertelrente). Ein IV-Grad von mindestens 50% ermöglicht den Bezug einer halben Rente, eine Invalidität im Ausmaß von mindestens zwei Drittel schafft den Anspruch auf eine volle Rente. Ferner richtet die IV Zusatzrenten für den Ehepartner (30%) sowie Kinderrenten (40% der IV-Rente) aus. Schließlich kennt die IV nach dem Grad der Hilflosigkeit gestaffelte Hilflosenentschädigungen (199-796 sfr/Monat). Der Rentenanspruch endet bei Genesung, Tod oder bei Beginn eines Altersrentenanspruchs. Die Wiedereingliederungsmaßnahmen lassen sich in berufliche und medizinische Maßnahmen unterteilen. Zudem werden Hilfsmittel abgegeben. Mit Taggeldern wird der Eingliederungsprozeß finanziell unterstützt. Medizinische Wiedereingliederungsmaßnahmen beziehen sich nicht auf die Behandlung an sich, sondern zielen auf die berufliche Wiedereingliederung ab. Die beruflichen Eingliederungsmaßnahmen umfassen eine Berufsberatung, Berufsausbildung, Umschulung, Arbeitsvermittlung sowie eine Kapitalhilfe zur Aufnahme einer selbständigen Erwerbstätigkeit. Für minderjährige Behinderte finanziert die IV Sonderschulungen, für hilflose minderjährige Kinder in Pflegeanstalten wird ein Pflegebeitrag gewährt. Falls eine Rente gewährt wird, entfällt dieser Beitrag.

b) Organisation

Die IV steht unter Bundesaufsicht und wird von kantonalen IV-Stellen durchgeführt.

c) Finanzierung

Die Finanzierung erfolgt zu 50% aus Steuermitteln und zu 50% aus Beiträgen. Arbeitgeber und Arbeitnehmer leisten jeweils 0,7% des AHV-pflichtigen Verdienstes. Nichterwerbstätige zahlen sozial gestaffelte Beiträge zwischen 54 und 1400 Franken im Jahr. Der Beitragssatz für Selbständige beläuft sich auf 1,4% (bzw. sinkt ab einem gewissen Einkommen entlang einer degressiven Skala).

d) Typus

Abbildung 51. Struktur und typologische Verortung der Invalidenversicherung.

Prinzip	*Indikatoren*		*Typ*
	Lohnersatzquote	degressiv mit steigenden Einkommen	
	Mindestsicherung	Ja	
	Dauer	hoch	
DEKOM	*Private Kostenbeteiligung*	gering	**SOZIALDEMOKRATISCH/ LIBERAL**
	Zugangsbedingungen (-hürden)	Wohnsitznahme (gering)	
STRAT	*Äquivalenzprinzip*	gering	
	Berufsgruppenspezifische Segregation	gering	
	Reichweite des Programms	hoch	
	Honorierung von Pflege- und Betreuungsarbeit	hoch	**SOZIALDEMOKRATISCH/**
	Eigenständige Sicherung	hoch	**LIBERAL**
	Diskriminierung von Ausländern	gering	
ROLLE D. STAATES		hoch	
PRIVATER SEKTOR		gering	

6.4.2.3 Ergänzungsleistungen

Die Teilrenten können die Mindestrente unterschreiten. Aber auch die volle Mindestrente der AHV ist nicht existenzsichernd. Nach Schätzungen des BSV müßte eine existenzsichernde AHV/IV-Rente ca. 1580-1860 Franken betragen (BSV 1995b: 27). Zur Schaffung existenzsichernder und über dem absoluten Existenzbedarf liegender Renten wurden 1966 Ergänzungsleistungen eingerichtet. Dabei handelt es sich um bedürfnisgeprüfte Versicherungsleistungen mit Rechtsanspruch. Anspruchsberechtigt sind Schweizer Bürger mit Wohnsitz in der Schweiz sowie Ausländer mit (ab 1998) 10-jähriger Wohnsitzdauer in der Schweiz (Flüchtlinge nach 5-jähriger Wohnsitzdauer), die einen Anspruch auf eine AHV/IV-Rente besitzen und deren Einkommen die im Gesetz spezifizierten Einkommensgrenzen nicht überschreitet. Unterstützungseinheit ist das Individuum, das auch einen Antrag auf Ergänzungsleistungen bei der lokalen AHV-Zweigstelle einbringen muß.

Die EL-Behörde nimmt eine einzelfallabhängige Bedürftigkeitsprüfung vor. Ergänzungsleistungen decken die Differenz zwischen den Einnahmen (Rente, Erwerbseinkommen, Vermögensverzehr) und den anerkannten Ausgaben (Lebensbedarf, Krankheits- und Pflegekosten, Miete). Es handelt sich dabei um ein Sockelungsmodell, das einen gesetzlich normierten Lebensbedarf garantiert. Dieser beträgt 1997 für Alleinstehende 17090 Franken, für Ehepaare 25635 Franken und für die ersten beiden Kinder jeweils 8545 Franken. Diese Grenzen können für Personen in Pflege- und Altersheimen um maximal 2/3 erhöht werden. Ergänzungsleistungen bilden damit eine wichtige Säule der sozialen Sicherung bei Pflegebedürftigkeit. Der maximale jährliche Unterstützungsbetrag darf 47760 Franken nicht überschreiten. Ergänzungsleistungen werden so lange ausgerichtet, solange die Anspruchsbedingungen erfüllt sind. Die Empfänger sind verpflichtet, den Behörden Änderungen ihrer Einkommens- und Ausgabenssituation mitzuteilen. Alle vier Jahre wird automatisch die Anspruchsvoraussetzung von der Behörde überprüft. 1996 bezogen 12,2% der AHV-Rentner und 25,8% der IV-Rentner Ergänzungsleistungen. Ergänzungsleistungen sind ausschließlich steuerfinanziert, der Bund trägt 10-35% der Ausgaben.
Bei den Ergänzungsleistungen handelt es sich um ein bedürfnisgeprüftes, an Staatsbürgerschaft oder für Ausländer an Wohnsitzdauer geknüpftes Mindestsicherungssystem mit Versicherungscharakter. Es garantiert für AHV und IV-Rentner ein den tatsächlichen Lebensbedarf deckendes Mindesteinkommen. Seine Dekommodifizierungs- und Stratifizierungswirkungen sind liberaler und sozialdemokratischer Ausprägung.

6.4.2.4 Berufliche Vorsorge

a) Deckungsgrad

Die berufliche Vorsorge erfaßt als zweite Säule des Rentensystems obligatorisch alle Arbeitnehmer mit einem Jahresverdienst von über 23880 Franken. Zu versichern ist der Lohn zwischen 23880 und 71640 Franken (koordinierter Lohn). Bestimmte Berufsgruppen von Selbständigen können vom Bundesrat der Versicherungspflicht unterstellt werden. Vom Obligatorium nicht erfaßte Berufsgruppen können sich freiwillig versichern, allerdings muß auch hier die Mindestverdienstgrenze erreicht werden.

b) Zugangsbedingungen

Die Einkommensgrenze für die Pflichtversicherung ist zwar relativ niedrig angesetzt worden, allerdings repräsentiert sie v.a. für teilzeitbeschäftigte Personen (v.a. für Frauen) einen Zugangsfilter. 100% der Männer, aber nur 80% der Frauen verfügen über eine berufliche Vorsorge (BSV 1995b: 10). Die Beitragspflicht für das

Risiko Alter beginnt mit dem vollendeten 17. Lebensjahr, jene für Invalidität mit dem 24. Lebensjahr. Die Beiträge sind altersabhängig und belaufen sich auf 7-18% des koordinierten Lohns. Der Arbeitgeber zahlt mindestens 50% der Beiträge. Die Versicherungspflicht beginnt mit Antritt des Arbeitsverhältnisses und endet mit Auflösung des Arbeitsverhältnisses oder bei Absinken des Lohns unter die Mindestverdienstgrenze.

c) Strukturelle Konzeption

Bei der beruflichen Vorsorge handelt es sich um eine Arbeitnehmerversicherung mit reinem Äquivalenzprinzip. Erwerbsunterbrüche und Lohndiskriminierung schlagen voll durch und verringern besonders für Frauen das materielle Versorgungsniveau. Das Gesetz regelt nur Mindestvorschriften, wodurch ein breiter Spielraum bei der betrieblichen Vorsorge (v.a. im überobligatorischen Bereich) verbleibt, der von den Unternehmen auch dazu genutzt wird, um hochqualifizierte Arbeitskräfte zu rekrutieren.

d) Leistungen

Der Anspruch auf eine Altersrente beginnt mit dem Erreichen des Rentenalters (65 bzw. 62 Jahre). Das akkumulierte und mit einem garantierten Zinssatz von 4% verzinste Altersguthaben wird über einen Mindestumwandlungssatz von 7,2% in eine Rente umgewandelt. Im BVG können nur Männer Witwenrenten auslösen und zwar dann, wenn die Witwe für Kinder aufkommen muß oder das 45. Lebensjahr vollendet hat und die Ehe mindestens fünf Jahre gedauert hat. Erfüllt die Witwe keine dieser Vorrausetzungen, erhält sie eine Abfindung in der Höhe von drei Jahresrenten. Witwenrenten betragen 60 Prozent, die Waisenrente 20% der vollen Invalidenrente. Die Witwenrente erlöscht bei Wiederverheiratung oder Tod. Die Waisenrente erlöscht mit dem vollendeten 18. Lebensjahr (25. Lebensjahr bei Ausbildung oder 2/3-Invalidität). Anspruch auf Invalidenleistungen haben Personen, die mindestens zu 50% (AHV 40%) invalid sind. Der Versicherte hat Anspruch auf eine volle IV-Rente, wenn er zu mindestens zwei Drittel invalid ist, ansonsten hat er Anspruch auf eine halbe Rente. Die Rentenhöhe bemißt sich nach dem gleichen Umwandlungssatz wie die Altersrente. Das grundgelegte Altersguthaben setzt sich dabei aus dem bereits erworbenen Altersguthaben plus der Summe der Altersgutschriften für die bis zum Rentenalter fehlenden Jahre (ohne Zinsen) zusammen.

e) Organisation

Die Versicherung wird von ca. 15.000 privaten oder öffentlichen Vorsorgeeinrichtungen durchgeführt. Jeder Arbeitgeber, der unter das Obligatorium fallende

Arbeitnehmer beschäftigt, muß eine Vorsorgeeinrichtung einrichten oder sich einer solchen anschließen. Die Vorsorgeeinrichtungen sind im Rahmen des Gesetzes in der Gestaltung ihrer Leistungen, in deren Finanzierung und ihrer Organisation frei. Die Vorsorgeeinrichtungen werden von den Arbeitgebern und Arbeitnehmern paritätisch verwaltet. Kantone und der Bund üben die Aufsicht über die Versicherung aus. Ein Garantie- und Sicherheitsfonds springt bei Zahlungsunfähigkeit einer Kasse ein.

f) Finanzierung

Die Finanzierung erfolgt ausschließlich mit Beitragszahlungen und hängt von den Statuten der Vorsorgeeinrichtungen ab. Der Garantiefonds wird mit 0,08% des koodinierten Lohns der Versicherten gespeist.

g) Typus

Abbildung 52. Struktur und typologische Verortung der beruflichen Vorsorge.

Prinzip	*Indikatoren*		*Typ*
	Lohnersatzquote	hängt von der beruflichen Stellung ab	
	Mindestsicherung	Nein	
	Dauer	hoch	
DEKOM	*Private Kostenbeteiligung*	gering	**KONSERVATIV**
	Zugangsbedingungen (-hürden)	Erwerbstätigkeit mit Mindestlohn(mittel)	
STRAT	*Äquivalenzprinzip*	hoch	
	Berufsgruppenspez. Segregation	hoch	
	Reichweite des Programms	mittel bis hoch	**KONSERVATIV**
	Honorierung von Pflege- und Betreuungsarbeit	-	
	Eigenständige Sicherung	mittel	
	Diskriminierung von Ausländern	Nein	
ROLLE DES STAATES		gering	
PRIVATER SEKTOR		hoch	

6.4.2.5 3. Säule (Eigenvorsorge)

Die dritte Säule in Form der Eigenvorsorge soll ein den individuellen Präferenzen entsprechendes Vorsorgeniveau garantieren und wird vom Bund gemäß Art 34quater Abs. 6 BV mit Mitteln der Fiskal- und Eigentumspolitik gefördert. Die steuerlichen Begünstigungen betreffen primär die gebundene Selbstvorsorge der Säule 3a mit ihren zentralen Vorsorgeformen der Vorsorgepolice und des Vorsorgekontos. Mit dieser Konzeption begünstigt die dritte Säule mittlere und höhere Einkommensgruppen. Frauen und ausländische Arbeitskräfte in Niedriglohnbranchen dürften diese Säule nur unterproportional nutzen können. Es handelt sich insgesamt um ein liberales System mit entsprechenden Dekommodifizierungs- und Stratifizierungswirkungen.

6.4.3 Unfallversicherung

6.4.3.1 Deckungsgrad

Obligatorisch versichert sind die in der Schweiz beschäftigten Arbeitnehmer, einschließlich der Heimarbeiter, Lehrlinge und Praktikanten, Voluntäre sowie der in Lehr- oder Invalidenwerkstätten tätigen Personen. Selbständige können sich freiwillig versichern.

6.4.3.2 Zugangsbedingungen

Die Versicherung beginnt mit dem Tag, an dem der Arbeitnehmer seine Stelle antritt, in jedem Fall aber zum Zeitpunkt, wenn er/sie sich auf den Weg in die Arbeit begibt.

6.4.3.3 Strukturelle Konzeption

Die Unfallversicherung ist eine reine Arbeitnehmerversicherung, die sich stark am Äquivalenzprinzip und am Statuserhalt orientiert.

6.4.3.4 Leistungen

Leistungen der Versicherung werden bei Berufsunfällen, Nichtberufsunfällen und Berufskrankheiten gewährt. Die UV vergütet die medizinischen Behandlungen, gibt Hilfsmittel und Sachleistungen (Prothesen, Brillen etc.) ab, gewährt Integritätsentschädigungen und vergütet die Rettungs- und Bestattungskosten.
Die Geldleistungen der UV untergliedern sich in Taggelder und Renten. Ein Taggeldanspruch entsteht am dritten Tag nach dem Unfall und endet mit der Wieder-

erlangung der Arbeitsfähigkeit, Rentenbeginn oder Tod. Die Taggeldhöhe beträgt 80% des versicherten Verdienstes aber höchstens 214 Franken am Tag.
Unfallrenten entstehen, wenn eine bleibende Invalidität zu erwarten ist und Eingliederungsmaßnahmen abgeschlossen sind. Vollrenten betragen bei Vollinvalidität 80% des versicherten Verdienstes, eine Teilinvalidität bedingt entsprechende Kürzungen. Hinterlassenenrenten betragen für Witwen/Witwer 40%, für Halbwaisen 15% und für Vollwaisen 25% des versicherten Verdienstes. Abfindungen werden nur für Witwen gewährt und richten sich nach der Dauer der Ehe (ein- bis fünffacher Jahresbetrag der Rente).

6.4.3.5 Organisation

Hauptträger der Unfallversicherung ist die Schweizerische Unfallversicherungsanstalt (SUVA) mit Sitz in Luzern und einem Anteil am Versicherungsgeschäft von 60%. Daneben agieren private und öffentliche Unfallversicherungskassen sowie die Krankenkassen gemäß dem KVG (1994).

6.4.3.6 Finanzierung

Der Finanzierungsmodus richtet sich nach der Art des Unfalls. Die risikoabhängigen Beiträge für Berufsunfälle trägt ausschließlich der Arbeitgeber (0,4-17,2%). Nichtberufsunfälle werden von den Arbeitnehmern bzw. Arbeitslosen getragen. Der risikoabhängige Beitragssatz beträgt bei der SUVA (1,47-3,1%) und bei anderen Versicherungsträgern 1,086-1,588%. Die Beitragshöchstgrenze liegt bei 97200 Franken. Der Staat leistet keinen finanziellen Beitrag an die UV.

6.4.3.7 Typus

Abbildung 53. Struktur und typologische Verortung der Unfallversicherung.

Prinzip	*Indikatoren*		*Typ*
	Lohnersatzquote	hoch	
	Mindestsicherung	Nein	
	Dauer	hoch	
DEKOM	*Private Kostenbeteiligung*	gering	**KONSERVATIV**
	Zugangsbedingungen (-hürden)	Erwerbstätigkeit	
STRAT	*Äquivalenzprinzip*	hoch	
	Berufsgruppenspezifische Segregation	gering	**LIBERAL/ KONSERVATIV**
	Reichweite des Programms	hoch	
	Honorierung von Pflege- und Betreuungsarbeit	-	
	Diskriminierung von Ausländern	Nein	
ROLLE D. STAATES		gering	
PRIVATER SEKTOR		mittel	

6.4.4 Arbeitslosenversicherung

6.4.4.1 Deckungsgrad

Pflichtversichert sind alle unselbständig Erwerbstätigen, die nach dem AHV-Gesetz obligatorisch versichert sind und für Einkommen aus unselbständiger Erwerbstätigkeit beitragspflichtig sind.

6.4.4.2 Zugangsbedingungen

Der Anspruch auf Leistungen der ALV entsteht durch eine sechsmonatige Beitragsleistung innerhalb einer Rahmenfrist von einem Jahr. Befreit davon sind Personen, die wegen Schulausbildung, Krankheit, Unfall, Mutterschaft oder eines Haftaufenthaltes für mehr als ein Jahr in keinem Arbeitsverhältnis standen und deshalb die Beitragspflicht nicht erfüllen konnten. Von der Erfüllung der Beitrags-

zeit sind ferner Personen befreit, die wegen Scheidung, Invalidität oder Tod des Ehepartners gezwungen sind, eine Erwerbstätigkeit aufzunehmen, sofern das entsprechende Ereignis nicht länger als ein Jahr zurückliegt. Zudem gelten auch Erziehungszeiten als Beitragszeiten, sofern der/die Versicherte im Anschluß der Erziehungsperiode wegen einer wirtschaftlichen Notlage einer Erwerbstätigkeit nachgehen muß.
Die betreffende Person muß zudem vermittlungsfähig sein, die obligatorische Schulzeit zurückgelegt und den Wohnsitz in der Schweiz haben sowie die Kontrollvorschriften erfüllen.
Der Anspruch entsteht nach einer allgemeinen Wartezeit von fünf Tagen (gilt nur für Personen, deren monatlicher versicherter Verdienst 3000 Franken übersteigt).

6.4.4.3 Strukturelle Konzeption

Die Arbeitslosenversicherung ist eine reine Arbeitnehmerversicherung, die sich stark am Äquivalenzprinzip und Statuserhalt orientiert. Sowohl die Zugangsbedingungen als auch die Lohnersatzrate sind nach sozialen Gesichtspunkten abgestuft.

6.4.4.4 Leistungen

Die Arbeitslosenversicherung entrichtet Arbeitslosen-, Kurzarbeits- und Schlechtwetterentschädigungen und finanziert diverse Maßnahmen der aktiven Arbeitsmarktpolitik. Das Arbeitslosentaggeld beträgt 70% für Alleinstehende bzw. 80% für Personen mit Unterhaltspflichten sowie Personen, die invalid sind oder ein Taggeld unter 130 Franken beziehen.
Die Taggelddauer ist altersmäßig gestaffelt: Der/Die Versicherte hat Anspruch auf maximal 150 Taggelder bis zur Vollendung des 50. Lebensjahrs, maximal 250 Taggelder ab dem vollendeten 50. Lebensjahr und 400 Taggelder ab dem vollendeten 60. Lebensjahr. Bezieher einer Invalidenrente können maximal 520 Taggelder beziehen. Besondere Taggelder werden bei Teilnahme an Maßnahmen der aktiven Arbeitsmarktpolitik ausgerichtet.
Im Rahmen der aktiven Arbeitsmarktpolitik finanziert die Versicherung Ausbildungszuschüsse und unterstützt die Aufnahme einer selbständigen Erwerbstätigkeit. Die Kantone wurden verpflichtet, 25000 Kurs- und Praktikumsplätze zur Durchführung der Maßnahmen der aktiven Arbeitsmarktpolitik zu schaffen.

6.4.4.5 Organisation

Mit der Durchführung der Versicherung sind die kantonalen und anerkannten öffentlichen Arbeitslosenkassen, die Verbandskassen, die Ausgleichsstelle der Versicherung, die regionalen Arbeitsvermittlungszentren, tripartite Kommissionen, die AHV-Ausgleichskassen, die Arbeitgeber und die Aufsichtskommission betraut.

6.4.4.6 Finanzierung

Die Arbeitslosenversicherung wird ausschließlich durch paritätische Beiträge der Arbeitgeber und Arbeitnehmer finanziert. Der Beitragssatz beträgt jeweils 1,5% für Einkommen bis 97.200 sfr und 0,5% für Einkommen zwischen 97201 und 243.000 Franken.

6.4.4.7 Typus

Abbildung 54. Struktur und typologische Verortung der Arbeitslosenversicherung.

Prinzip	***Indikatoren***		***Typ***
	Lohnersatzquote	hoch	
	Mindestsicherung	Nein	
	Dauer	mittel	
DEKOM	*Private Kostenbeteiligung*	gering	**KONSVERVATIV**
	Zugangsbedingungen (- hürden)	Erwerbstätigkeit (Regelfall) (gering)	
STRAT	*Äquivalenzprinzip*	hoch	
	Berufsgruppenspezifische Segregation	gering	**KONSERVATIV/ SOZIALDEMO-KRATISCH**
	Reichweite des Programms	hoch	
	Honorierung von Pflege- und Betreuungsarbeit	In Zwangslagen	
	Diskriminierung von Ausländern	Nein	
ROLLE D. STAATES		mittel	
PRIVATER SEKTOR		gering	

6.4.5 Typologische Verortung

Aus der Zusammenschau der einzelnen Kernbereiche sozialer Sicherung geht eindeutig hervor, daß der schweizerische Sozialstaat nichts mehr mit dem residualen-selektiven Fürsorgemodell im Sinn von Esping-Andersen gemein hat. Begreift man die USA als Archetypus für das liberale Sozialstaatsregime, so kann der heutige Sozialstaat der Schweiz aus mehreren Gründen dieser Ländergruppe nicht zugeordnet werden. Der schweizerische Sozialstaat ist kein löchriger Fürsorge-, sondern ein Sozialversicherungsstaat ohne größere Sicherungslücken. Mit ihrem Dekkungsgrad bei den Sozialversicherungen übertrifft die Schweiz - abgesehen von einer Mutterschaftsversicherung - „konservative“ Länder wie Deutschland, Österreich, Italien und Frankreich. Dies gilt nicht nur für die Renten- und Invalidenversicherung, sondern zum Teil auch für die Arbeitslosenversicherung, die in der Schweiz zum Beispiel auch nichtwerbstätigen Personen (z.B. Hausfrauen) in bestimmten Notlagen den Zugang zu Leistungen eröffnet. Dieser hohe Inklusionsgrad spricht eher für ein liberales Sozialversicherungsmodell. Die geringe berufsgruppenspezifische Differenzierung unterstützt ebenso diese Klassifikation. Auch die Krankenversicherung mit ihren einkommensunabhängigen Prämien, der Prämiensubventionierung für Bedürftige und ihrer stark ausgebauten finanziellen Eigenbeteiligung der Versicherten paßt in dieses Bild eines liberalen Sozialversicherungsstaates. Schließlich spiegelt die hohe Gleichstellung zwischen Schweizern und Ausländern starke liberale Elemente wider (vgl. Brechbühl 1996). Gegen ein liberales Sozialversicherungsmodell spricht das im internationalen Vergleich hohe - an der Lohnersatzrate gemessene - Niveau der sozialen Sicherung, welches eindeutig auf eine Lebensstandardsicherung und nicht auf eine Grundsicherung im Sinn einer Mindestversorgung abzielt. Sowohl die Leistungen der Unfallversicherung (vgl. Schmid 1996: 195), als auch die Leistungen bei Arbeitslosigkeit gehören zu den höchsten in Europa (OECD: Economic Surveys Switzerland 1996) und übertreffen dabei zum Teil jene im Esping-Andersenschen Referenz- und sozialdemokratischen Musterland Schweden. Gleiches gilt übrigens für Leistungen der Sozialhilfe als zweites Netz sozialer Sicherung, die zwar hochgradig fragmentiert ausgerichtet werden, im internationalen Vergleich aber zu den höchsten zählen (Eardley et al. 1996). Auch in der Alterssicherung schneidet die Schweiz sowohl bezüglich der Mindestsicherung als auch des Leistungsniveaus gut ab (Kohl 1988, 1995). Zwar garantiert die staatliche Säule des Rentensystems nur eine Basisversorgung, zusammen mit der obligatorischen und nunmehr im Vollausbau befindlichen betrieblichen Vorsorge wird eine ansehnliche Lohnersatzquote erreicht. Dieses Primat einer am Statuserhalt orientierten sozialen Absicherung in der zweiten Säule des Rentensystems sowie der Unfall- und Arbeitslosenversicherung könnte man mit dem Etikett konservativ umschreiben. Andererseits kennt der schweizerische Sozialstaat auch Elemente sozialdemokratischer Sicherungsvorstellungen. Dies gilt etwa für die Konzeption der ersten Säule der Alters- und Hinterlassenenversicherung (AHV) und der damit eng verzahnten Invalidenversicherung. Diese nicht nur erwerbs- sondern auch wohnsitzzentrierten Systeme garantieren unter Berücksichtigung der Ergänzungsleistungen nicht nur eine engmaschige Mindestsicherung (Obinger 1998b), sondern zudem eine hohe Umverteilung. Einen sozialdemokratischen Einschlag reflektiert auch die wichtige Stellung aktiver Arbeitsmarktpolitik und die große Bedeutung aktiver Wiedereingliederungspolitik in der Invalidenversicherung. Auch die im internationalen Vergleich großzügige Anrech-

nung der Erziehungs- und Pflegearbeit folgt idealtypischen sozialdemokratischen Vorstellungen. Diese Gutschriften sind nicht nur rentenerhöhend, sondern auch rentenbegründend.
Aus Genderperspektive weist der schweizerische Sozialstaat starke liberale und sozialdemokratische Züge auf, da eine eigenständige soziale Sicherung durch die jüngsten Reformen hochgradig verwirklicht wurde. Explizite Diskriminierungen gegenüber Frauen, wie sie bis in die frühen 90er Jahre bestanden, wurden beseitigt. Durch die Einführung von geschlechtsneutralen Erziehungs- und Betreuungsgutschriften wurde die vor allem von Frauen geleistete Pflegearbeit besser abgesichert. Auch öffnet nun (in Notfällen) Erziehungs- und Pflegearbeit den Zugang zu Versicherungsleistungen (Arbeitslosenversicherung). Indirekte Diskriminierungen bestehen nach wie vor in den arbeitsmarktnahen Versicherungssystemen wie etwa in der beruflichen Vorsorge, da hier durch den Koordinationslohn teilzeitarbeitenden Personen (5 von 6 Teilzeitbeschäftigten sind Frauen) ein Zugang zur zweiten Säule erschwert wird. Eine ehezentrierte Absicherung von Rollen ist nach wie vor im Hinterlassenenbereich in der Alters- und Unfallversicherung zu finden.
Konservativ-liberale Züge weist der Sozialstaat in bezug auf staatliche Dienstleistungen auf, die in der Schweiz relativ unterentwickelt sind. Nach Schätzungen der UNO-Weltfrauenkonferenz (UNO 1995) steht nicht einmal für alle Alleinerziehenden ein Kinderbetreuungsplatz zur Verfügung. Dienstleistungen müssen daher verstärkt über den Markt eingekauft werden. Ein Zugang zu einer Erwerbstätigkeit und damit zu einer marktförmigen Eigensicherung auf höherem Niveau unterliegt damit besonders für Frauen dem Filter eines hohen Familieneinkommens.
In der Zusammenschau haben wir es mit einem Mischtyp zu tun, der sowohl liberale, konservative wie auch sozialdemokratische Politikelemente aufweist und der in einer aggregierten Sichtweise am ehesten als europäischer Sozialversicherungsstaat der politischen Mitte bezeichnet werden kann (vgl. Abbildung 55). Ein Sozialstaatskompromiß kann auch darin gesehen werden, daß die meisten sozialen Sicherungssysteme einerseits eine dichte und auf soziale Treffsicherheit bedachte soziale Sicherung festschreiben, andererseits programmintern Anreizkompatibilität und Eigenverantwortung großschreiben.

Abbildung 55. Typologische Verortung von vier zentralen Sozialversicherungszweigen im Jahr 1997.

Programm			
Kranken-versicherung	**AHV/IV**	**Arbeitslosen-versicherung**	**Unfall-versicherung**
Liberal	1. Säule: *Sozialdemokratisch/ Liberal* 2. Säule: *Konservativ* 3. Säule: *Liberal*	*Konservativ/ Sozialdemo-kratisch*	*Konservativ*

Dieser Mischtypus ist Abbild und Reflex von sozialpolitischen Kompromißlösungen der schweizerischen Konkordanzdemokratie und der damit einhergehenden Verwässerung der Parteiendifferenzhypothese, zumal der take-off des schweizerischen Sozialstaates mit der Hochblüte der Konkordanzdemokratie, der formellen Einbindung der Verbände in den Entscheidungsprozeß und der Prosperitätsphase der Ökonomie zusammenfällt. Die Ausschaltung der Mehrheitsregel durch Verhandlungslösungen sowie die Allparteienregierung, in der vier Parteien mit ideologisch weit auseinanderliegenden sozialstaatlichen Optionen zusammengespannt sind, erschweren eine Evaluation des Einflusses einzelner Parteien auf die wohlfahrtsstaatliche Politik beträchtlich. Die durch starke Nebenregierungen und horizontale und vertikale Machtfragmentierung mitbeförderten Verhandlungslösungen besitzen zwar Kompromißcharakter, werden aber zweifellos durch die gesellschaftlichen Machtressourcen gewichtet. Extrem interventionistische Sozialpolitikoptionen werden so ausgefiltert: Die dominante Stellung der bürgerlichen Parteien mit ihren in der Sozialpolitik gering divergierenden ideologischen Ordnungsvorstellungen sowie das Übergewicht der Unternehmerverbände fanden in einem Sozialstaatskompromiß ihren Niederschlag, der schwergewichtig liberale und (christlich)-konservative Züge aufweist und punktuell um sozialdemokratische Sicherungselemente angereichert wurde: Der schweizerische Sozialstaat ist „ein ordnungspolitischer Kompromiß zwischen Liberalismus, Sozialismus, zwischen sozialem Beharren und Sozialreform" (Möckli 1988: 27). Genau dieser welfare-mix macht die Einordnung der Schweiz in bestehende Sozialstaatstypologien so schwierig. Lösbar wird eine Typenzuordnung des schweizerischen Sozialstaats erst dann, wenn von der Vorstellung einer konservativen Sozialstaatswelt Abstand genommen wird und stattdessen von einem Sozialversicherungsstaat der politischen Mitte ausgegangen wird, der eine Vielfalt an Ausprägungsformen - reichend von einem liberalen Beveridge-Modell bis hin zu einem etatistischen Sozialversicherungssystem - zuläßt. Als zwischen Beveridge und Bismarck angesiedelter Sozialstaat kann die Eidgenossenschaft dann diesem Sozialstaatsregime zugeordnet werden.

6.5 Grundlagen der sozialstaatlichen Modernisierungsphase

Vergegenwärtigt man sich die bremsende Wirkung der direkten Demokratie und des Föderalismus in der sozialstaatlichen Konstituierungsphase, so stellt sich unmittelbar die Frage, warum es seit Beginn der 70er Jahre dennoch zu einem beträchtlichen Um- und Weiterbau des Wohlfahrtstaates gekommen ist. Im Gegensatz zu den USA und Canada, zwei Archetypen des liberalen Sozialstaatsregimes, die ihre sozialen Sicherungssysteme entlang liberaler Prinzipien um- und rückgebaut haben (Myles/Pierson 1997), hat die Schweiz in diesem Zeitraum die endgültige Abkehr vom liberalen Pfad sozialer Sicherung in Richtung des kontinentalen Versicherungsmodells mit entsprechend erhöhten Sozialausgaben vollzogen. Wie läßt sich diese quantitative Aufholphase und die hinsichtlich der Architektur sozialer Sicherung erfolgte Pfadabweichung der Eidgenossenschaft erklären?

6.5.1 Quantitative Expansion

Relativ einfach sind die Ursachen für den sozialpolitischen Ausgabenschub seit den siebziger Jahren festzumachen. Richtet man einen Blick auf die von Manfred G. Schmidt eruierten Schubkräfte für die Sozialausgaben (Abbildung 19), so finden sich mit der gestiegenen Arbeitslosigkeit und der Seniorenquote zwei funktionalistische Schlüsselgrößen für den quantitativen Expansionsschub des Sozialstaates in den letzten beiden Dekaden. Die Ausgabenwirksamkeit der Arbeitslosigkeit gilt v.a. für die neunziger Jahre, als die bis dahin praktisch nicht existente Arbeitslosenquote explodierte und sich seither auf dem 5%-Niveau eingependelt hat. Zwei Zahlen sollen diesen Ausgabendruck belegen: Waren 1975 193.893 Personen im Jahresdurchschnitt bei einer durchschnittlichen Taggeldbezugsdauer von 22 Tagen erwerbslos, so stieg die Arbeitslosenzahl im Jahr 1994 auf 314.727 Personen. Die durchschnittliche Bezugsdauer von Taggeld betrug in diesem Jahr 99 Tage (BSV 1995a: 80-81). Die mit dem sprunghaften Anstieg der Arbeitslosenquote einhergehenden beträchtlichen budgetären Defizite der Arbeitslosenversicherung mußten durch Zuschüsse der öffentlichen Hand (vor)finanziert werden. In der Rentenversicherung bilden die hohe Seniorenquote wie auch die hohe Lebenserwartung mächtige ausgabentreibende Momente. Zudem erreichte die AHV aufgrund der verspäteten Einführung erst Ende der 80er Jahre den Vollausbau. Dies implizierte kontinuierlich wachsende Bezieherzahlen von zunehmend höheren ordentlichen Renten, während die Bedeutung der (niedrigen) und auf die Übergangsgeneration zugeschnittenen außerordentlichen Renten in gleichem Maß stetig zurückging. 1995 erhielten nur noch knapp 20.000 Personen eine außerordentliche Rente, während 1970 immerhin ca. 100.00 Personen eine solche Rente bezogen. Demgegenüber wuchs im Vergleichszeitraum die Zahl der Bezieher/innen von ordentlichen Renten von 800.000 auf 1,2 Millionen (BSV 1995a: 27-28). Diese Systemdynamik führte in Zusammenspiel mit demographischenVerschiebungen zu einem beträchtlichen Anstieg der Ausgaben. Bei der Invalidenversicherung kam es zwischen 1975 und 1995 sogar zu einer Verdoppelung der Rentenbezieher/innen (BSV 1995a: 35). Ferner resultierte aus der mit der 9. AHV-Revision eingeführten Rentendynamisierung ein zusätzlicher Ausgabenimpuls, da die Renten nun entsprechend der Preis- und Lohnentwicklung regelmäßig erhöht wurden.
Die hohe Seniorenquote und die dazu parallel steigende Pflegebedürftigkeit generierten auch im ausgabenintensiven Gesundheitswesen einen funktionellen Problemdruck. Hinzu kamen neue medizinische Herausforderungen wie beispielsweise AIDS, aber auch nachfrageseitige Kostenursachen in Form eines höheren Gesundheitsbewußtseins führten zu einer höheren Inanspruchnahme von medizinischen Leistungen. In den letzten beiden Jahrzehnten hat sich zudem der Deckungs-

grad der Krankenpflegeversicherung um ca. 10 Prozentpunkte erhöht. Angebotsseitig bilden Ausrüstungswettläufe im stationären Bereich sowie der Zuwachs beim medizinischen Personal bedeutende kostentreibende Elemente. Sowohl die Ärzte- als auch die Bettendichte gehört zu den höchsten in Europa mit dem Effekt, daß das schweizerische Gesundheitssystem zu einem der teuersten weltweit avanciert ist. Die Zahl der Ärzte (ohne Zahnmediziner) hat sich wie jene der Physiotherapeuten zwischen 1970 und 1994 annähernd verdreifacht (Statistisches Jahrbuch der Schweiz 1997: 312), wobei die Ursachen dafür u.a. auch im verfassungsmäßig garantierten Grundsatz der Handels- und Gewerbefreiheit verortet werden (Schneider et al. 1995: 443). Einige Zahlen sollen den Kostenanstieg im Gesundheitswesen schlaglichtartig indizieren: Allein zwischen 1986 und 1994 betrug die durchschnittliche jährliche Zuwachsrate bei den Krankenpflegekosten (Grundversicherung) 6,7%, jene der Heilanstaltskosten (Grundversicherung) belief sich sogar auf 7,3%. Demgegenüber stiegen im Vergleichszeitraum die Konsumentenpreise um durchschnittlich 2,9% und die Angestelltenlöhne um 3,6% (Statistisches Jahrbuch der Schweiz 1997: 295).
Neben dieser systemendogenen Wachstumsdynamik kommen politisch-institutionelle Stellgrößen für den Ausgabenanstieg hinzu. Obwohl das Schlagwort der Kostenexplosion bereits seit den sechziger Jahren die schweizerische Debatte prägt, sind reale Erfolge zur Eindämmung der Gesundheitskosten bislang ausgeblieben, zumal zwischen 1964 und 1994 sämtliche Reformversuche der Krankenversicherung an der Stimmurne scheiterten. Der funktionell bedingte Kostenanstieg fand damit angesichts dieser non-decisions keine politische Zügelung. Der Kostenanstieg wurde durch Prämienerhöhungen und höhere Selbstkostenbeiträge zu einem erheblichen Teil auf die privaten Haushalte abgewälzt. Zudem erschwert die Politikverflechtung im Gesundheitswesen Kostendämpfungsversuche. Die Kompetenzverteilung im Gesundheitswesen, die dem Bund die Regulierung der Krankenversicherung zuschreibt und den Kantonen die Spitalsplanung sowie die Regulierung der medizinischen Berufe überläßt, erfordert in prozessualer Hinsicht die Koordination heterogener Interessen. Dabei versuchen manche Kantone, den prestigeträchtigen Besitzstand an medizinischer Infrastruktur zu verteidigen oder gar zu erweitern, während der Bund im alten KUVG keine geeigneten Instrumente zur Eindämmung dieses dezentralen Kostenschubs zur Verfügung hatte. Die Überversorgung mit Spitalsbetten wird von Experten nicht zuletzt auch dieser „kantonalen Kirchtumspolitik“ zugeschrieben. Dies paßt auch zu dem Befund, wonach föderal verfaßte Länder höhere Gesundheitsausgaben aufweisen, wobei dies auch damit zusammenhängt, daß gerade diese Länder über ein hohes Pro-Kopf-Einkommen verfügen, welches wiederum die Gesundheitsausgaben in die Höhe treibt (Schmidt 1998b). Ein weiterer Befund der vergleichenden Analyse zur Determination der Gesundheitsausgaben (Schmidt 1998b) zeigt, daß größere Erfolge bei der Kostendämpfung im Gesundheitswesen in jenen Ländern erzielt werden konnten, in denen der Staat stark an der Finanzierung des Gesundheitswesen be-

teiligt ist oder wo das Gesundheitswesen in Form eines nationalen Gesundheitsdienstes organisiert ist. Beides trifft auf die Schweiz nicht zu.
Während im Gesundheitswesen die direkte Demokratie bis Anfang der 90er Jahre jeden größeren Reformversuch blockierte und die Ausgaben somit ungebremst weiterwuchsen, wurde auf dem Gebiet der Arbeitslosenversicherung das Referendum von der politischen Linken und den Gewerkschaften mit wechselseitigem Erfolg dazu instrumentalisiert, um den sozialpolitischen Status Quo gegenüber Kürzungsversuchen zu verteidigen.
Sichtbare Leistungskürzungen induzieren gerade in einer direkten Demokratie Widerstand. Exemplarisch kann auf das Referendum gegen den Bundesbeschluß über die Finanzierung der Arbeitslosenversicherung (September 1997) verwiesen werden, welcher mit einem fakultativen Referendum zur Strecke gebracht wurde. Will eine Kürzungsvorlage die Referendumshürde überstehen, müssen diese Einschränkungen mit Verbesserungen aufgewogen werden. Tatsächlich waren alle derart konzipierten Vorlagen an der Stimmurne erfolgreich. Allerdings konnten damit aber keine Einsparungen in großem Umfang durchgesetzt werden. Die 10. AHV-Revision induzierte beispielsweise vielmehr einen Ausgabenzuwachs, da die beschlossenen Einsparungsmaßnahmen in Form der Erhöhung des Frauenrentenalters erst langfristig zu wirken beginnen. Das Referendum bremst damit nicht nur die Einführung neuer Sicherungsprogramme, sondern erschwert - wenn diese Programme einmal in Kraft sind - auch die Versuche zum Rückbau dieser Programme. Die Akteure hinter dem Referendum sind in Zeiten der Konsolidierung freilich andere: Ging der Widerstand gegen die Ausweitung des Sozialstaates primär von rechtsbürgerlichen Gruppen aus, so sind es nun die politische Linke und die Gewerkschaften, die mit dem Referendum zum Teil erfolgreich den Status Quo sozialer Sicherung festschreiben. Sparversuche wurden damit zum Teil erfolgreich mit dem Referendum blockiert oder abgeschwächt: Der Bremseffekt des Referendums wirkt in Zeiten der Sozialstaatskonsolidierung daher in die entgegengesetzte Richtung, indem der Anpassungsspielraum nach unten eingeschränkt wird.
Noch ein weiteres politisch-institutionelles Moment begünstigt den quantitativen Zuwachs der Sozialpolitik, nämlich der Terraingewinn der Sozialpolitik gegenüber anderen Staatsaufgaben im Kampf um knappe öffentliche Budgetmittel. Der Staat wird in der Schweiz infolge der starken Nebenregierungen an einer kurzen Leine geführt, wodurch sich die verschiedenen Staatstätigkeitsbereiche mit hohen Budgetrestriktionen konfrontiert sehen. Dieses enge finanzielle Korsett impliziert eine hohe Konkurrenz zwischen den einzelnen Staatstätigkeitsbereichen um knappe öffentliche Finanzmittel. In diesem Kampf um limitierte Ressourcen konnte die Sozialpolitik seit 1970 beträchtlich Boden gutmachen, während die Landesverteidigung und in geringerem Ausmaß auch die Landwirtschaft die größten Abstriche hinnehmen mußten (Abbildung 56).

Abbildung 56. Ausgaben des Bundes nach Aufgabengebieten (in Prozent) 1970 und 1995.

Bereich	**1970**	**1995**	**Differenz**
Beziehungen zum Ausland	4,0	5,1	+1,1
Bildung und Forschung	7,3	7,8	+0,5
Landwirtschaft/Ernährung	10,4	8,8	-1,6
Landesverteidigung	25,8	14,4	-11,4
Verkehr	15,8	15,3	-0,5
Finanzen und Steuern	10,7	14,6	+3,9
Soziale Wohlfahrt	17,9	25,5	+7,6
Übrige	8,1	8,5	+0,4
Total	100	100	0

Quelle: Statistisches Jahrbuch der Schweiz 1997: 402

Zusätzlich trat mit der Einführung der Mehrwertsteuer und der Besteuerung von Spielbanken eine Entspannung an der Einnahmenseite auf, die insofern den Spielraum für die Sozialpolitik erhöhte, als ein Teil der Einnahmen auch der Krankenversicherung zufließt[33]. Im Gegensatz zur sozialstaatlichen Konstituierungsphase, in der ein Ausbau sozialer Sicherung durch erhebliche Finanzrestriktionen gebremst wurde, konnte in den letzten zwei Jahrzehnten dieses enge Finanzkorsett etwas erweitert werden.

6.5.2 Struktureller Umbau

Komplexer sind die Ursachen für den strukturellen Umbau des Sozialstaates und die Erklärung dafür, warum dieser Weiterbau nicht an der Stimmurne ausgehebelt wurde. Drei Faktoren spielen eine maßgebliche Rolle für diesen Reformschub, nämlich ein exogen induzierter sowie endogen aufgestauter Problemdruck, die Einführung des Frauenstimmrechts und die dadurch ermöglichte Artikulierung von „gender-issues" sowie die Regierungsmehrheit sozialstaatsfreundlicher Parteien.
1971 betraten die schweizerischen Frauen mit beträchtlicher Verspätung die politische Bühne. Das zunächst auf nationaler Ebene eingeführte Wahl- und Stimmrecht verlieh ihren zumeist ignorierten oder von den Männern überstimmten Anliegen und Forderungen nach Gleichstellung Nachdruck und läutete eine neue Ära in der schweizerischen Politik ein (Senti 1994: 59), zumal gerade die Strukturen sozialer Sicherung dem modernisierungsbedingten Wandel der Geschlechterrollen hinterherhinkten. Angeregt durch eine Volksinitiative wurde 1981 die Gleichstellung zwischen Mann und Frau in der Bundesverfassung verankert. Das in Art. 4 (2) BV festgeschriebene Gleichstellungsgebot bildete den Startschuß für grundlegende Rechtskorrekturen, zumal einige Verfassungsartikel wie auch einfachgesetzliche

[33] Art 8 Abs. 4 BV (Übergangsbestimmung).

Bestimmungen in Widerspruch zu diesem Grundsatz standen. Die Nachzüglerposition in der Frauenpolitik führte zu einem beträchtlichen Reformschub in der Sozialpolitik. 1986 legte der Bundesrat eine Liste an Bundesgesetzen vor, die gegen den neuen Gleichstellungsartikel verstießen. Diese Auflistung enthielt sämtliche zentrale Sozialversicherungsgesetze sowie das ZUG und lieferte die Basis für eine Reihe von Revisionsvorlagen, die - mit Ausnahme der 1987 verworfenen Krankenversicherungsreform unter Einschluß der Mutterschaftsversicherung - in den 90er Jahren über die Bühne gebracht werden konnten. 1990 wurde im ZUG ein eigenständiger Unterstützungswohnsitz für Frauen verankert. Per dringlichem Bundesbeschluß wurde wenig später die Prämiengleichheit in der Kranken- und Unfallversicherung verwirklicht, das Freizügigkeitsgesetz aus dem Jahr 1995 beseitigte wiederum diskriminierende Bestimmungem in der beruflichen Vorsorge. Da es sich um die Erfüllung des Verfassungsauftrages handelte, wurden diese Revisionen auch nicht sanktioniert[34]. Komplexer war der Reformprozeß in der AHV/IV, zumal zusätzlich zu den Gleichstellungsfragen, die auch die Frage nach Angleichung des Rentenalters beinhalteten, auch ein Systemwechsel zugunsten zivilstandsunabhängiger Renten postuliert wurde. Die 10. AHV-Revision erfuhr zu Beginn der 90er Jahre neue Dynamik, nachdem die Auflage der Kostenneutralität aufgegeben wurde. Entgegen den Vorschlägen des Bundesrates setzte die nationalrätliche Kommission einen grundlegenden Systemwechsel in Form des Rentensplittings durch. Daß sich dieser Systemwechsel durchsetzen konnte, war einerseits auf massiven außerparlamentarischen Druck der Frauenorganisationen zurückzuführen (Senti 1994: 319-320), andererseits wurde das neue Splittingmodell samt dem Gutschriftensystem wesentlich von einer parlamentarischen Allianz aus liberalen, grünen und sozialdemokratischen Frauen mitbefördert. Gleichzeitig forderten die bürgerlichen Parteien jedoch die Anhebung des Frauenrentenalters, um ein finanzielles Korrektiv zu den erwarteten Mehrbelastungen herzustellen bzw. um dem Gleichheitsgrundsatz von Art. 4 BV nachzukommen. Der in der Folge erzielte Kompromiß brachte die etappenweise Erhöhung des Frauenrentenalters auf 64 Jahre sowie eine Flexibilisierung des Rentenantrittsalters mit entsprechenden Kürzungen und Zuschlägen. Gegen diese Anhebung des Frauenrentenalters wurde von der SPS und den Gewerkschaften das Referendum ergriffen. Da die Vorlage nun sowohl Verbesserungen als auch Verschärfungen enthielt, wurde sowohl den Sozialstaatsbefürwortern als auch den Kritikern des Wohlfahrtsstaates die Entscheidung beträchtlich erschwert. Das Risiko des Scheiterns der Revisionsvorlage wurde damit aus Sicht der politischen Elite wiederum diversifiziert. Eine Unterstützung der Verwerfungsparole hätte die in fünfzehn Jahren erzielten Leistungsverbesserungen mit einem Schlag zunichte gemacht. In der Abstimmung vom Juni 1994 wurde die Revision vom Souverän folglich auch angenommen.

[34] Die geschlechtsspezifische Prämiendifferenzierung war allerdings in der 1987 verworfenen Reformvorlage des Krankenversicherungsgesetzes noch enthalten.

Auch die mit Einführung der sogenannten Zauberformel einhergehende Änderung in der Zusammensetzung der Regierung hat in realisierter wohlfahrtsstaatlicher Politik ihren Niederschlag gefunden. Seit 1959 verfügen die Sozialstaatsparteien SPS und CVP über eine Mehrheit im Bundesrat. Damit ging auch ein Wechsel an der Spitze des EDI einher, welches seither ausschließlich von einem/einer Sozialdemokraten/in- oder einem Christdemokraten geleitet wurde. 1960 übernahm der Sozialdemokrat Hans-Peter Tschudi das EDI, dessen Reformeifer unter dem Namen „Tschudi-Tempo" in die Geschichte der schweizerischen Sozialpolitik eingegangen ist. Nicht zuletzt ist es seinem taktischen Geschick zu verdanken, daß die (allerdings nicht umfangreiche) KUVG-Reform aus dem Jahr 1964 als einzige Revision des KUVG bis 1994 über die Bühne gebracht werden konnte. Angesichts dieser neuen Bundesratsmehrheit mußten sozialstaatsfreundliche Politikoptionen stärker berücksichtigt und in die Verhandlungslösungen eingebunden werden. Größere Reformprojekte benötigten trotz „Tschudi-Tempos" aber weiterhin mehrjährige Vorlaufzeiten, so daß die wohlfahrtsstaatliche Umbauphase ziemlich genau mit der geänderten parteipolitischen Machtverteilung zusammenfällt. Eine ähnliche Achse - allerdings zwischen SPS und FDP - hatte sich bereits bei der Schaffung der AHV bewährt, wodurch vor dem Hintergrund einer kriegsbedingten Zuspitzung der sozialen Lage ein außerordentlich solidarisches Gesetz mit ausgeprägten liberalen und sozialdemokratischen Zügen implementiert werden konnte.
Eine zentrale Bedeutung für den sozialpolitischen Kurswechsel in der Kranken- und Arbeitslosenversicherung nimmt der durch endogene und exogene Ereignisse und Prozesse induzierte Problemdruck ein. Die Mitte der siebziger Jahre einsetzende Rezession, die die Schweiz am stärksten von allen OECD-Ländern tangiert hatte, enttarnte das Arbeitslosenversicherungsgesetz mit seinem Freiwilligkeitspostulat als „Schönwettergesetz". Diese Dysfunktionalität wurde 1976 durch die auf Dringlichkeitsrecht gestützte und ungewöhnlich rasch durchgezogene Einführung des Versicherungsobligatoriums vorerst beseitigt. Dadurch und aufgrund der zunehmenden Erteilung längerfristiger Niederlassungsbewilligungen für Ausländer verringerte sich der Spielraum einer angebotsgesteuerten Arbeitsmarktpolitik, zumal nun auch Ausländer Ansprüche aus der Arbeitslosenversicherung geltend machen konnten (Schmidt 1995; Blank 1996). Hinzu kam das modernisierungsbedingt geänderte Erwerbsverhalten von Frauen, die - ablesbar an der gestiegenen Partizipationsrate - verstärkt auf den Arbeitsmarkt drängten und in Krisenzeiten nicht wie bisher in die stille Reserve abtauchten. Die zentralen angebotsseitigen Flanken des schweizerischen Beschäftigungswunders waren damit weggebrochen. Dem 1991 erfolgten neuerlichen Konjunktureinbruch konnte damit angebotsseitig entgegen bisheriger Praxis nicht mehr gegengesteuert werden. Das nunmehrige Obligatorium in der Arbeitslosenversicherung erhöhte zudem den Anreiz für die Unternehmen zum massiven Abbau von Arbeitsplätzen, da nun die Arbeitslosenversicherung zumindest eine kurzfristige soziale Absicherung bot (Schmidt 1995). Vor diesem Hintergrund wurde die Erwerbslosigkeit auch in der Schweiz dauer-

haft sichtbar und pendelte sich in den 90er Jahren auf ungewohnt hohem Niveau ein. Damit stellte sich einerseits das Problem einer ausreichenden sozialen Absicherung der zunehmend länger erwerbslos bleibenden Arbeitslosen, andererseits geriet die Arbeitslosenversicherung in beträchtliche Finanzierungsschwierigkeiten. Genau diese zweigleisige Politik der Ausweitung sozialer Sicherung wie auch der Versuch zur Kosteneindämmung prägt die Arbeitsmarktpolitik der 90er Jahre. Angesichts des Problemdrucks wurden die Reformen über Dringlichkeitsrecht eingeleitet und anschließend über eine Teilrevision des ALVG in ordentliches Recht übergeführt. Das Resultat ist eine Abkehr von einer national-liberalen hin zu einer sozial-liberalen Arbeitsmarktpolitik (Schmidt 1995). Das Nebeneinander von Leistungsausbau und finanzieller Konsolidierung bzw. verschärften Zugangsbedingungen sowie die Einbindung der Kantone und Sozialpartner in den Vollzug bildete den Hauptgrund dafür, daß diese Reformen ohne Referendumsniederlagen durchgesetzt werden konnten. Dabei ergab sich an der Stimmurne vor allem für die Proponenten des Sozialstaates ein stimmstrategisches Dilemma, da eine Nein-Stimme gleichzeitig auch den Leistungsausbau verhindert hätte (Bonoli 1997a). Ausschließlich auf Kürzungen abzielende Reformen wie der Bundesbeschluß über die Finanzierung der Arbeitslosenversicherung wurden hingegen an der Stimmurne ausgehebelt.

Auch in der Krankenversicherung bildete ein aufgestauter Problemdruck den Reformauslöser. Die Probleme der Krankenversicherung waren allerdings hausgemacht und beruhten auf den strukturellen Defiziten des alten KUVG, welches seit 1911 praktisch unverändert geblieben war, zumal größere Reformen an der Stimmurne verworfen worden waren. Die einkommensunabhängigen Prämien waren nach dem Kasseneintrittsalter und dem Geschlecht abgestuft. Neue Billigkassen entfesselten einen Prozeß der Entsolidarisierung, zumal junge Versicherte problemlos den günstigen Kassen beitreten konnten (Bernadi-Schenkluhn 1992), wodurch infolge des fehlenden Risikoausgleichs innerhalb und zwischen den Kassen praktisch eine adverse Selektion einsetzte. Hinzu kam die oben skizzierte Kostenexplosion im Gesundheitswesen, die angesichts einer fehlenden politischen Gegensteuerung auf die Privathaushalte abgewälzt wurde. Ferner hat der Bund seine Subventionen zur Prämienverbilligung in den 80er Jahren erheblich reduziert. Daraus resultierte insgesamt eine zunehmend wachsende finanzielle Belastung für unterdurchschnittliche Einkommensgruppen.

Ebenso wie in der Arbeitslosenversicherung begünstigte diese krisenhafte Entwicklung die Reformchancen. Der breite Konsens über die Notwendigkeit einer Reform öffnete ein „window of opportunity" (Wallis 1997), wenngleich die präferierte Reformstoßrichtung zwischen den Parteien umstritten war. Bereits 1986 hatte die SPS eine Volksinitiative eingebracht, die eine auch von den Arbeitgebern mitgetragene lohnprozentuale Finanzierung samt Obligatorium postulierte. Dies lehnten die bürgerlichen Parteien ab, die diese Vorschläge als Schritt zur Staatsmedizin brandmarkten. Dem massiven Problemdruck wurde analog zur Arbeitslo-

senversicherung znächst mit einer Reihe von dringlichen Bundesbeschlüssen gegengesteuert, die wiederum die Basis für die gleichzeitig anlaufenden Reformbemühungen für die 1994 beschlossene Totalrevision der Krankenversicherung legten. Mit der Einführung des Obligatoriums in der Krankenpflegeversicherung und Verbesserungen bei den Grundleistungen kam die Revision der SPS-Initiative etwas entgegen, während der alte Finanzierungsmodus über Kopfprämien beibehalten wurde. Darüberhinaus wurden die Defizite des alten KUVG, wie die nach Eintrittsalter gestaffelten Prämien oder der fehlende Risikoausgleich, korrigiert. Die Kostenexplosion sollte durch den Einbau marktförmiger Elemente in die Krankenversicherung (Deregulierung, Kartellverbote, neue Anreizstrukturen) gestoppt werden. Schließlich wurde eine Abkehr von der globalen Prämiensubventionierung hin zu einem gezielten Subventionssystem für Bedürftige vollzogen. Gegen diese Totalrevision wurde allerdings von zwei Krankenkassen das Referendum ergriffen. Die durch bürgerliche Handschrift geprägte Totalrevision mit moderaten Leistungsverbesserungen und finanzieller Schonung der Arbeitgeber gelangte als indirekter Gegenentwurf gemeinsam mit der weitreichenden SPS-Initiative zur Abstimmung, wobei sich der Gegenentwurf - für Anhänger des alten Systems und die Arbeitgeber wohl das kleinere Übel - durchsetzte.
Demgegenüber zeichnet sich bei der derzeit diskutierten Mutterschaftsversicherung eine Konstellation ab, wie sie für die Konstituierungsphase des Sozialstaates typisch war. Geht es nach dem Willen des Bundesrats, soll demnächst eine lohnprozentual wie auch steuerfinanzierte Mutterschaftsversicherung als neuer Sozialversicherungszweig eingerichtet werden. Von rechtsbürgerlicher Seite und den Arbeitgebern wird ein weiterer Ausbau des Sozialstaates jedoch aus Kostengründen abgelehnt (vgl. Jaggi 1997: 187). Ein Referendum von dieser Seite ist dann wahrscheinlich, wenn der bundesrätliche Entwurf (und hier vor allem die Finanzierung) von den eidgenössischen Räten abgesegnet wird. Es bleibt diesbezüglich spannend abzuwarten, welche Rolle die direkte Demokratie bei der Schließung der letzten größeren Lücke im schweizerischen System sozialer Sicherheit spielen wird.

7 Schlußfolgerungen

Vorliegende Arbeit versuchte mit Hilfe eines politisch-institutionellen Erklärungsansatzes, der im internationalen Vergleich devianten Entwicklungsdynamik und dem in struktureller Hinsicht lange Zeit beschrittenen Sonderweg des schweizerischen Sozialstaates auf die Spur zu kommen. Sowohl die vergleichende empirische Überprüfung der zentralen These, wonach der sozialpolitische Sonderweg der Schweiz starken Nebenregierungen und einer bürgerlichen Regierungsdominanz geschuldet ist, als auch die historiographische Fallanalyse lassen drei zentrale Schlußfolgerungen zu, die abschließend verdichtet präsentiert werden. Die zentralen Ergebnisse betreffen die Policywirksamkeit politischer Institutionen, die Wan-

delbarkeit von Sozialstaatsregimen im Zeitverlauf und schließlich die Unterschätzung der politischen Flexibilität von Konkordanzdemokratien.
Politische Institutionen haben für die Staatstätigkeit in der Schweiz einen prägenden Einfluß. Dieser in globaler Hinsicht keinesfalls neue Befund konnte in dieser Arbeit für ein konkretes Politikfeld herausgearbeitet bzw. bestätigt werden: Nebenregierungen in Gestalt der direkten Demokratie oder der hochentwickelten föderalen Machtteilung liefern einen hohen Erklärungsbeitrag für die zentralen Charakteristika des schweizerischen Sozialstaats, nämlich seine Verspätung auf Bundesebene, sein liberales Profil sowie für seine am sozialpolitischen Ausgabenniveau gemessene Schlankheit. Speziell das fakultative Referendum hat bremsende Wirkungen ausgeübt und den Entwicklungspfad des schweizerischen Wohlfahrtsstaates in liberale Bahnen gelenkt, während von der Volksinitiative besonders in der Nachkriegszeit sozialstaatsexpansive Impulse ausgegangen sind. Ebenfalls bremsend wie strukturprägend war auch der Föderalismus, der gleichzeitig aber auch eine Quelle politischer Innovation und ein Experimentierfeld für neue sozialstaatliche Lösungsansätze darstellte. Gemeinsam zeichnen das Referendum und der Föderalismus für das nach wie vor unterdurchschnittliche Ausgabenniveau staatlicher Sozialpolitik mitverantwortlich. Zum einen ist das Referendum eine mächtige Waffe zur Disziplinierung nutzenmaximierender Politiker und ein Instrument zur Artikulation des Steuerwiderstandes, zum anderen korrespondiert die fast alleinige Regulierungskompetenz des Bundes auf dem Gebiet der sozialen Sicherung mit einer schmalen Steuerbasis des Zentralstaates. Jede Expansion von Staatstätigkeit erfordert daher die ex- oder implizite Zustimmung des Souveräns oder der Kantone. Die Zustimmungspflicht zahlreicher Akteure engte die Gestaltungsmöglichkeiten des Bundesrats beträchtlich ein und führte in der Sozialpolitik zusammen mit der Dominanz liberaler und (christlich-)konservativer Ordnungsvorstellungen innerhalb einer ohnedies durch einen hohen Arbeitsethos geprägten Gesellschaft zu einer hohen Politikstabilität mit inkrementalistischer Politikentwicklung. Erst ein beträchtlicher Problemdruck eröffnet den Spielraum für eine höhere Anpassungsflexibilität. Dieses Ergebnis bestätigt nicht nur das Tsebelische Vetospielertheorem, sondern reiht sich nahtlos in neuere Ergebnisse der vergleichenden Staatstätigkeitsforschung ein, die in einem hochgradigen institutionellen Pluralismus mächtige Barrieren gegen eine ausgebaute Wohlfahrtsstaatlichkeit identifizieren. Während für die traditionellen Sozialstaatsnachzügler USA und Kanada bereits politisch-institutionell ausgerichtete qualitative Länderstudien vorliegen, wurde mit dieser Arbeit versucht, den politisch-institutionellen Forschungsansatz auch für die Erklärung des schweizerischen sozialstaatlichen Sonderwegs nutzbar zu machen. Dabei wurden politische Institutionen als Vetopunkte interpretiert, die die Handlungschancen der politischen Entscheidungsträger limitieren. Diese Interpretation von Institutionen als Nebenregierungen macht auch klar, daß Institutionen Staatstätigkeit nicht unmittelbar determinieren, sondern insofern politikprägend sind, als Handlungsressourcen definiert und Spielregeln für die

Handlungen der Akteure festgelegt und strukturiert werden. Der Weg politischer Entscheidungen gleicht in der Schweiz einem „Slalom zwischen den Veto-Gruppen" (Abromeit 1992a: 190). Welcher Kurs hier gewählt wird, hängt aber auch davon ab, wer mit welcher Ausrüstung an den Start geht. Institutionelle Erklärungen machen daher erst dann Sinn, wenn die politischen Akteure und ihre Machtressourcen sowie die Interdependenz zwischen Institutionen und den Machtressourcen berücksichtigt werden. Wie in den USA und Kanada zeichnen auch in der Schweiz starke Nebenregierungen in Zusammenspiel mit einer Regierungsdominanz liberal-konservativer Parteien bzw. einer relativ schwachen politischen Linken für die überbremste Sozialstaatlichkeit verantwortlich. Aber auch sozio-ökonomische Stellgrößen bestimmen das wohlfahrtsstaatliche Gestaltungspotential: In der Schweiz sind - um die Slalommetapher nochmals aufzugreifen - in ökonomischen Krisenzeiten die Slalomtore eng gesteckt, wodurch sich die Gefahr des Einfädelns beträchtlich erhöht. Für künftige Forschungdesigns kann festgehalten werden, daß politische Institutionen in Ländern mit ausdifferenzierter Institutionenstruktur unbedingt bei Analysen von Staatstätigkeit zu berücksichtigen sind. Dabei erweist sich besonders ein Forschungsansatz als fruchtbar, der die Wechselwirkungen von Akteuren und Institutionen als zentrales Element einer Erklärung sozialer Phänomene begreift und mittels einer Zusammenschau der parteipolitischen Färbung der Regierung, der Ausprägung politischer und ökonomischer Institutionen sowie sozio-ökonomischer Stellgrößen versucht, Determinanten für die Unterschiede in den Staatstätigkeitsprofilen einzelner Länder herauszuarbeiten.
Das zweite zentrale Ergebnis dieser Arbeit besteht darin, daß Staatstätigkeit im Zeitverlauf eine veränderliche Größe ist. Diese triviale Erkenntnis hielt die vergleichende Sozialstaatsforschung nicht davon ab, der Wandelbarkeit von wohlfahrtsstaatlichen Strukturen nur geringe Aufmerksamkeit zu schenken. Für die Schweiz konnte in dieser Arbeit angesichts des beträchtlichen Um- und Weiterbaus des Sozialstaates in den letzten 25 Jahren eine Neujustierung des architektonischen Sozialstaatsprofils aufgezeigt werden, die von einem Anstieg der Sozialleistungsquote begleitet wurde. Das aktuelle System sozialer Sicherheit hat nichts mehr mit einem liberal-residualen Sozialstaatsmodell zu tun, in dem die Schweiz bis anfang der siebziger Jahre verortet wurde. Vielmehr handelt es sich um ein erstaunlich dichtes und hinsichtlich des Leistungsniveaus hoch entwickeltes Sozialsystem, welches sich in struktureller Hinsicht als Spiegelbild der gesellschaftlichen Kräfteverhältnisse aus liberalen, (christlich)-konservativen und sozialdemokratischen Bausteinen zusammensetzt und in einer Zusammenschau als Sozialstaat der politischen Mitte bezeichnet werden kann. Der Impuls zu diesen Veränderungen resultierte zum einen aus einem - nicht zuletzt durch institutionelle Blockaden - aufgestauten Problemdruck (Kostenexplosion im Gesundheitswesen, ausgeprägte Geschlechterselektivität des Sozialstaats), der innerhalb der bestehenden Strukturen sozialer Sicherung kein Ventil fand, und zum anderen (v.a. in der Arbeitslosenversicherung) aus dem Ende der exzeptionellen Wachstums- und Arbeitsmarkt-

performanz in den 70er und 90er Jahren. Dieses Reaktionsmuster fügt sich in den allgemeinen Befund, wonach vor allem durch einen extremen Problemdruck Bewegung in die schweizerische Politik kommt, dem zunächst via Dringlichkeitsrecht und damit unter Umgehung des herkömmlichen mehrstufigen Entscheidungsverfahrens gegengesteuert wird (Abromeit 1992a: 190). Dieser exogene und endogene Problemdruck induzierte eine sozialstaatliche Modernisierungs- und Konsolidierungsphase, die zu erheblichen Verschiebungen bezüglich der typologischen Verortung des schweizerischen Sozialstaates führte. Diese jüngsten sozialpolitischen Veränderungsprozesse in der Schweiz haben schließlich ein hartnäckiges Vorurteil widerlegt: Das Gerede von der unsozialen Schweiz ist ein Mythos, welcher der empirischen Realität nicht stand hält. Gleichzeitig ist das neuerdings von der neoliberalen Rechten und Industriekreisen beklagte Ausufern des Sozialstaates bestenfalls Verbalakrobatik: Hinsichtlich des sozialstaatlichen Ausgabenniveaus bewegt sich die Schweiz nach wie vor knapp unter dem europäischen Durchschnitt. Auch unter den Sozialstaatskritikern besteht damit eine Diskrepanz zwischen subjektiver Wahrnehmung und empirischer Realität.

Der dritte und letzte wichtige Befund der Arbeit fokusiert auf die Reform- und Innovationsfähigkeit von Konkordanzdemokratien. Bei der Lektüre mancher Befunde der neueren schweizerischen Staatstätigkeitsforschung könnte man zur Annahme gelangen, daß in der Schweiz nichts mehr weiter geht und jeder politische Kurswechsel und Problemlösungsversuch sowie größere Reformprojekte zum Scheitern verurteilt sind. Tatsächlich konnte auch in dieser Arbeit festgestellt werden, daß das politische Entscheidungs- und Handlungstempo im Regelfall relativ träge ist. Impliziert dieses auch als helvetische Langsamkeit beschriebene Entscheidungstempo aber automatisch politischen Immobilismus und eine Innovationsschwäche des politischen Systems? Die sozialpolitische Entwicklung der letzten beiden Jahrzehnte unterstützt - anders als in der sozialstaatlichen Konstituierungsphase - diese These jedenfalls nicht. Dabei muß auch für die Phase der Sozialstaatskonsolidierung festgehalten werden, daß von lokaler und kantonaler Ebene immer wieder sozialpolitische Innovationen ausgingen, die zwar durchaus europäischen Piniercharakter besaßen, in der Folge aber nur in beschränktem Ausmaß auf Bundesebene durchsickerten. In den letzten beiden Jahrzehnten wurde insbesonders in der Arbeitslosenversicherung ein beträchtlicher Kurswechsel vollzogen, aber auch in der AHV wurden mit dem Rentensplitting und den Betreuungs- und Erziehungsgutschriften Impulse gesetzt, wie sie ihresgleichen in Europa gesucht werden müssen, während die Unfallversicherung im internationalen Vergleich ohnedies zu den am besten ausgebauten Systemen zählt. Auch in der Krankenversicherung wurden marktförmige Experimente zur Eindämmung der Kostenexplosion gewagt und implementiert, wenngleich bislang die gewünschten Effekte nur partiell erreicht werden konnten. Trotz langwieriger und zweifellos kompromißbeladener Entscheidungen konnten in den zentralen Kernbereichen sozialer Sicherung innovative Lösungen gefunden werden. Helvetische Langsamkeit oder politischer

Immobilismus und die Innovationsfähigkeit des politischen Systems sind demnach zwei Paar Schuhe. Nebenregierungen scheinen primär das Tempo der Entscheidungen nicht aber deren „Qualität" zu determinieren. Überspitzt könnte man formulieren, daß langes Nachdenken und die Verknüpfung verschiedener Interessen zu einem Sozialstaatskompromiß auch problemadäquate Lösungen hervorbringt. Das Nebeneinander von dichter Grundsicherung und hohen Lohnersatzraten auf der einen, Anreizkompatibilität und Eigenverantwortung auf der anderen Seite kann als Stärke des schweizerischen Sozialstaates gesehen werden, der dadurch in seiner Gesamtheit eine sehr moderne Grundkonzeption aufweist. Dies gilt v.a. dann, wenn man den Sozialstaat als Problemlöser *und* Problemerzeuger (Schmidt 1998a) sieht. Ein Sozialsystem, welches dieser Janusköpfigkeit des Sozialstaats (an dem in der Schweiz sowohl Sozialstaatsskeptiker wie auch Befürworter mitgebaut haben) Rechnung trägt, kann aus dieser Warte durchaus als sozialpolitischer Königsweg gesehen werden.
Insgesamt dürfte die Steuerungsfähigkeit und Anpassungsfähigkeit von Konkordanzdemokratien an neue Problemlagen demnach unterschätzt werden, während Konkurrenzdemokratien diesbezüglich oft mehr zugetraut wird, als sie tatsächlich zu leisten imstande sind (Abromeit 1992a, 1992b; Armingeon 1996). Tatsächlich hat die Schweiz bereits heute die Weichen in die Richtung gestellt, in die der europäische Sozialstaatszug in den nächsten Jahren voraussichtlich abfahren wird. Dieser Weg zeichnet sich durch eine dichte Grundsicherung, eine verbesserte soziale Eigensicherung für Frauen, aber auch durch eine verstärkte Eigenverantwortung und Kostenbeteiligung im Gesundheitswesen sowie durch einen höheren Anteil betrieblicher Vorsorgesysteme aus und wird durch die Leitplanken knapper ökonomischer Ressourcen und persistenter Arbeitslosigkeit begrenzt werden.

Abkürzungsverzeichnis

AG	Aargau
AHV	Alters- und Hinterlassenenversicherung
AHVG	AHV-Gesetz
AI	Appenzell IR
ALH	Arbeitslosenhilfe
ALV	Arbeitslosenversicherung
AR	Appenzell AR
BBl	Bundesblatt
BE	Bern
BfS	Bundesamt für Statistik
BGB	Bürger-, Gewerbe- und Bauernpartei
BIGA	Bundesamt für Industrie, Gewerbe und Arbeit
BIP	Bruttoinlandsprodukt
BL	Basel-Land
BS	Basel-Stadt
BSV	Bundesamt für Sozialversicherung
BV	Bundesverfassung
BVG	Bundesgesetz über die berufliche Alters-, Hinterlassenen- und Invalidenvorsorge
BVO	Berufliche Vorsorge
CNG	Christlich-Nationaler Gewerkschaftsbund
CVP	Christlich-Demokratische Volkspartei
EDI	Eidgenössisches Departement des Inneren
EL	Ergänzungsleistungen zur AHV/IV
EO	Erwerbsersatzordnung
EU	Europäische Union
EVP	Evangelische Volkspartei
FAM	Familienzulagen für landwirtschaftliche Arbeitneh mer
FDP	Freisinnig-Demokratische Partei
FR	Freiburg
GE	Genf
GL	Glarus
GPS	Grüne Partei der Schweiz
GR	Graubünden
ILO	Internationale Arbeitsorganisation
IV	Invalidenversicherung
JU	Jura
KUVG	Kranken- und Unfallversicherungsgesetz von 1911
KV	Krankenversicherung
KVG	Krankenversicherungsgesetz von 1994
LdU	Landesring der Unabhängigen
LPS	Liberale Partei der Schweiz
LU	Luzern
MV	Militärversicherung
NA	Nationale Aktion
NE	Neuenburg
NR	Nationalrat

NW	Nidwalden
OECD	Organisation für wirtschaftliche Zusammenarbeit und Entwicklung
OW	Obwalden
POCH	Progressive Organisationen der Schweiz
QCA	Qualitative Comparative Analysis
SG	St. Gallen
SGB	Schweizerischer Gewerkschaftsbund
SH	Schaffhausen
SKOS	Schweizerische Konferenz für Sozialhilfe
SO	Solothurn
SPS	Sozialdemokratische Partei der Schweiz
SUVA	Schweizerische Unfallversicherungsanstalt
SVP	Schweizerische Volkspartei
SZ	Schwyz
TG	Thurgau
TI	Tessin
UNO	Vereinte Nationen
UR	Uri
UV	Unfallversicherung
VD	Waadt
VS	Wallis
ZG	Zug
ZH	Zürich
ZUG	Bundesgesetz über die Zuständigkeit zur Unterstützung Bedürftiger

Literaturverzeichnis

ABROMEIT, Heidrun (1992a). „Kontinuität oder `Jekyll-and-Hyde-Politik`": Staatshandeln in der Schweiz und in Großbritannien", in: Heidrun ABROMEIT/Werner W. POMMEREHNE (Hrsg.): *Staatstätigkeit in der Schweiz.* Bern/Stuttgart/ Wien: Haupt: 159-192.

ABROMEIT, Heidrun (1992b). „Staatstätigkeit und Immobilismus: nur ein Schweizer Phänomen?", in: Heidrun ABROMEIT/Werner W. POMMEREHNE (Hrsg.): *Staatstätigkeit in der Schweiz.* Bern/Stuttgart/ Wien: Haupt: 305-325.

ABROMEIT, Heidrun (1995). „Volkssouveränität, Parlamentssouveränität, Verfassungssouveränität: Drei Realmodelle der Legitimation staatlichen Handelns", in: *Politische Vierteljahresschrift* 36: 49-66.

ABROMEIT, Heidrun (1996). „Zur Integrationsfreundlichkeit schweizerischer Verfassungsprinzipien", in: Wolf LINDER et al (Hrsg.): *Schweizer Eigenart - Eigenartige Schweiz.* Bern/Stuttgart/Wien: Haupt: 169-180.

AEPPLI, Daniel C. (1996). „Die Situation der Ausgesteuerten. Ergebnisse einer Studie in acht Kantonen der Nordwestschweiz und der Romandie", in: *Die Volkswirtschaft* 69: 19-25.

AESCHBACHER, Monique/Margareta LAUTERBURG/Barbara LISCHETTI-GREBER (1994). *Durchs Netz gefallen. Eine juristische Analyse der Stellung der Frauen im schweizerischen Sozialversicherungssystem unter Berücksichtigung der Eigenheiten von Frauenlebensläufen.* Schriftenreihe der SGGP. No. 34, Muri bei Bern.

ALBER, Jens (1982). *Vom Armenhaus zum Wohlfahrtsstaat. Analysen zur Sozialversicherung in Westeuropa.* Frankfurt/New York: Campus.

ALBER, Jens (1992). „Wohlfahrtsstaat", in: Manfred G. SCHMIDT (Hrsg.): *Lexikon der Politik, Bd. 3: Die westlichen Länder.* München: C.H. Beck: 542-554.

ALBER, Jens (1995). „Soziale Dienstleistungen. Die vernachlässigte Dimension vergleichender Wohlfahrtsstaats-Forschung", in: Karlheinz BENTELE/Bernd REISSERT/Ronald SCHETTKAT (Hrsg.): *Die Reformfähigkeit von Industriegesellschaften. Festschrift für Fritz W. Scharpf zu seinem 60. Geburtstag.* Frankfurt/New York: Campus: 277-293

ALLSWANG, John M. (1991). *California Initiatives and Referendums 1912-1990. A Survey and Guide to Research.* Los Angeles: Edmund G. „Pat" Brown Institute of Public Affairs.

AMENTA, Edwin (1993). „The State of The Art in Welfare State Research on Social Spending Efforts in Capitalist Democracies Since 1960" in: *American Journal of Sociology* 99: 750-763.

ARMINGEON, Klaus (1994). *Staat und Arbeitsbeziehungen. Ein internationaler Vergleich.* Opladen: Westdeutscher Verlag.

ARMINGEON, Klaus (1996a). „Konkordanzzwänge und Nebenregierungen als Handlungshindernisse?" In: Klaus ARMINGEON/Pascal SCIARINI (Hrsg.): *Deutschland, Österreich und die Schweiz im Vergleich.* Zürich: Seismo: 277-303.

ARMINGEON, Klaus (1996b). „Konkordanz, Sozialpartnerschaft und wohlfahrtsstaatliche Politik in der Schweiz im internationalen Vergleich", in: Wolf LINDER et al. (Hrsg.): *Schweizer Eigenart - eigenartige Schweiz. Der Kleinstaat im Kräftefeld der europäischen Integration.* Bern/Stuttart/Wien: Haupt: 69-84.

ARMINGEON, Klaus (1996c). „Integriert und isoliert: Die Schweiz im Prozeß der Globalisierung", in: ders. (Hrsg.): *Der Nationalstaat am Ende des 20. Jahrhunderts. Die Schweiz im Prozeß der Globalisierung.* Bern/Stuttgart/ Wien: 7-20.

ARMINGEON, Klaus (1997). „Swiss Corporatism in Comparative Perspective", in: *West European Politics* 20: 164-179.

ARMINGEON, Klaus/Markus FREITAG (1997). *Deutschland. Österreich. Schweiz. Die politischen Systeme im Vergleich.* Opladen: Leske + Budrich.

AUBERT, Jean-Francois (1980). „Die Alters- und Hinterlassenenversicherung", in: ders.: *So funktioniert die Schweiz.* Zürich: Cosmos-Verlag: 87-133.

AUFKLÄRUNGSDIENST DER EIDG. ZENTRALSTELLE FÜR KRIEGSWIRTSCHAFT (1945). *Die Sozialpolitik des Bundes.* Schriftenreihe des Aufklärungsdienstes der Eidgenössischen Zentralstelle für Kriegswirtschaft. Heft 8. Bern.

BALDWIN, Peter (1990). *The Politics of Social Solidarity. Class Bases of the European Welfare State 1875-1975.* Cambridge: Cambridge University Press.

BALTHASAR, Andreas/Erich GRUNER (1989). *Soziale Spannungen - wirtschaftlicher Wandel. Dokumente zurSchweiz zwischen 1880 und 1914.* Bern.

BALTHASAR, Andreas/Erich GRUNER/Hans HIRTER (Hrsg.)(1988): *Arbeiterschaft und Wirtschaft in der Schweiz 1880-1914. Gewerkschaften* Bd. II. Zürich: Chronos.

BANTING, Keith G. (1987). *The Welfare State and Canadian Federalism.* Montreal, 2. Aufl.: McGill-Queen´s University Press.

BANTING, Keith G. (1995). „The Welfare State as Statecraft: Terretorial Politics and Canadian Social Policy", in: Stephan LEIBFRIED/Paul PIERSON (1995): *European Social Policy. Between Fragmentation and Integration.* Washington D.C: The Brookings Institution: 269-300.

BARR, Nicholas (1987). *The Economics of the Welfare State.* London: Weidenfeld & Nicholson.

BAUER, Stephan (1925). *Der internationale Aufbau der Sozialversicherung.* Vortrag gehalten für die britische Völkerbundliga in der London School of Economics am 25. November 1925, Ms. Studienbibliothek der Arbeiterkammer Wien (Sig. II 14391).

BENZ, Arthur (1992). „Mehrebenen-Verflechtung. Verhandlungsprozesse in verbundenen Entscheidungsarenen", in: Arthur BENZ/Fritz W. Scharpf/Reinhard ZINTL: *Horizontale Politikverflechtung. Zur Theorie von Verhandlungssystemen.* Frankfurt/New York: Campus: 147-205.

BERGER, Alfons (1994). „Die 10. AHV-Revision - ein sozialpolitischer Wendepunkt", in: *Soziale Sicherheit* 2: 248-257.

BERGER, Alfons (1997). „Rückblick auf 50 Jahre AHV", in: *Soziale Sicherheit* 5: 305-308.

BERG-SCHLOSSER, Dirk/Sven QUENTER (1996). „Makro-quantitative vs. makro-qualitative Methoden in der Politikwissenschaft - Vorzüge und Mängel komparativer Verfahrensweisen am Beispiel der Sozialstaatstheorie", in: *Politische Vierteljahresschrift* 37: 100-118.

BERNADI-SCHENKLUHN, Brigitte (1992). „Schweiz", in: Jens ALBER (Hrsg.): *Westeuropäische Gesundheitssysteme im Vergleich.* Frankfurt/New York: Campus: 177-316.

BEYME von, Klaus (1988). *Der Vergleich in der Politikwissenschaft.* München: Piper.

BfS (=Bundesamt für Statistik). *Statistisches Jahrbuch der Schweiz.* Verschiedene Jahrgänge. Zürich: Verlag der Zürcher Zeitung.

BfS (1995). *Die schweizerische Arbeitskräfteerhebung (SAKE). Kommentierte Ergebnisse und Tabellen. 1994.* Bern.

BIGA (=Bundesamt für Industrie, Gewerbe und Arbeit)(1973). *Handbuch der schweizerischen Sozialstatistik.* Bern.

BINSWANGER, Peter (1986). *Geschichte der AHV.* Zürich: Pro Senectute Verlag.

BLAAS, Wolfgang (1992). „The Swiss Model: Corporatism or Liberal Capitalism?" In: Jukka PEKKARINEN/Matti POHJOLA/Bob ROWTHORN (Hrsg.): *Social Corporatism: A Superior Economic System?* Oxford: Clarendon Press: 363-376.

BLANK, Kermit (1996). „The Swiss Labor Market in the 1990´s: Policy-making and Performance in Transition". Paper presented at the conference „Die politischen Systeme der Schweiz, Deutschlands und Österreichs im Vergleich, January 19-21, 1996. Bern.

BLÄTTNER, Niklaus/Roland THEISS (1994). *Ausländer und Arbeitslosigkeit.* WWZ-Studie Nr. 44. Basel:

BÖDIKER, T. (1895). *Die Arbeiterversicherung in den Europäischen Staaten.* Leipzig: Duncker & Humblot.

BÖHI, Hans (1964). „Hauptzüge einer schweizerischen Konjunkturgeschichte", in: *Schweizerische Zeitschrift für Volkswirtschaft und Statistik* 100: 71-105.

BOHMANN, Gerda (1993). „Paridigmata im Verständnis des Wohlfahrtsstaates. Zum Wiederaufleben der Staatstheorie in den Sozialwissenschaften", in: *Österreichische Zeitschrift für Politikwissenschaft* 22: 5-21.

BOIS, Philippe (1980). „Specificites de la politique sociale en Suisse", in Patrick DE LAUBIER/Jean-Pierre FRAGNIÈRE (Hrsg.): *Droit et politique sociale.* Vevey: Editions Delta S.A.: 29-46.

BOLDERSON, Helen/Deborah MABETT (1995). „Mongrels or Thoroughbreds: A Cross-national Look at Social Security Systems", in: *European Journal of Political Research* 28: 119-139.

BONOLI, Giuliano (1997a). „Switzerland: Institutions, Reforms and the Politics of Consensual Retrenchment", in: Jochen CLASEN (Hrsg.): *Social Insurance in Europe.* Bristol: The Policy Press: 107-129.

BONOLI, Giuliano (1997b). „Classifying Welfare States: a Two-dimensional Approach", in: *Journal of Social Policy* 26: 351-372.

BORCHERT, Jens (1998). „Ausgetretene Pfade? Zur Statik und Dynamik wohlfahrtsstaatlicher Regime", in: Stephan LESSENICH/Ilona OSTNER (Hrsg.): *Welten des Wohlfahrtskapitalismus.* Frankfurt/New York: Campus: 137-176.

BOREHAM, Paul/Richard HALL/Martin LEET (1996). „Labour and Citizenship: The Development of Welfare State Regimes", in: *Journal of Public Policy* 16: 203-227.

BORNER, Silvio/Aymo BRUNETTI/Thomas STRAUBHAAR (1994). *Die Schweiz im Alleingang.* Zürich: Verlag der Zürcher Zeitung.

BORNER, Silvio/Hans RENTSCH (Hrsg.)(1996). *Wieviel direkte Demokratie verträgt die Schweiz?* Chur/Zürich: Rüegger.

BOSSERT, Albrecht/Hans-Joachim MERK (1981). „Die Systeme sozialer Sicherung in den OECD-Ländern - ein Vergleich ihrer Gestaltungsprinzipien", in: *Vierteljahresschrift für Sozialrecht* 9: 149-163.

BRATSCHI, Peter Joachim (1969). *Die Bedeutung der Verfassungsinitiative in der Sozialgesetzgebung der Schweiz.* Univ. Diss. Bern: Herbert Lang & Cie AG.

BRECHBÜHL, Jürg (1995). *Die 10. AHV-Revision - ein neuer Weg zur Gleichberechtigung von Frauen und Männern in der schweizerischen Alters-, Hinterlassenen- und Invalidenversicherung.* Manuskript zum ExpertInnen-Forum „Eigenständige ökonomische Absicherung für Frauen im Alter". Wien, August 1995.

BRECHBÜHL, Jürg (1996). „Die Rechtsstellung von Asylsuchenden und Flüchtlingen in den schweizerischen Sozialversicherungen", in: *Soziale Sicherheit* 4: 143-148.

BRÜHWILER, Jürg (1992). „Arbeits- und sozialversicherungsrechtliche Absicherung der Teilzeitarbeit", in: *Schweizerische Zeitschrift für Sozialversicherung und berufliche Vorsorge* 36: 76-85.

BRUNETTI, Aymo/Thomas STRAUBHAAR (1996). „Direkte Demokratie - „bessere" Demokratie? Was lehrt uns das Schweizer Beispiel?" In: *Zeitschrift für Politikwissenschaft* 6: 7-26.

BRUNETTI, Aymo (1996). „Der 'Status-Quo-Bias' und die bremsende Wirkung des fakultativen Referendums", in: Silvio BORNER/Hans RENTSCH (Hrsg.)(1996). *Wieviel direkte Demokratie verträgt die Schweiz?* Chur/Zürich: Rüegger: 167-181.

BSV (=Bundesamt für Sozialversicherung)(1988). *Geschichte, Aufgaben und Organisation des Bundesamtes für Sozialversicherung.* Sonderdruck aus der Zeitschrift für Ausgleichskassen (ZAK) 1988, Nr 7/8 und 9. Bern.

BSV (1995a). *Zahlenspiegel der Sozialen Sicherheit der Schweiz. 1995.* Bern.

BSV (1995b). *Bericht des Eidgenössischen Departementes des Innern zur heutigen Ausgestaltung und Weiterent-wicklung der schweizerischen 3-Säulen-Konzeption der Alters-, Hinterlassenen- und Invalidenvorsorge.* Oktober 1995. Bern.

BSV (1995c). *Literaturrecherche: Modelle zu einem garantierten Mindesteinkommen.* Forschungsbericht Nr.2/95. Bern.

BSV (1995d). *Verhütung und Bekämpfung der Armut: Möglichkeiten und Grenzen staatlicher Maßnahmen.* Forschungsbericht Nr.3/95. Bern.

BSV (1997a). *Übersicht über die soziale Sicherheit der Schweiz.* Ms., Bern.

BSV (1997b). *Arten und Ansätze der Familienzulagen.* Bern.

BUNDESKANZLEI (Hrsg.). *Bundesverfassung der Schweizerischen Eidgenossenschaft.* Bern.

BÜTSCHI, Danielle/Sandro CATTACIN (1993). „The Third Sector in Switzerland: The Transformation of the Subsidiarity Principle", in: *West European Politics* 16: 362-79.

CASMIR, Bernd (1989). *Staatliche Rentensysteme im internationalen Vergleich.* Frankfurt/Bern/New York/Paris: Lang.

CASTLES, Francis (1994). „On Religion and Public Policy: Does Catholicism Make a Difference?", in: *European Journal of Political Research* 25: 19-40.

CASTLES, Francis G. (1995). „Welfare State Development in Southern Europe", in: *West European Politics* 18: 291-313.

CASTLES, Francis G. (Hrsg.)(1982). *The Impact of Parties. Politics and Policies in Democratic Capitalist State.* London: Sage.

CASTLES, Francis G. (Hrsg.)(1993). *Families of Nations.* Aldershot: Dartmouth.

CASTLES, Francis G. (1998). *Comparative Public Policy: Patterns of Post-war Transformation.* Ms, forthcoming.

CASTLES, Francis/Deborah Mitchell (1993). „Worlds of Welfare and Family of Nations", in: Francis G. CASTLES, (Hrsg.)(1993). *Families of Nations.* Aldershot: Dartmouth: 93-128.

CATTACIN, Sandro (1996). „Die Transformation des Schweizer Sozialstaates. Überlegungen zu seiner Entwicklungslogik", in: *Schweizerische Zeitschrift für Politische Wissenschaft* 2: 89-102.

COCHRANE,. Allan (1993). „Comparative Approaches and Social Policy" in: COCHRANE, Allan/John CLARK (Hrsg.): *Comparing Welfare States. Britain in International Context.* London: Sage: 1-18.

COLOMER, Josep M. (1996). „Introduction" in ders. (Hrsg.): *Political Institutions in Western Europe.* London/New York: Routledge: 1-17.

COULLERY, Pascal (1993). *Das Recht auf Sozialhilfe.* Bern/Stuttgart/Wien: Haupt.

COULLERY, Pascal (1995). „Diskussionsentwurf für ein eidgenössisches Sozialhilferahmengesetz", in: *Schweizerische Zeitschrift für Sozialversicherung und berufliche Vorsorge* 39: 336-363.

COUSINS, Mel (1997). „Ireland's Place in the Worlds of Welfare Capitalism", in: *Journal of European Social Policy* 7: 223-235.

CREPAZ, Markus M.L. (1996). „Consensus versus Majoritarian Democracy. Political Institutions and Their Impact on Macroeconomic Performance and Industrial Disputes", in: *Comparative Political Studies* 29: 4-26.

CUTRIGHT, Philip (1965). Political Structure, Economic Development and National Social Security Programs", in: *American Journal of Sociology* 70: 539-555.

CZADA, Roland/Manfred G. SCHMIDT (Hrsg.)(1993). *Verhandlungsdemokratie, Interessensvertretung und Regierbarkeit.* Opladen: Westdeutscher Verlag

CZADA, Roland (1998). „Neuere Entwicklungen der Politikfeldanalyse", in: Ulrich von ALEMANN/Roland CZADA: *Kongreßbeiträge zur Politischen Soziologie, Politischen Ökonomie und Politikfeldanalyse.* Polis Nr. 39/1998. FernUniversität Hagen: 47-65.

DALY, Mary (1997). „Welfare States Under Pressure: Cash Benefits in European Welfare States Over the Last Ten Years", in: *Journal of European Social Policy* 7: 129-146.

DÄHLER, Emil (1976). *Die Sozialpolitik der Internationalen Arbeitsorganisation und ihr Einfluß auf die Sozialgesetzgebung in der Schweiz.* Univ. Diss. St. Gallen: Kolb.

DE NICOLO, Marco (1962). *Die Sozialpolitik des Schweizerischen Gewerkschaftsbundes (1880-1960).* Winterthur: P.G. Keller.

DEGEN, Bernard (1993). *Sozialdemokratie: Gegenmacht? Opposition? Bundesratspartei? Die Geschichte der Regierungsbeteiligung der schweizerischen Sozialdemokraten.* Zürich: Orell Füssli.

DEMME, Kurt (1904). *Die humanitären und gemeinnützigen Bestrebungen und Anstalten im Kanton Bern.* Bern: Neukomm & Zimmermann.

DEUTSCH, Karl W. (1976). *Die Schweiz als ein paradigmatischer Fall politischer Integration.* Bern: Haupt.

DOBBERNACK, W. (1964). „Die soziale Sicherheit in der Schweiz", in: *Zeitschrift für Sozialreform* 10: 411-421.

DOMMER, Hermann (1988). „Das Kassenwesen von fünf ausgewählten Gewerkschaften", in: Andreas BALTHASAR/Erich GRUNER/Hans HIRTER (Hrsg.): *Arbeiterschaft und Wirtschaft in der Schweiz 1880-1914.* Bd. II/1: Zürich: Chronos: 1299-1338.

DRASS, Kriss A. (1992). *Qualitative Comparative Analysis.* Center of Urban Affairs and Policy Research. Northwestern University.

EARDLEY, Tony et al. (1996). *Social Assistance in OECD Countries.* Two Volumes. Department of Social Security Research Report No. 47. London: HMSO.

EBERHARD-INGOLD, Peter (1996). „Vermitteln internationale Vergleiche der Sozialen Sicherung ein wirklichkeitsgetreues Bild?" In: *Soziale Sicherheit* 4: 268-272.

EIDG. KOMMISSION FÜR FRAUENFRAGEN (Hrsg.) (1995). *Viel erreicht - wenig verändert? Zur Situation der Frauen in der Schweiz.* Bern.

EIDG. STEUERVERWALTUNG (1996). *Die Steuern von Bund, Kantonen und Gemeinden.* Bern.

ENGLER, Hermann (1997). *Arbeitslosenversicherung. Bundesgesetz und Verordnung.* Herausgegeben vom KIGA Aargau. Aarau.

ERNI, Tony (1980). *Die Entwicklung des schweizerischen Kranken- und Unfallversicherungswesens.* Freiburg: Universitätsverlag Freiburg.

ERWEITERTE KOMMISSION FÜR SOZIALPOLITIK UND ARBEITNEHMERFRAGEN (1990). *Sozialstaat Schweiz.* Schriftenreihe der Schweizerischen Volkspartei (SVP) Nr. 11. Bern.

ESPING-ANDERSEN, Gösta (1990). *The Three Worlds of Welfare Capitalism.* Cambridge: Polity Press.

ESPING-ANDERSEN, Gösta (1997). „Hybrid or Unique? The Japanese Welfare State Between Europe and America", in: *Journal of European Social Policy* 7: 179-189.

ESPING-ANDERSEN, Gösta (Hrsg.)(1996). *Welfare States in Transition. National Adaptions in Global Economies.* London/Thousands Oaks/New Delhi: Sage.

FEHLMANN, Maja et al. (1987). *Handbuch Sozialwesen Schweiz.* Zürich: Verlag Pro Juventute.

FERRERA, Maurizo (1996). „The 'Southern' Model' of Welfare in Social Europe", in: *Journal of European Social Policy* 6: 17-37.

FLESSENKÄMPER, Anita (1997). „50 Jahre AHV aus der Frauenperspektive", in: *Soziale Sicherheit* 5: 317-320.

FLORA, Peter (1986a). „Introduction", in: ders. (Hrsg.): *Growth to Limits.* Vol.1. Berlin/New York: de Gruyter: XI-XXXVI.

FLORA, Peter (1986b). „Wachstum zu Grenzen - Stabilisierung durch Wandel. Zur historischen Lage der entwickelten Wohlfahrtsstaaten Westeuropas", in: Max KAASE (Hrsg.): *Politische Wissenschaft und politische Ordnung.* Opladen: Westdeutscher Verlag: 27-39.

FLORA, Peter et al. (1987). *State, Economy and Society in Western Europe 1815-1975. A Data Handbook in Two Volumes.* Frankfurt/New York: Campus.

FLORA, Peter/Arnold J. HEIDENHEIMER (Hrsg.)(1990)[1981]. *The Development of the Welfare State in Europe and America.* Washington D.C.

FLORA, Peter/Jens ALBER/Jürgen KOHL (1977). „Zur Entwicklung der westeuropäischen Wohlfahrtsstaaten", in: *Politische Vierteljahresschrift* 18: 702-772.

FRAGNIÉRE, Jean-Pierre/Gioa CHRISTEN/Bettina KAHIL-WOLFF (1993). *Wegleitung durch die Institutionen der sozialen Sicherheit in der Schweiz.* Bern/Stuttgart/Wien: Haupt.

FRAGNIÈRE, Jean-Pierre/Jürg H. Sommer/Antonin WAGNER (1994)(Hrsg.). *Sozialhilfe - Aide Sociale.* Bulletin No. 5, NFP 29. Lausanne.

FRENKEL, Max (1986). „Interkantonale Institutionen und Politikbereiche", in: Raimund E. GERMANN/Ernest WEIBEL (Hrsg.): *Handbuch Politisches System der Schweiz.* Bd. 3. Bern/Stuttgart/Wien: 323-342.

FREY, Bruno S./Iris BOHNET (1993). „Democracy by Competition: Referenda and Federalism in Switzerland", in: *Publius: The Journal of Federalism* 23: 71-81.

FREY, Bruno S. (1996). „Neubelebung: Direkte Demokratie und dynamischer Föderalismus", in: Silvio BORNER/Hans RENTSCH (Hrsg.)(1996). *Wieviel direkte Demokratie verträgt die Schweiz?* Chur/Zürich: Rüegger: 183-203.

FÜGLISTALER, Peter (1992). *Sozialpolitische Maßnahmen im Kampf gegen die Armut.* Univ. Diss. Bern/Stuttgart/Wien: Haupt.

FÜGLISTALER, Peter/Maurice PEDERGNANA (1993). *Wege zu einer sozialen Schweiz. Schweizerische Sozialpolitik nach dem Jahr 2000.* Zürich: Orell Füssli.

FÜGLISTALER-WASMER, Peter/Maurice PEDERGNANA-FEHR (1996). *Vision einer sozialen Schweiz.* Bern/Stuttgart/Wien: Haupt.

GERMANN, Raimund E. (1986). „Die Beziehungen zwischen Bund und Kantonen im Verwaltungsbereich, in: Raimund E. GERMANN/Ernest WEIBEL (Hrsg.): *Handbuch Politisches System der Schweiz.* Bd. 3. Bern/Stuttgart/Wien: 343-369.

GERMANN, Raimund E. (1994). *Staatsreform. Der Übergang zur Konkurrenzdemokratie.* Bern/Stuttgart/Wien: Haupt.

GILLIAND, Pierre (1993). „Politique sociale", in: Gerhard SCHMID (Hrsg.): *Handbuch Politisches System der Schweiz.* Bd. 4. Bern/Stuttgart/Wien: Haupt: 109-223.

GILLIAND, Pierre/Stephane ROSSINI (1995). *Le budget sociale de la Suisse.* Lausanne: réalités sociales.

GILLIAND, Pierre/Stephane ROSSINI (1997). *La protection sociale en Suisse. Recettes et dépenses, 1948-1997. Comparaisons avec les pays de l'Union Européene.* Lausanne: réalités sociales.

GÖHLER, Gerhard (1987). *Grundfragen der Theorie politischer Institutionen. Forschungsstand-Probleme-Perspektiven.* Opladen: Westdeutscher Verlag.

GOODIN, Robert E. (Hrsg.)(1996). *The Theory of Institutional Design.* Cambridge: Cambridge University Press.

GRUNER, Erich (1964). „100 Jahre Wirtschaftspolitik. Etappen des Interventionismus in der Schweiz", in: *Schweizerische Zeitschrift für Volkswirtschaft und Statistik* 100: 35-70.

GRUNER, Erich (1977). *Die Parteien in der Schweiz.* 2. Auflage. Bern: Francke.

HARTMANN, Jürgen (1971). *Föderalismus und Subsidiarität in der schweizerischen Sozialpolitik.* Univ. Diss. Winterthur: Verlag Hans Schellenberg.

HAUSMANN, Karl Eduard (1969). *Die Armenpflege in der Helvetik.* Basel/Stuttgart: Helbling & Lichtenhahn.

HAYEK von, Friedrich A. (1945). „The Use of Knowledge in Society", in: *American Economic Review* 95: 519-530.

HAYEK von, Friedrich A. (1991). *Die Verfassung der Freiheit.* Tübingen: J.C.B. Mohr (Paul Siebeck).

HEAD, Anne-Liese/Brigitte SCHNEGG (Hrsg.) (1989). *Armut in der Schweiz (17-20 Jh.).* Zürich: Chronos.

HECLO, Hugh (1974). *Modern Social Politics in Britain and Sweden.* New Haven/London: Yale University Press.

HEGER, Matthias (1990). *Deutscher Bundesrat und Schweizer Ständerat. Gedanken zu ihrer Entstehung, ihrem aktuellen Erscheinungsbild und ihrer Rechtfertigung.* Berlin: Duncker & Humblot.

HEIDENHEIMER, Arnold J. (1993). „External and Domestic Determinants of Education Expansion: How Germany, Japan and Switzerland Have Varied", in: *Governance* 6: 194-219.

HEMERIJCK, Anton/Wieger BAKKER (1995). „A Pendulum Swing in Conceptions of the Welfare State" in: Brigitte UNGER/Frans van WAARDEN (Hrsg.): *Convergence or Diversity? Internationalization and Economic Policy Response.* Aldershot u.a.: Avebury: 144-181.

HERTIG, Hans Peter (1984). „Volksabstimmungen", in: Ulrich KLÖTI (Hrsg.): *Handbuch Politisches System der Schweiz.* Bd. 2. Bern/Stuttgart: 247-274.

HERZIG, Michael (1995). „Familienpolitik in der Schweiz", in: *Soziale Sicherheit* 3: 180-186.

HETTLAGE, Robert (1993). „Soziale Sicherheit als Ausdruck der Gesellschaftsstruktur. Das Beispiel Schweiz", in: Günther LOTTES (Hrsg.): *Soziale Sicherheit in Europa. Renten- und Sozialversicherungssysteme im Vergleich.* Heidelberg/Regensburg: Physika: 135-149.

HIBBS, Douglas A. (1977). „Political Parties and Macroeconomic Policy" in: *American Political Science Review* 71: 1467-1487.

HICKS, Alexander M. /Duan H. SWANK, (1992). „Politics, Institutions, and Welfare Spending in Industrialized Democracies", in: *American Political Science Review* 86: 658-674.

HICKS, Alexander/Joya MISRA (1993). „Political Ressources and the Expansion of Welfare Efforts", in: *American Journal of Sociology* 99: 668-710.

HICKS, Alexander/Joya MISRA/Tang Nah NG (1995). „The Programmatic Emergence of the Social Security State", in: *American Sociological Review* 60: 329-349.

HIRTER, Hans (1997). „Die schweizerische Eidgenossenschaft", in: Peter GERLICH (Hrsg.): *Österreichs Nachbarstaaten. Innen- und außenpolitische Perspektiven.* Wien: Signum: 47-77.

HOFER, Bruno (1987). „Die Volksinitiative als Verhandlungspfand", in: *Schweizerisches Jahrbuch für Politische Wissenschaft* 17: 207-236.

HÖPFLINGER, Francois (1984). „Verbände", in: Ulrich KLÖTI (Hrsg.): *Handbuch Politisches System der Schweiz.* Bd. 2. Bern/Stuttgart: Haupt: 163-86.

HÖPFLINGER, Francois/Kurt WYSS (1993). „Vollzugsprobleme der öffentlichen Sozialhilfe. Grenzen des Föderalismus im Bereich der wirtschaftlichen Existenzsicherung", in: *Schweizerisches Jahrbuch für Politische Wissenschaft* 33. Bern/Stuttgart/Wien: Haupt: 113-142

HÖPFLINGER, Francois/Kurt WYSS (1994). *Am Rande des Sozialstaates. Formen und Funktionen öffentlicher Sozialhilfe im Vergleich.* Bern/Stuttgart/Wien.

HOTZ, Cora/Valérie HUGENTOBLER/Frédéric RADEFF (1995). „Kantonale Sozialhilfe- und Fürsorgeleistungen im Überblick", in: *Soziale Sicherheit* 3: 219-225.

HUBER, Evelyne/Charles C. RAGIN/John D. STEPHENS (1993). „Social Democracy, Christian Democracy, Constitutional Structure, and the Welfare State", in: *American Journal of Sociology* 99: 711-749.

HUBER, John/Ronald INGLEHART (1995). „Expert Interpretations of Party Space and Party Locations in 42 Societies", in: *Party Politics* 1: 73-111.

HUGHES, Christopher (1962). *The Parliament in Switzerland.* London: Cassell & Company Ltd.

ILO (=International Labor Office). *The Cost of Social Security.* Several Issues. Geneva.

IMMERGUT, Ellen M. (1992a). *Health Politics and Institutions in Western Europe.* New York: Cambridge University Press.

IMMERGUT, Ellen M. (1992b). „The Rules of the Game: The Logic of Health Policy-making in France, Switzerland and Sweden", in: Sven STEINMO/Kathleen THELEN/Frank LONGSTRETH (Hrsg.). *Structuring Politics. Historical Institutionalism in Comparative Aanalysis.* Cambridge: Cambridge University Press: 57-89.

IMMERGUT, Ellen M. (1998) „The Theoretical Core of the New Institutionalism", in: *Politics & Society* 26: 5-34.

INTERKANTONALE KOMMISSION FÜR STEUERAUFKLÄRUNG (1996). *Das schweizerische Steuersystem.* Bern.

JAGGI, Maia (1997). „Auf dem weiten Weg zur Mutterschaftsversicherung ist ein wichtiger Schritt getan: Der Bundesrat hat Gesetzesentwurf und Botschaft verabschiedet“, in: *Soziale Sicherheit* 5: 182-186.

JANOSKI, Thomas/Alexander M. HICKS (Hrsg.)(1994). *The Comparative Political Economy of the Welfare State.* Cambridge: Cambridge University Press.

KANGAS, Olli (1994). „ The Politics of Social Security: On Regressions, Qualitative Comparisons, and Cluster Analysis“, in: Thomas JANOSKI/Alexander M. HICKS (Hrsg.): *The Comparative Political Economy of the Welfare State.* Cambridge: Cambridge University Press: 346-364.

KATROUGALOS, George S. (1996). „The South European Welfare Model: The Greek Welfare State in Search of an Identity“, in: *Journal of European Social Policy* 6: 39-60.

KATZENSTEIN, Peter (1985). „Small Nations in an Open International Economy: The Converging Balance of State and Society in Switzerland and Austria“, in: Peter EVANS/ Dietrich RUESCHEMEYER/Theda SKOCPOL (Hrsg.): *Bringing the State Back In.* Cambridge: Cambridge University Press: 227-251.

KATZENSTEIN, Peter J. (1987). *Policy and Politics in West Germany. The Growth of a Semisovereign State.* Philadelphia: Temple University Press.

KAUFMANN, Franz-Xaver (1994). „Diskurse über Staatsaufgaben“, in: Dieter GRIMM (Hrsg.): *Staatsaufgaben.* Baden-Baden: Nomos: 15-41.

KAUFMANN, Franz-Xaver (1997). *Herausforderungen des Sozialstaates.* Frankfurt a. M.: Suhrkamp.

KEMAN, Hans (1996). „Politischer Konsens und Konzertierung: Innenpolitik und die Festlegung politischer Grundsätze in Westeuropa“, in: Wolf LINDER et al (Hrsg.): *Schweizer Eigenart - Eigenartige Schweiz.* Bern/Stuttgart/Wien: Haupt: 85-107.

KEMAN, Hans/Paul PENNINGS (1995). „Managing Political and Societal Conflict in Democracies: Do Consensus and Corporatism Matter? in: *British Journal of Political Science* 25: 271-281.

KEMENY, Jim (1995). „Theories of Power in the Three World of Welfare Capitalism“, in: *Journal of European Social Policy* 5: 87-96.

KERR, Henry H. (1987). „The Swiss Party System: Steadfast and Changing“, in: Hans DAALDER (Hrsg.): *Party Systems in Denmark, Austria, Switzerland, The Netherlands, Belgium.* London: Printer: 105-192.

KERSBERGEN van, Kees (1995). *Social Capitalism. A Study of Christian Democracy and the Welfare State.* London/New York: Routledge.

KIESER, Ueli (1995). „Streifzug durch das Familienzulagenrecht“, in: *Schweizerische Zeitschrift für Sozialversicherung und berufliche Vorsorge* 39: 276-294.

KIRCHGÄSSNER, Gebhard/Werner W. POMMEREHNE (1994). „Die Entwicklung der öffentlichen Finanzen in föderativen Systemen. Die Beispiele der Bundesrepublik Deutschland und der Schweiz“, in: Dieter GRIMM (Hrsg.): *Staatsaufgaben.* Baden-Baden: Nomos: 149-176.

KITTEL, Bernhard (1997). *Disorganisation of Labour Relation: Conceptual Issues and Comparative Evidence.* Paper presented at the Third Regional Conference of the Central European Political Science Associations, Bled, Slovenia: 22-23 November 1996.

KITTEL, Bernhard (1998). „Sense and Sensitiveness in Pooled Analysis of Political Data“, in: *European Journal of Political Research,* forthcoming.

KNOEPFEL, Peter/Ingrid KISSLING-NÄF (1992). „Politikflexibilität dank zentralstaatlichem Immobilismus? Handlungsspielräume kantonaler Vollzugspolitiken im schweizerischen politisch-administrativen System“, in: Heidrun ABROMEIT/Werner W. POMMEREHNE (Hrsg.): *Staatstätigkeit in der Schweiz.* Bern/Stuttgart/Wien: Haupt: 43-69.

KOBACH, Kris W. (1993). *The Referendum: Direct Democracy in Switzerland.* Aldershot: Dartmouth.

KOHL, Jürgen (1985). *Staatsausgaben in Westeuropa.* Frankfurt/New York: Campus.

KOELBE, Thomas A. (1995). „The New Institutionalism in Political Science and Sociology“, in: *Comparative Politics* 37: 231-243.

KOHL, Jürgen (1988). „Alterssicherung in Westeuropa: Strukturen und Wirkungen“, in: Manfred G. Schmidt (Hrsg.): *Staatstätigkeit. International und historisch vergleichende Analysen.* (PVS-Sonderheft 19). Opladen: Westdeutscher Verlag: 221-250.

KOHL, Jürgen (1993). „Der Wohlfahrtsstaat in vergleichender Perspektive. Anmerkungen zu Esping-Andersen's 'The Three Worlds of Welfare Capitalism'“, in: *Zeitschrift für Sozialreform* 39: 67-82.

KOHL, Jürgen (1995). „Strukturreform der Alterssicherung. Sozialpolitische Folgerungen aus einer international vergleichenden Analyse“, in: Heinz SAHNER/Stefan SCHWENDTNER (Hrsg.): *Gesellschaften im Umbruch.* 27. Kongreß der Deutschen Gesellschaft für Soziologie. Kongreßband II, Opladen: Westdeutscher Verlag: 470-477.

KOLBERG, Jon Eivind (Hrsg.)(1992). *The Study of Welfare State Regime.* Armonk/New York/London: M.E. Sharpe, Inc.

KORPI, Walter (1980). „Social Policy and Distributional Conflict in the Capitalist Democracies. A Preliminary Comparative Framework“, in: *West European Politics* 3: 296-316.

KRASNER, Stephen D. (1984). „Approaches to the State. Alternative Conceptions and Historical Dynamics“, in: *Comparative Politics* 17: 223-246.

KREIS, Georg (1996). „Eidgenössische Solidarität in Geschichte und Gegenwart“, in: Wolf LINDER et al (Hrsg.): *Schweizer Eigenart - Eigenartige Schweiz.* Bern/Stuttgart/Wien: Haupt: 109-127.

KRIESI, Hanspeter (1980). *Entscheidungsstrukturen und Entscheidungsprozesse in der Schweizer Politik.* Frankfurt/New York: Campus.

KRUMBIEGEL, Kurt (1913). *Die schweizerische Sozialversicherung insbesondere das Kranken- und Unfallversicherungsgesetz vom 13. Juni 1911 verglichen mit der entsprechenden deutschen Gesetzgebung.* Jena: Gustav Fischer.

LANE, Jan-Erik/David McKAY/Kenneth NEWTON (1991). *Political Data Handbook OECD Countries.* Oxford: Oxford University Press.

LANE, Jan-Erik/Svante ERSSON (1997). „The Institutions of Konkordanz and Corporatism: How Closely are They Connected?“, in: *Swiss Political Science Review* 3: 5-29.

LANGAN, Mary/Ilona OSTNER (1991). „Geschlechterpolitik im Wohlfahrtsstaat: Aspekte im internationalem Vergleich“, in: *Kritische Justiz* 3: 302-317.

LEHMBRUCH, Gerhard (1967). *Proporzdemokratie. Politisches System und politische Kultur in der Schweiz und in Österreich.* Tübingen: J.C.B. Mohr (P. Siebeck).

LEHMBRUCH, Gerhard (1993). „Consociational Democracy and Corporatism in Switzerland“, in: *Publius: The Journal of Federalism* 23: 43-60.

LEHMBRUCH, Gerhard (1996). „Die korporative Verhandlungsdemokratie in Westmitteleuropa“, in: Klaus ARMINGEON/Pascal SCIARINI (Hrsg.): *Deutschland, Österreich und die Schweiz im Vergleich.* Zürich: Seismo: 19-41.

LEIBFRIED, Stefan/Paul PIERSON (1995). *European Social Policy. Between Fragmentation and Integration.* Washington D.C: The Brookings Institution.

LEIBFRIED, Stephan (1992). „Towards a European Welfare State“, in: Zsuzsa FERGE/Jon Eivind KOLBERG (Hrsg.): *Social Policy in a Changing Europe.* Frankfurt/New York: Campus: 245-279.

LEITNER, Sigrid (1997). „Die strukturelle Verfestigung des Geschlechterverhältnis durch den Wohlfahrtsstaat“, in: *Österreichische Zeitschrift für Politikwissenschaft* 26: 141-147.

LEITNER, Sigrid/Herbert OBINGER (1996). „Feminisierung der Armut im Wohlfahrtsstaat. Eine strukturelle Analyse weiblicher Armut im schweizerischen und österreichischen Alterssicherungssystem“ in: Klaus ARMINGEON/Pascal SCIARINI (Hrsg.): *Deutschland, Österreich und die Schweiz im Vergleich.* Zürich: Seismo: 189-221.

LESSENICH, Stephan (1995). *Wohlfahrtsstaat, Arbeitsmarkt und Sozialpolitik in Spanien*. Opladen: Leske+Budrich.

LESSENICH, Stephan/Ilona OSTNER (Hrsg.)(1998). *Welten des Wohlfahrtskapitalismus*. Frankfurt/New York: Campus.

LEWIS, Jane (1992). „Gender and the Development of Welfare Regimes", in: *Journal of European Social Policy* 2: 159-173.

LIJPHART, Arend (1971). „Comparative Politics and the Comparative Method", in: *American Political Science Review* 65: 682-693.

LIJPHART, Arend (1984). Democracies. New Haven/London: Yale University Press.

LIJPHART, Arend/Markus M.L. CREPAZ (1991). „Corporatism and Consensus Democracy in Eighteen Countries: Conceptual and Empirical Linkages", in: *British Journal of Political Science* 21: 235-256.

LINDER, Willy (1987). „Die Schweiz - eine (wirtschaftliche) Insel der Seligen? Einige Bemerkungen zu einem Mißverständnis", in: *Europäische Rundschau* 15: 3-15.

LINDER, Wolf (1984). „Entwicklung, Strukturen und Funktionen des Wirtschafts- und Sozialstaats in der Schweiz", in Alois RIKLIN (Hrsg.): Handbuch politisches System der Schweiz, Bd.1, Bern/Stuttgart: Haupt: 255-382.

LINDER, Wolf (1987). *Politische Entscheidung und Gesetzesvollzug in der Schweiz*. Bern/Stuttgart: Haupt.

LINDER, Wolf (1992). „Staatshandeln zwischen Akzeptanz und Blockade: Wie prägend ist das Volk?", in: Heidrun ABROMEIT/Werner W. POMMEREHNE (Hrsg.): *Staatstätigkeit in der Schweiz*. Bern/Stuttgart/Wien: Haupt: 121-155.

LINDER, Wolf (1994). *Swiss Democracy. Possible Solutions to Conflict in Multiculturals Societies*. Houndsmills: Macmillan Press.

LINDER, Wolf (1996). „Schweizerischer und europäischer Föderalismus - Gemeinsamkeiten und Unterschiede", in: Wolf LINDER et al (Hrsg.): *Schweizer Eigenart - Eigenartige Schweiz*. Bern/Stuttgart/Wien: Haupt: 181-197.

LINDER, Wolf (1997). „Das politische System der Schweiz", in: Wolfgang ISMAYR (Hrsg.): *Die politischen Systeme Westeuropas*. Opladen: Leske+Budrich: 445-477.

LUTHARDT, Wolfgang (1994). *Direkte Demokratie. Ein Vergleich in Westeuropa*. Baden-Baden: Nomos.

MACKIE, Thomas T./Richard Rose (1991). *The International Almanac of Electoral History*. Houndsmills. Macmillan.

MADDISON, Angus (1995). *Monitoring the World Economy, 1820-1992*. OECD Development Centre Studies. Paris.

MÄDER, Anne/Ursula NEFF (1990). *Vom Bittgang zum Recht. Zur Garantie des sozialen Existenzminimums in der schweizerischen Fürsorge*. Bern/Sutttgart: Haupt.

MARCH, James G./Johan P. OLSEN (1989). *Rediscovering Institutions. The Organizational Basis of Politics*. New York: The Free Press.

MARCH, James G./Johan P. OLSEN (1996). „Institutional Perspectives on Political Institutions", in: *Governance* 9: 247-264.

MAURER, Alfred (1980). „Länderbericht Schweiz", in: Peter A. KÖHLER/Hans F. ZACHER (Hrsg.): *Ein Jahrhundert Sozialversicherung in der Bundesrepublik Deutschland, Frankreich, Großbritannien, Österreich und der Schweiz*. Berlin: Duncker & Humblot: 731-833.

MAURER, Alfred (1993). *Bundessozialversicherungsrecht*. Basel: Helbing & Lichtenhain.

MAYNTZ, Renate (1993). „Policy-Netzwerke und die Logik von Verhandlungssystemen", in: Adrienne HERITIÈR (Hrsg.): *Policy-Analyse. Kritik und Neuorientierung*. PVS-Sonderheft 24. Opladen: Westdeutscher Verlag: 39-56.

MAYNTZ, Renate/Fritz W. SCHARPF (1995). „Der Ansatz des akteurszentrierten Institutionalismus“, in: Renate MAYNTZ/Fritz W. SCHARPF (Hrsg.): *Gesellschaftliche Selbstregelung und politische Steuerung*. Frankfurt/New York: Campus: 39-72.

McLAUGHLIN, Eugene (1993). „Ireland: Catholic Corporatism“, in: Allan COCHRANE/John CLARKE (Hrsg.): *Comparing Welfare States*. London: Sage: 205-237.

MESERE, K.C. (1993). *Tax Policy in OECD Countries. Choices and Conflicts*. Amsterdam: IBFD Publications BV.

MISHRA, Ramesh (1990). *The Welfare State in Capitalist Society. Policies of Retrenchment and Maintenance in Europe, North America and Australia*. Toronto/Buffalo: University of Toronto Press.

MÖCKLI, Silvano (1985). „Sozialstaat“ in: ders.: *Politische Ideen in der Schweiz. Versuch einer wissenssoziologischen Analyse*. Univ. Diss. Entlebuch: Huber: 217-248.

MÖCKLI, Silvano (1988). *Der schweizerische Sozialstaat*. Bern/Stuttgart/Wien: Haupt.

MÖCKLI, Silvano (1994). *Direkte Demokratie. Ein Vergleich der Einrichtungen und Verfahren in der Schweiz und Kalifornien, unter Berücksichtigung von Frankreich, Italien, Dänemark, Irland, Österreich und Australien*. Bern/Stuttgart/Wien: Haupt.

MÖCKLI, Silvano (1995). *Funktionen und Dysfunktionen der direkten Demokratie*. Ms., Institut für Politikwissenschaft. Hochschule St.Gallen. St. Gallen.

MOSER, Markus (1994). „Das neue Krankenversicherungsgesetz - eine Gesamtbeurteilung“, in: *Soziale Sicherheit* 2: 156-161.

MÜLLER, Stefan/Peter EBERHARD (1997). „Schweizerische Sozialversicherungsstatistik“, in: *Soziale Sicherheit* 5: 286-288.

MYLES, John/Paul PIERSON (1997). „Friedman's Revenge: The Reform of 'Liberal' Welfare States in Canada and the United States“, in: *Politics & Society* 25:443-472.

NAEF, Hans (1987). „Teilzeitarbeit und Sozialversicherung“, in: *Schweizerische Zeitschrift für Sozialversicherung und berufliche Vorsorge* 31: 132-145.

NAEF, Hans (1991). „Schweiz“, in: Hans F. ZACHER (Hrsg.): *Alterssicherung im Rechtsvergleich*. Baden-Baden: Nomos: 407-427.

NASSMACHER, Hiltrud (1991). *Vergleichende Politikforschung. Eine Einführung in ihre Probleme und Methoden*. Opladen: Westdeutscher Verlag.

NEIDHART, Leonhard (1970). *Plebiszit und pluralitäre Demokratie. Eine Analyse der Funktion des schweizerischen Gesetzesreferendums*. Bern: Francke.

NEIDHART, Leonhard. (1975). *Föderalismus in der Schweiz*. Zürich: Benziger.

NOHLEN, Dieter (1994). „Fallstudie“, in: Jürgen KRIZ/Dieter NOHLEN/Rainer-Olaf SCHULTZE (Hrsg.): *Lexikon der Politik. Bd. 2: Politikwissenschaftliche Methoden*. München: C.H. Beck: 128-129.

NÜSSLI, Kurt (1980). *Föderalismus in der Schweiz. Konzepte, Indikatoren, Daten*. Grüsch: Rüegger.

OBINGER, Herbert (1997). „Institutionen und Sozialpolitik. Das Beispiel Schweiz“, in: *Österreichische Zeitschrift für Politikwissenschaft* 26: 149-164.

OBINGER, Herbert (1998a). „Soziale Sicherung in der Schweiz“, in: Emmerich TÀLOS (Hrsg.): *Soziale Sicherung im Wandel. Österreich und seine Nachbarstaaten*. Wien/Köln/Weimar: Böhlau: 31-102.

OBINGER, Herbert (1998b). *National Report Switzerland*. ESF-Projekt „Basic Income in Europe“, Göttingen.

OBINGER, Herbert/Uwe WAGSCHAL (1998). „Drei Welten des Wohlfahrtsstaates? Eine clusteranalytische Überprüfung des Stratifizierungskonzepts bei Esping-Andersen“, in: Stephan LESSENICH/Ilona OSTNER (Hrsg.): *Welten des Wohlfahrtskapitalismus*. Frankfurt/New York: Campus: 109-135.

OCHSNER, Alois/Alois RIKLIN (1984). „Parlament", in: Ulrich KLÖTI (Hrsg.): *Handbuch politisches System der Schweiz*, Bd. 2, Bern/Stuttgart/Wien: Haupt: 77-115.

OECD (1985). *Social Expenditure 1960-1990. Problems of Growth and Control.* Paris.

OECD (1994). *The Reform of Health Care Systems. A Review of Seventeen Countries.* Paris.

OECD (1996a). *Historical Statistics. 1960-1994.* Paris.

OECD (1996b). *National Accounts. Main Aggregates.* Vol 1. 1960-1994. Paris.

OECD (1996c). *Revenue Statistics 1965-1995.* Paris.

OECD (1996d). *Social Policy Expenditure Statistics of OECD Member Countries. Provisional Version. Labour Market and Social Policy Occasional Papers No. 17.* Paris.

OECD (1996e). *Net Public Social Expenditure. Labour Market and Social Policy Occasional Papers No. 19.* Paris.

OECD. *Economic Surveys. Switzerland.* Several Issues. Paris.

OFFE, Claus (1993). „Zur Typologie von sozialpolitischen 'Regimes'", in: *Zeitschrift für Sozialreform* 39: 83-86.

OLSON, Mancur (1968). Die Logik *des kollektiven Handelns. Kollektivgüter und die Ttheorie der Gruppen.* Tübingen: J.C.B. Mohr.

ORLOFF, Ann Shola (1996). *Gender and the Welfare State.* University of Wisconsin, Ms.

OVERBYE, Einar (1994). „Convergence in Policy Outcomes: Social Security Systems in Perspective", in: *Journal of Public Policy* 14 : 147-174.

PARRI, Leonardo (1987a). „Neo-corporatist Arrangements, 'Konkordanz' and Direct Democracy: the Swiss Experience", in: Ilja SCHOLTEN (Hrsg.): *Political Stability and neo-Corporatism.* London: Sage: 70-94.

PARRI, Leonardo (1987b). „Staat und Gewerkschaften in der Schweiz (1873-1981)", in: *Politische Vierteljahresschrift* 28: 35-58.

PENNINGS, Paul (1995). „The Impact of Parties and Unions on Welfare Statism", in: *West European Politics* 18: 1-17.

PETERS, B. Guy (1996). „Political Institutions, Old and New", in: Robert E. GOODIN/Hans-Dieter KLINGEMANN (Hrsg.): *A New Handbook of Political Science.* Oxford: Oxford University Press: 205-220.

PFITZMANN, Hans J. (1995). „Die neue Gesetzgebung der Arbeitslosenversicherung (zweite Teilrevision des AVIG)", in: *Soziale Sicherheit* 3: 271-274.

PFITZMANN, Hans J. (1996). „Die Arbeitslosenversicherung gestern, heute und morgen", in: *Soziale Sicherheit* 4: 254-259.

PIERSON, Christopher (1992). *Beyond the Welfare State?* Cambridge: Cambridge University Press.

PIERSON, Paul (1995a). *Dismantling the Welfare State? Reagan, Thatcher, and the Politics of Retrenchment.* Cambridge: Cambridge University Press.

PIERSON, Paul (1995b). „Fragmented Welfare States: Federal Institutions and the Development of Social Policy", in: *Governance* 8: 449-478.

PIERSON, Paul (1995c). „The Creeping Nationalization of Income Transfers in the United States, 1935-94", in: Stephan LEIBFRIED/Paul PIERSON (Hrsg.): *European Social Policy. Between Fragmentation and Integration.* Washington D.C.: The Brookings Institution: 301-328.

PIERSON, Paul (1996). „The New Politics of the Welfare State", in: *World Politics* 48: 143-179.

PUTTNER, Helmut (1983). *Wohlfahrtsstaat und Föderalismus in der Schweiz. Vom 'kantonalen' zum 'eidgenössischen' Wohlfahrtsstaat ?* Univ. Diss. Bamberg.

RAGIN, Charles C. (1994a). „Introduction to Qualitative Comparative Analysis", in: Thomas JANOSKI/Alexander M. HICKS (Hrsg.): *The Comparative Political Economy of the Welfare State.* Cambridge: Cambridge University Press: 299-319.

RAGIN, Charles C. (1994b). „A Qualitative Comparative Analysis of Pension Systems", in: Thomas JANOSKI/ Alexander M. HICKS (Hrsg.): *The Comparative Political Economy of the Welfare State.* Cambridge: Cambridge University Press: 320-345.

RAPPARD, William E. (1912). „The Initiative and the Referendum in Switzerland", in: *American Political Science Review* 6: 345-366.
RAUCH, Men (1994). *Sozialversicherung in der Schweiz.* Zürich.
REICHESBERG, Numa (1906). *Die Arbeitslosenversicherung in der Schweiz.* Bern: Scheitlin, Spring & Cie.
RIEGER, Elmar (1992). *Institutionalisierung des Wohlfahrtsstaates.* Opladen: Westdeutscher Verlag.
RIEGER, Elmar (1997). „Soziologische Theorie und Sozialpolitik im entwickelten Wohlfahrtsstaat", Zu Esping-Andersens 'Drei Welten des Wohlfahrtskapitalismus'", in: *Mannheimer Zentrum für Europäische Sozialforschung (MZES), Arbeitspapier I/15, Mannheim.*
RIEMER- KAFKA, Gabriele (1991). „Die Gleichstellung von Mann und Frau in der schweizerischen Sozialversicherung", in: *Schweizerische Zeitschrift für Sozialversicherung und berufliche Vorsorge* 35: 291-308.
RIEMER- KAFKA, Gabriele (1996). „Mutterschaftsversicherung - Eine Zangengeburt ?", in: *Schweizerische Zeitschrift für Sozialversicherung und berufliche Vorsorge* 40: 221-233.
RIKLIN, Alois/Silvano MÖCKLI (1984). „Werden und Wandel der schweizerischen Staatsidee", in: Alois RIKLIN (Hrsg.): *Handbuch Politisches System der Schweiz, Bd.1.* Bern/Stuttgart/Wien: 9-118.
RIMLI, Bruno (1951). *Sozialpolitische Ideen der Liberal-Konservativen in der Schweiz (1815-1939).* Zürich: Europa Verlag Zürich.
RIMLINGER, Gaston V. (1971). *Welfare Policy and Industrialization in Europe, America, and Russia.* New York u.a.: John Wiley & Sons.
RITTER, Gerhard (1991). *Der Sozialstaat. Entstehung und Entwicklung im internationalen Vergleich.* München: Oldenbourg.
ROSE, Richard/Philip L. DAVIES (1994). *Inheritance in Public Policy: Change Without Choice in Britain.* New Haven/London: Yale University Press.
ROSSINI, Stéphane (1992). *Les institutions de sécurité sociale en Suisse. Panorama statisique 1915-1990.* Bern.
ROTHSTEIN, Bo (1996). „Political Institutions: An Overview", in: Robert E. GOODIN/Hans-Dieter KLINGEMANN (Hrsg.): *A New Handbook of Political Science.* Oxford: Oxford University Press: 133-166.
RÜEGG, Erwin (1992). „Die 'Milizverwaltung' des Bundes: Politikgestaltung durch Interessenten?", in: Heidrun ABROMEIT/Werner W. POMMEREHNE (Hrsg.): *Staatstätigkeit in der Schweiz.* Bern/Stuttgart/Wien: Haupt: 97-119.
RUTISHAUSER, Hans (1935). *Liberalismus und Sozialpolitik in der Schweiz.* Univ. Diss. Lachen: Gutenberg.
SABATIER, Paul A. (1993). „Advocacy-Koalitionen, Policy-Wandel und Policy-Lernen. Eine Alternative zur Phasenheuristik", in: Adrienne HERITIER (Hrsg.): *Policy-Analyse. Kritik und Neuorientierung.* PVS-Sonderheft 24. Opladen: Westdeutscher Verlag: 116-148.
SAINSBURY, Diane (Hrsg.)(1994). *Gendering Welfare States.* London: Sage.
SAXER, Arnold (1951). „Die Entwicklung der Sozialversicherung in der direkten Demokratie", in: Walter ROHRBECK (Hrsg.): *Aus der Privat- und Sozialversicherung des In- und Auslandes.* Berlin: Duncker & Humblot: 222-251.
SAXER, Arnold (1967). *Die soziale Sicherheit in der Schweiz.* Bern/Stuttgart: Haupt.
SCHARPF, Fritz W. (1976). „Theorie der Politikverflechtung", in: Fritz W. SCHARPF/Bernd REISSERT/Fritz SCHNABEL: *Politikverflechtung: Theorie und Empirie des kooperativen Föderalismus in der Bundesrepublik.* Kronberg/Ts: Skriptor: 13-70.
SCHARPF, Fritz W. (1985). „Die Politikverflechtungsfalle. Europäische Integration und deutscher Föderalismus im Vergleich", in: *Politische Vierteljahresschrift* 26: 323-356.
SCHARPF, Fritz W. (1988). „Von Fug und Unfug institutioneller Erklärungen. Replik zu Josef Schmid", in: *Politische Vierteljahresschrift* 29: 271-275.

SCHARPF, Fritz W. (1991). „Die Handlungsfähigkeit des Staates am Ende des zwanzigsten Jahrhunderts", in: *Politische Vierteljahresschrift* 32: 621-634.
SCHARPF, Fritz W. (1993). „Positive und negative Koordination in Verhandlungssystemen", in: Adrienne HERITIÈR (Hrsg.): *Policy-Analyse. Kritik und Neuorientierung.* PVS-Sonderheft 24. Opladen: Westdeutscher Verlag: 57-83.
SCHARPF, Fritz W. (1997). *Games Real Actors Play. Actor-Centered Institutionalism in Policy Research.* Boulder: Westview Press.
SCHMID, C. A. (1914). *Das gesetzliche Armenwesen in der Schweiz. Das Armenwesen des Bundes, sämtlicher Kantone und der schweizerischen Großstädte.* Zürich: Orell Füssli.
SCHMID, Hans et al. (1992). *Vollbeschäftigungspolitik: Der Wille zum Erfolg.* Bern/Stuttgart/Wien: Haupt.
SCHMID, Josef (1987). „Wo schnappt die Politikverflechtungsfalle eigentlich zu? Kritische Anmerkungen zu einer These von F.W. Scharpf", in: *Politische Vierteljahresschrift* 28: 446-452.
SCHMID, Josef (1996). *Wohlfahrtsstaaten im Vergleich. Soziale Sicherungssysteme in Europa: Organisation, Finanzierung, Leistungen und Probleme.* Opladen: Leske+Budrich.
SCHMIDT, Manfred G. (1982). *Wohlfahrtsstaatliche Politik unter bürgerlichen und sozialdemokratischen Regierungen. Ein internationaler Vergleich.* Frankfurt/New York: Campus.
SCHMIDT, Manfred G. (1985). *Der schweizerische Weg zur Vollbechäftigung. Eine Bilanz der Beschäftigung, der Arbeitslosigkeit und der Arbeitsmarktpolitik.* Frankfurt/New York: Campus.
SCHMIDT, Manfred G. (1988a). *Sozialpolitik.* Opladen: Leske+Budrich.
SCHMIDT, Manfred G. (Hrsg.)(1988b). *Staatstätigkeit. Internationale und historisch vergleichende Analysen.* PVS-Sonderheft 19. Opladen: Westdeutscher Verlag.
SCHMIDT, Manfred G. (1989). „Social Policy in Rich and Poor Countries: Socio-economic Trends and Political-institutional Determinants", in: *European Journal of Political Research* 17: 641-659.
SCHMIDT, Manfred G. (1992). „Vergleichende Policy-Forschung", in: Dirk BERG-SCHLOSSER/Ferdinand MÜLLER-ROMMEL (Hrsg.): *Vergleichende Politikwissenschaft.* Opladen: Leske+Budrich: 197-211.
SCHMIDT, Manfred G. (1993). „Theorien in der international vergleichenden Staatstätigkeitsforschung", in: Adrienne HERITIÈR (Hrsg.): *Policy-Analyse. Kritik und Neuorientierung.* PVS-Sonderheft 24. Opladen: Westdeutscher Verlag: 371-393.
SCHMIDT, Manfred G. (1994). *Politikverflechtung zwischen Bund, Ländern und Gemeinden.* Fernuniversität Hagen.
SCHMIDT, Manfred G. (1995a). „Vollbeschäftigung und Arbeitslosigkeit in der Schweiz. Vom Sonderweg zum 'Normalfall'", in: *Poliltische Vierteljahresschrift* 36: 35-48.
SCHMIDT, Manfred G. (1995b). *Demokratietheorien. Eine Einführung.* Opladen: Leske+Budrich.
SCHMIDT, Manfred G. (1995c). „Vergleichende Politikforschung mit Aggregatdaten: Inwieweit beeinflussen Parteien Regierungspolitik?" in: Ulrich ALEMANN (Hrsg.): *Politikwissenschaftliche Methoden.* Opladen: Westdeutscher Verlag: 327-356.
SCHMIDT, Manfred G. (1996a). „When Parties Matter. A Review of the Possibilities and Limits of Partisan Influence on Public Policy", in: *European Journal of Political Research* 30: 155-183.
SCHMIDT, Manfred G. (1996b). „Staat und Markt in den demokratischen Industrieländern", in: *Spectrum der Wissenschaft* November: 36-44.
SCHMIDT, Manfred G. (1997). „Determinants of Social Expenditure in Liberal Democracies. The Post World War II Experience", in: *Acta Politica* 32: 153-173.
SCHMIDT, Manfred G. (1998a). *Sozialpolitik in Deutschland. Historische Entwicklung und internationaler Vergleich.* Opladen: Leske+Budrich.
SCHMIDT, Manfred G (1998b). *Die Gesundheitsausgaben und die Staatsquote. Befunde des Vergleichs demokratisch verfaßter Länder.* Unveröffentlichtes Manuskript.

SCHNEIDER, Friedrich (1986). „Der Einfluß von Institutionen auf die Sozialpolitik: Eine positive Analyse", in: *Jahrbuch für neue politische Ökonomie*, Bd. 5: 88-102.
SCHNEIDER, Markus et al. (1995). *Gesundheitssysteme im internationalen Vergleich.* Ausgabe 1994. Rieden: Basys.
SCHNYDER, Stefan (1995). „Weiterer Ausbau des Angebots an arbeitsmarktlichen Maßnahmen", in: *Die Volkswirtschaft* 68 (Sonderdruck): 34-36.
SCHULTZE, Rainer-Olaf (1994). „Föderalismus" in: Manfred G. SCHMIDT (Hrsg.): *Lexikon der Politik, Bd. 3: Die westlichen Länder.* München: C.H. Beck: 95-110.
SCHUNTER-KLEEMANN, Susanne (1992). „Europäische Wohlfahrtsstaaten und soziale Sicherung von Frauen. Zur Kritik der Sozialgesetzgebung in der EG und in der Schweiz aus frauenpolitischer Sicht", in: *Widerspruch. Beiträge zur sozialistischen Politik* 12: 8-26.
SCHWARZENBACH-HANHART, Hans Rudolf (1995). *Berufliche Vorsorge in Text und Tafeln.* Zürich: Schulthess Polygraphischer Verlag.
SCHWEINGRUBER, Edwin (1977). *Sozialgesetzgebung der Schweiz. Ein Grundriß.* Zürich: Schulthess Polygraphischer Verlag.
SEGALMAN, Ralph (1986). *The Swiss Way of Welfare. Lessons for the Western World.* New York: Praeger.
SEILER, Walter (1994). „Die Invalidenversicherung im gegenwärtigen wirtschaftlichen Umfeld", in: *Soziale Sicherheit* 2: 108-113.
SENTI, Martin (1994). *Geschlecht als politischer Konflikt.* Bern/Stuttgart/Wien: Haupt.
SENTI, Martin (1997). *Internationale Kooperation und die Entwicklung des Wohlfahrtsstaates: Der Einfluß der Internationalen Arbeitsorganisation auf nationale Wohlfahrtsausgaben.* Arbeitspapier: Institut für Politikwissenschaft, Universität Bern.
SIGG, Oswald (1978). *Die eidgenössischen Volksinitiativen 1892-1939.* Bern: Francke.
SIGG, Oswald (1996). *Die politische Schweiz.* Zürich: Pro Helvetia.
SIGG, Roland (1996). „Neueste Entwicklungen in der Sozialen Sicherheit weltweit - eine Analyse", in: *Soziale Sicherheit* 4: 6-27.
SKOCPOL, Theda (1985). „Bringing the State Back In: Strategies of Analysis in Current Research", in: Peter EVANS/Dietrich RUESCHEMEYER/Theda SKOCPOL (Hrsg.): *Bringing the State Back In.* Cambridge: Cambridge University Press: 3-37.
SKOCPOL, Theda (1995)[1992]. „Understanding the Origins of Modern Social Provision in the United States", in: dies.: *Protecting Soldiers and Mothers. The Political Origins of Social Policy in the United States.* Cambridge: Harvard University Press: 1-62.
SKöF (=Schweizerische Konferenz für öffentliche Fürsorge)(1994). *Sozialhilfe am Scheideweg.* Bern.
SOMMER, Jürg H./Francois HÖPFLINGER (1989). *Wandel der Lebensformen und soziale Sicherheit in der Schweiz. Forschungsstand und Wissenslücken.* Grüsch: Rüegger.
SOMMER, Jürg H. (1978). *Das Ringen um soziale Sicherheit in der Schweiz.* Bern:
SOMMER, Jürg H./Stefan SCHÜTZ (1996). *Wandel der Lebensformen und soziale Sicherheit. Ergebnisse aus dem nationalen Forschungsprogramm Nr 29.* Bern/Stuttgart/Wien: Haupt.
STALDER, Fritz (1996). „Bundesgesetz über die Familienzulagen: Ergebnisse des Vernehmlassungsverfahrens", in: *Soziale Sicherheit* 4: 260-262.
STEINMO, Sven/Kathleen THELEN/Frank LONGSTRETH (Hrsg.). *Structuring Politics. Historical Institutionalism in Comparative Aanalysis.* Cambridge: Cambridge University Press.
STEPHENS, John D. (1979). *The Transition from Capitalism to Socialism.* London: MacMillan.
STÖCKLI, Jakob/Kathrin ZEHNDER (Hrsg.)(1990). *Sozialpaket Schweiz. Die Einrichtungen der sozialen Sicherheit in der Schweiz.* (2. vollst. neubearbeitete Auflage). Bern/Stuttgart/Wien: Haupt.
STURM, Roland (1995). *Politische Wirtschaftslehre.* Opladen: Leske+Budrich.
SUVA (1994). *Unfallstatistik der Arbeitnehmer in der Schweiz 1988-1992.* Luzern.
SVP (1990). *Sozialstaat Schweiz. Schriftenreihe der Schweizerischen Volkspartei (SVP) 11.* Bern.

TÀLOS, Emmerich (Hrsg.)(1998). *Soziale Sicherung im Wandel. Österreich und seine Nachbarn.* Wien/Köln/Weimar: Böhlau.

TÀLOS, Emmerich/Gerda FALKNER (1994). „Sozialpolitik auf dem Rückzug. Tendenzen in westeuropäischen Staaten“ in: *Wirtschaft und Gesellschaft* 20: 247-279.

TAYLOR-GOOBY, Peter (1991). „Welfare State Regimes and Welfare Citizenship“, in: *Journal of European Social Policy* 1: 93-105.

TECKLENBURG, Ueli (1997). „Die neuen kantonalen Sozialhilfe-Modelle: Leistungen und Gegenleistungen“, in: *Soziale Sicherheit* 5: 15-18.

THELEN, Kathleen/Sven STEINMO (1992). „Historical Institutionalism in Comparative Politics“, in: Sven STEINMO/Kathleen THELEN/Frank LONGSTRETH (Hrsg.): *Structuring Politics. Historical Institutionalism in Comparative Aanalysis.* Cambridge: Cambridge University Press: 1-32.

THERBORN, Göran (1995). „Another Way of Taking Religion Seriously. Comment on Francis G. Castles“, in: *European Journal of Political Research* 26: 103-110.

THOMET, Werner (1994). *Kommentar zum Bundesgesetz über die Zuständigkeit für die Unterstützung Bedürftiger (ZUG).* Zürich: Schulthess Polygraphischer Verlag.

TITMUSS, Richard (1974). *Social Policy.* London: Allen & Unwin.

TRUFFER, Leo (1967). „Die schweizerische Altersvorsorge in der Sicht des Christlich-Nationalen Gewerkschaftsbundes“, in: *Schweizerische Zeitschrift für Sozialversicherung und berufliche Vorsorge* 11: 190-197.

TSCHUDI, Hans Peter (1985). „Swiss Social Policy Since 1950“, in: Roger GIROD/Patrick de LAUBIER/Alan GLADSTONE (Hrsg.): *Social Policy in Western Europe and the USA, 1950-1980.* Houndmills u.a: Macmillan: 57-70.

TSCHUDI, Hans Peter (1986). *Die Sozialverfassung der Schweiz.* Bern: Schriftenreihe des Gewerkschaftsbundes.

TSCHUDI, Hans Peter (1987). „Das Drei-Säulen-Prinzip“, in: *Schweizerische Zeitschrift für Sozialversicherung und berufliche Vorsorge* 31: 1-20

TSCHUDI Hans Peter (1989a). *Entstehung und Entwicklung der schweizerischen Sozialversicherungen.* Basel/Frankfurt: Helbing & Lichtenhahn.

TSCHUDI, Hans Peter (1989b). „Der lange Weg zur Mutterschaftsversicherung (eine Zwischenbilanz)“, in: *Schweizerische Zeitschrift für Sozialversicherung und berufliche Vorsorge* 33: 1-12.

TSCHUDI, Hans Peter (1993). „Vier Herausforderungen an unser Sozialversicherungsrecht“, in: *Schweizerische Zeitschrift für Sozialversicherung und berufliche Vorsorge* 37: 4-21.

TSCHUDI, Hans Peter (1994). „Die Stellung der Kantone im Sozialversicherungsrecht“, in: *Schweizerische Zeitschrift für Sozialversicherung und berufliche Vorsorge* 38: 161-177.

TSCHUDI, Hans Peter (1996). *Sozialstaat. Arbeits- und Sozialversicherungsrecht. Schriften aus den Jahren 1983 bis 1995.* Zürich: Schulthess Polygrahischer Verlag.

TSCHÜMPERLIN, Peter (1996). „Sozialhilfe 1990-1995“, in: *Zeitschrift für öffentliche Fürsorge* 93: 84-86.

TSEBELIS, George (1995a). „Decision Making in Political Systems: Veto Players in Presidentialism, Parliamentarism, Multicameralism and Multipartyism“, in: *British Journal of Political Science* 25: 289-325.

TSEBELIS, George (1995b). „Veto Players and Law Production in Parliamentary Democracies“, in: Herbert DÖHRING (Hrsg.): *Parliaments and Majority Rule in Western Europe.* Frankfurt/New York: Campus & St. Martin´s Press: 83-111.

TSEBELIS, George/Björn RASCH (1995). „Patterns of Bicameralism“, in: Herbert DÖHRING (Hrsg.): *Parliaments and Majority Rule in Western Europe.* Frankfurt/New York: Campus & St. Martin´s Press: 365-390.

TUFTE, Edward R. (1978). *Political Control of the Economy,* Princeton: Princton University Press.

UKKOLA, Aino (1998). *Basic Income in Sweden and Finland,* ESF-Projekt „Basic Income in Europe", Manuskript, Göttingen.
UNGER, Heinrich (1901). *Die Arbeiterversicherungen der europäischen Staaten und ihre Deckungsverfahren.* Wien: Verlag der „Finanzielle und Assecuranz-Revue".
USUI, Chikako (1994). „Welfare State Development in a World System Context: Event History Analysis of First Social Insurance Legislation Among 60 Countries, 1880-1960", in: Thomas JANOSKI/Alexander M. HICKS (Hrsg.): *The Comparative Political Economy of the Welfare State.* Cambridge: Cambridge University Press: 254-277.
VATTER, Adrian (1997). „Die Wechselbeziehungen von Konkordanz- und Direktdemokratie", in: *Politische Vierteljahresschrift* 38: 743-770.
VÄISÄNEN, Ilkka (1992). „Conflict and Consensus in Social Policy Development. A Comparative Study of Social Insurance in 18 OECD Countries 1930-85", in: *European Journal of Political Research* 22: 307-327.
VOBRUBA, Georg (1989). *Arbeiten und Essen. Politik and den Grenzen des Arbeitsmarkts.* Wien: sigma.
WAARDEN van, Frans (1993). „Über die Beständigkeit nationaler Politikstile und Politiknetze. Eine Studie zur Genese ihrer institutionellen Verankerung", in: Roland CZADA/Manfred G. SCHMIDT (Hrsg.): *Verhandlungsdemokratie, Interessensvertretung und Regierbarkeit.* Opladen: Westdeutscher Verlag: 191-214.
WÄGER, Franz (1944). *Familie und Alter. Ein konservativer Beitrag zur sozialpolitischen Diskussion.* Heft 3 der Schriftenreihe: Sammlung zum Aufbau. Herausgegeben vom Generalsekretariat der Schweizerischen Konservativen Volksartei. Bern.
WAGNER, Antonin (1985). *Wohlfahrtsstaat Schweiz. Eine problemorientierte Einführung in die Sozialpolitik.* Bern/Stuttgart: Haupt.
WAGSCHAL, Uwe (1996). *Staatsverschuldung. Ursachen im internationalen Vergleich.* Opladen: Leske+Budrich..
WAGSCHAL, Uwe (1997). „Direct Democracy and Public Policymaking", in: *Journal of Public Policy* 17: 223-245.
WALLIS, Joe (1997). „Conspiracy and the Policy Process: A Case Study of the New Zealand Experiment", in: *Journal of Public Policy* 17: 1-29
WASCHKUHN, Arno (1997). „Das Fürstentum Liechtenstein", in: Peter GERLICH (Hrsg.): *Österreichs Nachbarstaaten.* Wien: Signum: 79-99.
WEAVER, Kent R./Bert A. ROCKMAN (Hrsg.)(1993). *Do Institutions Matter? Government Capabilities in the United States and Abroad.* Washington D.C.: The Brookings Institution.
WEBER, Max (1964). „Die soziale Schweiz", in: *Schweizerische Zeitschrift für Volkswirtschaft und Statistik* 100: 167-194.
WEEDE, Erich (1990). *Wirtschaft, Staat und Gesellschaft. Zur Soziologie der kapitalistischen Marktwirtschaft und der Demokratie.* Tübingen: J.C.B. Mohr.
WEIR, Margaret/Ann Shola ORLOFF/Theda SKOCPOL (Hrsg.)(1988). *The Politics of Social Policy in the United States.* Princeton: Princeton University Press.
WEIR, Margaret (1992). „Ideas and the Politics of Bounded Innovation", in: Sven STEINMO/Kathleen THELEN/Frank LONGSTRETH (Hrsg.). *Structuring Politics. Historical Institutionalism in Comparative Aanalysis.* Cambridge: Cambridge University Press: 188-216.
WERDER, Hans (1978). *Die Bedeutung der Volksinitiative in der Nachkriegszeit.* Bern: Francke.
WILD, A. (1914). *Das organisierte freiwillige Armenwesen in der Schweiz.* Zürich: Orell Füssli.
WILENSKY, Harold L. (1975). *The Welfare State and Equality. Structural and Ideological Roots of Public Expenditure.* Berkeley/Los Angeles/London: University of California Press.
WILI, Hans-Urs (1991). „Jux Populi? Vox Dei? 100 Jahre eidgenössische Volksinitiative auf Partialrevision der Bundesverfassung", in: *Zeitschrift für Schweizerisches Recht* 110: 485-519.

Richard Brütting / Günter Trautmann (Hrsg.)

Dialog und Divergenz Interkulturelle Studien zu Selbst- und Fremdbildern in Europa

Länderschwerpunkte: Italien, Rußland, Ex-Jugoslawien, Schweiz und Deutschland

Ergebnisse Internationaler Seminare 1992-1996

Frankfurt/M., Berlin, Bern, New York, Paris, Wien, 1997. 343 S., 10 Abb.
ISBN 3-631-30921-X · br. DM 78.–*

Im Mittelpunkt dieses Sammelbandes stehen interkulturelle Beziehungen zwischen Rußland, Italien und Deutschland. Der Band enthält zudem Beiträge über Ex-Jugoslawien und die Schweiz. Er ist das Ergebnis eines langjährigen interdisziplinären Dialogs von Wissenschaftlerinnen und Wissenschaftlern in West und Ost. Sie haben auf drei internationalen Seminaren versucht, ein vorläufiges Fazit aus den leidvollen Erfahrungen des Kalten Krieges zu ziehen, unterschiedliche Mosaiksteine der europäischen Realitäten zusammenzutragen und neue Perspektiven interkulturellen Verstehens und Lernens zu erörtern. Seit dem Epochenjahr 1989 steht die Auseinandersetzung mit Fremd- bzw. Feindbildern sowie mit kulturbedingten Kontrasten in der Sprache und im politischen Handeln mehr denn je auf der europäischen Tagesordnung. Ausgehend von derartigen Analysen werden Vorschläge für eine moderne interkulturelle Erziehung und einen kulturwissenschaftlich ausgerichteten Fremdsprachenunterricht unterbreitet.

Aus dem Inhalt: Vorurteilsforschung und interkulturelles Lernen · Europäische Realitäten · Fremdbilder, Feindbilder · Kulturbedingte Kontraste in der Sprache und im Handeln · Interkulturelle Erziehung und Fremdsprachenunterricht

Frankfurt/M · Berlin · Bern · New York · Paris · Wien
Auslieferung: Verlag Peter Lang AG
Jupiterstr. 15, CH-3000 Bern 15
Telefax (004131) 9402131
*inklusive Mehrwertsteuer
Preisänderungen vorbehalten

FSC
www.fsc.org
MIX
Papier | Fördert gute Waldnutzung
FSC® C083411

Kolibri 360 GmbH
Ferdinand-Jühlke-Straße 7
99095 Erfurt, Deutschland
produktsicherheit@kolibri360.de

Druck:
CPI Druckdienstleistungen GmbH
im Auftrag der
Kolibri 360 GmbH
Ferdinand-Jühlke-Str. 7
99095 Erfurt